한국의 종교학

종교, 종교들, 종교문화

07
종교문화비평총서

한국의 종교학
종교, 종교들, 종교문화

한국종교문화연구소 30주년 논총 편집위원회 엮음

종교는 인간의 삶의 영역 전반에 걸쳐 스며들어 있는 교와는 달리, 유별나고 독특한 성격을 띠면서 다른 것과 구별되는 영역을 가리킨다. 종교는 비(非)종교와는 다르며 달라야 한다는 것으로부터 출발한다. 종교와 비슷하게 보이는 것이 있지만, 종교가 아닌 것이 있다. 또한 종교로 있다가도 종교가 아닌 것으로 되기도 한다. 근대적인 국가권력과는 이중적인 관계를 유지해야 한다. 불간섭의 관계를 유지해야 한다고 내세우지만, 그 권력을 인정하고 인정받아야 한다. 용납할 수 없는 집단으로 가주되는 순간, '종교의 취소'가 이루어지고 배제(排除)의 낙인이 찍힌다. 근대 한국에서 국가권력은 세속 합리성을 강제할 수 있는 대표적 권한이다.

도서출판 모시는사람들

한국종교문화연구소 30주년 논총을 발간하며

종교문화비평을 학문적 기치로 내걸고 1988년 시작한 한국종교문화연구소는 지난 30여 년간 다양한 활동을 펼쳐 왔다. 매월 개최하는 월례포럼과 연 2회의 정기 학술 심포지엄을 통하여 학계와 지속적인 대화를 하는 한편, 교양 대중을 대상으로 한 강연과 강좌를 통해 시민사회와도 적극적인 소통을 시도해 왔다. 그러한 만남과 접속의 과정을 통해 학문적, 사회적으로 많은 결실을 거둘 수 있었고 이제는 한국의 종교학계를 대표하는 연구기관의 하나로 굳게 자리 잡을 수 있게 되었다.

이 책은 한국종교문화연구소 창립 30주년을 기념하여 개최한 두 차례의 학술 심포지엄 결과를 토대로 한 것이다. 2018년 상반기에 열린 첫 번째 심포지엄에서는 '한국의 종교학: 종교, 종교들, 종교문화'라는 주제를 내걸고 5인의 연구자가 한국 종교학의 발자취를 돌아보았다. 4인의 발표자는 각각 종교(religion), 세계종교(world religions), 한국종교사, 문화비평(cultural criticism)을 렌즈로 하여 한국 종교학의 궤적을 살폈고, 1인의 발표자는 한국종교문화연구소의 학술지인 『종교문화비평』이 한국 종교학에서 차지하는 위상과 의미를 검토하였다.

이 심포지엄에서는 논평자가 발표자의 논문을 토대로 자신의 논지를 발전시켜 독자적인 논문을 쓰는 새로운 형식을 실험하기도 하였는데 그 산물이 이 책의 제2부에 실린 세 편의 글이다.

상반기 심포지엄이 한국 종교학의 어제와 오늘에 초점을 두었다면 하반기 심포지엄은 한국 종교학의 오늘과 내일에 초점을 두었다. 이는 '종교연구의 새로운 동향과 우리의 문제: 이론, 방법, 풍토의 변화'라는 학술대회의 제목에서만이 아니라, 발표자의 대부분이 신진 연구자라는 점에서도 그 성격이 잘 드러난다. 하반기 심포지엄에서 발표된 5편의 논문은 새로운 연구 질문을 통해 종교연구의 새로운 가능성과 쟁점 그리고 그 잠재적 의의를 모색하였다. 구체적으로는 진화–인지적 연구, 역사학적 연구, 젠더 연구, 생태학적 연구, 감각·지각 연구 등 5개 영역에서의 종교연구가 종교학 내부의 전통적인 인식론과 지적 관성을 넘어서 다양한 학술 영역과 문제의식을 공유하거나 소통할 때 무슨 일이 일어나는지를 살폈다.

전통적 분과학문의 경계가 해체되고 통합과 융섭이 시대의 화두로 떠오른 오늘날, 이 책에 실린 글들은 이 땅의 종교연구자들이 새롭게 고민하고 성찰해야 할 학문적 문제의식과 과제가 무엇인지를 상상하는데 소중한 자양분이 될 수 있을 것이다.

몇 가지 사정으로 애초의 발간 계획이 다소 변경되고 발간 기일이 예정보다 늦어진 점에 대해서는 매우 죄송하다는 말씀을 드린다. 동시에 이 책이 나오기까지 여러 방면으로 도움을 주신 분들께는 깊은 감사의 말씀을 드린다. 연구소를 위해 언제나 뜨거운 관심을 갖고 물심양면으로 도와주시는 정진홍 선생님과 이민용 이사장님을 비롯하여, 30주년 기념사업의 계획 단계에서부터 완료 시점까지 사업을 총괄한 박규태 위원장과 여러 위원, 그리고 행사와 관련하여 많은 관심을 갖고 후원해 주신 회원과 후원자 여러분께 심심한 감사의 말씀을 드린다. 특히 발표자로 참여하여 좋은 글을 만들어 준 필자 여러분께 고마운 마음을 전한다. 이번에도 필자들의 원고를 잘 가다듬어 깔끔한 책으로 만들어 준 도서출판 모시는사람들에게도 감사드린다.

2019년 11월
한국종교문화연구소 30주년 논총 편집위원회 일동

1부

기회와 성과

한국의 근대와 종교 개념, 그리고 연구 방향 모색을 위한 하나의 사례

장석만

1. 근대라는 것

'근대'의 문자적 의미는 가까운 시대라는 것이다. 가깝다는 것이 무엇을 가리키는가? 어떤 기준으로 가깝다는 말인가? 물론 그것은 현재를 기준으로 한다. 즉 지금과 가까운 시대라는 것이다. 그런 만큼 근대는 지금의 시기, 즉 현대와 근본적 연속성을 지니고 있다. 현대의 정체성을 파악하고자 할 때, 지금으로부터 과거로 거슬러 가면서 연속성과 불연속성의 문턱을 찾아냈다면 그곳이 바로 근대의 시작이라고 일컬어지는 지점이 된다. 그에 따라 그 이전은 먼 시대 즉 원대(遠代)가 된다. 흔히 전(前) 근대라고 부르는 시간 덩어리다. 구분을 하려는 의지가 앞장서서 움직였기 때문에 그 의지를 정당화하는 작업이 이어진다. 가까운 근대와 어떤 차이가 나서 도대체 멀다고 하는지 이를 밝히는 왈가왈부가 거행되는 것이다. 그러다가 덩어리를 잘게 나누는 작업도 이루어진다. 조각낸 원대의 시간 덩어리가 워낙 방대하므로 또 분할이 되는 것이다. 한편으로 먼 시대인 고대, 그리고 다른 한편으로 가까운 시대인 근대 사이에 중간의 시대인 중대(中代)가 삽입된다. 고대 및 근대라는 표현과 운이 맞는 중대라는 용어 대신, 중세를 사용하는 것은 그 중요성을 축소하려는 의지, 그리고 구분이 나중에 이루어졌음을 암시하는 표지이다.[1]

일본사의 경우, 중세와 근대 사이에 근세라는 시기를 끼워 넣기도 하는데,

근대를 준비하는 역량이 자체 안에 있었다고 내세우려는 의도가 다분히 들어 있다. 서양사에서 르네상스라는 시기는 자신들이 이전과는 다른 분위기에 속해 있다고 생각하게 된 이탈리아의 문필가들이 앞선 시대와 구분하기 위해 설정한 것이다. 그들은 이전 시대에서는 볼 수 없었던 호메로스, 플라톤, 키케로, 베르길리우스, 오비디우스 등의 작품을 읽고 있었다. 그들은 한편으로 이 작품이 만들어진 시기를 이상화하면서 자신들이 속한 당대와 연결시켰으며, 다른 한편으로 바로 앞의 시기를 '암흑의 시대(Dark Age)'라고 일컬으며 극복의 대상으로 삼았다. 고대를 부활시켰다고 보았기 때문에 르네상스라는 표현을 사용했으며, 이상적인 고대와 자신들의 당대 사이에 암흑시대인 '중간 시대'를 설정하였다.[2] 르네상스 시대는 일본의 근세처럼 근대로 이어지는 징검다리의 역할을 하고 있는 것이다.[3]

서양에서 '휴머니즘' 및 '휴머니스트'라는 용어가 등장하여 인간 중심적인 관점을 강조하게 된 것도 이런 과정의 소산이며, 신(神) 중심주의적인 암흑시대와 현저하게 다르다는 효과를 드러내기 위한 것이었다.[4] 현재 우리가 익숙하게 사용하는 '휴머니즘'이 서양사의 맥락에서 등장했다는 점은 우리가 그 전달 경로 및 수용의 맥락에 대해 질문을 던져야 한다는 것을 함축하고 있다. 이처럼 지금이라는 당대를 기준으로 가깝고 먼 것을 가늠하며 시간 덩어리를 구분하는 방식이 항상 일어나는 보편적인 일이었다고 보기 어렵다. 종교적 영웅이나 정치 지배자를 중심으로 시대를 구분하는 것이 더 흔한 방식이었기 때문이다. 예컨대 예수의 탄생을 기준으로 그 이전과 이후의 시기를 나눈다든지, 로마 황제의 통치 기간으로 시대를 구분하는 것이 더 널리 행해졌다. 기독교가 로마 국교가 된 이후에는 기독교로 개종하기 이전과 이후로 시간을 나누었다.[5] 기독교가 기득권을 누리고 있는 당대의 상태와 '이교도' 상태였던 그 이전의 시기를 나누어 구분한 것이다. 한국사의 경우에서도 새로운 왕조의 성립을 기준으로 시대를 나누고, 그 안에서 최고 통치자의 재직 기간으로 시간을 구분하는 것이 일반적이었다.

그렇다면 지금과 가깝고 먼 기준으로 시간 덩어리를 구분하는 방식을 통해 우리가 알 수 있는 점은 무엇인가? 우선 지배자나 영웅의 등장을 기준으로 하는 시대구분과 비교하여 시간의 동질성이 더 두드러진다는 것이다. 이전에는 시대구분에 함축된 불연속의 간격이 당연하게 간주되었던 반면, 이제는 근(近)과 원(遠)을 거론하면서 동질적 시간 흐름이 암암리에 함축되고 있다. 둘째는 가깝고 먼 것을 재는 기준이 현재라는 것이다. 현재를 준거로 삼는 이런 관점은 과거나 미래의 이상적 상태를 기준으로 현재를 판단하는 것과는 근본적으로 차이가 있다. 물론 현재를 기준으로 시대를 구분하는 관점은 하나가 아니고 다양하다. 예컨대 고고학에서 말하는 근대는 네안데르탈인과 구분되는 호모 사피엔스 사피엔스의 출현을 기점으로 하기 때문에 역사학의 근대와 다를 수밖에 없다. 셋째 특징은 역사학이 제시하는 고대-중세-근대의 구도가 통상적으로 서구 근대성을 모델로 하고 있다는 점이다. 근대성이 무엇인가라는 질문에 대해 흔히 거론되는 답변은 '자본주의, 산업화, 도시화, 민족국가, 민주주의, 개인적 자아의 존중, 과학적 세계관의 홍기, 시민사회의 등장' 등을 내세우며 논의를 펼친다. 이런 요소들이 서로 밀접하게 연관되며 나타나는 시기와 지역이 바로 17세기 이후의 서유럽이다. 이에 관해 필자는「개항기 천주교와 근대성」이라는 논문에서 다음과 같이 언급하였다.

'서구 근대성'이란 용어는 이 독특한 상호 연관의 관계망을 일컫는 개념이다. '근대성(近代性)'이란 명칭은 이 관계망의 성격이 한편으로 '이전 시기'와는 확연하게 다른 것이라고 여겼으며, 다른 한편으로 '지금'과 연속성을 지니고 있다고 보았기 때문에 붙여진 것이다. 여기서 말하는 '이전 시기'는 '고대(古代)', 그리고 '지금'은 '현대(現代)'라고 명명되었다.[6]

몇 만(萬) 년을 단위로 하는 고고학적 근대에 비해, 역사학의 근대는 몇 백(百) 년의 범위를 가질 뿐이고, 그 기간 동안 일어난 서유럽의 변화가 현재를 파악하는 렌즈의 역할을 하는 것이다. 문제는 서유럽의 근대성이 어째서 우리의 근대성을 재는 잣대로 사용되고 있는가 하는 점이다. 여기서 다음과 같은 질문이 제기되는 것이다.

우리는 어째서 서구 근대성의 특징을 언급하면서 우리의 근대성에 대한 답변을 하는 것일까? 17세기 이후 서구에서 이루어진 사회, 경제, 문화, 제도적인 광범위한 변화 및 이른바 중세와의 시대적 차이성이 어째서 우리에게도 그대로 적용될 수 있다고 생각한 것일까?[7]

이런 질문은 중요하다. 왜냐하면 우리의 근대 파악이 서구 근대성의 모델을 중심으로 이루어지면서 이어져 나타나는 일련의 작업에 대해 문제를 제기할 수 있기 때문이다. 이와 함께 우리가 서구의 역사적 경험과 성취를 어떤 점에서 그리고 왜 우리의 것으로 만들어야 하는지에 대해 물을 수 있게 된다. 이런 자세는 서구 근대성 모델의 수용을 당연하게 여기면서, 모방의 정도를 측정하여 선진국·후진국으로 구분하거나, 서구 근대성의 요소가 원래 우리에게도 있었다고 주장하며 근대성의 토착적 성격을 강변하는 주장과 거리를 둘 수 있게 한다. 근대라는 시기는 "우리가 임의적으로 설정한 시대 구분 가운데 하나"이고, "근대성의 경험은 하나가 아니며, 또 단일한 것도 아니다."[8] 그렇다고 해서 서구를 모델로 하는 근대성이 결코 우리에게 아무 의미가 없다고 주장할 수 없다. 그런 관점을 가지고 버텨 온 우리의 백 년 넘는 역사가 있기 때문이다. 이 역사적 과정 안에는 "'우리'와 '그들', 그리고 '우리의 과거'와 '우리의 현재'의 관계를 어떻게 설정할 것인가라는 19세기 말부터 전개되어 온 노고(勞苦)가 깃들어 있는 것이다."[9]

서구 근대성이라는 본질주의적인 개념을 말하게 되었다는 것은 이중의 의미를 가지고 있다. 하나는 서구라는 타자에 비춰 새로운 '우리'가 비로소 성립하게 되었다는 점이다. 다른 하나는 근대성을 거론하면서 자신이 물려받은 과거와 현재의 관계를 이전과는 다르게 파악하게 되었다는 점이다. 이와 같은 서구–우리, 과거–현재의 두 가지 축은 한국의 근대성을 보는 주요한 통로를 이룬다. 따라서 한국 근대성의 성격을 살피는 작업도 주로 두 가지로 모아진다고 볼 수 있다. 하나는 서구와의 관계를 어떻게 설정하면서 '우리'가 형성되었는가 하는 점이다. 여기서 서구라고 말할 때, 일본에 대한 태도도 포함된다. 왜냐하면 당시 일본은 동아시아에서 서구의 표상으로 여겨졌기 때문이다. 다른 하나는 근대가 자신의 대척점(對蹠點)으로 여기는 전통과의 관계를 어떻게 설정하고 있느냐 하는 점이다.[10]

2. 한국 근대라는 것

동아시아에서 서구 근대성에 관한 관심은 단순히 지적인 호기심의 차원이 아니라, 집단적 생존에 대한 위기감에서 강요된 것이었다. 청나라가 아편전쟁에서 패배한 것이 동아시아에 커다란 충격을 던져 주었고, 기존의 세계관에 대한 근본적인 재고(再考)가 필요함을 절감하게 만들었다. 서구의 압도적인 군사력을 목도한 청나라, 조선, 그리고 도쿠가와 막부는 서구 열강에 자신들이 가지고 있지 않은 뭔가가 있다는 점을 느끼기 시작한 것이다. 그래서 서구가 가지고 있지만, 동아시아 문명에는 결핍된 것이 무엇인지 찾아 나서게 되었다. 유사 이래, 무수히 침입해온 외적(外敵)을 용광로처럼 융화 시킨 중국은 이전에 이런 결핍감을 느껴 본 적이 없었다. 중화주의의 테두리 안에 있던 조선도 중화의 부족함은 생각 밖의 것이었다. 섬나라 일본 역시 자신의 체제가 심각하게 위협을 받고 있다고 보았으며, 서구의 강대한 군사력이 지닌 비밀을 알아내는 것을 당시의 절박한 과제로 삼았다. 이런 위기감이 짙어지는 가운데, 서양과 동양의 우열적 차이가 당연한 것으로 굳어지게 되었으며, 이를 바탕으로 본질적 유형화가 만들어지게 되었다.

> 이제 서구와 동아시아 사이의 본질적 차이성과 우열에 대한 인식은 부인할 수 없는 사실로 동아시아인에게 내면화되었다. 서구가 한 덩어리로 자신을 동질화하면서 나머지를 타자화했듯이, 동아시아도 자신을 하나의 단위로 묶고 동일성을 부여한 반면 나머지를 타자화했다. 서구의 자타 구분이 서구의 동양 파악뿐 아니라 자신이 보는 자신의 관점까지 좌우하였듯이, 동양의 자타 구분 역시 서구를 보는 관점뿐 아니라 동양이 자신을 보는 관점까지 결정하였다.[11]

이런 과정에서 서구의 오리엔탈리즘과 함께 동양의 옥시덴탈리즘이 자리 잡았으며, 상대에 대한 고정된 시선이 만들어짐과 동시에 자기 자신을 바라보는 관점도 바뀌게 된 것이다. 이제 '우리와 그들의 차이'는 지리적인 원근(遠近)이나 불가지적 풍습의 측면보다 시간적 선후의 측면으로 이해되었다. 서구의 과거는 비(非)서구의 현재이고, 서구의 현재는 비서구의 미래로 정리되었다. 이에 따르면 서구와 비서구는 동질적인 시간 선상에 있고, 비서구는 서구가 지난 길을 따라가고 있는 중이다. 이런 관점이 수용될 경우, 이상화된 과거를 현재의 규범으로 삼는 것은 불가능하다. 우리의 급선무는 도망가는 미래를 따라잡는 것이 되어야 하기 때문이다. 따라서 전통적인 동아시아의 시간관에 변화가 불가피하게 되었다.

> … 기존의 중국의 여러 시간관—천(天)이나 도(道)가 비인격적 역사 과정에 저절로 드러난다고 보는 입장, 천인상응설에 의해 이루어지는 것으로서의 역사, 순환론적으로 정기적인 교체와 반복이 이루어지는 곳으로서의 역사—의 흔적이 지워지거나 뒷전으로 물러나기 시작하였다.[12]

그들과 우리의 차이는 시간 선상에 있다고 간주되었고, 우리가 결핍된 무엇을 빨리 알아낼수록 그 격차를 빨리 좁힐 수 있다고 생각하였다. 그래서 우선 군사기술에 초점을 두고 서구를 모방하면서 군비(軍備) 자강론을 펼쳤으며, 그것이 미흡하다는 것을 깨닫고 제도적 개혁을 시도하였다. 서구의 테크놀로지와 제도를 본받으면서 자존심을 지키기 위해 동아시아는 중체서용(中體西用), 동도서기(東道西器), 화혼양재(和魂洋才)를 내세워 체제의 중심을 잃지 않도록 애썼다. 하지만 점차 그 마지노선도 무너지게 되어 중체(中體), 동도(東道) 대신에 서구의 세계관으로 대체해야 한다는 전면서구화론이 등장하게 되었다. 이전 시기와 한편으로 부분적 단절을, 다른 한편으로 핵심부적 연결을 한다는 주장을 버리고, 전체적 단절이 불가피하다는 도식으로 바꾸게 된 것이다. 그래서 기존의 관혼상제가 허례허식의 취급을 받고, 온갖 관행이 구습(舊習)이라 하여 타파의 대상이 되며, 이전의 사고방식이 합리성과는 맞지 않는 미신(迷信)으로 전락한다. 단절로 생긴 자리에 들어서는 것은 자유연애와 개인 중심주의, 과학 등 이른바 서구식 생활과 사고방식이다. 당시 우국지사들 대부분은 이렇게 그어진 구식과 신식, 미신과 과학, 정체와 진보의 분할선 위에서 조선왕조 멸망의 원인을 찾고, 앞으로 해결해야 할 과제가 무엇인지 더듬거렸다. 새로운 집단적 정체성을 세우고, 단절선과 동시에 나타난 시대적 공간, 즉 근대의 주체 형성도 바쁘게 진행되었다. 왕조국가가 아니라 민족국가 혹은 인종국가의 구도가 펼쳐진 것이다. 이런 상황에서 물밀듯 들어오는 낯선 문물과 함께 새로운 용어와 개념이 등장하였다. 그 방식은 주로 서구어를 음차하거나 의미를 해석해서 도입하는 것이다. 그중에서도 포괄하는 영역이 상당히 넓고 영향력이 큰 것이 있다. 여러 단어와 담론을 연결하여 네트워크로 만들 수 있는 것이며, 사용자의 사고와 정서의 조건을 정하여 일정한 방향으로 이끌어 갈 수 있는 개념이다. 이를 범주, 혹은 카테고리라는 말로 지칭할 수 있다. 예를 들면, 사회, 문화, 경제, 정치, 예술, 역사, 자연 등이며, 종교도 포함된다. 그렇다면 한국 근대에서 종교 범주는 어떤 자리에 배치되고, 어떤 성격을 부여받았는가?

3. 한국 근대의 종교 범주라는 것

동아시아에서 종교라는 것은 19세기 후반에 비로소 등장하였으며, 이전에 사용하던 개념과는 사뭇 다른 성격을 지니고 있다. 하지만 학자든 아니든 많은 사람들이 그런 점에 별로 주의를 기울이지 않으며, 듣는 둥 마는 둥하는 경우가 많다. 그런 까닭이 무엇인가? 무엇보다도 현재 자신이 사용하고 있는 개념이 자신에게 너무나 익숙하고, 그것 없이 세상을 말한다는 것을 생각할 수 없어서 그럴 것이다. 언제나 함께해 왔다고 여기면서 생각과 느낌의 관행을 이어 가는 것이다. 게다가 근대적인 종교 개념과 유비(類比) 관계에 있는 이전의 교(敎) 개념이 외견상 비슷하다는 점도 양자의 차이성을 인지하지 못하게 하는 점이다. 물론 종교와 교 개념의 차이성이 그리 중요한 것이 아니며, 공통점에 초점을 맞추어 나가면서 파악하는 것이 더 풍성한 결과를 얻을 수 있다고 주장할 수도 있다. 그것을 오류라고 할 수 없다. 특정의 목적 혹은 효과를 얻기 위하여 취하는 그런 관점을 어떻게 틀렸다고 할 수 있는가? 그런 관점은 현재의 상식에 부합하기 때문에 편할 뿐만 아니라, 그 보편성의 지평을 상정하면서 동서고금으로 무한 확장해 갈 수도 있다. 그런 적응력 때문에 구석기시대 동굴벽화에서 그 그림을 그린 이들의 종교를 생각하고, 또한 외계인이 신봉하는 종교를 상상할 수 있다. 하지만 그로 인해 생기는 '블라인드 스팟'은 쉽게 간과해도 좋은 문제가 아니다. 여기서 보이지 않게 가려지는 점이라는 뜻의 '블라인드 스팟'은 늘 보아 왔던 것만 보게 만들고, 나머지는 보이지 않게 만드는 것이다. 자신이 사용하는 개념이 무엇을 드러내고, 무엇을 가리고 있는가에 관한 인식을 가지면서 그 개념을 다른 시공간의 영역에 확장하는 것과 그렇지 않은 것의 차이는 말할 나위 없이 크다. 필자는 종교 개념과 교 개념의 차이를 다섯 가지 점에서 서술한 바가 있는데, 다음과 같이 정리할 수 있다.[13]

첫째, 종교 개념은 교 개념이 지닌 포괄성을 지니고 있지 않다. 종교 개념에는 종교와 비(非)종교를 분명하게 가르고자 하는 의지가 내포되어 있다. 거기에서 비슷하게 보이지만 아닌 것이라는 의미의 유사종교 혹은 사이비종교가 나타나게 된다.

둘째, 종교 개념은 긍정적 가치만을 담지(擔持)하는 경향이 있다. 긍정적 가치뿐만 아니라 부정적 가치도 지니고 있는 교의 개념과는 다르다. 종교의 경계선 안팎에 있다가 종교 밖으로 내쳐지기도 하고 포함되는 일이 일어나기도 하는데, 포함되면 곧바로 긍정, 배제되면 곧바로 부정의 가치가 붙는다. 물론 이와 같은 종교 개념의 긍정 일변도는 종교소멸론 혹은 종교를 박멸 대상으로 보는 반(反)종교적 담론이 쇠약한 상황을 전제한다. 종교의 부정적 가치를 부각시키는 반(反)종교적 담론은 근대성 체제에서 등장하여 과거 공산주의 정권의 공식 이데올로기로 기능했으며, 현재에도 특정 집단에 영향을 행사하고 있지만, 전반적인 영향력의 측면에서는 종교긍정론에 비교할 수 없다.

셋째, 종교 개념은 근대국가의 권력 장치와 밀접하게 연관되어 있으며, 그 연관성은 적극적인 것이 아니라 소극적 혹은 부정적인 것, 즉 상호 불간섭 혹은 분리라는 형식으로 나타난다. 이런 상호 불간섭은 쌍방의 신사협정으로서 서로의 영역을 호혜적으로 강화해 준다. 한편으로 국가권력은 종교 영역에서 탈락하는 이른바 불순(不純)분자를 제거해 주며, 다른 한편으로 종교에 속한 집단은 그 권력을 인정한다. 종교의 영역을 벗어나지 않은 지순(至純)분자는 상호 불간섭의 이름으로 국가로부터 특혜와 특권을 누리며, 그 체제를 당연한 것으로 존중받게 만든다.

넷째, 종교 개념과 대칭을 이루는 것은 세속 개념이다. 종교 아닌 것이 세속이고 세속 아닌 것이 종교다. 정교분리론은 정치와 종교의 분리를 명제화한 것인데, 여기서 정치는 세속의 한 부분이며, 근대적 합리성은 세속에서 작용하는 것이다. 그래서 근대적 합리성을 전면적으로 종교에 적용하는 것은 불가하다는 통념이 생긴다. 반면 교의 전통에서는 종교-세속과 같은 짝패가 나타나지 않는다.

다섯째, 종교가 세속을 전체적으로 살피는 데 효율적인 통로를 제공하는 것은 종교-세속이 서로의 거울로서 작용하기 때문이다. 하지만 종교-세속이 각각 동등한 중요성을 주장하는 것은 아니다. 주도권은 세속이 쥐고 있으며, 세속의 방향타는 과학이 제시하는 지침에 따른다. 그리고 과학의 자율

공간은 국가권력이 제공해 준다. 세속의 과학은 미신 제거를 목표로 끊임없이 계몽경찰 노릇을 한다. 이런 맥락에서 종교는 자체 안에 미신이 스며들어 있지 않은지 스스로 검열하도록 강요받는다. 그렇지 않을 경우, 종교가 누리고 있는 특혜가 삭제될지 모르기 때문이다.

종교는 인간의 삶의 영역 전반에 걸쳐 스며들어 있는 교와는 달리, 유별나고 독특한 성격을 띠면서 다른 것과 구별되는 영역을 가리킨다. 종교는 비(非)종교와는 다르며 달라야 한다는 것으로부터 출발한다. 종교와 비슷하게 보이는 것이 있지만, 종교가 아닌 것이 있다. 또한 종교로 있다가도 종교가 아닌 것으로 되기도 한다. 근대적인 국가권력과는 이중적인 관계를 유지해야 한다. 불간섭의 관계를 유지해야 한다고 내세우지만, 그 권력을 인정하고 인정받아야 한다. 용납할 수 없는 집단으로 간주되는 순간, '종교의 취소'가 이루어지고 배제(排除)의 낙인이 찍힌다. 근대 한국에서 국가권력은 세속 합리성을 강제할 수 있는 대표적 기관이다. 종교는 그가 대표하는 세속 합리성의 틀에서 벗어날 수 없다. 하지만 거기에서 비껴 서 있는 듯, 혹은 한쪽 발은 거기에 담그고 있지 않은 듯한 포즈로 있다. 틀림없이 체제의 소속 분자이지만, 노골적인 충성이 아니라 무관한 듯, 무심한 듯 제스처를 취하며 얽혀 있다. 그 포즈 취하기에 따라 종교의 지순과 불순(不純)이 나누어진다. 이런 구분 아래, 종교는 다른 인간 활동 분야, 즉 사회, 문화, 경제, 정치, 예술, 역사의 영역과는 다른 구획 안에 있다. 동시에 그런 영역과 구분되면서도 연관을 맺는다. '종교와 무엇'의 관계이다. 교의 전통에서는 나타날 수 없는 모습이다. 그 독자적 영역을 지키기 위해 종교는 스스로 패러독스적인 위치를 고수한다. 한편으로 세속 합리성을 따르고, 다른 한편으로 벗어나 있다는 포즈를 취한다. 세속 영역과 동떨어져 있으면서도 뗄 수 없이 밀착되어 있다. 처음에 종교는 자신 안에 권력이 지목하는 사이비 종교가 거(居)

하고 있음을 알고 정화(淨化) 작업을 하지만, 기득권을 얻게 되면 그런 요소는 오히려 권력을 초월하여 오히려 권력을 밑으로 보는 탈속(脫俗)의 자세로 역전된다. 세속의 저속함을 눈 아래로 보는 종교의 신성한 분위기가 뿜어져 나오는 것이다.

이와 같은 종교 개념의 일반적 성격 아래, 이제 종교의 구체적인 모습을 구현하는 구성분자의 면면이 소개된다. 종교를 구성하는 하위 범주는 기독교, 불교, 이슬람 등의 이른바 종교전통이다. 그 가운데에서 무엇보다 종교 개념이 모델로 삼고 있으며, 가히 대표 역할을 맡고 있다고 할 수 있는 것은 기독교, 특히 개신교이다. 일반적인 종교 개념으로 미리 그 구성분자의 공통점을 전제한 다음, 여러 가지 구체적인 종교의 차이점이 개진된다. 그 비교의 기준은 물론 개신교다. 19세기 중엽 이후, 그동안 유럽을 지배하던 4분류법, 기독교–유대교–모하메트교–기타(其他) 혹은 이교(異敎)의 구분이 세계 종교 분류법으로 바뀌게 된다. 인도유럽어족의 발견, 진화론의 추세에 맞추어서 유럽과 비유럽의 관계가 새롭게 조명을 받게 되었다. 유럽 문명의 기저를 이룬다고 간주된 기독교가 유대교와 이슬람과의 관계를 다른 방식으로 자리매김할 수 있게[14] 된 것이다. 그 과정에서 유럽이 아리안족의 문명과 연결되어 그리스와 더욱 밀착되는 한편, 그동안 멀리 있었던 인도와도 관계가 맺어진다. 인도의 힌두교와 불교가 비로소 유럽의 시야에 들어온 것이며, 특히 불교는 개신교의 이미지와 대응될 수 있는 파트너로 나타난다.

이제 기독교를 중심으로 그리스, 페르시아, 인도의 종교가 하나의 영역으로 구획되고, 유대교와 이슬람은 셈족의 종교, 그리고 어느 쪽도 아닌 동아시아 종교로 구분된다. 이런 맥락에서 기독교와 같은 아리안족의 종교로서 부디즘이 부각되는 것이다. 힌두이즘은 부디즘과 같은 인도의 종교로서 포함되며, 종종 자이나교도 함께한다. 유교와 도교는 동아시아 특히 중국의 종교로 포함된다. 메이지유신 이후의 일본이 국제무대에서 관심을 끌면서 신도(神道)도 동아시아 종교로서 들어온다."[15]

한국에 세계종교 프레임이 나타났음을 볼 수 있는 것은 최병헌(1858~1927)이 시도한 유교, 불교, 도교, 기독교의 비교 작업이다.[16] 개신교를 중심에 놓고 그 우월성을 확인하기 위해 마련된 것이다. 그런 개신교적 관점에 반발하여 이능화(1869~1943)는 불교 중심적인 비교 작업으로 대항하였다. 이능화는『조선불교사』,『조선기독교사』,『조선도교사』,『조선유교사』,『조선무속사』 등을 집필하였는데, 여기에서 한국종교사의 기초가 이루어졌다고 간주되곤 한다.[17] 전체적으로 평가할 때, 이능화는 종교라는 근대적 개념을 바탕으로 기독교 중심적인 편향성을 바꿔 보려고 안간힘을 썼다고 볼 수 있다. 결국 이능화는 종교 개념 아래 전개된 세계종교 프레임이 정착하는 데 크게 기여한 셈이다. 그 이후에 많은 연구자들이 앞서거니 뒤서거니 하면서 이 프레임을 정교하게 다듬고 세련된 것으로 만들었다.

처음에 구미 세력과 관계된 외교적인 맥락에서 번역어로서 등장한 종교 개념은 외교문서의 영역을 넘어 지식계, 정치계, 상업계 등으로 확산되어 사회 전반에 스며들었다. 그 결과 이제는 우리 일상생활의 필수어 가운데 하나로 정착했고, 우리의 세상과 그 너머의 세상을 상상하는 데 결코 빠질 수 없는 매체가 되었다. 그것은 마치 우리 주변에 언제나 있어 왔으며 앞으로도 있을 것과 같은 존재가 된 것이다. '한국 근대의 종교 범주라는 것'이라는 제목의 이 장(章)은 이런 안온함 대신 낯설음의 효과를 내도록 의도된 것이다. 왜 그런 짓을 하는가? 그것은 바로 새로운 관점, 새로운 질문을 던질 수 있도록 분위기를 바꾸고자 하기 때문이다.

우리는 지금의 관점으로 과거를 보려고 하며, 미래를 그린다. 그렇지 않은 사람이 누가 있을 것인가? 하지만 과거를 보는 우리의 시야는 현재 장착하고 있는 '백미러'가 허용하는 범위 안에서 움직일 뿐이고, 미래도 '헤드라이트'의 불빛이 닿는 곳까지만 볼 수 있다. 그 이외의 각도는 모두 블라인드 스팟에 해당한다. 새로운 사고와 질문은 우리의 시야를 조건 짓는 백미러와 전조등의 존재를 인식하는 것에서 출발한다. 그리고 어떤 각도와 어느 정도로 우리가 보고 느끼게 만드는지 혹은 우리를 못 보게 하고, 제한하는지 알아채는 데에서 잠재되어 있던 것이 비로소 드러나게 된다.

그렇다면 기존 분류체계 자체를 문제삼는 이런 인식의 전환으로 새롭게 던질 수 있는 질문이 과연 무엇인가? 다음은 예상할 수 있는 몇 가지 질문이다.

1. 근대적 종교 개념으로 이전의 교(敎), 도(道), 학(學)의 전통을 식민화하려는 시도가 나타나는 것은 예측할 수 있고, 어쩔 수 없으며, 필요한 일이기도 하다. 지난 백 년 넘는 세월 동안 그런 작업이 어떻게 이루어져 왔는가? 그 포섭의 작업은 왜, 그리고 어떤 각도에서 진행되었는가? 그런 작업의 효과는 어떻게 어떤 방식으로 나타났는가?

2. 근대 이전에 유지되던 교(敎), 도(道), 학(學)의 전통이 해당 체제에서 어떤 성격과 역할을 해 왔는가? 변화의 모습이 감지된다면 그 과정과 까닭은 무엇인가? 혹시 한자(漢字)어인 교(敎), 도(道), 학(學)의 등장 이전에 그에 유비될 수 있는 개념의 흔적을 찾을 수 있는가? 그 이전을 추구하는 시도는 어떻게 나타났는가? 남아 있는 흔적으로 그 이전을 재구성하려고 할 때, 생기는 난점은 무엇인가?

3. 근대적 종교 개념이 아닌 새로운 '백미러'로 이전의 교(教), 도(道), 학(學)의 전통을 살펴보려고 할 때, 그것은 어디에서 단서를 찾을 수 있으며, 어떻게 마련될 수 있는가? 이런 맥락에서 이루어지는 한국종교사는 얼마만큼 가능한가? 가능하다면 의미 있는 서술방식은 무엇인가?

4. 종교 개념의 하위 범주로 짜인 세계종교전통의 틀은 우리에게 어떻게 정착되었으며, 그 기반을 다져 왔는가? 한국에서 기독교, 불교 등의 종교전통이 자기 정체성의 연속성을 만들어 낸 방식은 무엇이며, 새롭게 등장한 집단은 어떤 노력을 기울이며 종교에 합류하게 되었는가? 예컨대 동학이 천도교로 바뀌는 과정을 연구함으로써 우리가 얻는 점은 무엇인가?

5. 종교 개념이 다른 세속적 개념, 즉 사회, 정치, 문화, 예술, 문학과 맺는 관계는 어떤 과정을 거쳐 이루어졌으며, 그 특징은 무엇인가? 예컨대 종교가 사회의 일부이기도 하고, 사회의 바깥에 있다고도 하는 이중적 관계는 어떤 맥락에서 가능하고 유지되는가? 정치와 종교의 분리라는 주장은 어떻게 성립되었으며, 우리 역사에서 지닌 의미는 무엇인가? 예술과 문학이 갖고 있다고 주장하는 종교적 기능은 어떤 관점에서 이해될 수 있는가?

6. 미신-종교-과학의 삼각 구도와 연관하여, 종교의 규율 체계는 어떻게 작동하는가? 종교는 양자 사이에 끼어 있는 위치를 어떤 방식으로 인식하고 대처하는가? 교단 엘리트와 일반 신도층 사이의 잠재적 갈등 상황이 표출되는 조건은 무엇인가? 집단 안에서 신비주의 운동이 제어되는 특정 논리는 무엇인가?

7. 2000년 이후 한국에서 종교와 문화 개념 사이의 관계는 돈독한 바 있다. 학문적 작업은 물론이고 연구소와 학과라는 제도가 새롭게 등장할 때, 종교문화라는 말이 많이 사용되었다. 그 까닭은 무엇인가? 종교문화라는 표현에 '문화 안의 종교'를 내세우면서 다른 인간적 현상과 종교를 밀접하게 연관시키려는 의도가 함축되어 있다면 그 배경이 되는 것은 무엇인가? 그리고 한계가 있다면 그것은 무엇인가?

8. 종교 개념에 대한 성찰이 종교교육 프로그램으로 어떻게 구체화될 수 있는가? 기존의 교육 프로그램이 심각한 문제점을 안고 있다면, 그 극복의 단초는 어디에서 마련될 수 있는가? 다른 분야에서(예: 예술, 문화, 인간 등) 기존 중심 개념의 한계를 인식하고 교육 프로그램으로 극복하고자 하는 시도가 어떻게 나타나고 있는가?

이상은 급히 떠오르는 몇 가지 물음을 정리해서 서술한 것으로 스케치에 불과하다. 이 물음을 둘러싼 문제는 집단 지성의 노력이 기울여져 충분한 논의와 구체적인 작업이 요구된다. 이런 문제의식은 이미 종교학 내부는 물론이고 다른 학문 분야에서도 활발하게 제기되고 있다. 필자는 특히 20여 년 전부터 지속적으로 전개되고 있는 인류학의 추세를 흥미롭게 주목하고 있다. 다음 장에서는 홀브라드와 페데르센의 논의를 빌려서[18] 그 기본 문제의식의 대강을 간략하게 소개하고자 한다. 종교 연구의 방향을 가늠하고, 검토하는 데 도움을 받을 수 있다고 보기 때문이다.

4. 인류학의 존재론적 전환

인류학에서 존재론 혹은 존재론적 전환(轉換)이란 명칭이 회자되기 시작한 것은 1990년대 후반이다. 형이상학적 냄새를 풍기는 이 제목이 나타내고자 하는 것이 무엇인가? 인류학적 연구의 어떤 변화를 가리키고 있는가? 마르셀 모스(Marcel Mauss)가 연구한 마오리족의 이른바 '선물(膳物)' 풍습의 예를 통해 살펴보도록 한다.[19] 마르셀 모스는 마오리족이 말했다는 내용을 곰곰이 생각하였다. 그들은 선물에는 그 선물을 준 사람의 영혼이 들어 있기 때문에 되돌려줘야 한다고 말했다. 마르셀 모스는 이 말을 쉽게 이해할 수 없었다. 그래서 자신을 포함하여 서구인이 알기 힘든 이 말을 어떻게 받아들여야 할지 고민하였다. 사물과 인간을 분명하게 구별하지 않고, 섞어 버리는 이런 이야기를 어떻게 이해해야 하는가?

인류학의 문제의식은 서구인이 비(非)서구인의 이런 괴상한 말 혹은 행동을 간단하게 열등한 자의 허무맹랑한 것으로 날려 버리지 않고 곰곰이 생각하면서 시작되었다. 처음에는 자신의 관점을 당연하고 자명한 것으로 단단하게 고정해 놓고 '그들'의 이상한 짓과 괴상한 말을 이해 가능하게 만들려고 했다. 하지만 이후의 인류학 역사는 익숙한 자신의 고정 관점 자체를 성찰의 대상으로 삼아 가면서 전개된 과정으로 볼 수 있다. 연구자 자신이 얼마나 서구적인 아상(我相)에 사로잡힌 채로 있었는지 "아차! 아차!"를 연발하면서 스스로를 되돌아보는 과정이 그것이다. 물론 그 역사가 멈춤 없이, 그리고 주저함 없이 그 방향으로 진행했다고 보기는 어렵다. 하지만 인류학의 고민은 대체로 그 방향의 모색을 위해 이루어졌다. 인류학의 존재론적 전환 역시 바로 그런 움직임의 선상에 있다. 다만 성찰의 수준이 한 단계 업그레이드되었고, 더욱 근본적인 질문을 던지고 있다.

흔한 설명에 따르면 인식론은 인식하는 주체가 중심이다. 주체가 인식 대상과 접해서 얻은 지식의 성격을 검토하고 그 한계를 논의한다. 존재론은 있는 사물이 중심이다. 존재해 있는 것의 성격이 무엇인지 논의한다. 인식론이 인식 주체의 중심을 중심으로 회전하고 있다고 한다면, 존재론은 주체의 사로잡힘에서 벗어나 있는 듯한 느낌을 준다. 인류학에서 존재론이라는 명칭을 사용하는 이유가 부분적으로 여기에 있다고 본다. 존재론이라는 명사형보다도 '존재론적'이라는 형용사를 선호하는 이들이 적지 않은 것도 철학에서 말하는 존재론과 연루되는 것을 피하고 싶어서 그런 것이다. 사물의 실체에 대한 관심이 아니라 다만 방법론적인 문제 제기의 수순이라는 것이다. 그렇다면 존재론을 거론하면서 인류학적 연구가 전환을 꾀하려는 문제는 무엇인가?

그동안 인류학이 고심초사해 온 작업은 서구인이 보기에 괴상한 비서구인의 말과 행동을 인류 보편의 지평 위에서 어떻게든 이해해 보려고 하거나, 엄청나게 다르다는 것을 강조하는 것[20]이었다. 처음에는 낯설었던 것이 이해의 과정을 통해 낯익은 것으로 바꾸어진 것이 전자(前者)라면, 그렇게 얻은 낯익음이라는 것이 결국 서구 중심주의에 갇혀 있음을 알고 비판하는 것은 후자(後者)이다. 예컨대 각각 "마오리족의 괴상한 풍습은 서구의 선물 관행과 비교하여 이해할 수 있다."는 주장, 그리고 "마오리족 풍습은 인간과 사물을 구분하는 서구인의 통상의 관점에서 벗어난 것이다."라는 주장이 해당될 것이다. 하지만 존재론적 선회(旋回)의 관점은 다른 각도에서 문제를 제기한다. 단지 "인간과 사물의 구분이 여기서는 적용되지 않아! 여기서는 인간과 사물이 서로 연결되어 있어!"라고 말하는 것으로 그치는 대신에 다음과 같이 더 근원적인 질문을 던지는 쪽으로 이동하는 것이다. "여기서 말하는 인간, 사물이 도대체 어떤 식으로 파악되는 것인가? 어떤 것을 인간으로 보고, 어느 것을 사물로 보는 것인가? 그리고 그 관계는 무엇인가?"

앞에서 언급한 바 있는 인류학 연구의 후자, 즉 차이성을 강조해 온 이들의 주장은 이렇다. "인간이 있고, 또 사물이 있다는 것이 서구인에게는 당연하며, 그 사이의 관계를 상정하는 것도 당연한 반면, 마오리족은 그렇지 않다." 그러나 존재론적 선회의 관점은 이런 주장에 대해 다음과 같은 문제를 제기한다. "도대체 인간(person)이 무엇인가? 사물(thing)이 무엇인가? 그 사이의 상호 관계가 대체 무엇인가?"[21] 여태 이런 질문은 너무 당연한 나머지 그냥 넘기고 지나갔던 부분이다. 이런 문제에 대해 이제 질문을 던져야 한다고 나선 것이다. 질문의 전제(前提)에 대해, 질문의 틀 자체에 대해, 질문에 함축되어 있던 기본 개념에 대해 물음을 제기하여야 한다는 것이다.

인류학의 존재론적 전환은 자신의 연구 대상인 현지조사 자료가 연구자의 선입견에 의해 왜곡되지 않고 스스로 드러날 수 있도록 질문할 수 있는 조건을 창출하고자 한다. 그 조건 아래에서 이전에는 기대하지 않았던 것, 상상할 수 없었던 것이 드러나게 되는 것이다.[22] 물론 연구자의 선입견이 개재되지 않은 관점은 존재하지 않는다. 하지만 가능한 한, 선입견의 재단(裁斷)을 극복하고자 방법론적인 고려를 아끼지 않는 것이 존재론적 선회의 윤리이다.

여기에서 문제는 인식 주체가 사물을 파악하고 명징한 지식을 얻는 데 방해가 되는 것이 무엇인지 찾는 일이 아니다. 인식 주체의 투명한 지식 습득을 방해하는 사회적, 문화적, 정치적 편견이 무엇인지 파악하고, 그것을 극복하는 일이 아니다. 문제의 소재는 더 깊숙이 숨어 있다. 그것은 우리가 당연하다고 여기는 사물의 차원, 존재의 차원 속에 있다. 우리가 아무 의심 없이 내세우는 기본적 명제, 자명한 전제에 숨어 있다. 우리가 너무 당연하게 알고 있다고 여기는 모든 사물의 모습이 문젯거리다. 우리가 알고 있다고 주장하며 늘 사용하는 기본 개념도 여기에 포함된다. 예컨대 우리가 그동안 결코 연구 주제로 삼지 않았던 사회, 문화, 정치, 그리고 종교라는 것, 인간의 격(格) 즉 퍼슨이라는 것, 동물이라는 것, 물질이라는 것, 또한 교환, 친족, 그리고 의례라는 것 등이 존재론적 선회로 새로운 각도에서 정리되고 조명된다. 연구를 하는 방법 자체도 모두 새롭게 다시 생각할 수밖에 없다. 자료를 모으고 비교하며, 일반화하여 모델을 세우는 과정 전체도 처음부터 근본적으로 손대야 한다.[23] 자민족 중심주의, 본질주의, 오리엔탈리즘 등 그동안 인류학의 주요 관심사였던 현안에도 시각 조정이 이루어진다. 여기서 하나의 사물을 고정된 채로 두고, 보는 관점만 바꿔서는 문제가 해결되지 않는다. 똑같은 사물이 아니라, 상이(相異)한 사물을 이해하고 파악하는 것이 중요하며, 전면적인 재(再)개념화의 필요성이 대두되는 것이다.[24]

재(再)개념화는 홀브라드와 페데르센이 주장하는 인류학적 사고의 세 가지 지속적 양식(樣式) 가운데 하나다. 나머지 두 가지는 기존 개념과 문제틀에 대한 근본적 성찰, 그리고 사고의 실험을 계속하는 것이다. 그들은 이세 가지 양식 즉 성찰성(reflexivity), 개념 만들기(conceptualization), 실험하기(experimentation)가 존재론적 선회의 핵심 요소라고 본다.

성찰성(省察性)은 획득한 지식이 어떤 가능성의 조건 아래 움직이는지 주목하는 것이다. 그동안 지식에 대한 성찰은 이른바 사회적, 문화적, 경제적, 정치적인 맥락 혹은 정신적, 정서적, 생물학적인 맥락을 살피는 것이었다. 하지만 이것에 머물러서는 결코 충분할 수 없다. 더욱 근원적인 것, 즉 존재론적인 조건을 탐색하는 것이 필요하다. 여기서 홀브라드와 페데르센이 계속 못박고 있는 점은 근원 혹은 심층이라고 해서 그것을 실재의 바닥에 자리잡고 있는 무언가의 실체라고 오해해서는 안 된다는 것이다.[25]

"명사형이 아니라 형용사 혹은 부사!"라는 주장도 이런 오해를 경계하는 것이고, 한 번 하고 그치는 것이 아니라 끊임없이 지속해 나가야 하는 탐색임을 강조하기 위한 것이다. 따라서 성찰성은 그동안 자명하다고 여겨서 제기하지 않았던 것, 그것을 전제로 깔고 시작했던 논의가 얼마나 우리의 시야를 제한하고 있었는지를 성찰하고, 중요한 '존재론적' 질문을 잠수(潛水) 상태에서 끄집어내어 제기하자는 것이다. 그 물음은 실재의 바닥에 닿아서 궁극적 진리를 찾고자 하는 것이 아니다. 그렇게 되면 실체화의 행로(行路)로 빠지게 된다. 적지 않은 이들이 그 길의 유혹에 걸려들지만, 그들이 바라는 길은 아니다. 그들의 길은 닫혀 있지 않고 열려 있다. 그 길은 실체적인 것이 아니라 방법론적인 것이고, 그 목표는 종착지에 도착하여 멈추는 것이 아니라, 순례자처럼 항상 노상(路上)에서 걸어가는 것이다. 이 대목에서 그들은 슬쩍 인도 신화를 언급한다. 이 세상은 코끼리 등에 얹혀 있고, 그 코끼리는 거북이 등에 얹혀 있다는… 그리고 그 거북이는 다시 다른 거북이 등에 얹혀 있고, 그것이 끝없이 계속 된다는 이야기….[26]

그러나 이런 성찰성의 주장이 전혀 새롭지 않으며, 자신의 배꼽만 바라보다가 마비 상태에 빠지고 만다는 힐난이 있다. 소위 상대주의를 내세우는 포스트모더니즘이니 해체주의니 하는 것과 별반 다를 것이 없다고 빈정거리는 것이다. 하지만 이런 비난조의 공격에 대해 성찰은 새로운 사고방식을 만들기 위한 것이므로, 소극적인 것에 머무르는 것이 아니라는 그들의 응답이 돌아온다. 전체 판을 모두 들어내고 처음부터 다시 묻고, 새로운 관점에서 판을 짜려는 적극적인 개입이라는 것이다. 앞에서 언급했던 마오리족의 예를 들어 보면 이렇다. 서구 인류학자는 마오리족이 '타온가(taonga)'라고 부르는 것을 서구의 '기프트(gift)' 개념과 연결시켜 그것을 이해하였다. 서구에서 기프트는 물건이고, 교환이 가능한 것이다. 하지만 마르셀 모스의 자료에 따르면 마오리족의 '타온가'는 준 사람의 정령이 깃들어 있는 것으로,

주체와 상관없는 기프트와는 매우 다르다. 그럼에도 마오리족의 '타온가'를 서구의 객체(客體)적인 기프트와 대동소이한 것으로 간주한 까닭은 무엇인가? 오히려 그것은 주체에 가깝다고 보아야 하는 것이 아닌가? 아니면 주체와 객체 사이에 있는 것이라고 보아야 하는 것 아닌가?[27] 어째서 무작정 객체 편에 몰아넣고 이를 당연하게 생각한 것일까? 이럴진대 '타온가'를 아무런 성찰 없이 '기프트'라고 간주해 버리는 것은 "도대체 타온가라는 것이 무엇인가?"라는 질문을 처음부터 봉쇄하는 것이 된다. 이 대목에 이르면 서구인이 아닌 우리에게는 해야 할 성찰 작업이 더 있다는 걸 알게 된다. "서구의 기프트가 우리에게 선물이라고 번역된 것은 어떤 과정을 거쳐 이루어진 것이고, 그러면서 삭제된 것과 덧씌운 것이 무엇인가?" 그 물음에 답변하는 일은 바로 우리의 몫이다.

개념 만들기는 위의 성찰적 태도를 이어받아 계속 밀고 나가면서, 한 단계 더 심화하는 작업이다. 현지조사 자료에 대한 근원적인 질문은 그 자료와 연구자의 관점에 내포된 존재론적 전제를 건드리는 것이다. 존재론적 전제는 현재 논란이 되고 있는 "그것, 혹은 그 존재가 무엇인가?"라는 질문과 직결되어 있다. 그리고 그것에 관한 질문은 "어떤 개념으로 그것을 파악할 것인가?"라는 것과 연결된다. 예컨대 '퍼슨(person)'에 대한 질문은 "도대체 그것이 무엇인가?"로 시작된다. 그리고 그 질문은 "퍼슨을 어떻게 정의할 것인가? 어떻게 개념화할 것인가?" 라는 것으로 이어진다. 존재론적 선회에서 개념화의 작업은 필연적으로 이루어질 수밖에 없다. 개념에 초점을 두고 성찰하며, 해당 자료에 적합하다고 간주되는 새로운 개념을 만들어 내는 일은 존재론적 선회의 작업에서 핵심적인 자리를 차지하고 있기 때문이다.

홀브라드와 페데르센은 개념화의 중요성을 그동안 인류학적 연구를 양분해 왔다고 볼 수 있는 설명(說明)과 이해(理解)에 견주면서 말한다.[28] 자연과학적 엄밀성과 객관성을 주장하는 연구는 인과관계의 필요성을 강조하며 설명의 시각을 내세우는 반면, 해석학적인 의미 파악과 공감을 주장하는 연구는 이해의 시각을 강조한다. 특정한 사람들이 왜 저런 방식으로 행동하는지 이유를 설명하거나, 행동의 내면적 의미를 이해하고자 하는 것이다. 예컨대 어떤 사람들이 고스트(ghost)를 믿고 있다고 하여, 그 신앙의 이유와 의미를 찾아내는 연구가 진행된다고 하자. 이 연구는 먼저 무엇이 고스트인지 전제하지 않는다면 처음부터 시작할 수 없으며, 그런 고스트 개념을 전제하고 나서야 이유나 동기를 추적하는 연구를 할 수 있다. 그 개념 설정이 어떤 식으로 이루어지느냐에 따라 연구의 향방이 좌우되는 것이다. 그 개념의 성격 여하에 따라 이유를 찾고 의미를 이해하고자 하는 작업 자체가 필요 없어지거나 아예 불가능해질 수도 있다. 기존 연구자의 개념틀을 고수(固守)해서는 질문 자체가 성립될 수 없는 경우도 생기기 때문이다. 물론 이런 개념화 작업이 그리 새로운 것은 아니라는 주장이 나올 수 있다. 연구를 깊이 진행하게 되면 개념을 바꾸는 일은 늘 일어나게 마련이며, 여태까지 인류학에서도 상이한 개념적 세계를 서술하고 비교해 오지 않았느냐는 지적이다.

하지만 여태 해 왔다고 하는 작업은 너무 불충분하고, 기껏해야 모호한 메시지만을 담고 있다. 예컨대 어떤 농민에게는 시간이 순환적이어서 과거가 늘 현재로 돌아오며, 민족주의자에게 민족은 부분의 합보다 더 큰 무언가로 간주되고, 물활론자에게는 사물에 정령이 깃들어 있다고 간주된다는 식이다. 일단 선언해 놓고, 몇 가지 자료를 통해 뒷받침되었다고 주장하거나 동어반복적인 주장을 하면서 그쳐 버린다. 그런데 정작 던져야 할 질문은 항상 되돌아온다고 하는 과거가 무엇인지, 전체보다 항상 적다고 하는 부분이라는 것이 무엇인지, 그리고 정령이 깃들어 있다고 하는 사물이 과연 무엇인지에 관한 것이다.[29] 그런 존재론적인 물음을 캐묻지 않으면, 논의는 늘 공회전하기 마련이고, 곧장 현재의 상식을 강화하는 것으로 되돌아온다. 낯선 현상에 직면해서 빚어지는 긴장감을 자신에게 익숙한 개념으로 너무나 쉽게 재단함으로써 '다른' 사고를 위해 펼칠 수 있는 잠재적 가능성이 무산되는 것이다. '다른' 개념화가 가능하려면 자신의 지평이 지닌 한계를 인식하고, 상이함이 주는 지적 곤혹감을 피하지 말아야 한다.

'실험하기'라는 것은 연구 과정에서 질문자가 질문 상대방과 맺는 관계, 그리고 연구자 자신과 맺는 관계 전반을 관통하여 견지되는 하나의 태도라고 할 수 있다. 연구자와 연구 대상은 주체–객체의 고정된 관계를 지니지 않으며, 연구자 자신도 항상 동일한 정체성을 고집할 필요가 없다. 긴밀한 상호작용과 변화 가능성에 항상 열려 있고, 우연(偶然)한 만남이 열어주는 새로운 지평을 불평 없이 받아들이며, 자신의 사고와 몸의 감각이 지닌 한계를 탐색하는 것이 바로 실험하기이다. 따라서 굳이 자연과학적 실험이라는 걸 떠올릴 필요는 없다. 하지만 따지고 보면 자연과학적 실험도 예외가 될 수는 없다. 모든 실험은 자신에게 익숙한 개념에 머무르지 않고 그 한계 너머까지 모험하려는 자세를 포함하고 있기 때문이다. 존재론적 선회의 실험이 지니는 특징은 간헐적이 아니라 지속적으로, 무작위가 아니라 체계적으로 실험하는 것이다. 실험하기를 통해 예측하지 못했던 상이함과 대면하고, 또한 이 상이함을 통해 다른 차이성을 만들어 낸다. 이런 실험하기가 잘 지탱되고 있다면, 그것은 바로 연구 체제가 잘 움직이고 있으며, 탄력적이라는 것을 보여주는 징표가 될 것이다. 모험하기 때문에 실패는 '병가지상사(兵家之常事)'다. 실패는 실험이 잘 되고 있음을 나타낸다.[30] 실험은 기존의 사고방식과 개념에 대해 그 상투성을 지적하고, 얼마나 한정된 시야를 가지고 있는지 밝히며, 새로운 백미러와 전조등(前照燈)을 제시한다.

실험하기는 유희(遊戲)의 정신을 지니고 있다. 실험하는 자는 상대방과의 관계와 자신과의 관계에서 일방적이지 않으며, 한 가지 고정된 곳에 머무르려고 하지 않는다. '비판하기'에 흔히 나타나기 십상인 폭로 혹은 벗겨내기의 부정(否定) 일변도와 다르다. 거기에 담기기 쉬운 암울한 심각성에 빠져 있지 않다. 거리를 두면서 객관성을 유지하는 척하지 않는다. 비판을 비판(critique of critique)한다.[31] 찌르고 해부해 놓은 상태로 그치는 것이 아니라, 무엇인가를 만들어 내려고 한다. 하나가 아니라 여러 가지, 그리고 한 번이 아니라, 계속해서 이전에는 없던 것을 만들고, 새로운 방식을 고안해 낸다. 여태까지와는 상이한 관계 맺기, 다른 사고방식, 새로운 개념과 이론을 주조(鑄造)한다. 기존 틀의 한계가 나타나도록 밀어붙이고, 그 범위를 넘어서 있는 미지의 가능성을 탐구한다. 거기에 자기 자신도 예외가 될 수 없다. 자기 자신에 대해서도 끊임없이 실험이 펼쳐진다. 그리고 뫼비우스의 띠처럼 성찰의 고리와 뗄 수 없이 연결된다.

인류학의 존재론적 전환은 바로 이전의 연구 경향이었던 포스트모더니즘과 포스트콜로니얼리즘의 비판적 동력을 이어받으면서도, 그것들을 넘어서려고 한다. 당대의 지배체제 논리에 함몰되거나 어슬렁거리며 동조하지 않는다. 침묵이나 가성(假聲)을 강요 혹은 암시하는 통제 체제를 결코 용납하지 않고, 즐거운 방식으로 일탈하여 상이한 개념과 새로운 사유 방식을 고안한다. 지배의 틀, 주류의 개념에서 벗어나도록 지렛대 구실을 하는 것은 바로 현지조사 자료이다. 동화되지 않은 상이성과의 만남, 그리고 한 군데 정처(定處)에 머물고자 하지 않는 방랑벽, 그것이 존재론적 전환의 에토스다.

5. 마무리 말

지금부터 거의 40년 전에 간행된 저술에서 정진홍 교수는 다음과 같이 말하였다.

> 종교학의 가장 우선적인 성격은 '경험적'인 것이다. 그러므로 종교현상에 대한 이른바 규범적인 연구와 달리 모든 '선험적인 규정'을 배제한다. 종교적인 것의 진리성이나 가치를 판단하려는 것이 아니라 종교적인 것의 실천-그것이 선언이든, 교리든, 의례든 간에-그 속에 있는 '종교적'인 의도를 포착하려는 것이다. 즉 종교학은 당위를 말하려는 것이 아니라 존재를 말하려는 것이며 따라서 종교학자는 가능한 한 종교현상 스스로가 말할 수 있도록 하지 않으면 안 된다. 그러나 그러한 종교학자의 입장이 필연적으로 중성적이어야 한다는 것을 뜻하는 것은 아니다.[32]

이 글은 지금 읽어도 울림이 있다. 그리고 앞에서 살펴본 인류학의 새로운 연구 분위기와도 상통하는 바가 있다. 인류학의 존재론적 전환은 사물을 왜곡하지 말고 있는 그대로 보고자 하는 현상학의 정신과도 연결된다. 두 가지 관점 모두 표상이 행하는 '실상의 굴절'을 극복하고자 하며, 서구적 중심주의에서 탈피하려고 시도하기 때문이다.[33] '선험적인 규정'은 그냥 주어진 것이 아니다. 경주마의 눈가리개처럼 옆은 볼 필요 없이, 앞만 보고 달리라는 주문이다. 선험적인 규정을 배제한다는 것은 우리의 입과 머리가 그런 주문에 재갈 물려 꼼짝 못 하게 되도록 하지 않겠다는 뜻이다. 우리 몸의 느낌대로, 우리가 설정한 목표에 따라 우리가 뜻한 대로 생각한 대로, 갈지자로 비틀거려도 그렇게 가겠다는 것이다. 그리고 옛날에 그랬다고 지금도 그대로 따라하지 않으며, 지조를 지킨다고 늘 한쪽 길로만 갈 필요도 없다는 것이다. 우리의 지금 존재가 중요하다. 그래서 남의 당위, 이전의 당위 대신에 지금의 존재를 말하려는 것이고, 존재 스스로가 말할 수 있도록 하려는 것이다. 그런 태도를 갖고 살아간다는 것은 결코 중성적이거나 중립적일 수 없다. 발심(發心)을 하는 순간 치우침의 삶을 영위할 수밖에 없으며, 그만큼 윤리적이고 '정치적'인 부담을 짊어져야 한다.

물론 존재론적 전환이 현상학과 공유하는 측면이 있는 만큼 다른 점도 있다. 그것은 좀더 과격하고 모험적이라는 것이다. 존재론적 전환에서 개념적 중요성이 차지하는 자리는 무엇보다 크다. 존재의 차원을 거론하는 까닭도 개념의 실험을 통해 새롭고 상이한 개념을 창출하고자 하는 것이다. '종교현상 스스로가 말할 수 있도록' 하고자 할 때, 우선 무엇을 종교라고 하는 것인지 살펴보자는 것이다. 단지 정의(定義) 문제를 논의하자는 수준이 아니라, 그 개념의 역사적 조건과 다른 방식의 개념화 가능성을 체계적으로 검토해 보는 것이다.

앞 장에서 언급된 홀브라드와 페데르센은 현상학적 접근의 맹점이 개념의 중요성을 충분히 인식하지 못한 것이라고 주장한 바 있다.[34] 하지만 정진홍 교수의 경우, 이런 점은 해당되지 않는다. 그는 쉼 없이 종교 연구에서 차지하는 개념적 중요성과 새로운 개념 창출의 필요성을 강조해 왔기 때문이다. 그에게 종교라는 개념은 결코 자명하지 않은 것, 반드시 재개념화해야 할 '낡은 집'이며, 우리 몸의 경험은 새로운 개념을 추구하는 데 바탕이 되는 것이다.[35] 그가 1980년대에 '종교문화'라는 개념을 제시한 것도 당시 상황에서 새로운 출구를 모색하려는 시도였다. 다만 문화 개념에 대한 역사적 한계가 논의되고 있는 와중에서,[36] 문화 개념에 의존하여 이루어진 당시의 개념적 적합성이 지금도 그러한지에 대해서 재검토할 필요는 있을 것이다.

종교문화비평의 '비평'에 대해서도 그 필요성은 마찬가지다. '종교문화비평'이라는 한종연의 기관지 명칭은 비평 혹은 비판의 중요성을 강조하고 있다. 그런데 이것은 과연 어떤 것인가? 이 비평의 개념에는 객관성을 얻기 위해서 거리두기가 필수적이라는 관점이 포함되어 있는가? 이른바 연구대상과의 신체적, 감정적 단절이 일시적이나마 상정되어 있는 것이 아닌가? 연구자 자신의 견고한 정체성 구축(構築)과 연구 과정 중, 감화(感化)의 가능성 금지가 암암리에 내포되어 있는 것이 아닌가? 변화의 모험이 아니라, 고정된 관점의 일관성이 선호되고 있지 않은가? 텍스트에 내재된 물음을 근원에 이르도록 파헤치는 대신, 몇 가지 컨텍스트를 대입해 버리는 것으로 임무 완수를 외쳐 오지 않았는가? 텍스트 속에 숨겨진 부장품을 찾는다고 '무덤'을 파헤쳐 놓는 것으로 그치지 않았는가? 이런 물음과 함께 하는 논의는 비평이 견지해 온 날카로움을 견지하면서 '다른' 시각, '다른' 개념으로의 창발 가능성을 높이는 방안이 무엇인지 고민하는 것이다.

19세기 후반 유럽에서 처음 종교학이 등장하던 상황을 생각한다. 어떤 상황에서 그런 새로운 관점이 태동하게 되었을까? 왜 그냥 믿지 않고 그 신앙에 대한 연구가 필요하다고 생각하였을까? 이후 공산권에서의 종교 연구처럼 종교를 효율적으로 제거하려는 것이었을까? 인간적 현상으로, 자연적인 현상으로 치환함으로써 종교에 대한 두려움을 없애고 청소하기 위한 의도가 없었다고 볼 수는 없다. 하지만 무엇보다 새로운 담론 공간이 마련됨으로써 종교를 위한 독자적인 자리가 만들어졌다는 점을 아는 것이 중요하다. 그 바탕 아래 담론 내용을 두고 옥신각신 밀고 당기더라도 그 공간은 유지, 보존되는 것이다. 핏대를 세우며 공격하는 것 같아도 그 공간 자체를 없애지 않으며, 오히려 강화하는 측면이 있다. 결국 보존하는 의지의 작용이 관철되며 재생산 과정으로 이어진다. 이 시기에 종교 개념이 뚜렷이 정착한 것도, 종교에 대한 연구가 시작된 것도 먼저 마련된 이런 공간을 전제한다. 그 범위 안에서 길항(拮抗)작용이 나타나고, 거기에서 긴장 관계가 만들어져 그 공간의 탄력성 수준을 높인다. 현세-초월계의 관계, 인간-비(非)인간 사이의 관계, 자연-초(超)자연의 관계 사이의 새로운 개념 설정과 경계선 구획에 모두 이런 밀고 당김의 긴장 관계가 내포되어 있다.

종교 영역은 바로 이런 경계선 사이를 넘나들고 오고가는 나들목 같은 곳이다. 문턱에 있는 만큼 매혹적이기도 하고, 끔찍하기도 하다. 이곳은 막으려고 애써도 항상 이타성(異他性)이 스며들며, 예측 불가능한 것, 새로운 것이 안팎으로 출몰하는 영역이다. 존재의 바닥과 그것이 주는 생소함을 경험하고 다른 지평을 상상하기에 그야말로 이곳은 최적의 장소라고 할 수 있다. 종교학의 공간은 이 무한한 가능성을 맘껏 즐기면서 확장하라고 누군가가 방치해 놓은 곳이다. 경계선 나들목의 매혹과 끔찍함을 맛볼 수 있는 자만이 짐짓 방치되어 별로 눈에 띄지 않는 이 영역에 입장한다. 종교학의 장(場)에 들어오는 자는 남이 매달아 놓은 미끼에 이끌려서 오는 것이 아니라, 자기 몸의 감각기관이 진동하고 흔들려서 온다. 현 지배체제에서 주는 미끼가 거의 없기 때문이다. 입장한 자는 부귀영화는커녕 생존의 유지를 걱정해야 할 처지에 놓일 수도 있다. 그렇지만 연구자는 자기 몸을 추스르고 이리저리 갖가지 경계선을 누비면서 게릴라처럼 출몰한다. 그가 믿는 것은 오직 자기 몸의 감각과 게슴츠레한 눈으로 꾸는 백일몽적 상상이다.

물론 그는 자기 감각기관의 움직임이 늘 동일하지 않고, 다르게 움직일 수도 있다는 것을 알고 있다. 그래서 자기 몸에 파인 특정한 '아비투스'에 집착하여 온통 사로잡히는 일에서도 벗어나야 한다는 것을 안다. 영국의 종교학자 그래엄 하비는 이런 물음을 던진 적이 있다. "당신이 과거와 미래를 머릿속에 그릴 때, 당신의 머릿속과 손동작은 어떠한가?", "어제와 미래를 말할 때 당신의 몸동작은 어떤 방향인가?"[37] 우리에게 익숙한 것은, 과거는 우리의 뒤에 미래는 우리의 앞에 있는 듯이 하는 몸동작이다. 하지만 하비에 따르면, 뉴질랜드와 칠레의 원주민은 과거가 그들 앞에, 그리고 미래는 그들 뒤에 있다는 몸동작을 한다. 지나간 과거에 대해서는 이미 알고 있으므로 그들 눈앞에 펼쳐져 있는 것과 같지만, 미래는 모르는 것이기에 그들 뒤편에 놓여 있는 것과 같다는 것이다.[38] 이렇듯 몸의 움직임은 서로 다르게 나타난다. 이런 움직임은 생각의 습관과 밀접하게 연결되어 있다. 짐작컨대 이런 몸동작을 하는 사람들은 우리와 다른 방식으로 시간을 생각할 것이다. 과거-현재-미래라는 개념틀 자체도 다를 수 있고, 고대-중세-근대-현대의 도식과 다른 방식으로 시대구분을 할 수도 있다.

이런 점이 우리에게 알려 주는 것은 무엇인가? 그것은 저절로 행해지는 우리의 습관이 자신도 모르게 우리의 말과 생각을 좌우한다는 것을 깨닫고 그동안 우리가 생각하고 말하고 움직여 왔던 방식을 다시 살펴볼 필요가 있다는 것이다. 그런 성찰이 이루어지면 우리와는 다르게 움직이고 생각하는 다른 이들의 방식을 주목하게 된다. 너무나 익숙한 나머지 언제나, 그리고 누구나 같은 방식으로 살고 있을 것이라는 착각에서 벗어날 수 있고, 그것과는 전혀 다른 새로운 방식의 삶도 상상해 볼 수 있다. 그래야 그동안 우리가 사로잡혀있던 여기에서 벗어나 '다른 어떤 곳(elsewhere)'을 상상해 볼 수 있다.[39] 다른 곳에 가려면 그동안 우리 손이 움켜쥐고 있었던 것을 놓아야 한다. 우리가 세상을 경험해 왔던 것은 그런 습관의 산물이었으므로, 거기서 벗어나지 않으면 다른 시야를 얻는 것이 거의 불가능하다. 브라질의 인류학자 에두아르두 비베이루스 지 까스뜨루가 말한 '사고의 탈식민화 (decolonization of thought)'는 바로 그런 벗어남의 과정을 일컫는다.[40] 비베이루스 지 까스뜨루는 새로운 개념을 창출함으로써 사고(思考)를 끊임없이 탈식민화하는 것이 바로 인류학이 나아가야 할 방향이라고 주장한다.[41] 그리고 이런 관점은 들뢰즈가 새로운 개념의 창조가 철학이 마땅히 해야 할 바라고 주장한 것과도 연결된다.[42] 개념을 문제삼는 것은 그동안 식민화 상태에 있던 우리의 상상력을 풀어내기 위해 반드시 해야 하는 작업이다. 하지만 이런 작업이 어찌 인류학과 철학에 국한될 수 있겠는가? 모든 공부가 당연히 지향해야 할 목표이다.

이 글은 그동안 필자가 견지해 왔던 문제의식을 중심으로 한국의 근대와 종교 개념이 지닌 문제점에 대해 간단하게 살펴본 것이다. 독자가 종교 연구의 다양한 주제를 연구할 채비를 하면서 일종의 기본 준비 동작으로 이 글을 보아 준다면, 더 바랄 것이 없다.

근대이행기 한국종교사 연구 시론 하나의 사례

: 19세기 한국천주교사를 중심으로

조 현 범

1. 서론

1988년에 정식으로 출범한 한국종교 연구회는 1991년부터 종교이론분과, 세계종교사분과, 한국종교사분과의 3개 분과 체제로 운영되었다. 한국종교사분과는 장기적으로 한국종교사의 집필을 목표로 내세웠다. 종교이론분과는 종교학개론 간행, 세계종교사분과는 세계종교사 간행, 한국종교사분과는 한국종교사 간행, 이렇게 세 가지 일을 해내면 비로소 한국의 학계에서 종교학이라는 학문이 시민권을 획득할 수 있으리라고 보았던 것이다. 1980년대와 1990년대 한국의 젊은 연구자들은 '우리 자신의 문제의식'으로 '우리 현실 속의 자료'를 가지고 '우리의 학문'을 일구어야 한다는 생각을 지상 명제로 삼고 있었다. 젊은 종교 학도들도 다르지 않았다. '우리'의 종교 현실에서 나온 자료들을 바탕으로 연구하여 '우리'의 종교사도 쓰고, '우리'의 종교 현실에 맞는 종교학개론도 내고, '우리'의 관점에서 바라본 세계종교사도 만들자는 생각을 품고 있었다.

한국종교 연구회 내에서 한국종교사 연구를 견인한 것은 두 가지였다. 하나는 근현대 한국종교사 자료 읽기 공부였다.《한성순보》등을 읽으면서 종교라는 낱말이 언제 처음 쓰이기 시작했는지를 찾아나간 이가 있는가 하면, 일제강점기 후반의 신사참배 문제를 천착한 이도 있었다. 또 하나의 한국종교사 연구 흐름은 근대 이전, 특히 조선시대 종교사에 주목한 것이었다. 주로 민중사 연구의 영향을 받으면서 아래로부터의 종교사를 구상한다거나, 사회사와 같은 총체사로서 종교사를 접근해야 한다는 입장을 견지하고 있었다. 민중사 또는 사회사를 지향하는 한국종교사의 연구 흐름은 한국종교사회사연구회라고 불렸다.

결국 한국종교사분과는 한국종교사 통사를 간행하는 데에 이르지 못한 채 그 활동을 중단하고 말았다. 그 대신에 1998년에 가서 『한국 종교문화사 강의』라는 이름으로 단행본을 내었다. 이 책은 당시 어느 종교계 주간신문에 연재한 기획기사들을 수정 보완하고, 일부는 관련 연구자들에게 새로운 글을 부탁하여 함께 엮은 것이었다. 기존 연구 논문들을 요약 정리한 글들이 많았다. 당시로서는 가용한 범위 안에서 최신 연구들을 반영하였다고 하지만, 그 뒤로 새로운 논문들이 많이 나와서 시대에 뒤처진 부분이 많다. 각 항목 끝에 달려 있는 참고문헌을 보면 그렇다. 게다가 한국종교사라는 제목을 붙이기에는 빠진 항목들이 많다. 해당 시기와 관련하여 반드시 다루어야 하는 주제들도 많았지만 적절한 필자를 찾지 못해서 비워 둘 수밖에 없었다. 이 책을 디딤돌로 삼아 언젠가는 한국종교사 통사를 완성하리라는 꿈을 가진 사람들이 나를 비롯하여 여럿 있다.

그래도 한국종교 연구회, 그리고 그 후신인 한국종교문화연구소의 한국종교사 연구는 근대종교사 연구 분야에 관해서만큼은 독보적인 위치를 차지하였다. 개항을 기점으로 시작된 한국 근대종교사에 대한 연구에서는 종교 개념의 형성, 종교 자유나 정교분리 등 종교지형의 변천, 개별 종교들의 근대적 변화 등을 탐색한다. 이러한 작업의 결과는 이제 종교학계에서 어느 정도 상식에 속할 만큼 널리 인정받고 있으며, 또 관련 연구 논문들도 많이 인용되는 추세이다.

하지만 근대종교 연구에서 내가 불편하게 느끼는 점이 있다. 개항 이후에 성립한 한국의 종교 개념을 분석할 때 왜 꼭 유형론을 전개해야만 하는가? 종교라는 낱말이 쓰이는 용례를 몇 갈래로 나누어 정리하면 네 가지 정도가 나온다는 것이다. 그리고 이런 유형들은 문명의 달성, 집단의 유지라는 시대적 과제를 좌표축으로 놓고 설정한 좌표평면상의 영역들과 일치한다. 그래서 ① 종교가 문명을 달성하고 집단을 유지하는 데 도움이 된다고 상상하면 문명기호적 종교 개념, ② 종교가 문명을 달성하는 데에는 도움이 되지만 집단과는 상관없이 개인의 내면에 한정된다고 상상하면 이신론적 종교 개념, ③ 종교가 문명 달성과는 상관이 없지만 집단 유지에 도움이 된다고 상상하면 인민교화적 종교 개념, ④ 종교란 문명 달성이나 집단 유지 어느 쪽과도 관련이 없으며 사적인 영역에 제한되어야 한다고 상상하면 반종교적 종교 개념, 이렇게 네 가지 용례 유형이 가능하다는 것이다.[1]

　문명과 집단이라는 두 가지 좌표축의 설정도 자의적이라는 생각이 들고, 또 각 용례 유형들이 그렇게 분절적으로 나뉠 수 있을까 하는 의문도 있지만, 그보다도 더 심각하게 묻고 싶은 것은 왜 유형론을 선택했을까 하는 점이다. 《한성순보》 등 개항 당시 신문이나 잡지, 소설 등에 실린 기사들을 읽으면서 종교라는 낱말이 튀어나올 때 이 말이 어떤 의미를 담아서 쓰이는지를 정리하는 방식에는 여러 가지가 있을 수 있다. 몇 가지 구별되는 의미들을 묶어서 집합을 만들고 그 집합들을 통일된 분류 기준에 따라서 다시 배열하여 평면적인 유형 지도를 그릴 수도 있겠지만, 종교라는 낱말과 그 아래 범주로 묶이는 낱말, 종교와 병렬될 수 있는 동등한 낱말, 종교가 포괄되는 더 상위의 낱말 등을 선으로 연결하여 개념의 관계 지도를 그릴 수도 있을 것이며, 그 외에도 다양한 시도가 가능하리라고 본다. 그중에서 왜 하필 유형론이었을까? 나는 종교 개념에 대한 연구가 유형론으로 방향을 잡으면서 근대 한국종교사 연구가 종교 개념을 도리어 고정시키는 효과를 낳았다고 생각한다.

이런 문제의식을 처음부터 갖고 있었던 것은 아니다. 내 관심이 근대보다는 근대로 이행하던 과도기에 더 쏠리면서 그러한 문제의식을 갖게 되었다. 시기로 보자면 18세기에서 19세기에 걸친 때이다. 특히 천주교의 전파와 정착 과정에 대한 연구를 통해서 근대이행기 한국종교사 문제를 다루고 싶다. 말하자면 17세기 이전 한국종교사와 결을 달리하는 지점을 찾아내자는 것이다. 19세기 후반의 개항 시기에 접어들면 그러한 새로움이 지나치게 현란한 빛을 발산하면서 온 세계를 헤집고 다니기 때문에 역동적인 측면보다는 고정된 스테레오타입으로 다가오는 측면이 더 강하다. 이에 반해서 19세기 한국종교사는 딱히 일컬을 이름도 없을 만치 혼효를 일으키고 스스로 끓어넘치는 용광로 같은 측면을 지니고 있다. 그 속에서 천주교는 어떤 모습으로 존재하였을까? 이런 것이 내 문제의식으로 자리잡게 되었다. 그리고 지금까지 작업한 내용들을 돌아보니 그런 문제의식의 단편이라도 담긴 경우가 간혹 보였다. 이에 한국 천주교 역사 자료를 토대로 하여 19세기 한국종교사 연구에 대해서 내가 가지고 있는 견해들을 간단히 피력해 보고자 한다.

2. 박해와 순교에 대한 종교사적 해석

19세기 한국 천주교의 역사를 다룰 때에 필연적으로 만날 수밖에 없는 주제가 바로 박해와 순교이다. 천주교 신자들의 이미지 속에도 그 시대 교회의 모습은 항상 '신앙 선조들의 용감한 순교 정신'이라는 말로 장식되어 있다. 그뿐만 아니라 19세기 조선을 연구하는 역사학자들의 글에서도 천주교는 제사 거부, 사옥(邪獄), 처형, 순교 등의 낱말과 결부되어 있다. 천주교의 신학적 또는 신앙적 관점을 배제하기 어려운 교회사 연구나 정치적 맥락과 사회적 동기 등에 주목하는 일반 역사학 연구, 어디에서도 순교를 종교사의 안목에서 다루려는 시도를 찾기는 어렵다. 한편 종교학자들은 19세기 천주교의 순교 문제에 대해서 어떻게 발언할까? 이 대목에서 나의 독서 경험 한 가지를 말하고자 한다. 대략적인 내용을 인용하자면 다음과 같다.

> 순교는 자신에 대한 봉헌과 타자에 대한 증오를 전승하는 기제(機制)로 자리를 잡는다. '나'를 살해한 '다른 자아'에 대한 증오가 증폭되도록 하는 일은 피살자를 기리는 일에서 가장 효과적이기 때문이다. 그리스도교가 순교를 기리는 '죽음 권면의 문화'를 규범적인 것으로 설정하는 것도 이와 무관하지 않다.[2]

이런 관점에서 보자면 현대 한국 천주교가 19세기의 순교자들을 기억하는 일은 죽음만이 아니라 죽임도 함께 다룬다. 그러므로 순교자를 현양하는 활동은 죽임을 초래했던 가해자에 대한 증오를 키우는 행위이기도 하다. 본질적으로 순교를 칭송하는 일은 당시의 우리 또는 내가 옳았다는 독선, 그럼에도 우리 또는 내가 억울하게 죽임을 당했다는 증오를 안고 있는 것이다.

종교 학도가 자신의 문제의식을 키워 나갈 때 스승들의 그림자에서 탈출하려고 애쓰는 것은 당연한 일이다. 또 그래야만 자기만의 학문 세계를 만들어 나갈 수 있다. 자발적 죽음으로서의 순교, 특히 19세기 조선 천주교 신자들의 순교를 어떻게 다루어야 할까? 나는 이 지점에서 순교라는 행위가 천주교를 통하여 조선사회에 들어온 것이 당시의 종교사 속에서 어떤 의미가 있는지를 점검하고 싶었다. 말하자면 19세기 한국종교사 속에서 순교라는 종교 형식의 출현이 어떤 의미를 지니고 있는지를 묻고, 그 외연과 내포

를 점검하는 작업을 해 보자는 것이었다.[3]

순교에 대한 논의를 진행하기 위하여 처음 연구 대상으로 삼은 것은 윤지 충 사건이었다. 을사추조적발사건 당시 체포된 신자들 가운데 유일하게 희 생된 사람은 김범우였다. 하지만 김범우를 순교자라고 칭하지는 않는다. 왜 냐하면 죽기 전에 신앙고백을 남기지 않았기 때문이다. 이에 반해서 윤지충 은 천주교 신앙을 선택하여 스스로 죽음을 받아들이겠다는 말을 분명하게 남겼다. 그래서 천주교에서는 윤지충을 최초의 순교자라고 말한다. 그렇다 면 윤지충을 시작으로 하여 19세기 조선 천주교 신자들이 받아들였던 순교 관념은 19세기 한국종교사의 맥락 속에서 볼 때 어떤 의미가 있을까? 테제 의 형식으로 정리하면 다음의 네 가지로 요약할 수 있다.

첫째, 천주교와 전통 종교, 특히 조선왕조의 지배 이념이었던 유교와의 관 계 단절이다. 윤지충 사건을 계기로 하여 천주교와 유교는 적대적 관계로 돌아서고 말았다. 다양한 만남과 상호작용의 가능성들은 완전히 차단되었 고, 유교 지식인 집단과 예교주의 이념을 기반으로 성립하였던 조선왕조의 국가 질서는 어떠한 대화도 모색하지 않은 채, 벽이단(闢異端)의 입장에서 이 단사설(異端邪說), 사학집단(邪學集團)으로 낙인찍었다. 이미 십계명에 군신 관계(君臣關係)의 윤리 규범이 들어 있지 않다는 등 천주교의 교리에 대해서 부정적인 인식을 가지고 있었던 성리학자들은 천주교 신자들의 폐제분주 (廢祭焚主)를 바라보면서 천주교가 반인륜적 성격을 지닌 이적금수(夷狄禽獸) 의 가르침이라고 확신하게 되었던 것이다.

여기서 천주교를 오랑캐, 나아가서 짐승의 자리에 두었다는 사실은 음미 해 볼 만한 가치가 있다. 조선시대에는 천주교 전래 이전에도 벽이단의 전 통이 있었다. 즉 고려 말에서 조선 초 사이에 정도전과 같은 인물이 중심을 이루어 벌였던 유학자들의 불교 비판, 즉 벽불론(闢佛論)이 있었으며, 맹자의 학설을 좇아서 양주(楊朱)나 묵적(墨翟)을 비판하고, 노자(老子)와 장자(莊子)의 가르침을 이단으로 배격하는 태도 역시 지속적으로 존재하였다. 그러나 윤지충 사건을 겪으면서 성리학자들은 천주교의 폐단이 이들보다 훨씬 더 심하다고 보았다. 심지어 천주교를 중화주의(中華主義) 세계관으로 볼 때 유교의 감화력이 미치는 범위 바깥에 존재하는 절대적인 타자, 즉 금수의 영역에 두었다. 이로써 유교와 천주교는 서로 건널 수 없는 강을 사이에 둔 적대적 관계로 고정되고 말았다.

결국 유교의 이념적 지향성이 강화되면서 유교적 세계관의 외부, 이를테면 서구 세계와 접촉하려는 유연한 시도들은 이제 더 이상 상상할 수 없는 일로 인식되었다. 그리하여 조선 후기에 양명학의 흥기나 이른바 '실학운동'의 대두와 더불어 싹트기 시작했던 유교 내부의 새로운 사상적 움직임은 종교적 혁신의 활력을 얻을 수 있는 중요한 원천 한 가지를 잃고 말았다. 이에 따라서 유교 진영의 내부에서는 자그마한 일탈이나 다양성의 추구도 인정하지 않는 강력한 교조주의, 혹은 다른 말로 표현한다면 순일주의(純一主義)가 주된 에토스로 자리를 잡았다.

이러한 조선 유교의 성격은 구한말에 일어난 척사위정운동 시기까지 변함없이 지속되었다. 이 때문에 1860년 최제우가 동학을 창도하기까지 19세기 한국종교사에서는 어떠한 종교적 혁신도 기대할 수 없게 되었다. 그나마 서학 즉 천주교에 대응한다는 심리적 동인을 안고 시작된 동학 역시 초창기에 좌도난정(左道亂政)의 죄목으로 교주가 처형당하고 탄압을 받았으며, 동학운동은 급기야 대규모 농민전쟁으로 비화하고 말았다. 그러므로 우리는 윤지충의 순교를 계기로 하여 한국종교문화의 지형이 경색 일변도를 걷게 되었다는 점, 주류 종교였던 유교 내부에서는 어떠한 종교적 활력도 생성하지 못했다는 점 등을 지적하지 않을 수 없다.

둘째, 천주교는 핍박받는 종교 집단으로서 자신의 종교적 정체성을 형성하였다. 그리고 그 핵심에는 윤지충의 순교로부터 비롯한 제사 거부 행위가 자리하고 있었다. 윤지충 사건 이후 양반층 신자들이 대거 이탈하고, 교회 구성원의 성격이 중하층 서민들을 중심으로 재편되면서 천주교는 주류의 종교지형으로부터 완전히 이탈하였다. 그리하여 조선의 지배층에서는 천주교가 세상을 뒤집어엎으려는 반체제 집단이라는 인식을 갖게 되었다. 이에 대응하여 조선 천주교는 신앙에 대한 증오심을 가진 지배층으로부터 자신들이 박해를 받고 있다고 생각하였다. 이것은 천주교가 특정한 신앙을 믿고 실천하는 종교 조직이라는 자기 정체성을 확인하는 계기가 되었다.

물론 천주교가 19세기 내내 억압당하는 소집단이라는 정체성만 가지고 있었던 것은 아니다. 특히 철종 시대 후기에 접어들어서 전국적인 규모의 공식적인 박해가 잦아들고, 천주교가 상대적인 안정기를 구가하였을 때에는 조선사회의 일원으로서 자기 존재를 과시하기도 하였다. 즉 어떤 지역에서는 신자들이 장례 예절을 거행할 때에 외교인들을 전혀 상관하지 않고 공공연히 대낮에 십자가를 앞세우고 큰 소리로 기도문을 외면서 동네 길을 지나가기도 하였다는 기록도 있다. 그리고 베르뇌 주교와 다블뤼 주교가 홍콩의 파리외방전교회 극동대표부에 한문본 교리서의 반입을 요청했던 점도 유념할 대목이다. 말하자면 양반층 신자들의 입교가 증대하였기 때문에 이들을 위한 교리서가 필요했던 것이라는 해석이 가능하다. 병인박해 당시의 순교자였으며, 철종 때에 승지 벼슬을 지냈던 남종삼(南鍾三)과 같은 인물이 양반층 신자의 대표적인 사례일 것이다.

이상의 점들을 고려한다면 19세기 조선사회에서 천주교는 거시적인 측면에서 조정의 탄압 아래에서도 신앙을 지키는 집단이라는 자기 인식이 있었다. 이와 더불어 1850년대 무렵에 한정하여 세밀하게 들여다보면 조선 천주교는 좀더 복잡한 정체성을 가지고 있었다. 먼저 하층민 신자들이 중심을 이루면서 공식적인 영역에서 언제나 탄압받고 배척당하고 있다는 의식을 가지고 있었다. 하지만 이와 동시에 양반층 신자를 확보하여 언젠가는 주류 사회로부터 자신들의 신앙을 인정받고자 하는 욕망도 지니고 있었다. 이렇게 본다면 '종교'라는 낱말이 생겨나기 이전에 벌어진 일이기는 하지만, 19세기 조선 천주교 신자들의 생각을 그 내용과 속성으로 따져서 종교적인 것이었다고 말할 수 있지 않을까 한다.[4]

셋째, 19세기 한국종교사에서 새로운 종교적 역동성이 천주교를 배경으로 하여 출현하였다. 종교적 역동성은 문화적으로 주류에 속하는 집단 안에서가 아니라, 마치 게토처럼 주변과 단절되어 소규모 집단으로 신앙생활을 유지하던 집단에서 발생하였다. 즉 19세기 한국종교사의 흐름을 관찰할 때 종교적 혁신이라고 부를 만한 징후가 천주교 내부에서 감지되었다는 것이다. 윤지충의 순교 이후에 천주교는 제사 문제에 대해서 부정적인 입장을 분명히 하였다. 그러나 태어나서 성인이 되고 이윽고 죽음에 이르는 일상생활의 세계와 관련된 통과의례의 영역에서는 천주교 신자들도 나름의 대안을 만들어 낼 수밖에 없었다. 제사금령의 확고한 원칙을 준수하는 것만으로는 만족할 수 없었기 때문이다. 제사를 폐지하는 대신에 이를 대체할 수 있는 상장예식이나 추모의례가 필요하였다.

기존의 방식을 거부하기만 하는 것이 아니라 달리 새로운 방식을 창안해야 하는 지점에서는 독특한 종교적 융합과 혁신이 발생할 가능성이 존재한다. 그것이 19세기 조선 천주교에서는 연도(煉禱)라는 독특한 의례를 실천하는 것으로 나타났다. 연도는 천주교 신자들이 죽은 이를 추념하는 기도인데, 천주교의 고유한 의례인 성인호칭기도를 특색 있는 민요 가락에 얹어서 행하는 것이다. 이것은 천주교 신자들이 죽음과 관련한 전통 유교적 관행을 포기하더라도 새로운 문화적 대안을 마련할 수 있음을 보여주었다. 따라서 19세기 한국종교사 전체로 보자면 천주교가 반목과 대립, 박해와 탄압이라는 적대적 양상 속에서만 존재한 것이 아니라, 이와 더불어 선택의 폭이 대단히 좁기는 했어도 새로운 종교적 혁신을 시도하는 움직임을 보이기도 하였던 것이다.

이것은 바로 종교의 하위 영역 가운데 하나인 의례문화의 독특성에서 나온다고 하겠다. 즉 몸짓의 문화(dromena)로 구성되는 의례의 실행은 고정된 언어적 구성물(legomena)인 교의적 가르침이나 위계적인 교단 조직보다도 훨씬 더 가변적이고 역동적이다. 그래서 구체적인 종교적 실천의 현장에서는 새로운 의례 형식이 출현할 가능성이 더 높다. 이런 점은 한스 요아스(Hans Joas)가 말하는 행위의 창조성(Die Kreativität des Handelns) 개념으로 설명될 수 있지 않을까 한다.[5] 말하자면 윤지충의 순교 이후 조선의 천주교 신자들은 조정의 탄압을 받아 명맥만 간신히 유지해 나가는 과정에서 의례 행위가 지닌 역동성을 바탕에 깔고 연도라는 새로운 죽음의례를 창안하였다. 이 과정에서 민요나 불교의 염불과 같은 기성의 종교적 요소들을 차용하면서 일종의 융합과 혁신이 이루어졌다.

넷째이자 마지막으로 지적한 것은 순교(殉敎, martyrdom) 개념의 도입이다. 천주교를 통하여, 좀더 직접적으로는 윤지충을 매개로 하여 순교에 대한 관념이 19세기 한국종교사에서 새롭게 등장하였다는 것이다. 불교의 한반도 유입과 관련하여 이차돈 설화가 존재하기는 한다. 그러나 이야기 자체가 워낙 고대의 일이므로 이차돈 사건의 객관적인 내용과 한국종교사 속에서 차지하는 의미를 묻기는 어렵다. 그러므로 윤지충의 죽음 이후에 순교라는 관념이 천주교를 매개로 하여 19세기 한국종교사에 새로운 에토스로 도입되었다고 말하고 싶다. 나아가서 이차돈의 자발적인 죽음을 순교라고 지칭하는 것 역시도 그 이후에 생겨난 용어법일지도 모른다.

　그런데 과연 천주교에서 말하는 순교 개념이 한국종교사에서 충격적일 정도로 새로웠을까? '견리사의 견위치명(見利思義 見危致命)'과 같이 유교적 덕목에서 사사로움보다는 의로움을 앞세우고, 나라가 위태로울 때에는 스스로 목숨을 바치는 것이 군자가 갖추어야 할 자질이라고 여기는 의식은 분명히 존재하였다. 즉 도덕적 판단에 의하여 자발적인 죽음도 감수할 수 있다는 사유는 이전부터 있었던 것이다. 하지만 개인이 신앙적 결단에 의해서 선택한 종교적 가르침을 지키기 위하여 죽음도 받아들인다는 의식은 아마도 윤지충을 필두로 하여 천주교 신자들이 보인 순교 행위가 한국종교사에 새롭게 도입한 사유가 아닐까 한다. 그리고 이것을 좀더 확장하여 해석한다면, 훗날 개항이 이루어지던 시기에 가서 서구적인 근대성이 도입될 때에 양심의 자유에 따른 신앙의 자유와 연결됨으로써 근대적 사유의 새로운 규준으로 자리를 잡았다고 하겠다.

　순교 개념이라는 한국종교사에 새롭게 소개한 종교적 에토스에 대해서 좀더 천착할 필요가 있다. 윤지충 등이 자신의 죽음 앞에서 드러내 보인 태도는 우리가 살고 있는 이 세상, 즉 현세에 대하여 특정한 입장을 담고 있었다. 그것을 막스 베버(Max Weber)의 개념으로 표현하자면 세계부정(Weltablehnung)의 태도였다. 말하자면 이 세상은 유일회적이며 덧없는 곳이고, 우리가 죽은 뒤에는 이 세상과 완전히 절연되어, 전혀 다른 질서가 작동하는 세상으로 가게 되며, 두 세계 사이에는 어떠한 연속성도 존재하지 않으며, 진실하고 영원한 곳은 저세상이라고 생각하였다. 현세에 대한 이와 같은 인식 태도는 한국종교사 속에 자리잡고 있던 기존의 어떠한 세계 인식과도 구별되는 것이었다.

　무속과 같은 토속적 세계관이나 유교적 타계관에서 사후의 세계는 현세의 무한한 연장선 위에 존재한다. 무속에서 그곳은 삼도천(三途川) 너머의 세계이지만, 다양한 방법으로 현세와 영향을 주고받으며, 언제든지 종교 전문가에 의해서 현세로 초빙될 수 있는 곳이다. 유교적 세계관에서 사후 존재는 기의 분산에 따라서 흩어져 있다가 후손들이 제사 때에 드리는 제물을 흠향하기 위하여 일시적으로 혼백이 결합되어 되돌아온다. 그러므로 현세에서 분리된 고유한 저세상이 독자적으로 존재하지 않는다. 이런 의미에서 무속과 유교의 세계관은 현세의, 또는 현세적 속성의 연장(extension) 속에 존재한다. 그래서 세계부정이 아니라 세계긍정의 사유 방식인 것이다.

한편 불교의 경우에는 현세적 존재를 연기법(緣起法)에 의해서 구성된 공허한 존재로 보기 때문에 세계부정의 태도를 내포한다고 말할 수 있다. 하지만 불교에서 말하는 연기법에 의해서 사후 존재가 가게 되는 저세상은 현세의 무한한 반복으로서 존재하는 타계(他界)이다. 즉 윤회는 유일회적인 것도 아니며, 현세와 완전히 절연된 타계로의 재탄생을 의미하는 것도 아니다. 불교의 가르침에서는 현세와 동일한 존재론적 위상을 부여받는 다양한 세계들 사이에서 무한반복으로 윤회하는 것이 깨달음을 얻지 못한 인간에게 주어진 카르마(karma)이다. 그러므로 불교적인 세계부정 역시 천주교의 타계관과는 다른 지향점을 지니고 있다고 하겠다.

무속이나 유교, 불교 등의 세계관과 비교할 때 윤지충 등의 순교라는 극적인 사건 속에서 드러나는 천주교의 세계 인식은 현세와 내세의 절대적 구별, 현세의 유일회성, 내세의 절대성을 그 특징으로 한다. 말하자면 현세에 대한 세계부정의 태도이며, 현세의 시간과 공간을 상대화하고, 그렇게 상대화한 시간과 공간을 평가하는 절대적 가치 기준을 현세의 바깥에서 찾는 세계관이다. 이것을 역으로 생각하면 현세의 의미를 현세 밖에서 발견하려는 것이기 때문에 탈세속적이라 할 수 있으며, 동시에 현세적인 삶을 평가하는 불변의 고정된 준거를 마련하려는 것이기 때문에 염세적인 것과는 상반된다고 할 수 있다. 따라서 천주교의 순교 관념이 보여주는 세계관은 기존 한국종교사에서는 대단히 낯설고 새로운 사유 방식이었을 것이다.

그렇다면 이런 세계 인식은 천주교만의 고유한 것으로 남아 있었을까? 19세기 한국종교사 속에 아무런 혼효나 상호 침투의 흔적도 남기지 않았을까? 19세기 후반에 등장한 동학이나 증산교 등의 타계 인식의 연원을 흔히 도교적 세계관에서 찾으려는 시도가 많다. 그런데 천주교의 순교 관념에 깔려 있는 세계부정의 사유 방식이 19세기 한국종교사에 새롭게 각인시킨 세계관의 흔적을 동학이나 증산교 등에서 찾을 수는 없을까? 나는 아직 이 문제에 관하여 확실한 답변을 제출할 수 있는 준비가 되어 있지 않다. 그러므로 19세기 한국종교사의 변동 과정에서 천주교가 어떤 역할을 하였는지, 그 속에서 순교 관념이 어떤 의미를 지니는지에 대해서는 앞으로 좀더 연구가 진행되어야 하리라고 본다.

3. 근대적 개념의 중층적 의미 구성: 양심의 경우

많은 경우에 근대적인 개념이나 용어는 개항과 더불어 조선사회에 유입되었다고 생각한다. 그래서 개항 무렵에 간행된 문헌자료들을 연구하여 새로운 개념의 출현을 포착하고, 그 속에 담긴 근대적 사유의 논리 구조와 영향력을 해명하려고 애를 쓴다. 새로 만들어진 말, 즉 신조어(新造語, neologism)의 경우에는 이런 시도가 상당한 타당성이 있다. 왜냐하면 그 이전에 쓰던 말로는 도저히 담을 수 없는 사태가 전개되어서 새로운 말이 만들어지기 때문이다.[6] 이런 맥락에서는 신조어가 새로 도입된 근대, 근대성, 근대적 사유를 읽어 내는 데 훌륭한 시금석의 역할을 할 수 있다. 그런데 옛날에 쓰이던 낱말에 새로운 의미를 담아서 재활용하는 경우도 있다. 말하자면 시니피앙은 그대로인데, 시니피에는 교체되거나 중첩되는 것이다. 또는 동일한 시니피앙이라고 해도 발화가 이루어지는 순간에 새로운 의미망을 형성하는 경우도 있다. 이처럼 같은 것처럼 보이면서도 미세하게 달라진 개념이 완전히 새로운 개념보다 훨씬 더 우리의 지적 욕구를 자극한다. 어떻게 다른가? 정말 다르기나 한 건가? 좀더 직접적으로 말한다면 근대성이 수용된 이후에야 근대적 개념이 작동하는가? 아니면 다양한 경로로 수용된 근대적 개념이 촉진과 길항의 복잡한 작용을 거치면서 근대성을 특정한 방향으로 견인하는가?

내가 양심 개념에 관심을 가지게 된 것도 이러한 문제의식과 연결되어 있다. 직접적인 계기는 정하상이 체포되기 직전에 썼다는 천주교 호교론『상재상서(上宰相書)』를 읽다가 마지막 부분에서 양심이라는 낱말을 발견한 것이다. 정하상은 무슨 의미로 양심이라는 말을 사용했을까? 근대성의 핵심 원리 가운데 하나인 양심의 자유를 부르짖기 위하여 쓴 말일까? 아니면 성리학에서 늘 쓰던 말을 그대로 가져온 것일까? 분명히 정하상은 자신과 동료 신자들이 제사를 지내지 않는 것을 변호하는 논리의 하나로 양심이라는 말을 사용하였다. 그 경위를 살펴보면 다음과 같다.[7]

정하상은『상재상서』에서 조상제사를 거부하는 논리를 세 가지로 제시하였다. 첫째, 죽은 사람 앞에 음식을 올리는 것은 천주교에서 금지한다. 살아 있는 사람이라도 잠자는 동안에는 먹고 마실 수 없는 것처럼 영원한 잠에 든 죽은 이들 역시 음식을 먹을 수 없으므로 제사를 바쳐도 아무런 쓸모가 없다. 둘째, 사대부들이 소중하게 생각하는 신주는 나무로 만든 것일 뿐이며, 후손과 조상을 연결시켜 주는 매개체가 될 수 없다. 셋째, 제사는 바른 이치로 보아도 아무런 근거가 없고, 양심이 허락하지 않는다.

앞서 조선 천주교 신자들 가운데 처음으로 조상제사를 거부하고 신주를 불태웠다는 죄명으로 처형된 윤지충 사건을 살펴보았다. 윤지충이 남긴 공술 기록에는 제사를 거부하는 이유가 분명하게 나온다. 그 역시 세 가지로 추릴 수 있다. 첫째, 천주교에서 금지하는 일이다. 둘째, 천주교의 영혼 관념과 교리로 보면 신주와 제사는 헛된 것이다. 셋째, 신주를 세우지 않고 제사를 지내지 않는 것이 사대부의 예법을 위반한 것일 수는 있지만, 조선의 국법을 어긴 것은 아니다.

정하상의 제사 거부 논리는 윤지충의 논리와 매우 유사한 면이 있다. 하지만 윤지충의 주장에서는 나오지 않은 정하상이 새롭게 제기한 문제가 하나 있다. 그것은 바로 양심의 명령에 따라서 제사를 지낼 수 없다는 주장이다. 오늘날에는 양심이라는 용어를 대단히 익숙하게 사용하고 있어서, 그 의미도 자명하리라고 생각하는 경향이 있다. 하지만 조선 후기 사회에서 양심은 성리학의 심성론 개념일 수는 있어도 '양심의 자유'라는 말에 담긴 그러한 의미로 사용되지는 않았다. 그러므로 어떤 용어를 처음 사용하던 때로 돌아간다면 그 상황의 낯설음과 더불어 새로운 사유가 출현하는 현장의 역동성을 확인할 수 있다. 정하상은 『상재상서』에서 양심이라는 오래된 용어를 새로운 맥락에서 사용했던 것이다.

> 목수가 만들어 가지고 분을 바르고 먹을 칠하여 단장한 것을 참된 아비와 참된 어미라 할 수 있습니까? 바른 이치로도 근거가 없고, 양심이 허락하지 않습니다.[8]

정하상이 양심이라는 용어를 사용하는 맥락은 '양심이 허락하지 않는다.'

는 표현에서 알 수 있듯이 도덕적 행위의 준칙과 관련되어 있다. 즉 인지적인 것이 아니라 실천적인 행위의 준칙에 해당하는 영역으로서, 어떤 행동을 실행하기 이전에 그것을 하지 못하도록 하거나, 또는 반대로 그것을 행하도록 강제하는 내적인 도덕률에 해당한다고 하겠다.

과연 이런 종류의 양심 개념이 양명학적이라고 볼 수 있는지에 대해서는 다양한 논의가 가능할 것이다. 하지만 일차적으로 정하상이 사용한 양심 개념에 훨씬 더 근접한 것은 서구 스콜라 신학에서 말하는 '콘쉬엔챠(conscientia)'이다.[9] 이것은 천주가 인간의 마음에 부여한 것으로 선과 악을 구별할 수 있고, 천주의 계명에 따라서 행동하도록 인간을 강제하는 내적 성향 또는 고유한 인간 능력이라고 할 수 있다. 그러므로 정하상이 사용한 양심 개념은 서구 천주교 교리에 등장하는 콘쉬엔챠의 번역어로 보는 편이 타당하다고 생각한다. 물론 콘쉬엔챠에는 옳고 선한 것을 선택하여 실천하는 의지의 결단이라는 측면과 더불어 선과 악을 구별한다는 인지적인 측면도 있다.

그렇다면 정하상은 어디서 이런 언어를 습득하였을까? 첫째 가능성은 18세기 이래로 북경에서 수입된 서학(西學) 관련 서적들, 1784년 이승훈(李承薰, 1756~1801)이 북경에서 세례를 받고 들여온 천주교 교리서, 1795년 중국인 선교사 주문모(周文謨, 1752~1801) 신부가 조선에 들어와서 보급한 천주교 지식일 것이다. 17세기 중국에서 활동한 예수회 선교사 페르디난트 페르비스트(Ferdinand Verbiest, 南懷仁, 1623~1688)는 1677년에 간행한 천주교 교리서 『교요서론(教要序論)』에서 천주십계를 설명하면서 양심의 작용을 다음과 같이 말하였다.

천주께서 처음에 인류를 만드심에 십계의 도리로써 각 사람의 마음에 새겨

주셨으니, 세상 고통을 겪는 사람은 비록 십계가 없으나 그때 사람의 마음이 오히려 순박하고 세상 풍속이 무너지지 않은 까닭으로, 사람이 각각 자기 양심에 비추어 행하면 저절로 능히 천주의 명령을 어기지 않게 된다.[10]

만약 정하상이 페르비스트의 『교요서론』을 읽고 교리를 학습하였다면 천주교에서 천주십계를 지키고자 하는 마음의 작용을 양심이라는 용어로 설명한다는 사실을 익히 알고 있었을 것이다. 따라서 천주십계를 지키는 것이 양심의 명령이며, 이에 입각하여 제사도 거부해야 한다는 인식을 가지고 있었다고 보아야 한다. 하지만 또 다른 종류의 가능성에 대해서도 생각해 볼 필요가 있다. 그것은 1837년에 입국한 제2대 조선 대목구장 로랑 앵베르(Laurent Imbert, 范世亨, 1797~1839) 주교가 정하상과 그의 동료 두 사람에게 초보적인 수준이나마 신학 수업을 하였다는 사실과 관련된다. 그러니까 정하상은 앵베르 주교가 전수한 천주교 신학 용어 또는 신학 교과서에서 양심 개념의 사용법을 배웠을 수 있다. 이것이 조금 더 큰 무게를 지녔을 것으로 예상된다. 『상재상서』의 전반부는 예수회 선교사들의 저술이나 기타 천주교 교리서에서도 충분히 확인할 수 있는 내용이다. 하지만 양심 개념이 등장하는 부분은 『상재상서』 끝에 붙은 '우사(又辭)'에 들어 있다. 그 내용도 제사 금지령의 정당성을 주장하는 부분이며, 예수회 선교사들이 간행한 교리서와 같은 문헌에서 찾아볼 수 없는 것들이다.

한편 정하상의 삼촌 정약용의 글에서도 양심이라는 낱말을 발견할 수 있다. 특별히 주목할 만한 문헌은 정약용이 사학에 물들어 있다는 비방을 당하자 이를 부인하면서 1797년 음력 6월 21일 정조에게 올린 동부승지에서 물러날 것을 청하는 상소문이다. 「변방사동부승지소」라고 이름이 붙은 글은 『정조실록』에 나오며, 『여유당전서』에도 실려 있다. 두 문헌에 실린 정약용의 상소문은 대동소이하다고 한다.[11] 정약용은 한때 자신이 사학에 빠진 적이 있었지만 윤지충 사건을 계기로 하여 완전히 결별하였다고 하면서 양심을 회복했다고 말한다. 해당 부분을 인용하면 다음과 같다.

> 그 글 가운데 제사를 지내지 않는다는 설은 신이 옛날에 보았던 책에서는 못 본 것이니, 이는 제사를 지내지 않았던 갈백(葛伯)이 다시 태어난 것으로 조상을 알아차리는 승냥이와 수달도 놀랍게 여길 것인데 진실로 사람으로서의 도리가 약간이라도 있는 자라면 어찌 마음이 무너지고 뼛골이 떨려 그 어지러운 싹을 끊어 버리지 않을 수 있겠습니까. 그런데 불행하게도 신해년의 변고[12]가 발생했으니, 신은 이때부터 화가 나고 서글퍼 마음속으로 맹서하여 미워하기를 원수처럼 하였으며 성토하기를 흉악한 역적같이 하였습니다. 양심이 이미 회복되자 이치를 보는 것이 스스로 분명해져 지난날에 일찍이 좋아하고 사모했던 것을 돌이켜 생각하니 허황되고 괴이하지 않은 것이 없었으며 지리, 기이, 달변, 해박한 글도 패가소품(稗家小品)의 지류에 불과했습니다.[13]

정약용이 회복하였다는 양심은 무슨 뜻일까? 일차적으로는 유교 성리학의 심성론 맥락에서 사용한 것이라고 보아야 할 것이다. 유교적인 맥락에서 양심이라는 말을 처음 사용한 사람은 맹자였다. 그는 "비록 사람에게 보존된 것인들 어찌 인의(仁義)의 마음이 없으리오마는 그 양심을 잃어버림이 또한 도끼와 자귀가 나무에 대해서 아침에 베어 가는 것과 같으니, 이렇게 하고서도 아름다워질 수 있겠는가."라고 하였다.[14] 즉 맹자는 사람이 본래적으로 구비하고 있는 선한 마음이라는 뜻으로 양심 개념을 사용하였던 것이다. 그래서 주자는 맹자의 말에 주석을 달면서 '양심은 본연의 선한 마음이니,

바로 이른바 인의지심(仁義之心)'이라고 하였던 것이다.[15]

조선의 성리학자들이 양심이라는 낱말을 사용한 것은 중국 송나라의 진덕수(眞德秀, 1178~1235)가 편집한『심경(心經)』이란 책을 즐겨 읽었던 것과 깊이 연관되어 있다. 주자의 제자였던 진덕수는 유교의 주요 경전, 즉『논어』,『맹자』,『시경』,『서전』,『주역』등과 주돈이(周敦頤), 정이(程頤), 주희(朱熹) 등의 글 가운데 수양에 요긴한 대목을 뽑고 주석을 덧붙여 책을 만들었다. 그리고 명나라 때에 정민정(程敏政)이라는 사람이 1492년에 다시『심경』에 주석을 덧붙인『심경부주(心經附註)』를 지었다.『심경』과『심경부주』는 16세기 중엽 조선에 전래되어「심경후론(心經後論)」을 지은 이황을 비롯하여 조선 후기의 수많은 성리학자들에게 영향을 주었다. 그래서 조선에서 간행된『심경』은 대개『심경부주』에「심경후론」이 병기된 판본이었다.[16]

정민정의『심경부주』는 본문에 들어가기에 앞서서 심학도(心學圖)라는 그림을 붙이고 이에 대해서 설명을 달아 놓았다. 원나라 때의 정복심(程復心)이 그렸다고 하는 이 그림은 마음의 본성을 밝히고 수양을 통해서 도달해야 하는 마음의 경지를 정리한 것이다. 그림 상단부에 동그라미를 그려서 심(心)이라는 글자를 써 놓았다. 몸을 움직이고 통제하는 주체로서 마음을 상정한 것이다. 그 옆에는 좌우에 '대인심(大人心)'과 '적자심(赤子心)'을 적은 네모가 그려져 있다. 그리고 심 위에는 다시 좌우에 '본심(本心)'과 '양심(良心)'이라고 적은 네모가 있다. 여기까지는 인간의 욕심에 물들지 않았거나 수양을 통해서 완성한 마음 상태를 가리킨다. 말하자면 우측의 적자심이란 어린아이의 마음을 말하는데, 아직 인간적인 욕망에 물들지 않은 천진한 상태의 마음이다. 이것을 주석에서는 '어린아이의 마음은 아직 인욕에 빠지지 않은 양심'이라고 하였다. 그리고 좌측의 대인심은 수양을 통해서 완성된 마음인데, '의리가 모두 갖추어진 본심'으로 표현된다. 심의 하단에는 좌우에 각각

도심(道心)과 인심(人心)을 배당하였다. 즉 기질지성(氣質之性)에 의해서 끊임없이 변화하며 인간적인 욕망에 사로잡힌 것이 인심이라면, 지속적인 수양을 통해서 갈고 닦아서 본연지성(本然之性)을 회복한 것이 도심이라 할 것이다. 그리고 인심에서 도심으로 이행하는 원환의 구도 속에 수양의 각종 단계를 표현해 놓았다.

『심경부주』에 실린 정복심의 그림 심학도는 양심의 위치를 욕망에 물들지 않은 어린아이의 마음과도 같은 것으로 설정하였다. 그러니까 실제로 다양한 현실적인 조건에 의해 제약을 받고 있는 평범한 사람의 마음이 아니라 오히려 회복해야 할 본래적인 마음이라고 할 수 있다. 이런 구도 속에서 양심은 선과 악을 구별하는 윤리적인 주체를 표방한다고 보기 어렵다. 심성론 또는 성리설의 입장에서 수양을 통해서 회복해야 하는 근원적인 마음 상태를 가리킨다고 하겠다. 따라서 현재 사용되고 있는 양심 개념과는 거리가 있는 것이었다.

이황(李滉)은 1568년에 대제학으로 있으면서 새로 즉위한 선조에게 10폭의 도식(圖式)을 바친 적이 있다. 성학십도(聖學十圖)라고 불리는 이 그림책 가운데 여덟째 그림인 심학도(心學圖)는 바로 『심경부주』에 실린 정복심의 그림을 그대로 옮겨 놓은 것이었다. 그래서 이황 등 조선의 성리학자들도 수양론의 맥락에서 양심이라는 개념을 사용하기는 하였다. 그렇지만 대개 인심을 통제하여 도심을 회복하는 과정만을 중시하였지, 본래적인 마음의 상태를 가리키는 양심이라는 개념에 중요성을 부여하지는 않았다.

그러므로 정약용이 상소문에서 쓴 양심 개념은 성리학적 의미망 속에 들어 있는 것이었다. 그런데 정약용은 훗날 유배지 강진에 있으면서 『맹자요의(孟子要義)』라는 책을 지어 『맹자』에 대한 주석을 달 때에 다시 한번 양심이라는 낱말을 사용하였다. 『맹자요의』는 1814년에 완성되었다. 정약용은 하늘이 부여한 본연의 성품은 누구에게나 동일하게 주어진다는 점을 강조하면서 다음과 같이 말하였다.

> 자신을 빠뜨리는 것은 형기(形氣)의 사욕 때문이거나, 습속의 오염 때문이거나, 외물(外物)의 유혹 때문이다. 이 때문에 양심이 없어져 큰 악에 이르게 된다. 그러니 어찌 기질의 탓으로만 돌릴 수 있겠는가.[17]

앞서 살펴본 「변방사동부승지소」에서와는 달리, 여기서 양심은 어린아이 같은 마음이라거나 하늘로부터 부여받은 본연의 선한 마음 등과 같은 의미로 읽히지는 않는다. 오히려 외적인 요인에 의해서 악을 범하는 것을 막아주는 역할을 하는 마음의 작용을 가리킨다는 느낌을 가지게 된다. 하지만 성리학의 수양론에서 크게 벗어난 새로운 주장으로 읽기에는 무리가 있다. 정약용이 사용한 양심 개념이 기존의 성리학자들의 양심 개념과 어떻게 다른지에 대해서는 좀더 많은 탐구가 이루어져야 할 것이지만, 앞서 살펴보았던 『상재상서』에서 정하상이 사용했던 양심 개념과는 그 결이 일치하지는 않는 것 같다. 정약용과 정하상은 비슷한 시기에 동일한 양심이라는 낱말을 사용하였지만 각기 상이한 의미를 담았다. 이처럼 완전히 새로 만들어진 낱말이나 개념이 아니라 예전부터 쓰이던 것이었지만 비슷해 보이면서도 미묘하게 어긋나는 개념의 결들을 탐색하는 작업이야말로 19세기 한국종교사 연구의 매력이 아닐까 싶다.

정하상이 사용한 양심 개념 이후의 역사는 어떻게 진행되었을까? 1868년 봄 무렵에 완성한 것으로 추정되는 페롱(Féron) 신부의 불한사전에 'conscience'라는 표제어에 대한 한글 설명에서 '량심'이라는 말이 등장한다. 일련의 예문들에도 '량심에 걸니다, 량심을 거스리다, 빅반ᄒ다, 량심 셩찰'

등의 표현이 나온다.[18] 그리고 리델(Ridel) 주교가 집필하고 1880년 일본 요코하마에서 파리외방전교회 조선 선교사들 공동명의로 간행된『한불자전』에도 '량심'이라는 표제어가 등장한다.[19] 이런 사실들을 보면 프랑스 선교사들이 조선에 진출한 이래로 양심 개념이 천주교 신자들 사이에서 상당히 널리 사용되었을 것으로 추정할 수 있다.

그리고 천주교 신자 김기호(金起浩, 1824~1903)가 1879년에 프랑스 신부 로베르의 명을 받아서 저술하였다는 천주교 묵상 서적『구령요의(救靈要義)』를 보면, '천주교는 사람으로 하여금 양심과 십계를 지키라 가르치는 것'이라는 구절을 비롯하여 양심이라는 낱말을 사용하는 대목이 여러 차례 나온다.[20] 또한 1884년에 블랑 주교의 감준을 받아 활판본으로 간행한 한글 교리서『성교빅문답』에서 십계명을 다음과 같이 설명한다. "십계는 천쥬이 인류를 내시매 그 량심에 붓쳐 주신 바 당연혼 도리니라."[21]

그런데 조선 후기 천주교 신자들의 기록을 보면, 당시 천주교 신자들은 나라에서 법으로 천주교 신앙을 금지한 것에 대응하여 자신들은 '마음의 법'을 따라서 천주교를 신앙하였다고 주장하는 대목이 자주 등장한다. 이런 기록을 근거로 하여 마음의 법은 국가가 제정한 실정법을 상대화시키는 논리를 담고 있기 때문에 양심법으로 보아도 무방하다는 주장이 있다.[22] 이런 주장을 조금 더 밀고 나간다면 내면적 자유의 절대성을 강조하는 근대적 양심 개념이 이미 조선 후기 천주교 신자들에게 있었다는 설명이 될 것이다.

이런 주장의 근거로 제시된 것은 위에서 본 1884년의 한글 교리서『성교빅문답』이다. 그런데 이 책의 저본이 된 것은 예수회 선교사 쿠플레(Philippe Couplet, 栢應理, 1624~1692)가 1675년 북경에서 간행한『천주성교백문답(天主聖教百問答)』이다. 과연 쿠플레의 책에도 양심이라는 낱말이 나올까? 유감스럽게도 쿠플레의 저서 원본에는 동일한 대목에서 양심이 아니라 인심(人心)

이라는 용어를 사용하였다.[23] 따라서 한국에서 양심 개념의 성립에 관한 역사를 고찰할 때 『성교빅문답』은 초기의 용례를 보여주는 충분한 근거가 되지 못한다. 오히려 후대에 와서 인심을 양심으로 바꾸어 번역할 정도로 양심 개념이 번역어로서 널리 쓰였음을 말해 주는 증거로 제시될 수 있을 것이다. 이와 대비해서 볼 때에 정하상의 『상재상서』는 이미 1839년부터 천주교 교리서의 영향을 받으면서 근대 양심 개념에 상당히 근접한 의미를 담아서 양심이라는 말이 사용되었음을 입증하는 자료로서 가치가 있다.

4. 교와 종교의 거리에 대한 숙고: 단절 테제와 벡터 테제

현재 동아시아 사회에서 널리 쓰이고 있는 종교 개념의 기원에 대해서는 1990년대 이후 한국과 중국, 그리고 일본의 종교학자들이 탐구하고 있다.[24] 대체적인 논의는 19세기 후반경에 일본의 명치 정부가 프로이센 정부와 국제조약을 체결할 당시에 독일어 렐리기온(religion)에 해당하는 말을 찾기 위하여 불교 신자였던 일본인 관리가 불경에 나오는 용어를 가져와서 '종교'라는 신조어를 만들었다는 것이다. '사회'나 '개인' 등과 같은 근대 용어가 여러 종류의 번역어 사이에서 경합을 거쳐 정착된 것에 비하면, '종교'는 별다른 경쟁자 없이 순조롭게 한국과 중국 등지로 전파되면서 근대사회에서 주요 개념으로 자리잡았다고 한다. 오늘날 '종교' 개념은 ○○교, XX교 등 다양한 종교 명칭을 포괄하는 일반 범주이자, 다른 문화 현상으로 환원하여 설명할 수 없는 독특한 삶의 영역으로 간주된다. 아울러 근대 이전의 동아시아 사회에서는 존재하지 않았던 새로운 범주라고 말한다. 과연 그럴까? 이 '종교' 개념이 19세기 이전 동아시아 사회에서는 그 흔적을 전혀 찾아볼 수 없는 것일까?

도(道), 법(法), 학(學), 술(術), 교(敎) 등과 같은 개념은 오래전부터 통용되던 낱말이다. 하지만 현재 우리가 쓰는 '종교' 개념과는 그 용례와 의미가 분명히 달랐다. 근대 이전 시기에 사용된 용어 가운데 특별히 우리의 시선을 끄는 것은 '교'라는 낱말이다. 교와 종교는 유사한 것 같지만 여러 가지 면에서 달리 보아야 한다는 주장이 있다.[25] 이 주장은 교와 종교의 차이점을 다섯 가지로 간추리고 있다.

첫째, 교라는 말은 굉장히 포괄적인 성격을 지니고 있어서 유교, 불교, 회교, 백련교, 심지어 사교(邪敎)까지 그 그릇에 담을 수 있는 반면에, 종교의 개념 틀은 배타성이 있기 때문에 종교와 종교 아닌 것 사이에 분명한 구분선이 존재한다. 둘째, 교 개념에는 긍정적, 부정적 가치가 모두 함축될 수 있지만, 종교에는 긍정적 가치만 담기고 그 나머지의 부정적인 가치는 종교 아닌 어떤 것으로서 사이비 종교에 배당된다. 셋째, 교 개념의 틀에도 정통과 이단의 구분은 있지만 이단을 교화의 대상으로 간주하는 데에 반해서, 종교 개념에서는 그 짝패인 사이비 종교를 엄격하게 규정하고 국가의 경찰력과 법률적 통제의 대상으로 여긴다. 넷째, 교의 전통은 교 아닌 영역을 구분하고 격리하지 않지만, 종교와 비종교의 구획은 고유하고 독자적인 사회적 공간을 형성하여 세속 영역을 창출하고 근대성을 실현한다. 다섯째, 종교 개념이 정착되면 종교, 세속, 미신의 3분법이 출현하고 세속 영역을 계몽하고 미신을 박멸하기 위하여 종교와 세속이 협력하게 되는데, 이에 따라서 교의 전통에서는 존재하지 않았던 공교육과 종교교육의 분화가 발생한다.

이처럼 교와 종교를 달리 보고자 하는 주장에 대해서 다음과 같은 문제점을 지적할 수 있겠다. 먼저 교 개념의 유동성과 대비하여 종교 개념의 배타성과 고정성을 강조하기 위해서 유사종교, 사이비 종교, 미신 범주와 대립하는 구도를 지나치게 부각시키고 있다. 사실 종교 개념의 반대편으로 설정되는 이 범주들 역시 역사성을 지니고 긴 시간을 거치면서 형성된 것이다. 그래서 종교 개념과 완전한 짝패 관계를 이룬다고 말하기 어렵다. 어떤 경우에는 제국의 통치를 원활하게 하는 식민 담론 속에서 배태되기도 하였고, 또 어떤 경우에는 과학 담론의 짝패로 등장하였던 것이다. 그러므로 종교를 한편에 놓고, 유사종교, 사이비 종교, 미신을 그 반대편에 배당하는 논법은 구조적으로는 일관되지만 역사적으로는 논거가 허약하며 자의적이다.

나아가서 종교 개념의 작동 원리 자체가 개항 무렵에 유일회적으로 수립되어 일제강점기 전 시기에 걸쳐서 일관되게 지속되는 것으로 간주하는 점도 의문스럽다. 정치적 결사체의 이미지를 담고 있던 동학당이라는 이름표를 떼고 일제강점기에 종교를 표방하면서도 민족운동을 영도하려는 욕망을 가졌던 천도교, 혹은 1930년대에 신비체험을 바탕으로 천년왕국운동을 벌였던 개신교 집단의 존재에서도 개항 때와 동일한 종교 개념이 작동하고 있었을까? 현대 한국종교사에 등장하는 여러 종교, 가령 통일교는 스스로를 종교가 아니라고 주장하였고, 또 종교로 복귀할 것인지 아니면 국제적 NGO 또는 가정의 연합이라는 이름을 지속할 것인지를 둘러싸고 분파를 형성하고 있는데 이 경우에도 종교 개념은 동일한가? 왜 어떤 종교는 종교라고 불리기를 간절히 원하여 스스로를 표준적인 종교 모델에 맞게 변형시키는 데에 반해서, 또 어떤 종교는 종교라고 불리는 것을 극도로 기피하며 심지어 스스로를 주식회사라고 부르기도 하는 것일까? 이 모든 경우에 동일한 종교 개념이 그 밑바닥에 깔려 있다고 해야 할까?

아울러 개항 이후부터 약 140년 동안의 근현대 한국종교사를 동일한 종교 개념으로 설명하려는 것 자체가 과연 타당한지 되물을 필요가 있다. 물론 종교 개념을 에피스테메와 유사한 것으로 바라본다면 일종의 인식론적 패러다임으로서 지속성을 가지고 작동한다고 말할 수 있겠다. 하지만 이런 경우에 연구자 자신의 인식 역시 그 에피스테메에 속할 것인데, 어떻게 이를 대상화하여 인식할 수 있느냐는 반문이 제기된다. 오히려 그 에피스테메라는 것도 선험적으로 주어지는 것이 아니라 현실적인 힘의 조합으로 구성되는 것이라고 보아야 하지 않을까? 결국 이 문제를 해결하기 위해서는 근대적 사유가 확정적으로 재생산되기 이전인 이행기에 해당하는 19세기 한국종교사로 거슬러 올라가야 한다. 과연 교와 종교의 괴리가 생각만큼 그렇게 심대한 것이었는지를 파헤쳐 보자는 것이다.

서학 서적의 유입에서 시작하여 천주교 수용 이후까지 교의 범주에 어떤 변동이 발생하고 있었던 것은 아닌지, 그리고 교 개념이 점점 유적 범주로 상승하면서 종교 개념의 정착으로 연결되지는 않았는지, 혹은 종교 개념의 밑바닥에는 교 개념의 가닥이 혼입된 직물 구조가 존재하는 것은 아닌지 등을 새로운 물음으로 제기하자. 이에 대한 해답을 찾기 위해서는 19세기에 교 개념은 어떤 의미를 담고 사용되었는지를 해당 시기 문헌들 속에서 추적해야 한다. 특히 천주교가 자기 자신에 대한 지칭어를 어떻게 만들어 나갔는지를 살펴볼 필요가 있다. 앞서 양심 개념을 살펴볼 때와 마찬가지로 여기서도 정하상의 『상재상서』에 나오는 논법에 주목할 것이다.

정하상의 경우를 다루기에 앞서서 조선 후기 사회에서 18세기 이래로 '종교' 개념에 상응하는 인식론적 위치를 점유한 개념이 존재하였느냐는 주장 하나를 먼저 소개하겠다.[26] 즉 박지원, 최한기, 이병헌 등의 논법들을 살펴보면 '종교' 개념의 성립 이전에도 이미 확장성을 지닌 여러 범주가 부각되고 있었음을 확인할 수 있다는 것이다. 말하자면 '종교' 이전에도 조선 후기 사회에서 이른바 종교적이라 일컬을 수 있는 인간 현상을 분류하는 유적 범주가 존재했다는 것이고, 그것이 바로 '교'라는 주장인 셈이다. 이 주장에 따르면

서학의 영향을 받으면서 조선의 지식인 가운데에는 '도', '학', '교' 등 기존 범주를 재검토하여 동아시아 바깥의 타자를 인식 대상으로 확보할 수 있는 확장성을 지닌 범주로 재가공하려는 지적 활동이 펼쳐졌다는 것이다.

특히 『열하일기(熱河日記)』의 「황교문답(黃教問答)」에는 박지원이 열하에서 만난 추생(鄒生), 파로회회도(破老回回圖) 등의 인물과 대화를 나누는 장면이 등장한다. 그들의 대화를 자세히 고찰하면 사도(斯道) 즉 유교의 내적 통일성을 변호하면서 타자를 지칭하는 개념어로 '교'를 사용하는 용례를 찾아볼 수 있다고 한다.[27] 물론 박지원이 정학/이단의 이분법을 사유의 준거로 유지하였기 때문에 '교' 개념에 확장성과 보편성을 담아 낼 수는 없었다. 그렇지만 당시 열하의 다문화적 환경을 목도하면서 유교를 넘어서 불교와 도교, 이슬람, 천주교 등을 포괄하는 범주가 필요하다는 압박을 느끼지 않을 수 없었다는 것이 위 논자의 주장이다.

박지원에게서 찾아볼 수 있는 '교' 개념의 확장성은 이후 여러 문헌에서도 발견할 수 있으리라고 본다. 하지만 그 확장성의 외연은 성리학적 정통/이단의 구분법에 제한받고 있었다고 해야 할 것이다. 이와 대비할 때 '교'의 정통성을 전복시켜서 역전된 형태로 전유하는 쓰임새가 나타난다. 말하자면 이단사설이라 지탄받는 대상을 교의 자리에 갖다 놓고 다른 교와 동등하다는 주장을 펼치는 논법이다. 그것이 바로 정하상의 『상재상서』에 나타난 교 개념이라고 할 수 있다.

정하상의 글에서 교 개념의 용례를 몇 가지 찾아보면 다음과 같다. 우선 정하상은 천주성교(天主聖教), 성교지의(聖教之義) 등의 표현을 사용하였다. 물론 이것을 '천주의 거룩한 가르침', '거룩한 가르침에 담긴 뜻'과 같이 서술적인 표현으로 해석할 수도 있다. 하지만 어떤 경우에는 군이 천주를 숭상하는 무리 혹은 집단을 지칭하는 포괄적인 범주로 간주하는 것이 더 나은 문장도 나타난다.

> 목을 끊는 큰 도끼가 앞에 있고 몸을 삶을 큰 가마솥이 뒤에 있더라도 의연
> 하게 굽히지 않는 자들이 대대로 적지 않습니다. 이것은 진교의 한 가지 증
> 거가 되기에 충분합니다. 한마디로 잘라 말해서 지극히 거룩하고 지극히 보
> 편적이며 지극히 올바르고 지극히 참되며 지극히 온전하고 홀로 지극하며,
> 오직 하나이고 둘도 없는 교입니다.[28]

> 어찌하여 지극히 거룩한 교회라고 합니까? 하느님께서 몸소 세우신 교이기
> 때문입니다.

> 천하에 교가 없는 나라가 없었지만, 참되지 못한 교가 많았습니다.[29]

위의 구절들을 보면 정하상이 사용하는 '교' 개념이 일반적인 가르침을 뜻
하는 것이 아니라 특정한 지침을 준수하는 인간 집단 또는 그와 관련된 사
회적 문화적 범주, 오늘날의 표현으로 종교라고 불러도 무방할 정도의 확장
성을 지닌 것으로 평가할 수 있지 않을까 한다. 물론 위의 마지막 인용문 다
음에 정하상은 유교를 제외한 당대의 종교에 대한 비판론을 제시하였다. 즉
노장(老莊), 선불(仙佛), 백가방술(百家方術)을 거론한 다음에 성교(聖敎)의 도
리는 참되고 거짓이 없다고 하였다. 그러고는 이교(異敎)는 줄기만 있고 가
지가 없거나, 잎사귀만 있고 꽃이 없고, 또는 꽃은 있지만 열매가 없다고 하
여 불충분한 교임을 역설한 다음에 오직 성교만이 줄기, 가지, 잎사귀, 꽃,
열매를 다 구비하여 완전하다고 하였다. 게다가 불교 비판에 이르러서는
'교'나 '이교'라는 말도 사용하지 않았다. 사문지학(沙門之學), 불도(佛道), 불

씨(佛氏), 서역 이단(西域 異端) 등으로 폄하하였다. 어디서도 불교, 유교, 도교 등의 용법을 구사하지는 않았다. 그러므로 정하상이 사용한 '교' 개념 자체는 중립적인 성격을 지닌 유적 범주로 정착된 것이라고 보기 어렵다. 다만 천주교에서 표방하는 진리를 중심에 놓고 전통적인 '교' 개념을 재구성하는 모습을 보인다는 점에서 독특한 면을 지니고 있다.

또한 정하상은 편지의 추신에 해당하는 우사(又辭)에서 직접적으로 천주교라는 용어를 사용하였다. 드디어 ㅇㅇ교라는 용어법이 등장하는 것이다. 이 말을 '천주의 가르침'으로 이해해서는 곤란하다. 왜냐하면 동일한 신조를 공유하고 규정된 방식에 따라서 의례를 거행하는 사람들의 집단을 가리키는 의미가 강하게 담겨 있기 때문이다.

> 죽은 사람의 발꿈치 앞에 술을 붓고 음식을 올리는 것은 천주교가 금하는 것입니다.[30]

> 이른바 사대부들이 나무로 만든 신주라는 것은 또한 천주교가 금하는 것입니다.[31]

> 차라리 사대부에게 죄를 얻을지언정 천주교에 죄를 얻기는 바라지 않습니다.[32]

정하상이 사용한 '교' 개념과 유사하게 확장성을 지닌 '교' 개념의 용례가 그와 동시대에 해당하는 유교 지식인의 문헌 속에서도 확인된다. 특히 이규경(李圭景, 1788~?), 최한기(崔漢綺, 1803~1877) 등의 저술에서 이러한 용례를 찾아볼 수 있다. 먼저 이규경의 경우에는 『오주연문장전산고 경사편5 논사

류1』의「서양통중국변증설(西洋通中國辨證說)」에서 야소교(耶蘇教), 기독교(基督教), 천주교(天主教)라는 용어를 사용하며, 『오주연문장전산고 경사편3 석전류3』의「사교 배척 변증설(斥邪教辨證說)」에서는 천주사학(天主邪學)이라는 말도 사용하였지만 이와 동시에 서교(西教), 사교(邪教) 등의 개념도 함께 사용하였다.

한편 최한기는 『추측록(推測錄) 제5권 추기측인(推己測人)』(1836)에 실린「서교연혁(西教沿革)」에서 서교(西教), 불교(佛教), 회회교(回回教), 서양교(西洋教) 등의 용어를, 그리고 『신기통(神氣通) 제3권 체통(體通)』(1836)의「통교(通教)」에서는 사교(斯教), 정교(正教) 개념을 사용하였다. 또한 『기학(氣學) 권1-9』(1857)에서 서양학(西洋學), 천방학(天方學) 또는 천방교(天方教)라는 표현을 사용한 것도 이러한 개념 사용의 용례 속에 드는 것이라고 할 수 있다. 이어서 최한기는 『지구전요(地球典要) 권12』(1857)의「양회교문변(洋回教文辨)」에서 중국의 위원(魏源, 1794~1856)이 쓴 『해국도지(海國圖志)』(1842)에 나오는「천주교고(天主教考)」와「천방교고(天方教考)」를 참고하였다. 그래서 서계여(徐繼畬, 1795~1873)가 지은 『영환지략(瀛環志略)』(1850)에 나오는 양교(洋教)와 서교(西教)를 천주교(天主教)와 야소교(耶蘇教)라고 칭하였다.

박지원, 이규경, 최한기, 정하상 등 19세기 중엽에 활동한 조선의 지식인들이 '교' 개념을 사용하는 문맥은 '도'나 '학'이라는 용어를 사용하는 문맥과 어떻게 상이한가? 물론 이 세 가지 개념이 완전히 별개의 것으로 존재하지는 않았을 것이다. '도'를 좀더 원리적인 개념으로 이해하고 그 '도'를 실천하는 수양의 방법으로서 '학'을 설정하면서, 양자가 구체적인 사회적 실체로 드러난 것을 '교'라고 지칭했을 수도 있겠다. 하지만 정하상의 경우에는 한문으로 된 천주교 교리서를, 그리고 이규경과 최한기의 경우에는 중국 지리서를 읽으면서 각기 상이한 맥락에서 '교'라는 용어를 동서양의 종교를 아우르는 포괄적인 개념으로 생각하였을 가능성이 있다.

그렇다면 19세기 근대이행기에 사용되던 '교'와 근대 이후의 '종교'는 완전히 이질적인 개념이라고 하거나, 전자와 후자의 관계는 단절적이라고만 말하기는 어렵다. 오히려 종교 개념이 성립하기 이전의 역사를 형성하는 것이 교 개념의 용법이고, 종교 개념의 성립에 영향을 끼친 것으로 보아야 하지 않을까 생각한다. 게다가 종교 개념이 성립된 이후에도 교 개념은 종교 개념에 완전히 포괄되지 않고 종교 개념의 외곽에 포진하면서 종교 개념을 특정한 방향으로 이끄는 벡터적인 힘으로 작용하였다고 생각한다. 실제로 종교 개념 형성에 미친 교 개념의 역할, 그리고 종교 개념의 변천 과정에서 발견되는 교 개념의 영향력 등을 입증하기 위해서는 새로운 연구가 필요하다. 아직은 교와 종교의 거리에 대해서 단정적으로 결론을 내리기는 이르다고 생각한다. 다만 근대성의 논리 구조를 전제한 상태에서 종교 개념의 편성 원리를 따지기보다는 학(學), 회(會), 교(敎), 종교(宗敎) 등 인접한 개념들이 제각각의 방향과 힘을 가지고 서로 엮이면서 근대적 종교 개념의 틀을 형성하였다고 보는 것이 더 생산적인 방향으로 논의를 이끌 수 있다고 생각한다.

5. 결론

한국의 종교학계에서 근대, 근대성, 근대종교 이 세 낱말을 관통하는 연구 패러다임은 한국종교 연구회·한국종교문화연구소라는 이름과 늘 붙어 다닌다. 그러니까 근대종교 체제는 한국종교 연구회·한국종교문화연구소가 지난 30년 동안 거둔 최대의 연구 성과라 자부할 수 있다. 하지만 그런 만큼 이제는 넘어가야 할 산이 되었다. 이에 본론에서는 순교, 양심, 교 등 천주교

문헌에서 발견되는 낱말들의 의미를 근대종교 패러다임과의 대결 구도 속에서 되짚어 보고자 하였다.

한국종교사 연구의 향후 과제로 몇 가지를 제시하면서 글을 마치도록 하겠다. 첫째는 종교라는 말이 없던 시기에 펼쳐졌던 종교적인 활동을 뭐라고 일컬을 것인가 하는 문제이다. 과연 종교라는 말이 없던 시절도 종교사라는 울타리 속에서 서술할 수 있을 것인가? 최대의 난문이다. 그래서 전근대 한국종교사와 근현대 한국종교사를 통합하여 서술하는 것이 어렵다. 이것이 해결되면 한국종교사 통사의 서술 체계를 마련하는 일에도 길이 보이지 않을까 싶다. 물론 한국종교사에서 근대 시기에 필적할 만한 격변기가 아예 없었던 것은 아니다. 고려시대 종교사의 기간인 13세기 후반부터 14세기 중반에 이르는 시기도 만만치 않은 격변기였으리라. 원 제국을 통해서 들어온 외래문화의 막강한 영향력이 발휘되고 사회의 상층부만이 아니라 기층의 존재들에게도 커다란 변화가 이루어졌을 것이기 때문이다. 근대이행기의 문제를 풀고 나면 고대 후기에 해당하는 이 시기의 종교사도 서서히 눈에 들어올 것이라고 본다.

둘째는 한국종교사의 범위나 시대구분을 세우는 문제도 쉽지 않다. 한반도를 배경으로 한국인의 종교 생활이 걸어온 역사를 정리한다면, 해외 한국인의 종교사나 국내 외국인의 종교사는 배제될 위험이 있다. 나아가서 종교사와 문학사, 정치사, 과학사, 경제사 등 다른 분야사들과의 관계를 설정하는 것도 해결하기 어려운 문제이다. 한국종교사 시대구분도 마찬가지이다. 왕조사를 바탕에 깔고 장절을 나누는 것은 해법이 되지 못한다. 적어도 선사시대, 고대 전기, 고대 후기, 고전 시대, 근대이행기, 근대, 현대 정도로 나누고, 시대별로 종교사의 흐름과 특징을 포착해야 시대구분이 가능할 것이다.

셋째는 내가 요즘 준비하고 있는 작업 계획인데, 근대이행기 한국종교 개넘사 자료 집성이다. 근대이행기 종교사의 자료 대강을 파악하는 사료론을 수립하면, 이에 입각하여 19세기를 관통하는 한국 종교의 주요 개념을 목록으로 만들 것이다. 그리고 그 개념 용례가 처음 발견되는, 혹은 의미가 변천하고 있음을 보여주는 자료를 모아서 자료 집성을 펴낼 계획이다. 우선 한국종교사의 주요 개념 목록이 완성되면 개념 사이의 포함 관계와 병렬 관계, 파생 관계 등을 점검하여 한국 종교의 개념 분류 체계, 즉 시소러스(thesaurus)를 구축할 수 있을 것이라고 생각한다. 이것이 이루어지면 19세기 한국 종교에서 사용하던 개념의 전체 그림을 그릴 수 있다. 그래서 몇 년 전부터 낡은 수첩 하나를 들고 다니면서 생각이 떠오를 때마다 낱말을 하나씩 적고 있다. 넋, 거룩, 믿음, 허물, 무덤 등 고유어에서부터 혼백, 귀신, 신명, 방법(防法), 신행, 성(聖) 등 한자어까지 25개 범주에 100여 개의 낱말을 모았다. 또한 개념의 용례를 모은 자료 집성이 나오면 근대이행기에서 근현대까지의 개념 변천사에 관심을 가지는 종교 학도들이 작업장에서 쓸 만한 유용한 공구가 될 것이라 확신한다. 개념을 고찰하는 데 도움을 주는 모범적인 사례로 완원(阮元)의 『경적찬고(經籍籑詁)』나 강희제(康熙帝)의 칙명으로 만든 『패문운부(佩文韻府)』 등을 염두에 두고 있다.

마지막으로 넷째는 19세기 근대이행기 한국종교사에서 새로운 유적 범주의 부상 가능성을 확인하는 일이다. 종교 개념의 성립을 문명화와 집단 유지라는 두 가지 방향의 힘으로 설명하는 기존의 근대종교 패러다임에 대해서 19세기 근대이행기는 달랐다고 말하고 싶은 것이다. 과연 발현되지는 못했지만, 그래서 내적 결단을 진정한 종교적 형식으로 여기는 프로테스탄티즘을 에토스로 가지고 있는 근대적 종교 개념에 밀려났지만, 그래도 19세기의 특징을 간직한 또 다른 유형의 유적 범주가 존재했었다는 것이다. 교 혹은 학과 같은 범주도 범상치는 않다. 근대 이전의 개념이라고 뭉뚱그려서는 안 된다. 그 나름의 변천사가 있을 것이기 때문이다. 어쩌면 교나 학과 같은 근대이행기의 종교적 범주가 맞닥뜨린 문제는 문명화도 집단 생존도 아니었을 것이다. 오히려 점점 더 자연을 대상적으로 인식하는 지식이 증대됨에 따라서 자연에 대한 경외감을 어떻게 보존할 것인지, 혹은 그런 경외감을 잃지 않으면서 사람과 물(物)의 관계를 어떻게 미시적으로 재조정할 것인지 등이 19세기 한국종교사의 주된 관심은 아니었을까? 그렇다면 사람과 사물의 관계 재조정이라는 시각에서, 호락(湖洛)의 인물성 논쟁에서부터 시작하여 서학의 소사상제(昭事上帝)나 동학의 인내천(人乃天)까지 다시 살펴볼 필요가 있다.

새로운 세계종교 수업을 위한 제언
: 전통과 이론의 구분을 넘어선 세계종교교육

방 원 일

1. 머리말: 종교학의 텃밭과 이론

1) 종교에 관한 '명확한 사실'과 '혼돈스런 담론'

종교학자는 구체적인 종교전통 연구에서 얻은 재료를 기반으로 종교 일반에 대한 자신의 이론을 형성한다. 종교학이 구체적 종교전통에 뿌리를 내린 상태에서, 전통과 연결되면서도 독자적인 이론 체계를 만들어 가는 과정은 학문의 역사에서도, 학자 개인의 성장 과정에서도 나타난다.

잘 알려져 있듯이 종교학은 기독교 신학으로부터 독립하면서 학문적 정체성을 형성하였다. 미국 종교학계 역시 그러한 과정을 겪었는데, 현재의 미국종교학회(American Academy of Religion, AAR)가 이전에는 성서협회(Society of Biblical Literature, SBL)였다는 사실이 이를 상징한다. 1990년에 미국종교학회에서 발표한 글에서 조너선 스미스(Jonathan Z. Smith)는 미국종교학회와 그 전신(前身)인 성서협회의 학문적 지향을 구분하여 보여주었다. 우선 전통적인 종교 연구를 대표하는 성서협회의 학문적 특징을 드러내기 위해 스미스가 선택한 자료는 협회에서 발행한 하퍼스 성서사전(Harper's Bible Dictionary)의 서문이다. 이 사전의 서문에는 다음과 같은 문장이 나온다.

우리는 항목을 서술할 때 뒷받침하는 증거가 있는 결론만 내리도록 신경을 많이 썼다. 그래서 당연하다고 여겨지는 것이 사실적 지식의 기반을 조금만 가진 것으로 나타나는 때도 많고, 독자들에게는 혼란스럽게 보이는 것이 난점을 해소할 충분한 증거를 가진 것으로 나타나는 때도 있다. 학문은 배움의 모험이고, 배움 속에서 새로운 사실들이 계속해서 새로운 정보의 지평을 열어 준다.[1]

스미스가 지적하였듯이 종교적 지식 서술의 강력한 근거가 되는 것은 '증거', '사실적 지식', '새로운 사실'과 같은 실증주의적 표현들이다. 연구자에게는 종교 공동체에 의해 주어진 정전(正典, canon)이라는 연구 대상이 주어져 있으며, 사실적 자료를 수집하여 논거를 마련하는 것이 연구자의 임무이다.

반면에 종교학은 전통적인 종교 연구와는 다른 지향을 내세운다. 1984년에 미국종교학회장 찰스 롱(Charles Long)은 종교학자들이 '경전의 분명함으로부터 종교에 대한 담론들의 혼돈으로' 자리를 옮겼다고 선언하였다.[2] 종교학의 연구 대상인 '종교'는 특정 종교전통에 의해서가 아니라 학자들의 지적인 작업에 의해 설정된다. 연구자는 끊임없는 해석의 물음을 통해 종교를 둘러싼 담론들이 어떻게 형성되었는지를 탐구한다. 이제 정통성과 확실성에 기반을 두었던 과거와는 다른 학문적 기획이 시작된 것이다. 종교전통 연구자와 종교학자의 연구 토대와 학문적 지향은 확연히 구분된다. 그러나 문제는 남아 있다. 현실의 종교학자들은 두 지향성을 한 몸에 지니고 살아가며, 둘 사이의 관계는 학자마다 달리 규정된다.

종교학자는 대부분 특정 종교전통에 관한 전문적인 연구를 통해 학자로 성장한다. 비유하자면 종교전통은 종교학자의 텃밭과도 같다. 종교학자의 학문적 작업은 텃밭을 기반으로 하지만 텃밭에 머물러 있을 수만은 없으며 비교라는 이론적 도약을 통해 다른 종교전통과 소통하고 궁극적으로는 인간 이해의 차원을 확장하는 일반화된 가설을 제안하는 데 이른다. 흔히 종교학계에서는 이 두 측면을 '전통'과 '이론'이라고 부른다. 학문하기에서 전통과 이론이 어떻게 조화를 이루는지는 종교학자의 정체성과 관련된 핵심적인 사안이다.

문제는 이 사안에 대해 제대로 된 답변을 마련하는 것은 고사하고, 변변한 논의조차도 잘 이루어지지 않는다는 점이다. 물론 이 사안에 대해 정답이 존재하는 것은 아니겠지만, 적어도 학계가 일반적으로 공유하는 좌표도 제시되지 않은 채 그저 각자가 알아서 처신하도록 맡겨져 있다는 것은 심각한 문제라고 생각한다. 다소 투박하게 표현하면, 종교학에 입문하는 사람은 다음과 같은 질문의 숲속에서 방황하곤 한다. 전통을 공부해야 하는가, 이론을 공부해야 하는가? 둘 다 해야 한다면 그 비중은 어떻게 정해야 하는가? 종교학 이론은 도대체 무엇이고, 어떻게 공부해야 하나? 종교전통의 자료만 열심히 파고들다 보면 종교학 논문이 아니라고 비난받지 않을까? 최신 이론들만 열심히 정리하다 보면 현실의 종교와 동떨어진 논문이 나오지는 않을까? 거친 물음과 정리되지 않은 개념들이긴 하지만 이와 비슷한 고민은 대학원 과정 중에 반복해서 등장한다. 나쁜 것은 한국의 종교학 교육이 이러한 고민에 대해 참고할 만한 안내를 제공하지 않는다는 것이다. 이 고민은 명확히 개념화되어 논의되기보다는 선생이나 유명한 학자를 흉내내는 식으로 각자 알음알이로 눈치껏 덮고 넘어가는 경우가 많다. 전통과 이론이라는 단어가 대학원 교과과정을 구분할 때 사용되긴 하지만 의미는 분명하지 않다.

학계에서 활동하는 학자들도 이 고민에서 벗어나 있지 않다. 아니, 그들이 발 딛고 있는 현실과 얽혀 문제가 더 복잡해진다. 종교학자의 텃밭은 스스로 만든 것이라기보다는 신학, 교학, 역사학, 민속학, 철학 등 다른 학문 분과에 의해 주어진 것일 가능성이 크다. 그가 어느 학교 어느 분과에 속했는지에 따라, 학문 집단과 어떠한 관계를 맺는지에 따라 종교전통 연구가 종교학 하기에서 차지하는 영역은 크게 달라진다. 이론적 지향에 의해서가 아니라 먹고사는 현실에 의해 연구의 비중이 정해지는 통에 일반적인 원칙을 논하기가 어려워진다.

어쩌면 전통과 이론의 구분 자체가 불명료한 것일 수도 있다. 더 정확하게는 학자들의 공통된 관심을 묶어 내는 이론의 불분명함이 종교학 정체성의 문제라고 지적할 수 있겠다. 일단은 이러한 문제 제기를 포함하여 편의상 흔히 말하는 전통과 이론의 구도를 받아들인 상태에서 논의를 시작하도록 하겠다. 전통과 이론의 고민은 종교전통별로 깊이 있는 성찰이 동반되어야 하는, 사실상 종교학 전체에 대한 고민이지 한 편의 글로 다루어질 수 있는 주제는 아니다. 이 글에서는 전통과 이론이라는 종교학 정체성의 문제를 배경에 놓고서, 세계종교 강의를 어떻게 진행할 것이냐는 한정된 문제를 다룰 것이다. 세계종교 강의라는 종교학과의 주력 교양과목에 대한 문제 제기와 개선 노력을 살펴보는 것은, 전통과 이론의 관계라는 어렵고 큰 이야기를 풀어 가는 한 방법이 되리라 생각한다. 그리고 한국종교문화연구소의 지적 노력이 위의 고민과 어떻게 함께하고 있으며 어떠한 점에 기여하였는지를 함께 살피고자 한다.

2) 한국종교문화연구소와 세계종교교육

한국종교문화연구소는 한국 종교학계에서 이론적 지향이 강한 연구 집단으로 평가받는다. 이론적 지향은 종교학의 정체성에 대한 고민이라고 표현하는 것이 더 정확하다고 생각하지만, 어쨌든 이런 평가에 이유가 없는 것은 아니다. 한국종교문화연구소와 『종교문화비평』은 '종교문화'를 연구의 대상으로 한다. 조너선 스미스는 종교가 학자의 연구, 비교와 일반화라는 상상적 행위에 의해 만들어지는 범주라고 선언한 바 있다.[3] 종교보다 낯선 단어인 종교문화를 연구 대상으로 표방함으로써, 한국종교문화연구소는 종교학의 연구 대상이 종교 공동체에 의해 주어진 전통적인 범위에 의해 설정되는 것이 아니라 종교학자의 이론적 기획을 통해 '만들어진' 범주임을 더 분명하게 천명하였다. 연구소 구성원들은 '역사의 전개 과정에서 종교라는 용어의 출현이 불가피했던 문화 구조를 오늘 우리의 정황에서 되살펴야 하는 일이 종교문화의 이해를 위한 새로운 과제'라는 인식을 대체로 공유하고 있으며, 종교문화 개념을 종교 개념의 폐쇄성을 극복하는 하나의 출구로 사용하고 있다.[4]

또 한국종교문화연구소는 『종교문화비평』의 간행과 종교문화비평학회 운영을 통해서, 종교학 하기가 비평적 작업임을 천명하고 있다. 종교학이 종교에 대한 전통적인 지식과는 다른 새로운 태도임을 강조하는 태도가 구성원에게 공유되고 있다고 볼 수 있다.

> 우리가 종교학의 전통을 말할 수 있다면 그것은 종교문화에 대한 축적된 지식이라든가 이론의 전승이 아니라 열려진 물음을 묻는다고 하는 태도의 전승이다.[5]

이러한 이론적 태도를 염두에 두고서, 한국종교문화연구소가 세계종교 강의에 기여한 바를 검토하는 이 글에서는 다소 도발적인 질문을 던지며 전망을 제시하고자 한다. 현실적으로 한국종교문화연구소의 구성원들은 여러 대학교에서 세계종교를 가르친 경험이 있다. 현재 종교학계에서 세계종교 수업에 대하여 이론적 비판을 제기하고 있지만, 20~30년 전에 세계종교 강의를 진행했던 연구자들도 이미 그러한 문제의식을 품고 있지 않았을까? '축적된 지식'을 제공한다고 여겨지는 세계종교 수업의 현실과 '열린 물음의 태도'라는 학문적 이상 사이에 긴장이 존재하지는 않았을까? 이 글은 연구소의 이상이 세계종교 강의에 어떻게 반영되었는지를 추적하고자 한다. 이를 위해 먼저 현재 종교학계에서 진행되고 있는 세계종교 패러다임 비판의 내용을 살피고, 대안적 모색을 소개할 것이다. 그다음에 연구소에서 간행된 『세계종교사입문』을 통해 당시의 고민이 어떻게 녹아 있는지, 전통과 이론의 이분법은 얼마나 해체되어 있는지를 살피도록 하겠다. 마지막으로 현재 한국 상황에서 새로운 세계종교 수업을 위해 가능한 방안을 제안하도록 하겠다.

2. 세계종교 수업에 대한 반성과 대안

세계종교 강의는 종교학과의 주요 교양과목이다.[6] 만약 한국의 대학교에서 종교에 관련된 교양과목을 개설한다고 가정한다면, 현실적으로 그 과목은 종교학개론 계열이거나 세계종교 계열일 가능성이 크다. 그리고 둘 중 하나를 고르라면 현실적인 지식을 제공할 것이라고 기대되는 세계종교 계열 교과가 될 가능성이 크다. 미국 대학에서도 세계종교는 가장 중요한 종교학 교양과목으로 인식된다. 그래서 미국의 종교학과 박사과정에는 교과과정에서 세계종교교육 방법에 관한 수업을 필수과목으로 지정해 놓은 곳이 많으며, 이는 박사과정을 수료한 대학원생이라면 기본적으로 세계종교 과목을 가르칠 능력이 있어야 한다는 인식을 반영한 것이다. 실제로 미국 대학교에는 학부 1, 2학년생을 주 대상으로 하는 세계종교 수업이 다수 개설되며, 박사과정 중의 학생이 수업을 담당하는 일이 많다. 정도와 양상의 차이는 있지만, 미국과 한국에서 세계종교 강의는 현실적으로 종교학자라면 당연히 해야 할 일로 간주되고 있다.

최근 종교학계에서는 세계종교 개념과 교육에 대하여 의미 있는 문제 제기가 진행되고 있다. 토모코 마쓰자와(Tomoko Masuzawa)는 2005년 출판한 『세계종교의 창안』(The Invention of World Religions)에서 세계종교 개념이 학술적 근거를 갖기보다는 현실적 이유에서 유통되고 있다는 점을 지적하였다. 세계종교에 해당하는 관념은 종교학 초기부터 있었지만, 오늘날처럼 어떠한 전통이 세계종교에 속하는지 목록화한 교재들이 대량 생산되어 학부 교양과정에서 가르쳐진 것은 제1차 세계대전 이후였다. 이 시기에 세계정세에 대한 위기감 속에서 미국 대학교에서 세계종교 강의가 늘어났고 세계종교를 다루는 교재들이 나타났다.[7] 이후 교재에 포함된 종교의 목록은 다소간 변화가 있었지만, 강의 형식과 내용은 큰 변화 없이 유지되고 있다. 특히 최근에는 대학가의 자본주의적 분위기 속에서 세계종교 강의는 계속해서 많은 수강인원이 들어찬다는 이유만으로도 학과에서 많은 예산과 자리를 배정받고 있다.[8]

마쓰자와의 비평적 작업을 전후해서 세계종교 강의에 대한 학계의 반성이 이어지고 있다. 반성의 큰 맥락은 각 종교전통에 대한 명확한 '사실'들을 요약 전달하는 교과서와 수업 내용이, 종교 '담론'에 대한 비판적 성찰을 수행하는 최근 종교학의 이론적 논의와 괴리되어 있다는 것이다. 예를 들어 세계종교 교재들을 분석한 한 논문에서는 다음과 같은 질문을 던진다. 이 책들이 종교를 고유한(sui generis) 범주로 전제하는 낡은 모델에 의존하고 있는 것은 아닌가? 즉 종교를 독특하고 자율적인 것으로 보고 문화적이고 정치적인 측면보다는 개인적이고 내적인 경험임을 강조하는 기존의 종교 개념에 의존하고 있는 것은 아닌가? 또 이 책들은 '일신론적인 범주들'에 의존한 나머지 여러 전통의 풍부한 의미를 퇴색시키고 있는 것은 아닌가? 비교 범주들에 대한 이론적 성찰이 빠져 있는 것은 아닌가?[9]

세계종교 수업은 종교학자에게 여러 딜레마를 안겨 준다. 그것은 경제적 현실과 학문적 추구 사이의 고민이기도 하고, 교육의 대상과 수준을 어떻게 설정해야 하는지의 고민이기도 하다. 그리고 그 고민 안에는 종교학에서 전통과 이론의 관계가 중요한 자리를 차지한다. 앞에 등장한 표현을 사용하자면, '명백한 사실'과 '혼돈스런 담론'을 강의실에서 어떻게 조화할 것인지의 고민이 존재한다.

우선 이 장에서는 종교학계에서 십 년 넘게 진행된 세계종교 강의에 대한 비평을 정리하도록 하겠다. 그러한 문제에 대한 대안으로는 어떤 것이 모색되고 있는지도 살피도록 하겠다. 그리고 다음 장에서는 이를 바탕으로 한국의 종교학계에서 이 문제가 어떻게 다루어져야 하는지, 한국종교문화연구소의 저작들은 이러한 고민에 대해 어떤 시사점을 던져 주는지를 논하도록 하겠다.

1) 세계종교 패러다임 비판

세계종교에 대한 그간의 논의가 어떻게 진행되었는지는, 2016년에 발행된 『세계종교, 그 이후』(After World Religions)를 통해 정리하도록 하겠다. 세계종교 강의에 대한 비판적 분석, 대안적 주제, 새로운 강의 방법에 대한 글을 모아 편집한 이 책의 서문에서, 편집자들은 세계종교 강의에서 암묵적으로 받아들여 온 패러다임의 문제점을 다음 세 가지로 정리하였다.[10]

첫째, 세계종교 패러다임은 비기독교 종교들을 자유주의 개신교 가치에 따라 리모델링해 왔다. 서양에서 지배적이었던 개신교 모델에 따라 종교가 이해되고, 종교의 핵심에는 믿음이 자리하고 있으며, 믿음이 의례·제의·관습과 같은 다양한 외적 실천을 통해 표현된다고 여겨진다. 사실 종교학은 종교 개념에 대해 되물음을 이어 오면서 개신교 모델의 교리 위주의 종교 이해, 믿음을 고정적인 형태로 받아들이는 경향, 의례를 믿음의 이차적 형태로 생각하는 경향을 극복해 온 역사를 지니고 있다. 그러나 세계종교 시간에 제공되는 개별 종교에 관한 지식은 이러한 비판적 종교 개념의 결과물과는 거리가 먼 기존 지식의 반복인 경우가 대부분이다. 그 결과 강의는 종교학의 지적 성찰을 전달하는 것과는 반대로 편견이 깃든 기성 지식의 재생산이라는 엉뚱한 결과를 가져온다.

둘째, 세계종교로 인정되는 전통들은 역사를 형성하고 영향을 미치며 때로는 흐름을 뒤집을 정도의 권력과 인구를 지닌 것들이다. 앞서 언급한 바 있듯이 어떤 전통이 세계종교에 들어가고 어떤 전통은 들어가지 못하는지에 대한 학문적 논쟁이나 근거는 존재하지 않는다. 그것은 교재 집필자나 강의하는 이가 자의적으로 수업에서 다루어야 한다고 생각되는 것을 정한 것일 뿐이다. 이런 식의 자의적 고려에는 현실적 이해관계가 개입하기 마련이다.

최근 종교학에서는 종교 지식과 권력의 관계에 관한 연구가 발달했다. 종교를 '담론'으로서, 그 언어 안에 스며든 권력을 추적하는 작업은 최근 종교학의 가장 중요한 주제이다. 무엇이 진정한 종교인지를 규정할 때 작동하는 주류와 비주류, 정통과 이단, 진짜 종교와 사이비 종교, 이성적(합리적, 과학적) 종교와 미신 등 종교 분류 체계에 대한 비판적 관점은 우리가 종교를 생각하는 방식을 성찰하는 주요 지점이다. 문제는 권력 작용의 산물인 세계종교를 가르치는 강의에 권력에 관한 반성적 논의가 반영될 수 있느냐이다.

셋째, 세계종교 강의는 방대한 사람의 생각과 행위를 추상화된 '-교(敎,

-ism)'라는 명칭 아래 물상화(reify)하기 때문에, 그 결과 '종교들'을 본질과 주체성을 지닌 것으로 받아들이도록 만든다. 현실에 존재하는 것은 사람들 간의 다채로운 만남인데, 세계종교 모델은 이를 '힌두교'와 '불교'가 경쟁하고 발전하고 대화하고 가르침을 준다고 묘사한다. 종교 자체가 무언가를 행하고 가르치는 주체가 아니라, 종교를 구성하고 종교와 연관된 실천과 경전을 해석하는 개인들이 주체인데 이 사실이 가려진다는 것이다.

이것은 윌프레드 캔트웰 스미스(Wilfred Cantwell Smith)의 중요한 문제 제기 이후 오랫동안 논의된 사안이다.[11] 세계종교 패러다임은 종교적 다양성의 복잡한 성격을 단순한 전제들로 발가벗겨 고정하며, 신자 개인의 생생한 경험의 감각을 소거하는 건조한 접근이라고 비판받는다.[12] 불교, 이슬람, 기독교와 같은 하나의 이름으로 불리는 전통 안에는 우리가 꼭 이해해야 하는 다양성이 존재한다. 게다가 종교전통을 생생한 실천의 집합으로 이해하는 새로운 접근들을 세계종교교육에 어떻게 수용할 것인지의 문제도 고려되어야 한다.[13] 종교인이 전통에 속박된 사람들이 아니라 행위 주체(agent)로서 어떠한 판단과 결정을 내리는지를 보여주는 교육이 필요하다.

2) 대안적인 세계종교 수업

이러한 비판에 대한 현실적인 변명도 있을 수 있다. 한두 주당 한 종교씩 가르쳐야 하는 빡빡한 일정에서 종교에 대한 기본 지식 이상을 전달하는 것이 가능한가? 다양한 전공의 학부 저학년생을 대상으로 한 강의에서 비판적 이론을 가르치는 것이 온당한가 하는 반론도 있을 수 있다. 미국 대학에서 세계종교를 가르치는 학자들도 비슷한 어려움으로 고민하는 것 같다.

『세계종교, 그 이후』에는 대안적 수업을 시도한 경험을 소개한 글이 여러

편 있는데, 그중에서도 '아마추어가 할 일이 아냐'라는 제목의 글이 눈에 띈다. 역설적이게도 이 글의 저자는 미국 대학에서 세계종교 강의를 맡은 박사과정생들로 보이는데, 이들이 강의를 맡은 후 하는 고민은 우리가 하는 것과 그리 다르지 않다.

> 어떻게 신빙성 없는 이론과 역사적 전제 위에서 만들어진 과목을 가르칠 수
> 있을까? 최근 연구에서 거듭해서 그에 반대되는 내용이 증명되고 있음에도
> 불구하고, 종교 체계가 변별되는 역사와 경계를 지닌 개별 독립체라고 가정
> 하는 과목을 어떻게 가르칠 수 있을까? '종교적' 정체성과 '세계종교' 그 자체
> 를 당연한 것으로 만들지 않으면서 세계종교 입문을 가르치는 방법은 무엇
> 일까? 간단한 답은 그런 수업을 하지 않는 것이다. 우리는 전통적인 세계종
> 교 수업을 하는 대신 종교적 정체성을 당연시하지 않으면서 수업을 할 것이
> 다. 세계종교들만을 가르치지 않으면서 세계종교 입문을 가르칠 것이다.[14]

자신이 공부한 이론과 교육 현장의 괴리를 느꼈던 이 강사들은 세계종교 수업을 지식 전달이 아니라 지식 비평의 수업으로 바꾸기 위해 궁리한다. 이들이 사용한 방법은 기존의 세계종교 교과서를 사용하되, 그것을 외워야 할 내용으로 제시하는 것이 아니라 학생들이 그 서술 의도와 전제를 스스로 분석하고 비평하도록 하는 재료로 제시하는 것이다.

예를 들면, 이들은 학생들에게 '힌두교 월경 의례와 금기'라는 주제가 세계 종교 교재에 따라 어떻게 달리 서술되는지를 분석하는 과제를 낸다. 과제를 수행하면서 학생들은 같은 주제가 교재가 저술된 시기, 학문적 분위기, 학자 의 의도에 따라 존재 여부와 양상이 어떻게 달라지는지를 스스로 발견하게 된다. 그들은 비교를 통해 종교적 지식이 어떻게 구성되는지를 들여다보는

기회를 얻게 된다.

첫째로 분석되는 책은 1934년에 발행된『삶의 바탕이 되는 신앙들』(Faiths Men Live By)이다. 마쓰자와에 따르면 세계종교 수업은 1920~1930년대 미국 대학가에 급격히 나타나기 시작하였고, 이 책은 그러한 분위기에 힘입어 신학생이 아니라 일반 학생을 대상으로 한 인문대학 강좌를 위해 기획된 최초의 세계종교 교재이다.[15] 교재 저자는 12개의 세계종교를 제시하고 종교별로 중요하다고 여겨지는 신앙, 신격, 경전에 대한 정보를 기술하였다. 그러나 이 서술에서 젠더 이슈는 고려되지 않았고 힌두교 서술에서 월경 관련 의례와 금기는 찾아볼 수 없다.[16]

둘째로 분석되는 책은 1958년에 발행된 휴스턴 스미스(Huston Smith)의 교재『사람의 종교들』(The Religions of Men)이다. 이 책에서는 세계종교 7개를 제시하여 더욱 심층적으로 이해하고자 했다. 스미스는 현대적이고 자유주의 성향인 독자를 대상으로 중요한 신학과 의례를 강조하여 서술하였다. 그러나 이 교재에서 종교적 금기는 다루어지지 않았으며, 따라서 힌두교의 월경 의례도 다루어지지 않았다.[17]

셋째로 분석되는 책은 2006년에 발행된『오늘날 세계종교』(World Religions Today)이다. 이 교재에는 종교인의 일상적 경험이 강조되고 종교 제도에 속하지 않은 사람들도 포괄하려는 최근의 학문적 관심이 반영되어 있다. 이 교재에서는 인도인의 통과의례의 차원에서 월경 의례가 다루어졌다. 의례와 금기를 통해 인도 여성의 삶이 제약되는 측면과, 여성 공동체의 결속을 통해 힘을 얻는 측면이 있음이 서술되었다.[18]

넷째로 분석되는 책은 가장 최근인 2012년에 발행된『세계종교 입문』(A Concise Introduction to World Religions)이다. 이 교재에서도 힌두교 월경 의례와 금기가 다루어졌다. 우선 여성에게 적용되는 오염 금기의 사례로 힌두교 월경 금기들이 소개되었다. 또 이 교재는 힌두교라는 한 전통 내의 지역적 다양성을 강조하면서 월경 의례와 금기를 상세하게 소개하였다.[19] 학생들은 교재 간의 비교를 통해 각 교재의 기반이 되는 학자들의 관심사와 편견에 대해, 교재가 생산될 때의 학문적 분위기에 대해 알게 된다. 또한 종교를 표상하는 방식의 자의성과 논쟁적 성격에 대해 알게 된다. 무엇보다도 교재가 무조건 올바른 정보의 원천이라기보다 물음을 제기해야 할 대상이라는 점을 익히게 된다.[20]

위의 박사과정생 강사들의 노력과 비슷하게, 래미(Steven W. Ramey) 선생 역시 세계종교 수업을 학생들의 비평을 유도하는 방식으로 운영한다. 그 역시 세계종교 교재를 비판해야 하는 패러다임의 사례로 사용한다. 그는 전통별 강의에서 교재들 사이의 차이를 소개함으로써 토론의 재료를 제공한다. 학생들은 왜 어떤 주제는 포함되고 왜 어떤 주제는 빠졌는지, 왜 다른 방식으로 구성되었는지, 이러한 선택과 구성 원칙 이면에 있는 전제와 이해관계는 무엇인지를 토론한다. 또 그는 각 전통이 표상되는 방식, 예를 들면 대중문화나 언론에서 특정 종교가 묘사되는 방식을 비판할 수 있도록 토론의 재료를 제공한다.[21] 그는 이런 수업을 진행할 때 생기는 현실적인 어려움도 함께 이야기한다. 한정된 시간에 이 모든 것을 진행한다는 것은 쉽지 않다. 특히 세계종교 수업 특유의 어려움으로는 용어의 문제가 있다. 학생들이 각 전통 특유의 개념들을 이해하고 습득하는 데는 많은 시간이 들 수밖에 없는데, 기본적인 용어를 습득하고 난 후 그에 대한 비평까지 진행하는 것은 불가능해 보일 수도 있다. 그러나 그는 시간의 부족이 대학 강의의 일반적인 문제이지 세계종교 수업만의 문제가 아니라고 지적한다. 문제 해결을 위해 필요한 것은 선택과 집중이다. 꼭 알아야 할 최소한의 용어를 선정하고 이를 바탕으로 하여 비평으로 이끄는 효과적인 길을 찾아야 한다는 것이다.

이때 유의할 점은 시간 부족을 핑계로 저학년 수업은 용어 소개 위주로 진행하고, 비평 작업은 고학년 수업에 미루려는 유혹에서 벗어나야 한다는 것이다.[22]

위의 대안적 수업 소개에서 빠져 있는 것은 이에 대한 학생의 반응이다. 학부 저학년 교양을 기대하고 들어온 학생들이 무리 없이 수업을 잘 따라갈 수 있었는지, 수업에서 만족을 느꼈는지, 그리고 수업을 개설한 교양학부나 학과의 입장과 배치되는 것은 없는지 등의 현실적인 궁금증이 드는 것도 사실이다. 이러한 구체적인 쟁점들은 한국의 강의실이라는 다른 무대에서 치열하게 고민해야 할 것이다. 종교학계의 세계종교 패러다임을 소개한 논문의 맺음말에서 안연희는, 우리 현실에서 대학의 세계종교 강의는 학생들에게 인간적 현상으로 종교현상에 관해 관심을 일으키고 종교현상을 성숙하게 이해할 수 있는 관점을 심어주는 데 주안점을 두어야 한다고 주장한 적이 있다.[23] 그렇다면 한국종교문화연구소의 작업에서 그러한 주안점이 어떤 모습으로 담겨 있는지 구체적으로 살피도록 하겠다.

3. 한국에서 세계종교 가르치기: 『세계종교사입문』

이 글에서 한국 강의실에서 진행되는 세계종교 강의의 현실을 전반적으로 다룰 수는 없다. 다만 한국종교문화연구소에서 집필한 세계종교 교재인 『세계종교사입문』을 되돌아봄으로써 연구소가 세계종교교육에 기여한 바를 평가하고 앞으로의 과제를 점검하고자 한다.

『세계종교사입문』은 한국종교문화연구소에서 각 전통을 담당하는 연구원들의 집필과 검토를 거쳐 1989년에 초판이 발행되고 1991년에 개정판이 나온 후 2003년에 증보개정판이 나왔다. 이 책의 집필 작업이 진행되던 당시 국내에는 존 노스(John Boyer Noss)의 『세계종교사』 외에는 세계종교에 관해 읽을 만한 책이 없는 상황이었다.[24] 이렇게 척박한 상황에서 국내 연구자들의 역량을 모은 세계종교 서술이 기획된 것은 당시에도 처음 있는 일이었고, 30년이 되어 가는 지금도 한국 종교학계의 중요 성과로 남아 있다. 백종이 넘는 세계종교 교재가 출판되고 있는 미국에서는 한두 명의 저자가 쓴 교재도 있지만, 각 분야의 전공자들이 공동 집필하여 출간된 교재들이 많은 편이다. 아무래도 현대 학계에서는 각 전통의 전공자가 자신의 분야를 책임지는 형태의 기획이 선호되고 있다. 어떤 이유에선지는 알 수 없지만, 한국 종교학계에서는 각 분야 전공자들의 역량을 모아 세계종교를 서술하는 작업은 『세계종교사입문』 이전은 물론이고 그 이후에도 시도된 바가 없다.[25] 그래서 『세계종교사입문』은 세계종교교육에 관한 한국 종교학계의 역량을 정직하게 반영한 결과물이라는 의미가 있다.[26]

1) 종교에 대한 물음, 종교들에 대한 물음

『세계종교사입문』의 머리말에는 집필자들의 문제의식이 잘 드러나 있다. 1989년 판 머리말에서 중심이 되는 내용은 '종교'에 대한 물음이다. 종교학이라는 학문 자체에 대한 인식이 제대로 형성되지 않았던 당시 한국사회를 배경으로 한 문제의식이다. 종교는 당연한 것이므로 물을 필요가 없다고 생각한 독자들을 뒤흔든 질문은 바로 "도대체 유교가 종교인가?"였다. 한국의 교육 현장에서 생성된 이 질문은 종교라는 범주를 되묻게 한다. 지금이라면 이 대목에서 종교 개념의 보편성에 대한 학계의 문제 제기를 소개하고 푸코, 아사드, 스미스를 통해 학계에서 일반화된 종교 개념의 창안, 구성적 성격을 논할 가능성이 크다. 그러나 1980년대 말에 저술된 책에서 저자들은 대표적인 종교학자들의 종교유형론을 소개함으로써 종교를 생각하는 방식이 다양함을 일깨우는 방식을 취하였다. 저자들은 니니안 스마트의 종교경험 분류인 누미노제 경험과 니르바나 경험, 피터 버거의 초월적 종교와 내재적 종교의 구분 등을 소개하였다. 이를 통해 당시 독자들이 상정하고 있는 유일신론적 모델만이 종교가 아니라 니르바나 경험과 내재적 종교 역시 존재함을 일깨우고 동아시아 전통들을 종교로서 논하는 이론적 기반을 제공하였다.

머리말의 대부분을 차지하는 것은 종교 개념에 대한 문제의식이다. 종교학의 기본 관점을 소개해야 하는 필요를 반영한 서술이다. 반면에 현재 논의되고 있는 '세계종교'에 대한 문제의식에 해당하는 부분은 많지 않다. 다만 머리말의 저자는 '세계종교'라고 하는 말은 '현재 세계적으로 널리 영향력을 미치고 있는 종교'라는 의미를 지닌 용어로서 지금 살아 숨쉬고 있는 커다란 종교의 막강한 힘을 염두에 두고 쓰여지는 용어임을 지적하였다.[27] 충분한 비중은 아니지만, 세계종교가 권력의 산물이고 잠정적 개념이라는 기본적인 인식을 전제하고 있는 점이 눈에 띈다.

이 책의 본문은 7개의 개별 종교전통에 관한 장으로 나누어 서술되어 있고, 머리말에서 제기한 문제의식이 본문에서 일관성 있게 유지되었는지는 필자별로 편차가 있는 것이 사실이다. 그러나 본문 서술에 공통된 짜임새를 부여하는 중요한 역할을 하는 내용은 각각의 종교 서술을 여는 이야기들이다. 『세계종교사입문』은 1991년 개정판을 낼 때 본문을 대폭 보완하였는데, 가장 눈에 띄는 변화는 각 전통의 머리말 부분을 보강한 것이다. 1989년 판에서 간단한 여는 말이나 서론을 생략한 형식이었다면, 1991년 판에서는 힌두교, 불교, 유교, 도교, 유대교, 기독교 등 각 종교를 여는 대목마다 "○○○는 무엇인가?"라는 질문에 답하는 형식으로 바뀌었다. 이 질문과 그에 대한 답변은 한국 독자들이 세계종교를 만나기 위한 핵심적인 가이드 역할을 한다.

하나하나 살펴보면 다음과 같다. "힌두교란 무엇인가?"라는 질문에 대해 저자는 힌두교(Hinduism)가 서양 사람들이 인도인의 종교를 지칭하기 위해 만든 외부적 명칭임을 지적하고, 인도인 자신은 삶의 최고 목표에 이르는 수단을 뜻하는 '사다나(Sadhana)'라는 표현을 사용한다는 것을 알려 주었다. "불교란 무엇인가?"라는 질문에 대해 저자는 불교(Buddhism)가 범아시아적 종교현상을 지칭하기 위해 서양 학자들에 의해 최근에 고안된 것임을 지적하고 그 안의 모순되어 보이는 여러 요소가 존재한다는 것에 유의할 것을 당부하였다. "유교란 무엇인가?"라는 질문에 대해 저자는 유교가 동아시아인들에게 오랜 기간 세계를 인식하는 기준을 제공하고 삶의 지향으로 기능해 왔다는 것을 지적하면서 포괄적 체계인 유교를 종교적 세계관으로 파악하는 관점이 가능하다는 것을 설득력 있게 설명하였다. "도교란 무엇인가?"라는 질문에 대해 저자는 도교가 도가 철학만으로 환원되지 않는, 중국 민간 신앙의 다양한 요소의 집대성이라는 사실을 강조하였다. "유대교란 무엇인가?"라는 질문에 대해 저자는 유대교에 대한 기독교 위주의 이해를 지양하고 토라의 길로서 이해할 것을 당부하였다. "기독교란 무엇인가?"라는 질문에 대해 저자는 한국에서 기독교라고 하면 곧 개신교로 이해되는 인식이 수정되어야 한다는 점을 지적하면서 기독교를 기독교인의 종교경험의 총체를 지칭하는 것으로 이해해야 한다고 안내하였다. 각 종교전통을 일컫는 개념은 그 전통에 대한 대중의 이해나 편견이 역사적으로 축적된 결과물이다. 개념의 형성 과정을 알려 주고 대중적 오해를 불식하는 이러한 내용은 『세계종교사입문』이 한국의 맥락에서 진행된 세계종교 강의의 결과물임을 잘 보여주는 대목이다.

일반적으로 세계종교 교재에서 종교전통을 소개하는 앞부분은 학생의 자리에서 갖게 된 문화적 전제나 편견과 종교에 관한 낯선 지식체계가 충돌하는 중요한 자리이다. 그래서 앞부분 내용은 종교학계의 비평적 관점이 한국의 교육 현장에서 맞닥뜨린 물음들과 만나 한국에서 요구되는 세계종교 강의의 방향을 보여준다.

2) 새로운 강의의 맥락과 새로운 작업의 요청

『세계종교사입문』은 1980년대에 집필되어 2000년대 초까지 개정되면서 한국사회에 종교학적 관점에 입각한 종교사를 제시하였다고 평가할 수 있다. 세계종교 강의 교재로 사용되는 것이 이 책의 유일한 목적은 아니겠지만, 이 책은 상당 기간 한국 대학의 다양한 세계종교 관련 강의에서 대표적인 교재로 사용되었다. 그런데 현재 시점에서 필자에게 이 책을 세계종교 강의의 교재로 사용할 것인지를 묻는다면, 필자는 아니라고 할 것 같다. 그렇게 하기에는 이 책이 너무 무겁기 때문이다.

이 책이 '담론으로서의 종교'를 염두에 두고 집필되었음에도 불구하고, 책 본문의 대부분에서는 전통에 대한 '명백한 사실들'을 전달하는 데 할애되어 있는 것이 사실이다. 예를 들어, 힌두교 서술에서는 "힌두교란 무엇인가?"라는 물음에 대하여 한국 독자들이 힌두교에 관련해 갖는 지식이 단편적이고 외부에서 주어진 것임을 지적하고, 힌두교가 인도 사람들이 진리에 이르는 수단으로서 다양성을 지닌 것임을 알려 준다. 이어지는 본문에서는 인더스 문명에서 시작하여 베다 시대의 신격들, 우파니샤드의 주요 개념들, 자이나교와 불교의 등장, 바가바드기타와 삼신숭배, 육파철학, 힌두 종파의 발달, 근대 힌두교 개혁 운동 등이 서술되었다. 유교 서술에서는 유교가 동아시아인들에게 삶의 지향으로 기능하는 종교적 세계관임을 지적한 후, 본문에서는 한대, 육조시대, 송원, 명청, 근대의 유교 전개가 서술되었다. 불교의 경우 본문에서는 붓다의 가르침과 초기불교, 부파불교와 주요 경전의 성립, 대승불교의 흥기, 동남아시아, 중국, 티베트, 일본, 한국의 불교, 현대 불교의 여러 양상이 서술되었다.[28] 해당 분야 연구자들에게는 어느 하나 뺄 수 없는 기본적인 내용이기 때문에, 여기서 어떤 부분을 제외하라는 것은 무리한 요구일지도 모르겠다. 그러나 매우 간략하게 서술되어 있음에도 불구하고, 독자에게 이 내용은 정보의 홍수로 받아들여질 뿐이다. 여행의 출발점은 한국의 강의실이지만 너무 긴 여행이 되어 버린 나머지 현재의 쟁점은 희미해진다. '지금 우리의 자리'가 서술 내용을 조직하는 원리로 적극적으로 활용되지 않기 때문이다.

이 책이 방대한 정보를 싣고 있는 것은 특정한 신학적 입장에 치우치지 않은 종교사 서술 자체가 부족한 상황에서 표준적 서술을 제공해야 한다는 당시의 요청을 고려해 볼 때 충분한 이유가 있다. 그러나 새로운 세계종교 수업의 입장에서, 즉 세계종교 패러다임에 대한 비판을 넘어선 대안적 수업을 준비해야 하는 지금 시점에서 가장 중요한 선택과 집중의 문제가 이 책에서는 크게 고려되지 못하였다는 지적은 피할 수 없다.[29] 이 책은 세계종교 교재와 종교사에 대한 일반 교양서의 성격을 동시에 지니고 있지만, 이 때문에 현재 시점에 교재로 사용하기에는 무거운 책이 되었다. 다른 식으로 말하면 이 교재는 비평적 관점과 종교에 관한 지식이 모두 존재하는 절충적 성격을 지닌다.

그렇다면 기존의 무거운 교재를 대신할 날렵한 교재는 어떻게 준비되어야 할까? 기존의 교재에는 학생들에게 지식을 가르친 후 나중에 이론을 가르치면 된다는 전통과 이론의 구분이 내재되어 있다고 한다면, 이제는 처음부터 이론적 물음을 던지는 작업을 함께할 필요가 있다. 학생들을 지식에 입문하게 하는 것이 아니라 물음에 입문하도록 하는 가이드북이 요구되는 것이다. 그래서 전통에 대한 지식을 빠짐없이 전달하려는 강박에서 벗어나 유효한 물음을 담은 교재가 필요하다.

『세계종교사입문』이 지니는 가장 중요한 미덕은 한국의 강의 현장에서 탄생한 세계종교 교재라는 점이다. 한국 강의실에서 무엇을 가르쳐야 하는지를 고민하면서 학생들과 상호 소통하여 그들의 관심사를 반영해서 저술되었다는 것은 아직도 한국에서 출판된 다른 세계종교 교재들에서 보기 힘든 독보적인 성과이다. 이러한 미덕을 계승하면서도 새로운 수업 방식을 이끌 수 있는 교재를 만들기 위해 이 글에서는 두 가지를 제안한다.

첫째, 담론으로서의 종교에 초점을 둔 교재가 필요하다. 이것은 단순히 사람들의 관심사에 맞추어 서술한다는 차원을 넘어서는 작업이다. 종교 연구의 기본적인 접근을 "종교란 무엇인가?"의 차원이 아니라 "무엇을 일컬어 종교라 하는가?"의 차원으로 전환하는 것을 요청하기 때문이다.[30] 처음부터 종교를 '사람들이 자신이 행하는 것에 대해 이야기하는 방식'이라는 담론적 차원에서 접근한다면,[31] 한국사회에서 종교에 대해 이야기하는 방식을 근간으로 한 교재가 구상될 수 있을 것이다.[32]

한국종교문화연구소는 『종교 다시 읽기』와 『종교 읽기의 자유』를 시작으로 종교에 대한 한국사회의 물음을 다루는 작업을 해 왔다. 그 작업에서 다루어진 물음들은, "유교는 종교인가?", "하느님은 남자 편인가?", "무속을 보는 눈?",[33] "제사는 우상숭배인가?", "기의 자리에서 도를 말한다면?", "인간은 폭력 없이 살 수 없나?"[34] 등 세계종교 수업에서 다루어지는 내용을 이미 담고 있다. 이것은 연구소에서 꾸준하게 제기하고 발전시켜 온 연구 성과들이 담고 있는 내용이기도 하다. 연구소 구성원들은 종교 개념 자체에 대하여 물음을 제기하는 동시에,[35] 이 문제의식을 개별 종교전통의 역사적 맥락

아래서 구체적인 연구로 발전시켜 왔다. 불교가 근대에 어떻게 재편되었고 새로운 종교로 만들어졌는지에 대한 연구,[36] 개신교의 정체성과 타자 인식에 관한 연구,[37] 동아시아 종교의 정체성에 관한 연구[38] 등이 세계종교 수업과 관련된 문제의식을 제공하고 있다.

담론적 차원에서 종교전통을 서술한 좋은 예로는, 세계종교 교재가 아니라 불교를 소개한 저서이기는 하지만 베르나르 포르(Bernard Faure)의 『불교란 무엇이 아닌가』가 모범적이라고 생각된다. 포르는 이 책에서 키워드를 중심으로 불교에 대한 대중적인 관심이나 오해를 서술하였다. 대중들이 불교 하면 떠올리는 허무, 철학, 무상, 숙명, 자아 부정, 환생, 무신론, 자비, 평화, 채식주의 등의 질문들을 통해 책 전체를 구성하고 불교가 지닌 내적 다양성을 효과적으로 그려 내었다.[39] 포르가 서양 대중들의 담론을 재료로 책을 구성하였듯이, 연구소도 그간의 연구 성과를 반영하여 한국 대중들의 담론을 재료로 세계종교 교재를 구성할 수 있는 단계에 있다고 생각한다.

둘째로 제안하고 싶은 것은, 사람들이 '종교에 대해 이야기하는 것'에는 필수적으로 문화콘텐츠가 포함되어야 한다는 것이다. 앞서 예로 들었던 래미 선생의 세계종교 수업에서, 대중문화와 언론에서 특정 종교가 다루어지는 방식이 토론의 재료로 제공된 것을 볼 수 있었다.[40] 현재 세계종교 강의에서 미디어는 흥미를 유도하는 양념이 아니라 세계종교의 내용을 구성하는 필수적인 요소라고 간주된다. 수업을 듣는 학생들은 종교에 대해 읽고, 이야기하고, 보고, 듣고, 감상한다. 한국 학생의 다수가 이슬람을 믿는 실제 사람을 통해서보다는 뉴스나 영화를 통해 이슬람이라는 종교를 접한다는 사실이 전제되지 않고서는 강의가 준비될 수 없다.[41] 한국 대중이 세계종교를 접하는 통로가 되는 영화, 드라마, 음악, 뉴스, 다큐멘터리, 유튜브 영상, 페이스북의 글, 인터넷 커뮤니티의 짤방 등 무수한 콘텐츠들의 수집과 분석이 바탕이 되어 세계종교 교재를 준비할 필요가 있다. 새로운 교재는 세계종교를 다루는 콘텐츠들을 평가할 능력을 길러 주는 가이드북의 역할을 해야 한다.

이러한 점을 염두에 두면, 세계종교 수업이라는 한정된 시간과 공간에서 학생들의 흥미와 학자들의 지적 성찰이 만날 수 있게 해 주는 핵심적인 물음 위주의 새로운 교재를 만드는 것은 가능한 작업이라고 생각된다. 전통과 이론을 나누고 세계종교를 전통의 입문이라는 자리에 놓는 대신에, 전통과 이론의 구분은 잠정적인 것으로도 성립될 수 없다는 인식 아래 세계종교 수업을 구성하는 물음 중심의 교재를 구성한다면, 한국 강의실의 대안적인 세계종교 강의를 획기적으로 앞당길 수 있을 것이라고 기대된다.

4. 맺음말

세계종교 강의는 강의 개설 주체의 의도, 수강생의 기대와 강의자의 학문적 방향이 충돌할 수 있는 지점이다. 종교학과 개설 과목 중에서도 경제적 이해와 권력의 영향을 더 많이 반영하는 특수한 위치에 있는 과목이고, 그래서 그 비학문적인 성격을 비판받기도 한다. 그러나 이를 다른 관점에서 보자면, 세계종교는 종교학에 대한 사회적 요구가 전달되는 통로의 성격을 지닌다고 할 수 있다. 그러므로 강의 안에서 학문적 이상과 현실적인 요구를 조화하는 것은 강의를 넘어서 종교학의 사회적 역할을 시험하는 중요한 무대의 의미가 있다. 한정된 시간, 강의라는 형식, 다양하고 많은 수강생 등을 이유로 기존의 수업 방식을 고수하기보다는 종교학의 정체성을 녹여 낼 수 있는 새로운 시도가 요청된다.

기존의 세계종교 수업에는 종교학 내의 전통과 이론이라는 왜곡된 이분법이 반영되어 있다. 세계종교가 종교전통에 관한 '명확한 사실'들을 전달하는 수업이라는 생각에서 벗어나지 못했다. 그래서 최근 학계의 세계종교 패러다임 반성은 기존 수업이 지식체계 전달에서 벗어나지 못하는 것을 비판하는 데 집중한다. 대안적인 세계종교 수업은 종교에 관한 '사실'들이 사실은 '담론'임을 인지하고 이를 비평할 수 있는 능력을 부여하기 위해 노력한다. 이러한 노력은 종교학이 현실적인 요청에 부응하면서도 자신의 정체성을 확립하는 길을 모색하는 것이다.

한국종교문화연구소는 한국의 강의실에서 세계종교 강의를 실제 진행했던 이들을 구성원으로 하고 있으며, 이들이 느낀 문제와 새로운 지향을 담은 교재를 발간하였다. 여러 이유에서 그 책이 가진 현실적인 한계들이 존재하지만, 그럼에도 지금 종교학계가 논의하는 세계종교 패러다임 비판과 연결될 수 있는 문제의식의 실마리들을 포함하고 있다는 점은 중요하다. 현재 시점에서 그 실마리들에 관한 학문적 진전을 모으는 작업이 이루어진다면 세계종교 수업의 한 단계 진전이 이루어질 것이라고 기대된다.

한 가지 덧붙이자면, 한국 종교학계에서 전통과 이론이, 구분이 확고한 이분법으로 받아들여지는 것을 극복할 시점이 되었다고 주장하고 싶다. 현시점에서 전통과 이론의 구분은 종교학 하기에 크게 도움이 되지 않는다. 종교학의 역사에서 학문의 독립을 위해 독자적인 이론을 주창하던 시기가 있었다. 또한 한국 종교학계에서 종교학이라는 학문의 도입을 위해 해외 이론의 수용을 강조하던 시기가 있었다. 전통과 이론은 그러한 시기에 강조된 일시적인 구분이다. 그것은 종교학이 정착하는 과정에서, 그리고 개인이 종교학자로 성장하는 과정에서 언급될 수는 있지만, 학자의 정체성을 표현하는 최종적인 설명이 될 수는 없다.

이 글에서 언급된 세계종교 강의의 예를 들자면, 종교학과 교양 수업에서 세계종교는 전통 수업이고 종교학개론은 이론 수업이라는 식의 구분이 더는 통용될 수 없다. 그것은 부정확할뿐더러 수업을 잘못된 방향으로 이끌소지가 있기 때문이다. 앞서 보았듯이, 세계종교에 대한 이해는 종교 개념에 대한 성찰, 종교와 권력의 관계, 종교가 지닌 생생한 감각의 경험 등과 떨어질 수 없다. 따라서 세계종교 강의 역시 그러한 최근의 성과들을 소개할수 있는 방식으로 고안되어야 한다.

전통과 이론의 구분이 불러일으킬 수 있는 오해의 결과는 그 구분에 따라 종교학자의 역할이 나누어질 수 있다는 것이다. 전통의 명확한 지식을 다루는 학자와 이론을 통해 종교 담론의 혼돈을 다루는 학자를 나누는 것이 가능할까? 유감스럽게도 아직 한국 종교학계는 편리하다는 이유에서 강의나 학제의 운용에서 그러한 구분을 유지하고 있고, 이 때문에 그러한 오해가 발생할 여지는 계속 남아 있다. 종교학에서 이론의 역할은 전통이라는 텃밭을 가진 학자들이 공통의 주제를 통해 소통할 수 있도록 관심을 한데 끌어당기는 것이다. "이론은 현상을 '우리의' 자료로, 즉 그것이 '우리의' 이론적 문제를 상기시킨다는 의미에서 중요한 것으로 다시 빚어내기 위한 기반과 방법을 제공한다."[42] 그것은 종교학의 정체성에 관한 문제이지 종교학의 한 영역이 아니다. 한국종교문화연구소의 작업은 이러한 이론적 역할을 위한 것으로 평가받을 수 있으며, 세계종교 강의와 관련해서도 그 가능성을 보여주는 작업을 수행했다고 평가할 수 있을 것이다.

'종교문화비평'의 관점과 시야, 그리고 외연

신광철

1. 서론

『종교문화비평』은 한국종교문화연구소 및 종교문화비평학회의 학술지로서 한국 종교학계에서 나름의 위상을 점하면서 '종교문화비평'으로 운위되는 학술적 연구와 비평의 역할을 담당하여 왔다. 본 발표는 이러한 한국종교문화연구소 및 종교문화비평학회의 '종교문화비평'의 관점과 시야, 그리고 외연을 분석 · 정리함으로써, 그 학문적 지점과 의의를 밝히는 것을 목적으로 한다. 이를 위해, 『종교문화비평』 권두언에 나타난 '종교문화비평'의 관점을 포착하는 한편, 특집 논문을 분석하여 그 시야의 범위와 의미를 천착하고, 일반 논문과 여타 세션을 분석하여 그 외연의 성격과 함의를 구명하고자 한다. 궁극적으로 이러한 포착, 천착, 구명의 성과를 갈무리하여 『종교문화비평』이 나아갈 바를 모색하려 한다.

2. '종교문화비평'의 관점

2001년 1월 31일 새롭게 출발한 사단법인 한국종교문화연구소는 1987년에 결성되어 14년 동안 이어지던 한국종교 연구회를 발전적으로 계승한 것으로서, 한국의 종교문화에 대한 심층적인 이해를 그 지향점으로 삼아 왔다. 그러한 취지를 지닌 한국종교문화연구소가 발간하는 학술지의 명칭이 『종교문화비평』으로 명명(命名)된 것이 이채롭다. '종교문화비평'이 한국종교문화연구소의 정체성을 드러내는 가장 중요한 관점으로 제시된 것이다. 한국종교문화연구소의 '종교문화비평'은 어떠한 방향성을 지닌 것인가? 『종교문화비평』 창간호의 「발간사」를 통해 그 방향을 포착해 보기로 하자. 한국종교문화연구소 초대 소장 강돈구는 다음과 같이 『종교문화비평』의 방향을 제시하였다.

> 『종교문화비평』이 지향하고 있는 방향은 두 가지입니다. 하나는 '종교문화'라는 말에서 나타나듯, 종교현상을 인간 삶의 다른 영역과 긴밀한 연관성이 있는 것으로 파악하는 것입니다. 이는 종교의 자율성을 존중하면서도 종교를 인간 삶의 총체인 문화적 맥락에서 살피려는 태도입니다. 다른 하나는 '비평'이라는 말에서 드러나듯, 잘 보이지 않고 흔히 간과하기 쉽지만 중요한 측면에 대해 주목하는 태도입니다. 이런 비평적 관점은 기존의 틀에 안주할 경우, 얻기가 힘든 것입니다. 하나의 시각적 지평이 지니고 있는 전체적인 위치를 파악하고, 그런 시각으로 볼 수 있는 것과 볼 수 없는 것에 대한 명확한 인식을 지닐 때, 비평의 자세가 나타나기 때문입니다. 『종교문화비평』의 두 가지 지향점은 종교현상을 바라보는 통상적인 관점에 대한 반성의 의미를 담고 있습니다. 『종교문화비평』이 극복하고자 하는 것은 긍정적이든 부정적이든 종교를 고립시켜 상투적으로 파악하는 관점입니다.[1]

위의 창간호 「발간사」는 '종교문화비평'을 '종교현상을 인간 삶의 다른 영역과 긴밀한 연관성이 있는 것으로 파악하는 것'과 '잘 보이지 않고 흔히 간과하기 쉽지만 중요한 측면에 대해 주목하는 태도'의 두 가지로 제시하고 있다. 이러한 방향성에 대한 더욱 분명한 설명을 『종교문화비평』2호의 권두언을 통해 볼 수 있다. 『종교문화비평』 2호의 권두언은 창간호에서 밝힌 '종교문화비평'의 두 가지 방향을 '종교를 인간 삶의 총체인 문화적 맥락에서 검토한다는 것'과 '종교에 관한 기존의 관점을 비판하여, 더욱 참신한 관점에서 종교를 살핀다는 것'으로 구체화시켰다.[2]

창간호와 2호의 권두언에 나타난 '종교문화비평'에 대한 담론은 '관점'을 중심으로 제시되어 있다. 한국종교문화연구소는 그러한 '종교문화비평'의 관점 생성의 배경을 '한국(적 상황)에서 종교(학) 연구하기'에서 찾고 있다. "이 땅에서 종교에 대해 묻는다는 것이 어떤 의미가 있는지, 우리의 현실과 적합한 문제의식이 무엇인지 정면으로 고민하겠다."는 것이다.[3]

이러한 '종교문화비평'의 '관점'은 구체적으로 어떠한 '관심'으로 펼쳐지는가? 『종교문화비평』 4호의 권두언은 이와 관련하여 의미심장한 방향을 제시하였다.

> 한편으로는 개별 종교전통에 대한 관심, 그리고 다른 한편으로는 더욱 포괄적인 종교문화에 대한 관심은 『종교문화비평』이 지니고 있는 이중의 관심이다. 이 두 가지의 관심은 고정적이지 않고 서로 끊임없이 왕래한다. 그리고 균형 잡힌 관점을 위해 양자 사이의 적절한 긴장은 필수적이다. 개별 종교전통에 대한 세밀하고 심층적인 공부와 함께, 종교현상을 가로지르는 문화 전반에 대한 공부도 필요하다. 『종교문화비평』은 개별 종교전통에 대한 지식과 종교 전반에 대한 관심 사이의 긴장된 균형 사이에 위치하려 한다.[4]

위의 『종교문화비평』 4호 권두언에서 '종교문화비평'의 '관심' 영역으로 설정된 것은 '개별 종교전통에 대한 지식'과 '포괄적인 종교문화(종교 전반)'

이다. 한국종교문화연구소는 이를 '긴장' 관계로 파악하면서 '균형'을 이루려 하였다. 또한 그러한 균형에 다다르기 위해 '삶의 자리에서 살아 움직이는 종교현상의 속살을 생생하게 드러내려는' 노력과 함께 그러한 '생생한 현장의 모습을 거시적인 안목으로 조망할 수 있는 이론적인 틀'도 필요함을 강조하였다.[5]

한편, 『종교문화비평』 14호 권두언에서 장석만은 '종교문화비평'의 '관심'을 '수행'하는 '작업'의 성격을 다음과 같이 논하였다.

> 학문으로서의 종교학에서 결코 빠뜨려서는 안 되는 것이 무엇인가? 그것은 우리가 던졌던 질문을 끊임없이 되새겨 보는 일이고, 새로운 방식으로 질문을 다시 던지는 일이다. 이런 작업은 질문을 던지는 자, 질문이 낳아져서 운반되는 상황, 그리고 질문의 청중 집단 모두에 관한 전반적인 되새김질을 요구한다.[6]

위의 『종교문화비평』 14호 권두언은 '종교문화비평 수행 작업'을 '질문'의 지점과 관련하여 그 방식과 정황을 중심으로 논점을 제기하고 있다. 첫째, 그것은 부단하고도 새로운 질문이다. 둘째, 그것은 질문하는 주체, 질문이 제기되고 해명되는 맥락, 그리고 그러한 질의와 해답 찾기 과정에 함께하는 청중의 상호작용을 통한 총화를 통해 수행된다는 것이다. 첫째 논점은 질문의 방향과 연동되는 것이므로 아직 검토할 만한 시점은 아닌 듯싶다. 둘째 논점은 질문의 체계와 관련되는 것이다. 한국종교문화연구소 · 종교문화비평학회가 추구하는 '종교문화비평'의 주체, 맥락, 상호작용이 올곧게 이루어지고 있는지에 대한 반성적 성찰이 요청된다.

또 한 가지 남은 문제가 있다. '종교문화비평'이란 술어는 '종교' + '문화비평'과 '종교문화' + '비평'의 두 가지 지향성을 지닌 술어이다. 전자가 종교(학)의 자리에서 문화비평을 시도하는 것이라면, 후자는 종교(문화)에 대한 비평적 작업을 시도하는 것으로 갈무리할 수 있을 것이다. 과연 한국종교문화연구소 · 종교문화비평학회의 '종교문화비평'이 이러한 두 가지 지향성을 올곧게 수행하여 왔는지, 그 관점, 관심, 수행에 대하여 비판적 통찰이 필요한 시점이다.

3. '종교문화비평'의 시야

한국종교문화연구소 · 종교문화비평학회의 '종교문화비평'의 시야(視野)를 살피는 방법은 다양할 것이다. 여기에서는 『종교문화비평』 특집에 대한 거시적 조망을 통해 그것을 살펴보도록 하겠다. 창간호부터 32호까지의 『종교문화비평』 특집 주제는 다음과 같다.

〈『종교문화비평』특집 주제 목록〉(발간년도-호수, 주제 순)

2002-1 한국의 근대성과 종교문화

2002-2 종교학과 관련 학문

2003-3 스포츠와 종교

2003-4 종교와 근대성

2004-5 생명윤리와 종교

2004-6 사이버공간과 종교

2005-7 한국 근대와 종교적 지식의 형성

2005-8 해외 불교학의 형성과 오리엔탈리즘

2006-9 '원시종교' 만들기

2006-10 새로운 비교종교 이론을 찾아서

2007-11 동아시아의 관점에서 본 엘리아데 재고

2007-12 종교와 인권

2008-13 신자유주의와 종교

2008-14 종교학과 인지과학의 만남

2009-15 최근 한국사회의 종교, 정치, 권력

2009-16 최근 한국사회의 죽음의례

2010-17 함석헌이 본 종교, 종교가 본 함석헌

2010-18 종교, 폭력, 평화

2011-19 다문화사회의 종교를 묻는다

2011-20 한국사회 신화 담론의 어제와 오늘

2012-21 종교와 동물

2012-22 한국 '근대종교'의 탄생

2013-23 종교와 섹슈얼리티

2013-24 종교적인 인간(Homo-Religiosus)의 한 얼굴: 소전(素田) 정진홍 교수의 학문 세계

2014-25 감각의 종교학

2014-26 종교와 공공성

2015-27 종교와 미디어

2015-28 핵 시대의 종교문화 읽기

2016-29 종교 가르치기의 안과 밖

2016-30 근현대 불교: 전통으로의 복귀인가? '신'종교현상인가?

2017-31 동아시아의 제의와 희생

창간호부터 32호까지의 『종교문화비평』 특집 주제를 Ⅱ장에서 논의한 '종교문화비평'의 '관심' 영역, 즉 '개별 종교전통에 대한 지식'과 '포괄적인 종교문화(종교 전반)'와 관련지어 살펴보면 개별 종교전통 관련 주제가 2005년 8호 '해외 불교학의 형성과 오리엔탈리즘'과 2016년 30호 '근현대 불교: 전통으로의 복귀인가? '신'종교현상인가?'의 둘밖에 없음을 알 수 있다. 개별 종교전통 및 교학에 대한 종교학적 논의, 특히 기독교전통 및 신학에 대한 특집이 다루어지지 않았다는 사실을 어떻게 이해할 것인가에 대한 대답과 대응이 필요한 시점이다. 이는 Ⅱ장에서 제기한 '종교' + '문화비평'과 '종교문화' + '비평'의 지점에 대한 논의의 부족이 반영된 결과이기도 하다.

창간호부터 32호까지의 『종교문화비평』 특집 주제를 유형화하여 살펴보는 작업은 쉽지 않다. 그럼에도 불구하고 한국종교문화연구소·종교문화비평학회의 '종교문화비평'의 시야의 범위와 현주소를 파악하기 위해 유형화를 시도하고자 한다. 유형화 작업의 결과는 다음과 같다.

〈표1〉 『종교문화비평』 특집 주제 및 유형

주제 유형	특집 주제
근대, 근대성, 근대종교	한국의 근대성과 종교문화(2002-1), 종교와 근대성(2003-4), 한국 근대와 종교적 지식의 형성(2005-7), 한국 "근대종교"의 탄생(2012-22)
이론	종교학과 관련 학문(2002-2), '원시종교' 만들기(2006-9), 새로운 비교종교 이론을 찾아서(2006-10), 종교학과 인지과학의 만남(2008-14), 종교 가르치기의 안과 밖(2016-29)
담론	사이버공간과 종교(2004-6), 신자유주의와 종교(2008-13), 다문화사회의 종교를 묻는다(2011-19), 한국사회 신화 담론의 어제와 오늘(2011-20), 종교와 동물(2012-21), 종교와 섹슈얼리티(2013-23), 감각의 종교학(2014-25), 종교와 공공성(2014-26), 종교와 미디어(2015-27), 동아시아의 제의와 희생(2017-31)

인물	동아시아의 관점에서 본 엘리아데 재고(2007-11), 함석헌이 본 종교, 종교가 본 함석헌(2010-17), 종교적인 인간(Homo-Religiosus)의 한 얼굴: 소전(素田) 정진홍 교수의 학문 세계(2013-24)
종교전통 및 교학	해외 불교학의 형성과 오리엔탈리즘(2005-8), 근현대 불교: 전통으로의 복귀인가? '신'종교현상인가?(2016-30)
이슈	생명윤리와 종교(2004-5), 종교와 인권(2007-12), 최근 한국사회의 종교, 정치, 권력(2009-15), 최근 한국사회의 죽음의례(2009-16), 종교, 폭력, 평화(2010-18), 핵시대의 종교문화 읽기(2015-28)
장르	스포츠와 종교(2003-3), 종교 속의 음식, 음식 속의 종교(2017-32)

위의 〈표1〉을 통해 몇 가지 사실을 확인할 수 있다. 첫째, 근대, 근대성, 근대종교에 대한 관심이 강하다는 것이다. 이는 한국종교문화연구소·종교문화비평학회 '종교문화비평'의 지점과 시각의 기반을 이루는 것이기도 하다. 둘째, 이론과 담론의 비중이 크다는 점이다. 한국종교문화연구소·종교문화비평학회는 다양한 스펙트럼의 이론적 논의와 담론적 성찰을 시도해 왔으며, 이는 한국의 종교학 지형도에서 독자적인 위상을 점하는 영역이기도 하다. 셋째, 사회적 이슈에 대한 관심이다. 한국종교문화연구소·종교문화비평학회는 시의적절한 사회적 이슈를 선도해 왔다. 넷째, 상대적으로 장르에 대한 논의가 소략하게 이루어졌다는 점이다. 이는 한국종교문화연구소·종교문화비평학회 '종교문화비평'이 종교문화 너머로까지 확장되지 못하고 있다는 한계점을 나타내는 지표이기도 하다.[7] 다섯째, 인물을 주제로 한 특집이 기획되었다는 점이다. 논의된 인물로는 멀치아 엘리아데, 함석헌, 정진홍 등이 있다. 여섯째, 제한적이기는 하지만 종교전통 및 교학에 대한 논의가 있었다는 점이다. 넷째부터 여섯째 부분에 대해서는 보완이 필요해 보인다.

특집 논문 발표자는 강은애(종교학), 강인철(사회학), 고건호(종교학), 고옥(불교학), 공만식(음식학), 구미래(불교학), 구형찬(2회, 종교학), 권보드래(국문학), 김경재(신학), 김대식(과학사), 김명희(종교학), 김순석(역사학), 김영진(불교학), 김윤성(3회, 종교학), 김진호(2회, 신학), 김태연(마음 연구), 김항섭(종교학), 김형민(2회, 신학), 도태수(종교학), 류경희(종교학), 류대영(2회, 신학), 류제동(종교학), 문영석(지역학), 민순의(2회, 종교학), 박광수(원불교학), 박규태(5회, 종교학), 박문수(가톨릭 신학), 박상언(4회, 종교학), 박상준(2회, 물리학), 박영대(가톨릭 신학), 방원일(2회, 종교학), 송현동(종교학), 송현주(3회, 종교학), 신동원(과학사), 신재식(2회, 신학), 심형준(종교학), 안연희(4회, 종교학), 양일모(철학), 오영훈(교육학), 우혜란(3회, 종교학), 유기쁨(5회, 종교학), 윤승용(2회, 종교학), 윤용복(종교학), 이동철(철학), 이민용(2회, 종교학), 이병욱(불교학), 이성구(역사학), 이연승(종교학), 이용범(3회, 종교학), 이욱(종교학), 이진구(10회, 종교학), 이창익(8회, 종교학), 이필영(민속학), 임현수(7회, 종교학), 장대익(과학사), 장석만(10회, 종교학), 정용택(신학), 정진홍(5회, 종교학), 조명제(불교학), 조현범(2회, 종교학), 차옥숭(종교학), 최성규(불교학), 최수빈(도교학), 최재천(생물학), 최종고(법학), 최화선(5회, 종교학), 하정현(2회, 종교학), 허남린(종교학), 현우식(신학), 홍윤희(중문학), 황필호(종교학), 사토 신타로(종교학), 히라후지 기쿠코(종교학) 등이다.

종교학 영역이 중심을 이루고 있지만, 불교학, 개신교 신학, 가톨릭 신학, 원불교학, 도교학 등 교학 및 종교전통 연구, 철학, 국문학, 중문학, 역사학, 민속학 등 인문학, 법학, 사회학, 교육학 등 사회과학, 생물학, 물리학, 과학사 등 자연과학, 음식학, 지역학, 마음 연구 등의 주제 연구 등 다양한 분야의 연구자가 특집 발표에 참여하였다. 이 중 3회 이상 참여한 연구자로는 장석만(10회), 이진구(10회), 이창익(8회), 임현수(7회), 정진홍(5회), 박규태(5회), 최화선(5회), 유기쁨(5회), 박상언(4회), 우혜란(3회), 안연희(4회), 이용범(3회), 송현주(3회), 김윤성(3회) 등으로, 학문 분야별로 종교학에 속하는 연구자들이며 한국종교문화연구소 소속 연구자들이다. 외부 필진으로 2회 이상 참여한 연구자로는 김진호(2회, 신학), 김형민(2회, 신학), 류대영(2회, 신학), 신재식(2회, 신학), 박상준(2회, 물리학) 등이 있다. 신학 분야 연구자들의 참여가 눈에 띈다.

4. '종교문화비평'의 외연

『종교문화비평』은 특집 논문 외에도 일반 연구 논문을 선별하여 게재하고 있다. 이들 일반 연구 논문은 특집 논문에 비해 상대적으로 자유로운 연구 주제 설정, 다양한 관점, 다양한 주제 등을 반영한다는 점에서 한국종교문화연구소 · 종교문화비평학회 '종교문화비평'의 외연(外延)을 살피는 데 유용하다.

『종교문화비평』에 실린 일반 연구 논문의 필자는 강인철(2회, 사회학), 고병철(3회, 종교학), 구형찬(2회, 종교학), 김경동(사회학), 김대열(종교학), 김영진(불교학), 김옥성(국문학), 김윤성(3회, 종교학), 김지현(종교학), 김창한(종교학), 김태연(2회, 마음 연구), 노지윤(종교학), 류대영(신학), 류성민(종교학), 문영석(지역학), 민경식(3회, 법학), 박규태(3회, 종교학), 박상언(3회, 종교학), 박싱지(국문학), 박진규(언론학), 방원일(2회, 종교학), 배국원(신학), 배철현(문헌학), 서지영(국문학), 송현동(종교학), 송현주(종교학), 신광철(종교학), 신재식(신학), 신혜진(신학), 심일종(사회학), 심형준(종교학), 안신(4회, 종교학), 안연희(2회, 종교학), 우혜란(2회, 종교학), 유기쁨(3회, 종교학), 유원지(인류학), 윤승용(3회, 종교학), 윤용복(4회, 종교학), 이길용(종교학), 이민용(2회, 종교학), 이숙진(기독교학), 이연승(3회, 종교학), 이용범(종교학), 이욱(4회, 종교학), 이진구(4

회, 종교학), 이찬수(2회, 종교학), 이창익(5회, 종교학), 임부연(2회, 종교학), 임현수(2회, 종교학), 장석만(3회, 종교학), 조규훈(종교학), 조성윤(사회학), 조현범,(3회, 종교학), 진철승(종교학), 최정화(종교학), 최화선(종교학), 하정현(2회, 종교학), 홍지훈(신학) 등이다. 학문 분야별로 종교학이 중심을 이루지만, 불교학, 기독교학, 신학 등 종교전통 연구, 국문학, 문헌학 등 인문학, 법학, 사회학, 인류학, 언론학 등 사회과학, 지역학, 마음 연구 등 주제 연구의 범위를 아우르고 있다.

『종교문화비평』에 실린 일반 연구 논문의 주제를 유형화해 보는 것도 한국종교문화연구소·종교문화비평학회 '종교문화비평'의 외연을 살피는 하나의 방법이 될 수 있을 것이다. 『종교문화비평』에 실린 일반 연구 논문의 주제는 다음과 같다.(괄호 안의 숫자는 2편 이상인 경우의 수치를 표현하는 것임)

〈표2〉『종교문화비평』 일반 논문 주제 및 유형

주제 유형	특집 주제
이론	종교 연구, 종교 개념(2), 종교 정의, 신종교 개념, 신 관념, 표상역학, 다원성, 뇌과학
담론	종교와 여성/젠더(5), 종교와 정치(2), 정교분리, 종교와 사회복지, 종교 조직, 죽음의례, 자살 관념, 생태운동/생태주의(3), 생명윤리, 과학과 종교, 불교 신학, 신화(2), 시간(2), 오리엔탈리즘, 순례
인물	한용운, 이병헌, 최병헌(2), 박승명, 함석헌, 서정주, 장병길, 정진홍, 나카무라 마사나오, 우치무라 간조, 장타이엔, 엘리아데(3), 반 델레에우(2), 루만, 프로이트, 융, 칸트, 하멜, 맥아더, 도킨스
종교전통 및 교학	불교(3), 도교(3), 유교(4), 가톨릭(2), 개신교(4), 성공회, 아나뱁티즘, 유대교, 증산교, 통일교회(2), 창가학회(SGI)(2), 행복의 과학, 무속
지역 연구	중국(3), 일본, 인도, 독일, 멜라네시아
역사 연구	한국종교사, 기우, 부흥 현상, 여말선초, 조선시대(4)
이슈	종무행정, 종교법 판례(3), 종교의 사회적 역할, 종교갈등, 평화운동, 재난, 폭력과 희생제의, 코칭프로그램, 인공지능, 종교 관련 공휴일
장르	영화

〈표2〉를 통해 몇 가지 사실을 확인할 수 있다. 첫째, 담론 관련 논문의 비중이 크게 나타난다는 점이다. 이는 특집 논문 분석에서도 알 수 있었던 것처럼 한국종교문화연구소·종교문화비평학회가 담론을 선도하고자 하는 지향성이 반영된 결과라고 할 수 있을 것이다. 둘째, 인물 관련 연구가 다양하게 제시되었다는 것이다. 이는 일반 논문이 개별 연구자들의 연구 성과를 반영하는 장(場)으로서 기능하고 있음을 시사하는 것이기도 하다. 셋째, 다양한 종교전통 및 교학 분야 논문이 상당수 게재되었다는 것이다. 특히 교단 연구나 신종교 연구 등 다양한 시도가 제시되었다. 이는 앞서 Ⅲ장에서 언급한 바 있는 한계점을 보완하는 것으로서 의미가 있다. 별도로 설정한 지역 연구나 역사 연구 유형도 일정 정도 종교전통과 관련되어 있는 점을 고려할 때 보완적 의미는 더 커진다고 하겠다. 넷째, 매우 실제적인 종교적·사회적 이슈가 다루어졌다는 점이다. 다섯째, 특집의 경우와 마찬가지로 장르 관련 연구가 매우 부족하다는 점이다. 이는 '종교' + '문화비평'이 본격화되지 못한 지점과 관련되는 사안이기도 하다.

한국종교문화연구소·종교문화비평학회 '종교문화비평'의 외연은 논문보다는 논문 이외의 시도에서 더욱 선명하게 드러난다. 『종교문화비평』의 〈좌담회〉, 〈해외 논문 번역〉, 〈주제 서평〉, 〈종교문화 기행〉, 〈이미지 기행〉, 〈성물 기행〉, 〈종교문화시평〉, 〈설림〉 등은 한국종교문화연구소·종교문화비평학회가 지향하는 '종교문화비평'의 실천적 프로젝트로서의 성격이 있다.

두 차례에 걸쳐 열린 〈좌담회〉는 이 땅에서 '종교학-하기'[8]와 '종교 가르치기'[9]를 논의하였다는 점에서 '종교문화비평'의 지향성을 보여주고 있다. 〈해외 논문 번역〉은 해외에서의 종교 연구의 경향을 전한다는 점에서 학문적 안테나로서의 기능을 수행하였다. 이러한 작업이 초기에 잠깐 수행되는 데 그친 점은 아쉬움으로 남는다. 이 코너를 다시 활성화시켜서 해외 학자와 교류하고 교신하는 장으로 활용할 필요가 있다. 〈주제서평〉은 일반적인 형식의 단권 서평이 아니라, 말 그대로 '주제' 서평의 성격을 띠는 것으로서, 논문 못지않은 학술적 공헌을 해 왔다. 연구소의 공부 모임이나 집담회 등과 연관 지어 체계화시켜 보는 것도 좋을 것이다.

실천적 프로젝트로서 '종교문화비평'의 지점을 가장 잘 보여주는 것이 일련의 '기행'이다. 〈종교문화기행〉, 〈이미지기행〉, 〈성물기행〉 등은 '종교문화비평'의 확산 경로와 방향성과 관련하여 가능성을 보여 주었다. 이들 작업을 계승하고 확장시켜서 단행본을 만드는 등의 후속 작업이 수반된다면 더욱 좋을 것이다.

5. 결론

이상으로 한국종교문화연구소 · 종교문화비평학회 '종교문화비평'의 성과와 과제를 관점, 시야, 외연을 키워드로 살펴보았다. '종교문화비평'의 관점과 관련해서, 한국종교문화연구소 · 종교문화비평학회가 추구하는 '종교문화비평'의 관점이 아직 선명한 단계는 아닌 것으로 여겨진다. '종교문화비평'이라는 표제가 담지하고 있는 '종교' + '문화비평'과 '종교문화' + '비평' 중 전자, 즉 종교(학)적 시각에서의 문화비평은 답보 상태에 있다. 후자의 경우는 비교적 풍성한 성과를 거둔 것으로 보인다. 그럼에도 불구하고 '종교문화 일반'에 대한 풍성한 논의에 비해 '종교전통'에 대한 이해의 시도는 인색한 수준에 머무르고 있다. '종교전통'에 대한 한국종교문화연구소 · 종교문화비평학회 나름의 관점을 제안할 필요가 있다. 궁극적으로 '종교' + '문화비평'의 시각에서의 '종교전통' 연구를 제시해야 할 것이다.

'종교문화비평'의 시야는 비교적 너른 들을 향하고 있다. 그럼에도 불구하고, 주요한 연구 주제들이 아직 다루어지지 않은 점은 향후 그 지평을 확장시켜야 하는 숙제로 남아 있다. 종교와 젠더, 종교와 과학 등을 그러한 숙제의 예시로 들 수 있을 것이다. Ⅲ장에서 지적했듯이 '종교문화비평'의 관점과 시각에 입각한 종교전통 관련 연구도 더욱 확대되어야 할 것이다. 현시점에서 종이 잡지로 간행된 결과를 토대로 논의를 진행하였기에 이 글에서는 제외되었지만, 2017년 하반기에 열린 기독교 관련 특집은 특별히 언급할 만한 가치가 있다.

일반 논문에 한정하였을 때, '종교문화비평'의 외연은 그다지 두터워 보이지 않는다. 다른 학문 분야의 연구자들과 더욱 빈번하고 지속적으로 교류하여 '종교문화비평'의 외연을 더 확충할 필요가 있다. 논문 외의 다양한 시도는 '종교문화비평'의 외연과 관련하여 좋은 시사점을 던져 준다. 기왕의 시도를 더 단단히 하고 새로운 시도도 연구해야 할 것이다. 특별히 일련의 기행 시리즈는 지속적으로 강화해야 할 것이다. 종교문화 기행이나 이미지-성물 기행은 학술적 논문으로서 미처 다 말할 수 없는 소중한 진실과 접근할 수 있는 의미 있는 골목길이 되어 줄 것이다. 그러한 성과를 출간하여 소통의 면을 넓히는 시도도 소중한 작업이 될 것이다.

2부

비평과 성찰

'종교' 개념과 '종교하는 인간'의 차이를 생각하며

심형준

1. '종교' 개념 묻기의 매혹

종교학을 공부해 보고 싶다고 마음을 먹고 대학에서 종교학을 전공하게 되면서 가장 먼저 접하게 된 것은, '낯선 종교들' 혹은 익숙하지만 '종교'라 불리지 않았던 가르침을 살피면서 "종교란 무엇인가?"를 묻는 것이었다. 학부생들은 나름 진지하게 답변하였지만, 뒤돌아보건대 아주 상식적인 것이었다. 종교라면 어떤 요소를 가지고 있고, 그런 요소가 없는 것은 '애석하게도' 종교라 부를 수 없다고 하는 식이었다. 가령 '유교'가 그런 의미에서 종교로 판단되기 어렵다고 여겼다. 신을 믿지 않고, 신자 및 사제 공동체가 뚜렷하지 않으며, 사후 세계에 대한 교리가 없다는 것 등이 지적되었다. 그리고 나서 어김없이 정진홍 선생님의 『종교문화의 이해』를 읽었던 것 같다.

정진홍 선생님은 독단론과 환원론을 말씀하시면서, 신앙의 언어로 종교를 정의하는 문제, 종교 아닌 다른 무엇으로 종교현상을 환원시키는 문제를 지적하셨다. 그리고 물음을 바꿔 보자고 이야기하셨다. "종교란 무엇인가"라는 질문이 아니라 "무엇을 일컬어 종교라 할까"라고 말이다. 그리고 작업 가설적 정의로서 '존재론적 물음에 대한 해답'을 제시하셨다. 이런 질문의 전환은 분명 익숙한 개념

『종교문화의 이해』 표지(정진홍 저, 1991)

을 낯설게 하는 것이었다. 그리고 익숙한 하나의 개념이 흔들리면서, 나는 세계가 흔들리는 경험을 하였다.

정진홍 선생님

흔들리는 세계 속에서 어지럽게 20대를 살아가고 있을 때, 장석만 선생님의 이야기를 들었다. 몇몇 선배들이 그분의 수업을 추천하고 같이 듣자고 하였다. 수업은 쉽지 않았다. 읽어야 할 책 내용도 많았고, 한글로 읽어도 이해 못 할 논의를 영어 텍스트로 읽어야 하는 경우가 많았다. 며칠씩 끙끙대며 글을 읽어 가도 수업 시간에 다루어지는 내용이 어떤 맥락에서 어떤 주제가 중요하게 다뤄지는지 도통 이해할 수가 없었다. 그렇게 들었던 수업이 종교인류학, 신화학 수업이다.

세세한 내용을 이해하지는 못했지만, 정진홍 선생님께서 말씀하셨던 묻고 답하는 자의 '자리'의 문제가 역시 그러한 수업에서 중요한 문제로 다루어지고 있다는 느낌은 받았다. 조금 미화해서 이야기하자면, 영화「죽은 시

영화「죽은 시인의 사회」한 장면
출처: "'Dead Poets Society' in review," The Spectator, 2017. 3. 6.
Url: https://www.spectatornews.com/currents/2017/03/06/dead-poets-society-in-review/

인의 사회」[1]에서 '책상 위에 선' 키팅의 모습을 떠올리게 하는 것이었다. 수업 시간에 키팅은 책상 위에 서서 학생들에게 타성에 젖은 관점이 아니라 그동안 서 보지 않은, 익숙하지 않은 관점으로 세상을 바라볼 것을 주문했다. 그런 의미에서 당시의 종교학 수업은 내게 일종의 '책상에 올라서기'였다.

그런 과정을 거치면서 장석만 선생님의 「개항기 한국사회의 '종교' 개념 형성에 관한 연구」(1992)를 읽어 보게 되었다. 우리에게 '종교'라는 개념이 낯설었고, 서구적 근대화가 이야기되는 와중에 일본을 통해서 religion의 번역어로서 유입되었다는 것을 알게 되었다. 그 개념이 우리에게 어떤 맥락에서 어떤 함의를 가지고 수용되고 확산되었는지, 당시의 기사 자료를 토대로 살펴볼 수 있었다. 이런 연구가 개념사 혹은 계보학적 연구라는 것을 전혀 이해하지 못한 상태에서도, 우리가 보고 있는 세상 혹은 보려고 하는 세상이 물 자체가 아니라 사람들의 주관적인 해석과 일종의 상상 속의 실체인데도 다수가 믿기 때문에 '객관적' 사실로 여겨지는 그런 구성물이라는 걸 생각해 보는 계기가 되었다. 그리고 또 다른 가능성, 관점의 변화로부터 우리가 다른 세상을 '상상만' 할 수 있는 게 아니라 새롭게 창조해 낼 수도 있다는 것을 생각하게 되었다. 만들어진 세상과 만들 수 있는 세상의 가능성을 종교 개념사 논의로 생각해 본 것이다.

그런 생각에 이르고 나서야 왜 정진홍 선생님이 물음을 바꾸자고 하시는지 이해할 수 있었다. "무엇을 일컬어 종교라고 할까?"라는 물음은 "종교란 무엇인가?"라는 질문 방식이 종교에 대한 상식적인 인식 틀에 종속될 수밖에 없다는 문제의식에서 나온 것이었다. 종교는 신, 의례, 경전, 교리, 공동체 등등의 요소를 가지는 것으로 이해되기 때문에 "종교란 무엇인가?"라는 질문은 결국 그 요소들로 관찰하는 현상을 다시 설명하는 데 그치게 된다. 관찰하는 현상을 전면에 내세워 그 현상의 언어로 종교(문화)를 이해하는 길을 모색한다면 어떨까? 바로 그러한 관점의 전환이 "무엇을 일컬어 종교라고 할까?"라는 물음에 담겨 있었다. 그리고 예로 든 것들 중에서 비손의 예가 기억난다. 우리네 어머니가 새벽에 일어나 장독대에 정안수를 떠놓고 타향살이 하는 자식의 안녕을 기도하고, 가족의 건강과 평안을 기원하는 행위를 종교적 실천이 아니라 미개하거나 미신적인 신행이라고 하는 게 과연 말이 되는가 하는 이야기였다.

익숙한 세상, 고정되고 단단한 실체로 있을 것만 같은 세상의 모습이 이 이야기들로 인해서 크게 요동치게 되었다. 적어도 나에게는 그랬다. 종교학 이야기가 단지 종교에 대한 이야기가 아니라 인간의 삶, 그 현장으로서의 세계, 그 뒤섞임과 변화, 그리고 새로운 세계 만들기에 대한 이야기라는 것을 이해하게 되었다. '종교' 개념 묻기를 통해서 종교학을 계속 공부하는 게 재밌겠다는 생각을 하게 되었다.

2. 석마니스트들

장석만 선생님

배워 안 물음을 묻는 것은 곧 최초 질문자 혹은 물음의 권위자에 학문적으로 귀속되는 것을 뜻한다. 당시 몇몇 학생들은 존경하는 선생님 이름으로 이렇게 말하기도 하였다. '진홍리언'[2] 혹은 '석마니스트'. 그 반대의 표현이 언급되지는 않았다. '진홍리스트'나 '석마니언' 말이다. 이 표현이 어떤 학자들의 추종자 혹은 그 후학들을 일컫는 표현법에서 따왔는지 정확하게 기억하지는 못하지만, 대강의 이미지는 이렇게 기억된다. 엘리아데를 추종하는 후학을 Eliadian이라고 하기에 정진홍을 추종하는(혹은 존경하는) 학생들을 그 용법을 적용해서 불렀고, 마르크스주의자를 막시스트(요즘은 '마르크시스트'라고 함)라고 하듯이 장석만을 추종하는(혹은 존경하는) 학생들을 그렇게 불렀다는 정도로 이해하고 있다. 사실 '-(i)an'은 '…을 신봉하는 사람', '…에 속하는 사람', '…의 전문가' 등의 의미가 있다. '-ist'는 '…하는 사람', '…을 행하는 사람', '…을 믿는 사람', '…을 신봉하는 사람', '…주의자' 등의 뜻이 있다.[3] 그러나 두 학자를 존경하는 학생들에 대한 이런 명명에서 실제로 대비된 것은 로맨틱한 종교 이해와 비판적이고 해체적인 종교 이해였다고 생각한다.

이런 분류에 따르면 나는 '석마니스트'에 들어간다. 돌아보건대 나는 그걸 그렇게 드러내 놓고 자임한 적은 없었던 것 같다. 내가 인정하는 것은 장석만 선생님의 수업과 그의 글을 통해서 종교학에 대한 오리엔테이션을 할 수 있었다는 점이다. 이후 나의 관심사는 '종교 개념 문제'를 출발점에 놓고 전개되었다. 「종교학적 지식의 가능태에 대한 일고: '개인적 지식'(personal knowledge) 개념을 바탕으로 '종교적 인간'(homo religiousus)에 대한 재조명」(2005)이라는 긴 제목의 내 학부졸업논문은 종교 개념의 한계를 사유하면서 종교학은 '무엇'을 대상으로 삼아 '어떻게' 연구되어야 하는지를 고민하는 글이었다. 리포트 수준의 조악한 글이었지만, 종교 개념 문제를 발판 삼아 '개념의 한계'를 인정한 상황에서 '종교적 인간'에 대한 연구는 어떻게 시도되어야 하는가 하는 질문을 다루었다. 종교 연구의 대상이 '종교'라는 문제적 개념에 근거해서 확보되기 어렵다는 것을 종교 정의 불가능성의 문제, 한국에서의 종교 개념 형성(혹은 수용)의 문제와 연관해서 설명하였다. '종교 만들기'로 구성된 종교를 과연 과학적 연구의 대상으로 삼을 수 있느냐 하는 문제 제기였다. '만들어진 종교'의 문제를 발전시켜서 이후에 「종교 개념의 적용과 해석에 대한 연구」(2009)라는 제목의 석사학위논문을 쓰기도 했다.

근대성과 종교의 문제를 다룬 장석만 선생님의 연구는 2000년대 초중반에 종교학을 공부한 학부생들에게만 영향을 끼친 것이 아니었다. 이 문제가 그의 독창적인 연구 주제는 아니었지만,[4] 적어도 국내에서는 선도적 문제 제기였다.[5] 그의 연구 이후로 한국 종교학계에서는 근대성과 종교 개념을 자명하지 않은 것으로 보면서 그 역사성을 드러내는 연구가 활발하게 이루어졌다.[6] 이로 보건대 '석마니스트'라는 말은 없었지만, 2000년대 이전에도 장석만이 제시한 연구 의제를 좇은 연구자들이 있었다는 것을 알 수 있다. 그야말로 '원조 석마니스트'라고 할 수 있겠다. 그렇지만 연구자 자신이 공공연히 장석만의 문제 제기에 영향을 받았다는 이야기를 하는 경우는 별로 보지 못했다. 내가 기억하기로 유일하게 예외적인 연구자가 조현범 선생님이었다.

최근에 그는 장석만 선생님의 저서『한국 근대종교란 무엇인가?』라는 책에 대해 서평을 내놓았다. 이 서평을 보면, 내가 '석마니스트'에 들어가는 것이 어색하다고 느껴진다. 조현범 선생님은 해당 서평에서 '-ist'다움의 극한을 보여주기 때문이다. 그 글에서 글쓴이는 존경하는 선생님에 대한 존경과 애정을 냉철한 학문적 비평으로 '승화'시키고 있다.[7] 그만큼의 철저한 '학문적 실천'이 동반된 존경 정도라야 '-ist'의 실

『한국 근대종교란 무엇인가?』(장석만 저, 2017)

천적 함의가 충분히 반영되는 것이 아닌가 하는 생각이 든다. 그에 비하면 나는 그저 '물음'을 흉내내고 있을 따름인 것 같아 부끄럽다. 장석만 선생님 연구의 한계를 이렇게 세세하고 면밀하게 지적하는 글은 아마 앞으로도 찾기 힘들지 않을까 생각한다.

조현범 선생님의 서평은 애정 어린 비판이 벼려
지고 벼려질 때 그것이 어떤 느낌을 불러일으킬 수
있는지를 구체적으로 보여주는 경우라고 할 만하
다. 끊어질 듯 끊어지지 않는 가느다란 선 위에서 줄
타기하는 아슬아슬함과 신기한 세상을 바라보는 장
난꾸러기의 반짝이는 눈빛 속의 흥미진진함이 동시
에 묻어난다. 특히 흥미롭게 본 부분은 바로 이 부분
이다.

조현범 선생님

> 제4장 제2절에서 저자는 자신을 비롯하여 한국 종교학계에서 종교 개념 문
> 제를 논한 경향에 대해서 연구사라는 틀로 조망했다. 영광스럽게도 내 논문
> 도 소개하였다. 그런데 저자의 박사 논문에 대한 네 가지의 비판도 실려 있
> 다.(79) … 그런데 누구의 비판일까? 혹시 본인의 자기 점검? 인용 주석이 붙
> 어 있지 않아서 그 출처를 알 수 없다. 저자의 종교 개념 연구에 대해서 직접
> 적으로 비판하는 글이 나온 적이 있는지도 모르겠다. 나는 오래전에 종교와
> 근대성에 관한 연구를 정리하는 글을 쓰면서 저자와 같이 담론 분석 방법을
> 사용한 종교와 근대성 연구의 문제점을 지적한 적이 있었다.[8]

이렇게 이야기하면서 과거의 글, 「'종교와 근대성' 연구의 성과와 과제」의
한 부분을 길게 인용한다. 그 구체적인 내용은 분명 곱씹을 내용인데, 먼저
눈에 띈 것은 '출처 없는 비판'에 대한 지적과 본인이 과거에 비판하는 글을
쓴 것에 대한 지적을 하는 부분이다. 슬며시 웃음 짓게 되는 부분이었다. 어
느 노래 가사가 떠오른다. '나야 나 나야 나!'

3. '종교' 개념사 논의의 함의와 딜레마

 개념사는 결국 종교 정의의 문제와 관련되어 있다. 종교 개념사 논의는 1차적으로 지금 우리에게 익숙한 종교 개념이 어떤 역사적 과정을 통해서 그런 모습으로 정리되었는지 살피는 것이다. 그 논의는 분명 해당 개념에 종속된 인간 현상의 이해와 해석이 왜곡을 만들어 낼 수 있다는 점을 경계하게 한다. 그리고 거기에는 종교를 어떻게 정의해서 연구 대상을 포착할지에 대한 관심도 담겨 있다.[9] 이런 의미에서 종교 개념사 논의는 '종교학 기초론'에 속한다고 할 수 있다.

 학문적 작업의 출발점은 언제나 연구 대상에 대한 명확한 정의를 내리는 것이다. 그런데 종교는 그런 정의로 확보될 수 있는 대상이 아니라는 점이 명확해졌다. 종교를 신에 대한 믿음 체계라고 하면, 불교나 유교 같은 가르침이 종교의 범주에 들어올 수 없다. 또 종교에 신앙 공동체, 교리, 사후 세계관 등이 있는 것으로 여기면 유교나 무속이 종교 범주에 들어갈 수 없게 된다. 이러한 문제가 모든 것을 아우를 수 있는 '보편적 개념 설정'이 필요하다는 것을 의미하는 것으로 받아들여질 수 있다. 그래서 계속 정의를 수정해 나가야 하는 문제로 이해할 수도 있다.

 그러나 종교 개념의 역사성을 살피는 논의는 그 한계를 명확하게 보여주었다. '종교'라는 것이 우리가 1차적으로 삼착할 수 있는 객관적 실새로서 세계에 존재하는 것이 아니라 특정한 행위 양식, 믿음 체계, 다양한 제도, 생활 양식 등을 포괄해서 이름을 붙인 것에 불과하다는 게 명백해졌다. 바꿔 말해서 그것은 보편적인 개념이 아니다. 생물학적 연구의 대상인 생명체나 물리학의 연구 대상인 자연과 달리 종교학의 연구 대상으로서의 종교는 물질적이고 객관적인 실체를 가진 대상이 아니다. 앞의 것들은 객관적 실체이고 인간의 의식(혹은 주관)에 독립적으로 존재하는 것이다. 그러나 종교라는 개념은 기독교 문화권에서 신에 대한 예배 양식을 하나의 전범으로 삼아 타자들의 숭배 양식을 위계적으로 범주화하여 만들어진 것이다. 문명의 기호로서 종교가 다루어졌던 것, 근대화 과정을 통해서 '종교 만들기'가 이루어졌던 것을 생각해 보면, 이 개념은 사람들의 이해(利害)에 따라서 전략적으로 받아들여지는 것임을 알 수 있다. 종교는 '상상의 질서'다.[10] 종교라는 개념을 이렇게 이해하면, 이것이 일반화 가능한 대상으로 생각될 수 없다는 것이 자명해진다. 종교학사에서 '거대이론'의 실패는 그래서 너무 당연한 일이었다.

종교라는 것이 상상의 질서라는 사실을 인식하는 것은 크게 두 가지 문제를 고려하게 만든다. 첫 번째는 그것이 우리의 현실을 구성하는 틀로 작동한다는 점이다. 많은 사람들이 비슷한 방식으로 현실을 왜곡하고 있으며, 실상을 착각하며 인식하더라도 그것이 그대로 사람들 사이에서 유의미한 틀로 지속될 것이다. 물론 그것이 하나의 고정된 실체로 지속되리라 장담할 수는 없다. 현대사회에서 종교가 부담스러운 대상이 되고 있다는 징후는 여러 가지로 확인이 되는데, 특히 영성에 대한 논의가 확대되는 것에서 개념의 가치가 변화하는 모습을 명확하게 확인할 수 있다. 사람들은 점점 종교적이라는 표현을 부담스러워한다. 그러나 영적이라는 규정에는 편안함을 느끼고 있다. 아직 한국에서 이러한 징후를 뚜렷하게 볼 수 없지만, 미국의 경우 다양한 통계에서 종교에 대한 사람들의 관심이 낮아지는 반면에 영적인 삶에 대한 요구는 증가하는 것을 볼 수 있다(그림7과 8). 한국의 경우도 종교 생활의 중요도는 점차 낮아지는 것으로 보인다(그림9).

두 번째는 과학적 연구 대상으로서 '종교' 개념의 적절성 문제이다. 종교 정의의 문제는 종교학계에서는 대표적인 난제로 여겨진다. 캔트웰 스미스 이래로 많은 학자들이 종교 개념의 폐기나 대체를 주장해 왔다. 물론 이 개

A quarter of Americans now
see the mselves as spiritual
but not religious
% who identify as⋯

Religious and spiritual 59% 48%

Spiritual but not religious 19% 27
Neither religious not spiritual 16% 18

source scarilislcally significant changes
are indicated in bold. Figures may not add
to 100% due to rounding survry
condueted April 25, June 4, 2017.

Religious but not spritual 6% 6

2012   2017

PEW RESEARCH CENTER

〈그림7〉 퓨 리서치 센터의 미국인의 '종교와 영성'에 대한 인식 조사 결과

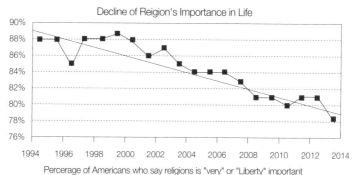

Decline of Reigion's Importance in Life

Perceage of Americans who say religions is "very" or "Liberty" important

Graphic By Conner of Church & state, as RNS blog
Source Gallup

〈그림8〉 1994-2013년 사이의 '종교의 중요성'에 대한 갤럽 설문 조사결과(미국)

문) 귀하의 개인 생활에는 종교가 얼마나 중요합니까, 중요하지 않습니까? (%, 표15)

	1984년	1989년	1997년	2004년	2014년
매우 중요하다	24	29	22	19	9
어느 정도 중요하다	(68) 44	(66) 37	(62) 40	(56) 37	(52) 43
(별로+전혀) 중요하지 않다	24	30	38	44	48
모름/응답거절	8	5	0	-	-

⊙ 개인 생활 속 종교의 중요성: '(매우+어느 정도) 중요하다' (%)

	1984년	1989년	1997년	2004년	2014년
불교인	87	78	77	68	59
개신교인	97	97	96	90	90
천주교인	97	96	89	82	81
비종교인	48	44	39	29	30

〈그림9〉 한국갤럽에서 조사한 '종교의 중요성'에 관한 설문조사 결과

념이 상호 주관적 개념이라는 것을 고려하면 학자의 '선언'이 아무런 의미가 없을 것은 명약관화한 일이다. 그러니 학계에서조차도 쉽게 받아들여질 수 없는 대책이었다. 그러나 분명 이 개념이 일반화 가능한 대상을 규정하는 것으로 주장하기는 어렵다.

이 두 가지 문제를 고려하면 개념사 논의가 무슨 이득이 있는지 회의하게 된다. 모두가 비슷한 방식으로 왜곡하는 것이라면 차라리 문제를 이해하기는 쉽다. 그러나 종교 개념 같은 것은 문화권별로 왜곡의 정도에 차이가 있다. 그렇기 때문에 이 개념이 선사하는 착각을 쉽게 간과할 수도 없다. 그래서 일차적으로 이러한 연구는 분명 종교학계에서 자명하게 사용되는 용어들, '종교', '세계종교', '민속 종교'와 같은 말들을 피하거나 쓰더라도 "그 낱말들의 쓰임새가 발명되는 경위, 그리고 그 쓰임새 속에 스며들어 은연중에 특정한 사고를 빚어내는 힘의 정체와 작동 방식을 알고 쓰라."는 주장을 은연중에 담고 있는 것으로 여겨진다.[11]

그러나 이러한 연구에 대해서 많은 연구자들이 "So what?"을 외치기도 하였다. 문제적 개념이지만 이 개념을 통해서 사람들과 소통할 수 있으며, 무엇보다도 개념 문제, 정의 문제는 하나의 난제이기에 명확하게 풀 수도 없다. 이 문제에 골몰하다 보면 다른 문제 제기가 불가능해지는 것 아닌가 하는 불만을 표출하게 된다. 개념 문제를 제기하는 논의가 상식적 종교 이해를 기반으로 하는 종교 연구와 세계종교 패러다임에 입각한 '전통 연구'를 모두 잘못된 것으로 규정하는 것이 아닌가 하는 의구심을 불러일으키기 때문일 것이다.

종교 개념사 논의는 과연 종교학의 기초론인가 아니면 기초붕괴론인가? 이런 의문마저 품게 만드는 측면이 있는 것이 사실이다. 여기서 내가 던지고 싶은 질문은 "두 문제를 절충할 방법은 무엇이냐?"이다. 물론 그 이전에

절충은 가능한가를 먼저 따져야 할 것이다. 그 사전 물음까지 이어서 살펴
보자.

4. 대안 혹은 우회로의 탐색

종교 개념 그 자체는 변하지 않는 듯하지만, 종교에 대한 사람들의 관심은
분명 변화하고 있다. 이미 '종교'는 많은 사람들에게 낯설지 않은 개념이 되
었다. 반면 '종교'라는 개념이 빚어내는 착시도 명백하게 확인된다. 다만 그
러한 이해를 대중에 확산시키는 데는 명확한 한계가 있다. 상대성이론이나
양자역학과 같이 이해하기 어려운 이론이라서가 아니라, 일상적으로 이해
하는 데 아무런 어려움이 없는 개념에 대해, 사람들에게 그 한계를 사유하는
동기를 갖게 하기는 어려운 일이다. 이런 동기의 부재는 사실 종교 연구자
들 사이에서도 쉽게 발견된다.

문제는 대안의 부재다. 종교, 세계종교, 원시종교, 보편종교, 민속 종교,
민간신앙, 무속 등의 개념이 만들어 내는 '착시'를 인식할 수 있다고 해도, 왜
곡도를 줄일 수 있는 새로운 틀이 제시되지 않는다면 기존의 패러다임이 폐
기될, 아니 그것을 폐기할 방법이 없는 것이다. 되돌아보건대, 나는 이 대안
을 찾는 데에서부터 나만의 연구 질문을 발전시켜 온 것 같다. 물론 그것은
나만의 독창적인 질문은 아니었다. 그저 주체적으로 묻기 시작했다는 의미
일 뿐이다.

나는 학부졸업논문에서 마이클 폴라니의 '개인 지식(personal knowledge)'
논의를 참고하여, 개인의 주관성이 투사되는 '지식'이 어떻게 객관성을 가진
것으로 받아들여질 수 있는지를 검토하면서 '종교적 인간'의 보편적 특질을

'인식론적 차원에서 특정한 앎에 대한 무비판적 신뢰나 믿음을 지니는' 경향
으로 파악하고자 하였다.[12] 그래서 종교학의 연구 대상으로 종교를 넘어선
어떤 특성을 상정할 수 있으리라 전망하였다. 이러한 주장을 선명하고 설득
력 있게 제시하는 데는 문제가 많았다. 그리고 그 '어떤 특성'은 '종교적 심성'
이나 '종교 아닌 종교'라는 식으로 여전히 종교 개념에 의존한 모호한 것으
로 남아 있었다. 한편으로 미숙하게나마 상호 주관적 실재로서 종교를 이해
하고자 한 시도였던 것으로 보이기도 한다.

학부졸업논문에서 나는 종교학의 논의 초점이 종교에서 인간으로 바뀌어
야 한다고 보았다. 종교 연구에서도 인간의 생물학적 차원이 일반화 가능한
연구 대상을 마련해 줄 수 있을 것 같았기 때문이다.

> '종교'나 '종교들'의 틀 안에서 종교학적 지식은 일반론적 이론 전개의 어려
> 움을 안고 있다. 우리는 그것들이 하나의 제도화된 틀 안에 들어가는 인간
> 들을 살피는 부분적인 초점임을 알고 있다. 이의 극복은 인간의 보편성에서
> 출발할 때 가능하다고 생각한다.[13]

그렇지만 물리주의적 환원주의의 한계 때문에 정신세계에 대한 탐구에
과학적 방법론을 적용하는 데는 명백한 한계가 있을 것으로 보았다. 이러한
인식이 크게 바뀌지 않은 상태에서 석사논문에서는 '한국의 종교 만들기' 차
원에서 나타난 종교 개념의 수용 양상의 특징을 살폈다.[14] 이 논문의 결론에
서 여전히 이 학문의 객관적 대상을 어떻게 설정해야 하는지에 관한 물음을
던졌다.

> 종교학의 '과학성'을 '근대의 객관적 학문성' 정도로 이해하고자 할 때, 변함

없이 대상의 명료함은 문제가 된다. 서구적 '종교' 개념의 이중성과 이 개념을 사용하는 주체의 위치(제국/민족, 특정 종교 안/밖 등)의 조합수 안에서 복수의 개념이 존재하게 된다. 종교 개념의 경계 상황이 노출시키고 있는 종교 개념의 복수 상황은 종교 연구자에게도 적용된다. 여기에서 연구자의 개념 선택은 불가피하다. 그렇다면 연구 대상을 규정하는 방식의 다양성은 해결 불가능한 난제로 남겨지는 것으로 보아야 할 것이다. 그것을 난제로 남겨 놓고, '객관적 연구'를 지속한다는 것은 성립되는 것인가를 묻지 않을 수 없다.[15]

이 글에서는 타계책을 '연구자의 새로운 상상력'과 '세계 이해의 변화' 정도에서 찾을 수 있을 것이라고 얼버무리면서, 이러한 작업이 결코 쉽지 않은 일임을 시사하는 정도에 그쳤다. 석사논문은 학부졸업논문의 질문에서 한 발짝도 더 앞으로 나가지 못했다. 여전히 종교를 넘어선 '어떤 특성'을 어떻게 포착할 수 있을지 길을 찾지 못했다.

박사논문 작업을 할 때는 하나의 가능성을 인지종교학에서 찾았고, 이를 반영해서 이렇게까지는 말했다.

본 연구는 애초 종교 연구가 그 대상(종교)의 2차적 성격의 한계로부터 기인한, 일반학의 기획의 실패를 반면교사로 삼아 기획된 것이다. '종교' 개념은 역사적 구성물로서 그 개념이 지시하는 실재는 존재하지 않는다. 게다가 서구적 기원을 가지는 이 개념은 그 특수성 탓에 일반화 가능한 연구 대상을 포착하지 못한다. 보편 이론은 포기되었지만 인간의 종교문화에 관한 일반 이론은 여전히 추구되어야 하는 학문적 목표이다. '종교' 개념의 한계를 고려하면, 일반화의 대상은 종교가 아니라 인간이어야 하고, 그 인간으로부터 종교문화를 기술하는 방법론을 고민해야 한다. 이 글은 '인간의 일반적 특성'으로부터 종교문화에 관한 일반적 설명 모델을 구축하는 '우회로'를 만들려는 시도이기도 하다.[16]

이제는 어쩌면 '우회로'라고 말하는 것이 적절하지 않은 것일지도 모른다. 인간 문화에 대한 과학적 연구의 가능성과 설득력이 과거보다 더욱 높아진 것으로 보이기 때문이다. 가령 상호 주관적 실재라는 것이 결국 '많은 사람들이 믿는 것'이라는 점에 주목해 보자. 여기에서 '문화 과학'의 유효성을 확인할 수 있을 것이다.

상호 주관이란 많은 개인의 주관적 의식을 연결하는 의사소통망 내에 존재하는 무엇이다. 단 한 명의 개인이 신념을 바꾸거나 죽는다면 그에 따른 영향은 없지만, 그물망 속에 있는 대부분의 사람들이 죽거나 신념을 바꾼다면 상호 주관적 현상은 변형되거나 사라진다. 상호 주관적 현상이란 악의적인 사기나 하찮은 가식이 아니다. … 역사를 움직이는 중요한 동인 중 다수가 상호 주관적이다. 법, 돈, 신, 국가가 모두 그런 예다.[17]

여기에 '종교'도 포함시킬 수 있다. 이런 이해는 당 스페르베르(Dan Sperber)가 보는 문화 개념과 통한다.

한 개인의 뇌에서 태어난 어떤 생각이 다른 사람들의 뇌에서 그와 닮은 후손들을 가질 수도 있다. 생각들은 전달될 수 있고, 한 사람에게서 다른 사람에게로 전달되기에 생각들은 심지어 널리 퍼질 수도 있다. 예를 들어 종교적 믿음, 요리법 혹은 과학적 가설 같은 생각들은 아주 효과적으로 퍼져서 결국 집단 전체에 다양한 버전으로 안정적으로 퍼지게 될 수도 있다. 무엇보다도 문화는 바로 이렇게 전염력 있는 생각으로 이루어져 있다.[18]

이런 이해를 바탕으로 다음과 같은 결론에 도달하게 된다. 많은 사람들에게 퍼져 있는 생각을 단위로 해서 인간의 종교적 생각과 행동에 접근한다면 종교 연구의 객관적인 대상 설정도 가능할 수 있다는 점이다.

여기에서 파스칼 보이어의 '종교' 이해가 좋은 참고가 될 것이다. 보이어는 종교를 '환상'이라고 규정하면서 다음과 같이 이야기한다.

현대사회에 사는 대부분의 사람들은 '종교'와 같은 것이 있다고 생각한다. 그것이 초자연적 행위력(신)에 대한 여러 관점, 도덕성 개념, 특정한 의례와 그리고 때로는 특정한 경험, 게다가 특정한 신자 공동체의 멤버쉽을 포함하는 실존적이고 인지적인 '패키지'로 여겨진다. … '종교'에 대해 생각하고 연구하거나 신봉하려면, 사람들은 도덕적, 형이상학적, 사회적, 경험적 주장들의 통합된 집합인 그런 특정한 패키지에 접근하고 연구하거나 신봉할 것으로 여겨진다.

그 모든 건 대체로 환상이다. 그 패키지는 실제로 그와 같이 존재하지 않는다. 초자연적 행위자, 도덕성, 민족 정체성, 의례적 요구와 기타 다른 경험들에 대한 개념은 모두 인간 마음에서 독립적으로 나타난다. 그것들은 서로간의 아주 독립적인 인간 마음의 능력 혹은 메커니즘에 의해 유지된다. 그리고 그중 어느 것도 종교적 개념이나 행동을 유지시킬 수 있기 때문에 진화한 것이 아니다. 일본 종교인 신도(神道) 체계나 이슬람 세계관 같은 통합된 전체로 보일 수 있는 것은 사실 그러한 파편들의 모음이다.[19]

그리고 그는 '종교'와 같은 패키지가 그럴 듯하게 느껴지는 것을 많은 사람들의 이해관계가 얽힌 '규정(stipulation)'의 문제로 설명한다.

> 그 패키지[종교]가 하나의 패키지라는 것은 사실이 아니라 소원을 표현한 것이거나 오히려 사제, 의례 집전자, 고위 사제와 같은 많은 종교 단체의 멤버들이 큰 의지를 가지고 내놓은 슬로건이다. … 실로 개별 종교(힌두 종교, 이슬람 종교)와 일반적인 종교 관념이 다음과 같은 연구의 주요 장애물이라고 생각할 충분한 이유가 있다. 왜 그리고 어떻게 사람들이 우리가 일반적으로 '종교적' 개념과 규범이라고 부르는 것을 갖게 되는지, 즉 왜 그리고 어떻게 사람들이 비물리적 행위자의 존재를 그럴 듯하다고 여기는지, 왜 사람들이 특정한 의례를 꼭 수행해야 한다고 느끼는지, 왜 사람들이 특정한 도덕 규범을 갖는지, 왜 사람들이 자신을 특정한 공동체의 구성원으로 간주하는지에 대한 연구. 우리가 먼저 그것들이 같은 영역에서 비롯되지 않고, 특정 종교 기관의 마케팅 책략에 해당하는 것을 제외하고는 실제로 함께 묶이지 않는다는 것을 받아들이지 않는 한 이러한 현상들은 이해될 수 없다.[20]

표현이 상당히 신랄하다고 느껴질 수 있지만, 종교 패키지(신, 공동체, 경전, 사후 세계관 등등의 집합체) 각각의 구성물이 인간의 다양한 마음의 처리 기제와 관련되어 있는 것이라는 이해는 '종교' 개념의 한계를 넘어서서 인간으로부터 종교문화를 이해할 수 있는 중요한 관점을 제시하는 것이다.

5. '종교하는 인간'에 대한 새로운 질문들

이 글에서 내가 하고 싶은 이야기는 종교 개념사 논의의 하나의 귀결로서 종교 연구의 초점을 '종교'에서 '인간'으로 바꾸는 관점이 있을 수 있고, 이러한 관점의 전환이 개념사 논의와 일반적 종교 연구와의 접점을 만들 수 있다는 것이다. 그러므로 이 글은 종교 개념사 논의를 전체적으로 비평한다거나 해당 주제 연구가 어떤 방향으로 나아가야 한다거나 하는 데 초점을 둔 글이 아니다.[21]

관점을 바꾸게 되면 종교에 속한 인간이 아니라 '종교하는 인간'을 생각하게 된다. 보이어는 '종교', '종교들', '종교적 생각과 행동'을 구분하면서 앞의 두 가지는 많은 인간 집단에 '없었던' 것이었던 데 반해서 마지막의 것은 종교와는 상관없이 생존을 위해 진화된 많은 마음 기제의 부수적 효과로서 나타나는 것으로 많은 인간 집단에서 쉽게 관찰할 수 있는 것이라고 말한다.[22] 그렇게 보면, '종교적 생각과 행동'이라는 것에서 '종교적'은 사실상 관찰자

〈그림10〉'세월호 리본 구름'으로 인식된 구름
출처: http://www.hani.co.kr/arti/society/society_general/787719.html

의 해석에 의해서 판단되는 것임을 미루어 알 수 있다.

앞의 사진은 세월호 인양작업이 막 시작되던 2017년 3월 하순에 퍼진 사진이다. 우연히 만들어진 구름 모양이 '노란 리본' 모양을 연상시키면서, 많은 사람들은 이 구름이 '특별한 존재의 의지'가 반영되어 나타난 것이라고 해석하였다. 여기에서 우리가 어떤 종교적 맥락도 고려할 필요가 없지만, 종교적 관념이라고 할 수 있는 '초자연적 행위자 관념'이 나타나고 있다는 것을 확인할 수 있다.[23] 초자연적 행위자로서 '죽은 사람'이 산 사람들에게 메시지를 전한 것으로 이해된 상황이기 때문이다.

이렇게 보게 되면, 일반화 가능한 부분, 일반 이론이 제시될 수 있는 부분이 '종교적 생각과 행동'과 관련된 현상들이라는 것을 알 수 있다. 종교 범주와 직접 관련이 없으므로 세계종교 패러다임과는 상관없이 이런 현상들을 설명할 수 있다. 또 종교전통에서 그러한 일반적 관념과 행동을 수행하는 것도 '종교전통'의 언어를 빌리지 않고 설명할 수 있게 된다. 따라서 생물학적 인간에 초점을 둔 '종교적 생각과 행동'에 대한 연구는 세계종교 패러다임 극복의 틀이 될 수 있다.

종교전통에서 나타나는 일반적 관념과 행동을 과학적 언어로 설명하는 것은 일반 사람들의 교리에 입각하지 않은 신행을 새로운 차원에서 이해하게 해 준다.[24] 세계종교, 민중종교, 보편종교, 미신, 주술 따위의 편향된 방향성을 가진 개념틀의 '한계'를 넘어서게 해 준다. 또 앞서 보이어가 제시한 질문을 비롯해서, 왜 어떤 의례 양식과 관념이 잘 지속될 수 있는지, 종교문화상에서 문화적 요소와 인간의 생물학적 제약이 어떻게 상호작용하는지 등의 물음이 다루어질 수 있다. 더 나아가서는 종교학, 경제학, 문학, 사회학의 경계를 넘어선 물음들이 다루어질 수 있을 것이다. 가령, 사회성의 진화와 도덕성의 관계, 그리고 그와 연관된 정의(justice)의 진화적 특성에 대한 연구가 종교문화 연구에도 접목되고, 그 반대 방향의 영향도 줄 수 있다. 종교의 세속화-탈세속화의 논쟁과 관계없이 종교의 퇴조와 영성운동의 대체 과정의 의미를 음미해 볼 수도 있을 것이다. 왜냐하면 사람들이 '종교'를 외면하는 것이 종교에 대한 지식의 변화로, 사람들의 의식이 탈주술화되어 발생했다고 볼 수 없기 때문이다. 사람들은 여전히 비합리적 관념과 실천을 많이 행하고 있다. 다만 그것이 '종교전통'의 울타리를 벗어나고 있는 것 뿐이다.

상식적이고 익숙한 종교 이해 하에서 종교학의 연구 대상은 '종교를 믿는 인간'이다. 그러나 상호 주관적 실재로서 신기루 같은 존재인 '종교'에서, 물질인 인간으로부터 종교문화를 이해하고자 한다면 우리가 주목해야 할 것은 '종교하는 인간'이 될 것이다.

인간은 '종교'를 알기 위해, 그것을 추구하기 위해 신적 존재를 상상한 것이 아니었다. 인지종교학에서는 상상의 존재를 떠올리는 마음의 기제가 생존하는 데 도움이 되었는데, 삶의 어려움을 겪으면서 그런 기제를 이용하여 일종의 '정신 승리'를 만들어 내면서 신과 같은 존재를 떠올린 것으로 설명한다. 의식되지 못하는 마음의 자동적 기제에 근거해서 부수적으로 나타난 것이라고 말이다. 종교라는 문화적 현상에서 그것을 빚어내는 인간으로 시선을 돌리면서 시도되고 있는 이런 설명을 어느 정도 신뢰할 수 있다면 '생존을 모색하는 인간의 상상과 행위'의 차원에서 종교문화를 이해하는 것이 불가능하지 않은 일이라는 걸 알 수 있다. '종교하는'과 같은 동사적 이해는 바로 이러한 관점의 전환으로부터 떠올릴 수 있는 것이다.

한국종교사개론에 대한 상상

안연희

1. 들어가며

　한국종교사 서술이라는 큰 주제를 두고 마땅히 해야 하고 가능한 논의 가운데 제 역량으로 이 자리에서 할 수 있는 이야기는 얼마 되지 않는다. 먼저 발표해주신 조현범 선생님께서 한국 근대이행기 종교사, 특히 천주교사와 관련하여 꾸준히 논문을 발표해 오신 반면, 저는 오래전 석사논문을 일제강점기 개신교 부흥회운동에 대해 쓴 이후로는 한국종교사의 범위에 드는 공부를 해 오지 못했기 때문이다. 한국종교문화연구소 30주년 기념심포지엄은 지난 30년간 한국 종교학계에서 한국종교문화연구소를 중심으로 해 온 연구들을 회고하고 앞으로의 전망을 헤아려 보는 자리인데, 도대체 왜 무모하게 한국종교사 연구에 대한 제2 발표를 덜컥 수락한 것일까? 한국종교사 연구자라고 할 수 없을지라도, 종교학이라는 울타리 안에서 배우고 공부했던 지난 시간들, 묻고 씨름했던 주제들을 다시 한번 반추해 보는 것도 좋겠다는 마음이 내심 있었던 것이다. 그러나 시간이 갈수록 후회와 근심만 커져 갔다. 결국 종교학 공부가 일깨워주었던 정직한 물음의 감각과 연구자로서의 성찰적 자의식을 통해 '종교사란 무엇인가'에 대한 내 오래 묵은 질문을 다시 마주해보는 수밖에 없었다. 또 서구 그리스도교사를 공부하더라도 결국 되돌아올 수밖에 없는 내 자리의 물음과 교차시켜본다면 '한국종교사' 서술에 대해 이야기할 수 있지 않을까.

그런 자리에서 먼저 발표해 주신 「근대이행기 한국종교사 연구의 몇 가지 문제에 대하여: 19세기 한국천주교사와 관련하여」라는 조현범 선생님의 논문과 대화하면서, 종교사와 종교학을 이야기의 두 축으로 삼아 한국종교사 서술을 가능하게 할 수 있는 밑그림에 대하여 거친 상상을 펼쳐 이야기해 보는 게 이 글의 소박한 목표이다.

오랫동안 내 안에서 '종교사(history of religions)'와 '종교학(science of religion)'은 구별되지 않았다. 종교학의 언어와 표현들을 더듬더듬 배워 익히던 시절 'Religionswissenschaft'로서의 종교학이 영어권에서 시카고학파를 중심으로 '종교사(History of Religions)'로 불리기도 했고, 방법론과 이론적 초점에 따라 '비교종교학(Comparative Religions)', '종교 연구(Religious Studies)' 등 다양한 분과명이 통용되는 것을 알게 되었다.[1] 그리고 종교학사, 엘리아데의 종교현상학, history와 myth에 대한 강의들, 역사철학에서 역사 개념에 대한 논의, 신화와 상징, 의례와 몸, 근대와 종교, 오리엔탈리즘, 탈식민주의 등에 대한 세미나들을 거친 종교학 공부가 종교학의 이론과 방법에 대한 현대 종교학의 논쟁들로 이어지면서, 종교학은 다시 좀더 뚜렷하게 비교의 관점과 종교현상학의 구조를 가진 종교사를 지향하고, 종교사는 '종교들'을 다루는 개념과 범주, 방법들을 상상하는 종교학을 함축하고 있다고 생각이 좀더 뚜렷하게 자리 잡았던 것이다.

개인적으로도 석사과정에서 서구에서 전래된 그리스도교가 한국인들에게 경험적 실재로 자리잡는 중요한 계기가 된 부흥회운동을 주제로 삼아 한국개신교사 공부를 하다가 박사과정에서 초기 그리스도교사 분야로 선회하면서, 스스로 지속적인 연구의 관점을 표현할 키워드를 찾으면서 '종교사' 개념에 더 관심을 가지게 되었다. 「아우구스티누스 원죄론의 형성과 그 종교사적 의미」라는 제목으로 쓴 박사논문에서 나는 '원죄'라는 그리스도교의 교의 신학적 개념에 대해 아우구스티누스 개인의 실존적 상황, 4, 5세기 그리스도교사의 맥락, 종교사적 접근의 중층적 해석을 시도하면서 악에 대한 종교적 관념과 의식이 그리스도교 안에서 지속되고 동시에 창조적으로 변모하는 과정을 기술해 보려 했다. 이때 '종교사'적 접근은 단지 종교전통을 시대순으로 기술하거나 유형별로 나열하는 것이 아니라, 종교의 다원성과 연관성, 지속성과 변화를 다룰 수 있는 관점을 유지하면서 종교 자료를 역사적으로 다루는 방식이라는 의미로 이해했다. 예컨대 죄, 부활, 재생, 구원, 은총과 같은 그리스도교의 중요한 교의 개념을 당대 지중해와 근동종교사에 등장했던 유사한 형태의 관념을 차용한 동일한 것이라고 설명해버리고 마는 것도 아니고 그리스도교만의 유일무이한 독특성을 강조하면서 유사한 유형의 개념들과의 비교적 관점을 차단하지도 않을 수 있는 종교학적 이해를 위한 접근법이라고 할 수 있다.

　'종교사' 개념은 우리가 이 자리에서 논의하려는 '한국종교사 어떻게 서술할 것인가'라는 주제와 관련해서도 당연히 문제가 된다. 한국종교사 서술에는 '한국'이라는 물음 및 진술의 주체이자 서술 대상[2]에 대한 범위 설정만이 아니라, 종교사에 대한 개념을 포함하고 있다. 또한 종교사에는 다시 '종교'와 '역사'에 대한 일련의 '논(論)'이 요청된다. 종교일반이론 혹은 세계종교론을 전제하지 않고 제대로 된 일반종교사 혹은 세계종교사 기술이 사실상 가능하지 않듯이 한국종교사도 종교론 및 한국 종교에 대한 이론이나 관점과 분리될 수 없다. ~사(史)를 정립하는 것은 ~논(論)이고 ~논(論)은 적합성을 담보해 주는 ~사(史)를 품고 있다. 그러므로 있는 그대로의 사실의 궤적은 영토만한 크기의 지도처럼 무용한 역사, 즉 이미 역사가 아니다. 역사도 말하자면 시간의 지도와 같다. 모든 역사는 기록된 현재의 시점에서 되물어지고 선택되고 분류되고 의미를 부여받은 과거로서 과거를 위해 존재하는 것이 아니라 현재와 미래를 위해 존재하는 지도이기 때문이다.[3] 게다가 서로 다른 종교전통들이나 종교적 관념들을 시간의 흐름과 연관성 속에서 배치하여 제시한다는 것은 현재와의 동기화와 고도의 이론적 체계를 요구하는 일이다.[3] 소위 역사적 접근에서 가장 일차적이고 기본적인 객관적이고 신뢰할 만한 사료와 시대구분조차도 선택의 기준과 포커스 문제에서 자유롭지 않다.

역사철학이 부재한 역사가 불가능하고 무의미하듯이, 종교이론으로서 종교학 없는 종교사는 개념적으로 성립하지 않는다. 물론 종교학 이전에도 종교에 해당하는 현상들과 전통들이 있었다. 그렇지만 그것들을 묶는 유개념으로서의 종교 개념과 종교이론이 없다면 종교사는 상상할 수 없다. 종교학사와 무관하게 불교사, 기독교사, 유교사, 무속사 등의 역사가 있을 수 있다. 그러나 그 사례들이 모아지지 않고 다 모아 놓았다고 해서 '종교사'가 되지도 않는다. 그러므로 종교사 서술은 종교학의 결실이고 과제라고 할 수 있다. 한국종교사도 마찬가지가 아닐까?

종교사 서술이 종교학의 지향점이고 과제일 수밖에 없다면, 종교학이 성숙되지 않은 채 종교사를 서술하는 것은 불가능하다. 아무리 관련 자료가 많다고 해도 그것으로부터 한국종교사 자료를 선별하여 비교하고 해석하는 안목과 관점과 한국종교사를 서술할 동력이 없다면 한국종교사는 성립하지 않는다. '한국종교사 서술을 어떻게 할 것인가'라는 문제는 한국종교학사와 떼어 놓고 생각할 수 없는 것이다.

2. 종교학과 종교사, 한국종교학과 한국종교사

앞서 말한 종교사와 한국종교사에 대한 의식의 원천은 내가 대학에서 종교학을 처음 배웠던 두 종교학자의 영향 속에서 형성되었다. 정진홍 선생님은 종교를 물음과 해답의 관점에서 바라보고 그것을 되묻고 읽는 인식의 자리를 의식하면서, 고백과 상식의 언어나 개념적 실재에 갇히지 않고 경험적 실재로서의 종교현상을 정직하게 물을 수 있는 새로운 언어적 상상력이 종교학의 중요한 전통이고 정신임을 가르쳐 주셨다. 그를 통해서 한국종교문화와 한국종교사에 대한 관심이 정직한 물음을 던지고 성실한 학문을 연마하기 위해 늘 되새겨야 하는 내 자리임을 잊지 않아야 함을 배웠다.

역사학을 포함한 다른 학문의 성과와 결론이 총체적 문화의 정수로서의 종교를 묻는 종교학의 출발점임을 역설하셨던 고 윤이흠 선생님은 석사과정 지도교수로 첫 대면을 했을 때부터 '역사적 접근(historical approach)'을 요청하셨다. 선생님은 건전한 상식과 역사적 방법만이 경험과학으로서의 종교학에 튼튼한 토대가 될 수 있다는 것을 누누이 강조했는데, 그때의 뉘앙스에서 '역사적 방법'은 엘리아데의 현상학을 비역사적 접근법으로 비판하는 관점이 담긴 표현이었다.

당시 교재로도 읽었던 두 분의 책은 한국종교사를 서술함에 있어서의 총론과 방식에 대한 진지한 논쟁이기도 했다. 정진홍 선생님은 『한국종교문화의 전개』(집문당, 1985)에서 한국 고유 종교의 두 흐름을 하늘 경험과 힘의 경험으로 표현하고 그 바탕에서 불교, 유교, 그리스도교 등의 외래 종교가 각각 뮈토스, 로고스, 테오스의 경험으로서 어떻게 교유 종교와 접변하고 서로 중첩되면서 한국종교사에서 지속적으로 새로운 해답의 체계를 이루고 있는지 정리하였다.[4] 그러한 한국종교사 서술을 현상학적 본질론으로 비판하면서 '역사적 접근'과 중간 시각을 강조한 한국종교사 입론이 이듬해인 1986년 집문당에서 출판된 윤이흠 선생님의 저서 『한국종교 연구』 1권이다. 그런데 윤이흠 선생님의 '역사적 접근'은 연대기나 실증적 역사, 혹은 역사학계에서 통용되는 역사적 접근과 같다고 할 수 없다. 『한국종교 연구』 1권의 1장 종교사관과 방법론은 이념형(Ideal type)으로서의 유형론(typology)을 염두에 두고 기복형, 구도형, 개벽형 등 세 유형의 신념 체계를 제시하는 '신념 유형으로 본 한국종교사'로 시작한다. 이러한 입장은 결국 유고집으로 나온 『한국의 종교와 종교사』[5]의 긴 서문에서 그러한 신념 유형과 시대적 상황의 조합을 통하여 한국종교사 서술의 체계를 제시하고 한국종교사를 관통하는 특징을 기술하는 대목에서 다시금 확인할 수 있다.

두 사람의 한국종교사 서론은 같은 시대 한국 종교학계의 의식과 분위기를 보여준다. 환원주의의 위험을 피해 종교를 '종교 그 자체'로 연구할 수 있는 방법으로 종교현상학은 종교에 대한 일반이론으로서 종교형태론을 구축하여 종교사 서술을 위한 관점과 언어, 범주를 제공했다. 이러한 현상학적 형태론의 일반종교학 담론은 한편으로는 종교를 하나의 본질로 환원하여 역사적 접근을 배제하는 경향에 대해서, 현상학의 성스러움과 성현 개념이 함축하는 형이상학적 혹은 신학적 전제에 대해서 비판을 받았다. 정진홍이 전자의 입장에서 기독교 신학이나 철학으로 윤색된 개념을 넘어 종교 그 자체의 구조와 특성을 서술할 수 있는 새로운 언어를 탐구했다면, 윤이흠은 후자와 비슷한 비판적 관점에서 중간적 시각을 주장했다. 즉 종교현상학의 일반적 거시적 시각은 역사적 방법을 배제하는 경향이 있고, 미시적 시각은 종교를 특정한 요인으로 환원하여 양자 모두 종교를 "종교 그 자체로 보지 못하게 하는 한계"를 가지므로 그 극복의 대안인 중간적 시각을 제안하면서 종교전통이 온전한 종교현상을 볼 수 있게 한다는 것이다.[6] 그러나 이러한 중간적 시각도 유형론을 한국종교사를 서술하는 중요한 개념적 도구로 삼고 있다는 점에서 종교사와 종교학이론의 밀접한 상관성에 대한 유사한 시점과 감각을 공유하고 있음을 확인할 수 있다. 또한 현상학적 형태론에 기반한 종교이론도 역사적 추이에 대한 서술을 반드시 배제하지는 않는다. 오히려『종교형태론』(Traité d'histoire des religions, 1946(1966))은 그 원 제목이 시사하듯이 종교사를 서술하기 위한 이론적 작업으로 종교사개론이었다. 그는 요가나 샤머니즘과 같은 개별 주제 연구에서 역사적 추이에 대한 기술을 배제하지 않았고, 연대기적 전개 방식을 부분적으로 채택한『세계종교 사상사』(Histoire des croyances et des idées religieuses, 1976~1983)에서는 어떠한 인간조건에 대한 의미있는 수용의 방식이자 체계로 등장한 종교적 관념들이, 어떤 심각한 위기를 겪고 또 그 위기 속에서 창조적으로 재생되며 종교사의 새로운 국면을 만들어 갔는지에 초점을 둔 역사서술로서의 종교사를 시도했다. 엘리아데는 서론에서 밝히고 있듯이, 모든 역사연구 뿐 아니라 종교사가 과연 종교에 대한 일반적 관점 즉 보편적인 역사에 대한 총론(總論) 없이 가능할까 묻고 있다.

사실 나는 모든 역사 연구는 어느 정도는 보편적인 역사(histoire universelle)에 대한 친숙함을 전제로 삼고 있다고 생각한다. 그런 이유에서 가장 엄밀한 '전문화'라 할지라도 보편적인 역사의 관점 안에 자기의 연구를 위치 짓는 의무에서 자유로울 수 없을 것이다. 나는 단테나 셰익스피어의 연구, 나아가 도스토예프스키나 프루스트의 연구는 칼리다사(Kalidasa)나 [일본의] 노(能), 그리고『서유기』에 대한 지식에 의해 밝혀질 수 있다고 생각하는 사람들의 확신을 공유하고 있다. 그것은 허망한 그리고 결국은 볼모로 끝나고말 유사백과사전주의(pseudo-encyclopédisme)는 아니다. 그것은 다만 인간

정신사의 심오하고 분할 불가능한 통일성(unité)에 대한 시각을 상실하지 않기 위한 노력일 뿐이다.[7]

사실의 기록이든 힘 있는 강자의 이야기, 권위있는 이야기로서의 역사이든, 관점 없이 나열될 수 없음은 부인할 수 없는 사실이다. 또한 한국종교사 서술을 위한 조건들을 생각해볼 때, 위의 서문이 말하는 일반사에 대한 관점을 쉽게 던져버릴 수 있는 것일까? 엘리아데의 '성스러움(the sacred)' 개념은 형이상학적 신학적 규범과 원리로 제시되었다기보다는 오히려 모든 역사연구가 어느 정도 보편적인 역사에 대한 관점에 대한 지향을 전제하고 있으며, 물음 주체이자 대상으로서 인간에 대한 공유된 의식을 전제하고 있다는 것을 정직하게 인정하기 위한 서술어였던 것처럼 보인다.

이 세상에 다른 것으로 환원할 수 없는 그 자체로서 실재하는 것이 있다는 확신 없이 인간의 정신이 어떻게 기능할 수 있을지를 상상하는 것은 불가능하다. 의미로 가득한 실재하는 세계에 대한 인식은 성스러움의 발견과 밀접하게 연결되어 있다. 성스러움에 대한 경험을 통해 인간의 정신은 실재하고 강력하고 풍요롭고 의미로 가득한 것과 그러한 자질을 결여한 것, 즉 나타남과 사라짐이 우연적으로 무의미한 사물들의 혼란스럽고 위험한 흐름 사이의 차이를 인식해 왔다.[8]

이러한 종교현상학의 종교사로서의 지향을 염두에 둔다면, 첨예한 관점의 대립에도 불구하고 1980년대부터 1990년대까지는 이처럼 한국종교사 서술의 관점과 방법의 문제를 인식하고 있었고 그에 대한 논쟁이 여러 논저의 지면을 통해서 진지하게 이루어졌다. 당대를 한국종교학의 성숙기로 인식하고 그 성숙의 결실로 한국종교사 서술에 대한 열망을 표출했던 것이다. 1960년대와 1970년대 한국 종교학계가 세계종교학 이론들을 수용하면서 종교학의 학문적 정체성을 구축하는 시기였다면, 1980년대는 한국종교문화 현장의 중요성을 인식하고 한국인의 종교성, 한국종교문화의 원류 혹은 원형과 역사적 추이, 그러한 종교사적 탐구를 통해 현대의 다종교적 상황을 의미화해야 한다는 시대적 과제를 공유하고 있었다.[9] 조현범이 회고한 것처럼 청년 종교학도들을 주축으로 한국종교 연구회가 결성되어 겁 없는 패기와 열정으로 '우리의 종교학'과 '한국종교사 서술', 나아가 우리의 종교학의 시각에서 세계종교사 서술에 대한 커다란 포부를 가지고 모였던 것도 그러한 한국종교학 성숙기에 자발적 학문공동체로서 등장하였다는 큰 의미가 있었다.

그러한 이론적 관심의 축이 살아있는 종교사 연구, 바꾸어 말하면 종교학(science of religion)과 종교사(history of religion)를 통합적으로 바라보는 종교연구의 흐름은 "우리 자신의 문제의식으로 우리 현실속의 자료를 가지고 우리의 학문을 일구어야 한다!"는 일성이 살아있던 한국종교 연구회 초창기의 한국종교사분과연구의 한 특징이었다. 그것은 한국 근현대 한국종교사 자료 읽기, 조선시대 종교사 공부, 한국종교사서술의 관점으로서 민중사, 사회사 등에 관심을 가진 한국종교사회사연구회 등의 모임과 그 학문적 결실들을 통해 전승되고 있다고 생각된다. 물론 당시 한국종교사분과에서 이루어진 공부를 신문연재 시리즈로 내고 그것을 다시 다듬어 『한국 종교문화사 강의』[10]라는 이름의 단행본을 낸 후 한국종교사 통사는 여전히 향후의 화두와 과제로 남아있다. 또한 그 뒤를 이어 한국종교문화연구소를 중심으로 한국 근대종교사 분야에서 이루어진 중요하고 지속적인 연구성과들이 제1발표에서 지적한 근대이행기와 조선시대, 역동적으로 움직이는 한국종교지형과 문화와 관련하여 생산적이고 비판적인 논의와 진지한 논쟁을 통해 확장되고 심화될 필요가 있다. 그런 점에서 개항기 종교개념에 대한 담론분석적 유형론을 비판적으로 극복하고자 조현범이 제시한 지적과 제안들은 의미있는 출발이 될 수 있을 것이다.

과제로 남아있는 한국종교사 서술의 가능성은 종교학 전통과 이론에 대한 성찰이 지금 현재 이곳의 상황에 대한 진지한 물음과 상상과 조우할 때, 열릴 것이다. 1990년대 후반 이후 한국종교사에 대한 관심이 약화된 이유를 중심으로 여전히 한국종교사가 이곳에서 종교학을 하는 사람들의 화두인지 다시 물어야 할 것이다. '한국 종교사 서술, 어떻게 할 것인가'에 대한 물음은 '왜, 한국종교사인가'라는 선행된 물음을 요청하기 때문이다. 최근의 종교갤럽조사 등을 통해 지속적으로 표출되고 탈종교경향, 가부장적이고 권위적 사회구조 속에서 형성된 종교적 관념과 관행들에 대한 근본적인 문제제기가 전 사회적 운동으로 확산되고 힘을 받기 시작한 점, 이미지의 시대가 문자의 문명사에 미치고 있는 영향, 사물과 인간의 동맹시대를 현실로 살아가는 소위 제4차 산업혁명기의 일상적 경험, 한반도의 평화와 통일의 새로운 물결 등은 우리가 이러한 한국종교사의 문제를 다시 물어야 하는 현실적인 조건이 되고 있다.

'전통'과 '이론'의 분리에 대하여 사유하기

임현수

1. 문제의 수용

이 글은 2018년 한국종교문화연구소 설립 30주년 기념 심포지엄에서 발표한 문건에 약간의 수정 보완을 가한 것이다. 당시 심포지엄은 이런 유의 학술대회에서 흔히 취하는 발표와 논평이라는 기본 구도를 버리고 제1발표와 제2발표라는 형식을 채택하였다. 제1발표가 이루어지면 여기에 대응하여 제2발표가 이어지는 형식이었는데, 여기서 제2발표는 제1발표에 대한 단순한 논평의 수준을 넘어서서 발표자에게 제1발표자만큼의 폭넓은 발언 기회를 허용하였다. 하지만 필자는 유감스럽게도 이런 형식이 지향한 당초의 목표를 달성하기는커녕 제1발표자의 글을 이해하고 논평하기에 급급했음을 인정하지 않을 수 없다.

이 글은 제1발표자인 방원일의「전통과 이론의 분리를 넘어서: 새로운 세계종교 수업을 꿈꾸며」[1]에서 제시한 문제의식 및 해결 방안을 공유하면서 제2발표자의 입장에서 소견을 밝힌 것이다. 방원일이 이 글에서 말하고자 하는 바는 크게 두 가지이다. 첫째는 종교학에서 종교전통과 이론을 분리시켜 보는 입장은 잘못이라는 점이다. 둘째는 대학에서 이루어지는 세계종교 수업도 전통과 이론을 분리시켜서 진행해서는 안 된다는 것이다. 그에 따르면 종교학자에게 전통은 자신의 연구가 시작되는 텃밭과도 같은 것이다. 다만 종교학자는 텃밭에만 머물러서는 안 되며 이곳으로부터 이론이라는 결실을 걸어올리는 것을 목표로 삼는다. 그러므로 종교학에서 전통과 이론을 분리시키는 것은 불합리하다. 어찌 보면 지극히 상식적인 일이라 할 수 있는 사태에 대하여 방원일이 심각하게 발언하는 데는 이유가 있다. 종교학의 현장인 대학의 연구실에서 전통과 이론이 별개의 사안인 양 분리해서 바라보는 경향이 실제로 나타나기 때문이다. 종교학에 입문하는 사람들 사이에서 전통을 공부해야 할지 아니면 이론을 공부해야 할지 고심하지 않으면 안 되는 상황이 펼쳐지고 있지만 교육 현실은 여기에 대하여 명쾌한 답을 제공하지 못한다. 기성학자들의 경우도 예외는 아니다. 이들이 지닌 학문적 지향성은 먹고사는 현실적인 문제에 많은 영향을 받는다. 이들은 종교학 이외의 다른 학문 분과들이나 학자 집단들과 특정 종교전통에 관한 관심을 공유하는 성향을 보인다. 그와 같은 사정은 기성 종교학자들로 하여금 종교이론을 등한시하도록 만드는 원인이 된다.

　방원일은 이와 같은 전통과 이론의 분리가 종교학과에서 개설하는 세계종교 과목에서도 나타난다는 점에 주목한다. 그동안 세계종교 과목을 담당한 교수들은 각 종교전통을 소개하는 데 주력한 나머지 종교학의 이론적 성과를 제시하는 데는 부족했던 것이 사실이다. 그러나 최근 종교학계에서 논의되고 있는 이론적 성찰들에 따르면 세계종교 교재에 담긴 종교전통들에 관한 지식이 얼마나 의도적으로 재구성된 것인지를 여실히 보여준다. 이러한 문제의식은 '종교'나 '세계종교' 개념 자체를 비판적으로 고찰하는 과정에서 싹튼 것이다. 가령 '종교' 개념은 학자들의 지적인 관심에 따라서 형성된 것이라든지, '세계종교' 개념은 자유주의적 개신교를 모델로 삼아 형성된 종교 개념에 기초하여 세계적으로 막강한 영향력을 행사하는 종교전통들에 초점을 맞추어 축조된 것에 불과하다든지 하는 인식이 그것이다. 다시 말하면 개념이란 실재를 반영하는 것도 아니고, 그것으로부터 자연스럽게 도출되는 것도 아니다. '종교' 및 '세계종교' 개념은 애당초 그러한 개념들을 끌어낼 만한 어떤 실재가 있어서 나온 것이 아니라, 특정한 의도 및 이해관계가 반영되어 인위적으로 만들어진 것이다. 문제는 그렇게 만들어진 개념들이 실재를 구성하는 힘으로 작용한다는 점이다.

방원일이 지금까지 많은 세계종교 수업에서 간과했다고 비판적으로 지적한 것은 바로 특별한 의도를 가지고 형성된 '세계종교' 개념에 따라서 종교전통들이 재구성되었다는 사실이다. 세계종교 교재에 서술된 종교전통에 관한 지식들은 이와 같은 '세계종교' 개념에 입각하여 구축된 것이다. 그렇다면 세계종교 수업 시간에 가르치는 지식은 종교전통 자체로부터 끌어낸 '실재'가 아니라 '담론'에 불과한 것이 아닌가. 인식의 수준이 여기에 이르면 더 이상 종교전통에 관한 지식을 학생들에게 기계적으로 전달하는 일은 무의미해진다. 오히려 학생들에게 자신들이 배우고 있는 지식이 어떻게 구성된 것인지 배후를 밝히도록 자극하고 독려하는 일이 더 중요할 것이다. 이런 맥락에서 방원일은 대안적인 세계종교 수업의 몇 가지 사례를 제시한다. 그가 소개하는 대안적 수업은 대부분 학생들로 하여금 세계종교 교재가 언제, 어떤 학문적 분위기 속에서, 누구에 의하여 어떤 의도로 기술된 것인지를 분석하고 비평하도록 유도하는 데 초점을 맞춘다. 방원일이 이러한 대안적 수업을 이상적인 것으로 보고 있는지, 혹은 그가 꿈꾸고 있는 '새로운 세계종교 수업'이 따로 있다면 그것은 어떤 것인지 지금으로서는 정확히 알 수 없다. 하지만 그가 자신이 제시한 대안적 수업이 전통과 이론의 괴리라는 뿌리 깊은 오류를 극복하는 방향에서 전개되고 있다고 믿는다는 것은 부인할 수 없다.

2. 문제의 반추와 비판

나는 방원일의 글을 읽으면서 그가 한국 종교학계가 안고 있는 두 가지 문제를 절묘하게 결합시키는 데 성공했다는 생각을 하였다. '세계종교' 패러다임에 사로잡혀 무비판적으로 이루어지고 있는 세계종교 수업의 배후에 전통과 이론을 분리시켜 보려는 병폐가 자리잡고 있다는 인식은 주목할 만한 것이다. 사실 종교학계에서 전통과 이론이 겉도는 현상은 종교학자의 정체성을 문제삼을 정도로 심각한 것이다. 예를 들어 종교학자로서 특정 종교전통을 전공하지만 종교학의 본래 역할을 상실할 위험성은 늘 우리 곁에 상존한다. 특정 종교전통이 제공하는 의미의 세계나 해석의 틀을 설명하려는 고민 없이 있는 그대로 자신의 학문적 출발점으로 수용하는 오류를 저지를 가능성은 종교학자라면 누구라도 경계해야 할 문제이다. 특정 종교전통이 제공하는 언어 표현을 동어반복적으로 되풀이하는 것이 종교학자의 사명은 아니기 때문이다.

종교학이 특정 종교를 호교론적으로 대변하는 신학의 논리와 전혀 무관한 학문이라는 점은 여기서 새삼스럽게 재론할 필요는 없는 것이지만, '설명'을 추구하든 '이해'를 위해서든 하나의 인간적 현상으로서 종교를 대상으로 학문적 접근(scientific approach)을 시도하는 것을 자신의 본령으로 삼는다는 점에는 이견이 없을 것으로 판단한다. 우리는 그동안 종교에 대하여 다양한 방식의 접근을 시도한 바 있다. 예컨대 비교주의, 현상학, 구조주의, 정신분석학, 인지과학, 담론분석 등의 방법 혹은 관점을 이용하여 종교를 해명하는 작업을 활발하게 해 온 것이 사실이다. 또한 이러한 학문적 노력을 통하여 종교에 대한 다양한 이론이 도출되었다는 점도 첨언해야 할 것이다. 그런데 여기서 종교학이 다양한 방법을 동원하여 끌어냈던 이론들의 성격에 주목할 필요가 있다. 비록 처음에는 종교를 연구의 대상으로 삼아 학문적 노정을 시작하지만, 결론의 지점에 다다르게 되면 종교는 증발하거나 해체되고 마는 현상이 나타나는 것은 종교이론에서 발견되는 일반적 특징으로 보인다. 종교가 종교 아닌 다른 요소에 의해서 설명되거나 이해되는 것은 종교학이 신학이 아닌 이상 피할 수 없는 현실이라 생각한다.

비단 종교학뿐만 아니라 모든 학문의 목적이 연구 대상으로부터 이론을 이끌어 내는 데 있다는 점은 두말할 나위가 없으며, 이렇게 도출된 이론은 교육의 현장에서 적절한 방식으로 교수될 필요가 있을 것이다. 방원일은 대학의 교양과목인 세계종교 시간에 이론 수업이 거의 이루어지지 않고 있는 현실을 안타깝게 생각한다. 그런데 그가 대안적 수업에서 다루어야 한다고 생각한 이론은 매우 제한적인 것으로 평가된다. 그가 염두에 두고 있는 이론은 '종교'와 '세계종교' 개념의 자의성 및 역사성을 둘러싸고 수년간 전개되고 있는 비판적 논의를 가리킨다. 그도 지적한 바와 같이 한국의 경우 이러한 논의는 한국종교문화연구소를 중심으로 확장되어 나갔다고 해도 과언은 아니다.[2] 방원일이 세계종교 수업에서 몇몇 주요 개념에 대한 비판 이론을 가르칠 필요성을 제시한 것은 일면 불가피한 측면이 있다. 세계종교 수업에 사용되는 교재들이 이러한 개념들이 지닌 한계성을 기반으로 기술된 것이라면 무엇보다도 그에 대한 비판적 입장을 통하여 교재가 형성된 이면을 들여다보는 것이 합리적인 수순일 것이다. 그럼에도 불구하고 세계종교 수업에서 종교학의 다양한 이론적 줄기들을 다룰 가능성에 관해 언급하지 않은 점은 아쉽게 느껴진다.

방원일은 한국종교문화연구소가 펴낸 『세계종교사입문』이 '종교'와 '세계종교' 개념이 지닌 한계를 분명하게 인식하고 있었다고 평가함에도 불구하고 종교전통에 관한 지식을 전달하려는 관심이 지나치게 큰 나머지 이론이 들어설 자리를 거의 마련하지 못했다고 말한다. '종교'나 '세계종교'가 보편성을 지니지 못한 개념이라는 지적은 특정 종교전통 연구자에게 커다란 고민거리를 안겨 준다. 특히 시기를 거슬러 올라가 이러한 개념들을 가지고 살지 않았던 사람들의 종교를 연구할 경우는 더욱 난감한 처지에 빠지게 된다. 예를 들어 필자는 중국 고대에 해당하는 상주(商周) 시기를 다루고 있는데, 물론 이 당시에 '종교' 개념이 있을 리는 만무하다. 이 시기의 연구 자료로는 고고학적 발굴물이 대부분인데, 갑골문에 남아 있는 점복(占卜) 기록, 청동예기(靑銅禮器)를 통하여 유추할 수 있는 각종 제사의 흔적 등이 주로 내가 다루는 대상이다. 그런데 이 시기 '종교' 개념의 유무를 따지며 이러한 자료들을 바라볼 때 종교학자로서 정체성이 흐릿해지는 경험을 할 때가 종종 있다. 종교학자로서 점복, 제사, 예기 등을 종교 자료로 여기며 접근하지만 실제로 이 시기를 살았던 사람들에게 이와 같은 행위들이 과연 '종교'로 인식되었을지는 의문이다. 혹 이들에게 이러한 현상들은 정치 행위의 일부이거나, 의미 있는 삶을 살아가는 어떤 문화적 양식의 일부이거나, 혹은 그 이외에 우리가 모르는 다른 것으로 인식되었을 가능성이 크다. 만약 종교학자로서 '종교'라고 생각했던 것이 실제로는 정치이고 어떤 문화였다면 나는 종교학자가 아니라 정치학자나 인류학자가 되는 것인가? 설령 그렇다 하더라도 문제는 여전히 남아 있다. 그 당시 '정치'며 '문화'라고 인식했던 것도 오늘날 우리가 생각하는 정치니 문화니 하는 것들과 전혀 다른 의미를 지녔을 가능성이 높기 때문이다. 그렇게 되면 종교학자로 출발했던 나는 정치학자도 아니고, 인류학자도 아니게 되어 버리는 것이 아닌가. 그러면 나는 무슨 학자인가? 나의 학문적 정체성은 무엇인가? 그저 고대 연구자일 뿐 학문적 정체성은 어디에서도 찾아볼 수 없는 것이 아닐까.

이처럼 '종교' 개념에 대한 비판적 논의들은 고대 종교 연구자의 사유에도 많은 영향을 준다. 자신의 학문적 정체성마저 고민하게 만드는 효과는 이러한 논의들이 불러온 최대의 난관이기도 하지만, 그보다는 늘 스스로의 전제나 선입견을 되돌아보게 한다는 점에서 과도하게 부담을 가질 필요는 없다고 본다. 중요한 것은 '종교' 개념이 지닌 한계를 지적하는 흐름이 이어지는 와중에도, 고대 종교에 관한 연구는 여전히 진행되고 있다는 사실이다. 상주 시기 종교 연구자인 필자도 그러한 연구에 참여하고 있다. 그렇다면 '종교'가 없었던 시기의 종교를 연구할 수 있는 근거는 무엇일까? 그에 대한 답변을 체계적이고 분명한 토대 위에서 제시할 능력은 없다. 하지만 소박하게나마 밝힌다면 그 시기에는 적어도 '종교'는 없었어도 '종교적'이라 이를 만한 것은 존재했으리라는 기대를 가지고 있다는 정도의 발언이 가능할 것이다. 여기서 '종교적'이라는 발언은 상당히 모호하지만 '종교' 개념보다 훨씬 더 광범위한 의미론적 맥락과 맞닿아 있는 것처럼 보인다. 예컨대 상주 시기 종교 연구자들은 대부분 이 시기에 행해진 점복이라든지 조상제사 등을 '종교적'인 것으로 취급하는 경향이 있다. 그렇다면 이들은 어떤 근거에서 그와 같은 행위들을 '종교적'인 것으로 판단하였는가를 물어야 할 것이다. 필자는 이와 같은 행위들이 비일상적이거나 초월적이거나 혹은 성스러움 등의 영역에 속하거나 혹은 그것과 특별한 관련성이 있다고 보기 때문이 아닐까 생각한다. 물론 '종교적'인 것을 이러한 맥락에서 이해할 경우 점복이나 조상제사 이외에도 매우 다양한 요소들이 종교 연구자들의 눈에 포착될 가능성이 높다. 도시의 건설, 왕의 통치행위, 사냥, 전쟁 등 실로 다양한 행위들이 '종교적'인 것으로 이해될 수 있을 것이다. 엘리아데의 논의를 떠올려 본다면 고대로 갈수록 삶의 다양한 분야가 성스러움과 밀접한 관련성이 있다고 하지 않는가. 그러나 종교적인 것을 이와 같이 이해할 때 앞에서 언급한 바 있듯이 개념들의 역사성 및 그 형성 과정에 관심을 지닌 학자들은 여전히 불만족스러울 것이다. 왜냐하면 '종교적인 것'이라는 말에 내포된 의미의 세계도 결국은 조작적으로 구성된 것이며, 보편적인 것은 아니라고 여길 것이기 때문이다.

그러나 여기서는 이러한 논쟁을 이어 나가기보다는 두 가지 입장이 서로 다른 전제 위에서 논의를 전개하고 있다는 점을 지적하는 편이 더 생산적이라고 판단된다. 한쪽이 '종교적'이라는 표현으로 명명할 수 있는 어떤 경험적 실재가 보편적으로 존재한다는 것을 인정한다면, 다른 한쪽은 그와 같은 입장에 대하여 회의적인 태도를 보인다. 좀더 단순화해서 말하면 전자의 입장이 실재가 개념에 우선한다는 것이라면, 후자는 개념이 실재를 구성한다는 입장이라고 볼 수 있을 것이다.[3] 그런데 후자의 경우에도 실재론적 사고를 완전히 배제하고 있는 것 같지는 않다. 가령 한국 근대 '종교' 개념의 출현 및 정착 과정을 다룬 바 있는 한 연구는 근대 이전 시기 '종교' 개념과 유사한 것으로서 교(敎), 학(學), 도(道) 등을 지목하고 양자를 비교하는 작업을 진행한다.[4] 내가 주목하는 것은 양자를 비교한 결과가 어떻게 나타났는가에 있는 것이 아니라, 이러한 연구를 진행한 당사자의 의식 속에서 '종교'로 표현이 되든지 아니면, 교(敎), 학(學), 도(道) 등으로 묘사가 되든지 근대와 근대 이전 시기를 가로지르며 전승되는 어떤 실재를 인정하고 있다는 점이다. 근대 이전 시기에 존재하였던 수많은 개념들 가운데 '종교' 개념과 비교의 대상으로서 하필 교(敎), 학(學), 도(道) 등이 선택되었는지 따져 볼 필요가 있다는 이야기이다. 적어도 두 시기에 각각 존재하는 개념들 사이에 분명하지는 않지만 어떤 관련성이 존재할지도 모른다는 기대감이나 선입견이 없었다면 전혀 다른 담론 체계 안에서 나에게 익숙한 것과 유사한 개념을 찾아내어 비교론적 사유를 전개하는 일은 처음부터 불가능할 것이기 때문이다.

방원일이 세계종교 수업에서 사용되는 교재를 분석하기 위하여 한국종교문화연구소의 『세계종교사입문』을 선택한 것을 보면, 그는 세계종교와 세계종교사를 특별히 구별하지 않는 것으로 보인다. 방원일이 지적한 '세계종교' 개념이 지닌 문제점은 일단 접어 두고 세계종교사를 기술하기 위해서는 몇 가지 전제가 필요하다. 첫째는 세계종교사의 서술 대상이 분명하게 설정되어 있어야 하고, 둘째는 그러한 대상을 역사적 변화의 관점에서 기술해야 하며, 셋째는 세계종교사를 통해서 저자가 말하고 싶은 주제 의식이 무엇인지가 드러나야 한다. 개인적인 소견이지만 이 점에서 엘리아데가 기술한 『세계종교 사상사』는 하나의 전범이 될 수 있을 것으로 판단한다.[5] 이 책은 한마디로 엘리아데의 종교이론이 종교전통들의 역사 안에서 어떻게 반영되고 있는지를 여실히 보여준다. 여기서 엘리아데의 종교이론을 장황하게 설명할 필요는 없을 것이다. 다만 성스러움이라는 실재가 다양한 종교전통들의 역사적 전개 과정 안에서 어떻게 현현되며 위기와 창조의 변곡점을 거치는지를 일이관지하게 추적하고 있는 이 책이 하나의 주제 의식을 가지고 기술된 역사서라는 점은 분명하다. 필자가 엘리아데의 저술을 거론한 까닭은 그의 책이 세계종교 교재로서 완벽하다거나 대안적 수업을 위해 적당하다고 판단했기 때문이 아니다. 필자는 방원일이 세계종교 수업에서 종교전통들에 대한 지식과 이론적 논의를 결합시킬 필요성을 제기한 것에 대해 전적인 동의를 표명하였으나, 종교학의 다양한 이론적 줄기를 포함할 수 있는 여지를 열어 두지 않은 점을 한계로 지적한 바 있다. 엘리아데의 저술은 종교현상학적인 이론이 어떻게 세계종교사와 만날 수 있는지를 보여주는 대표적인 사례라고 판단된다.

방원일은 세계종교 수업이 전통과 이론의 분리라고 하는 모순을 고스란히 드러내는 현장이라고 말하고 있지만, 그러한 주장에는 이론의 여지가 있다. 당장 엘리아데의 저술이 보여주고 있는 바와 같이 하나의 이론적 시각에서 각 종교전통을 시간의 흐름에 따라서 성공적으로 엮어 낸 노작이 현존하고 있는 것이다. 사실 우리에게 주어져 있는 세계종교 관련 교재들을 평가할 때 이론은 결여된 채 전통이라고 하는 사실만을 나열한 것이라고 단정해서 말할 수는 없다. 오히려 대부분의 교재는 연구자가 지향하는 독특한 시각이나 이론에 입각하여 수많은 사실들을 걸러내거나 분석한 후 일정한 구도에 따라서 배치한 결과물이다. 만약 그렇지 않다면 단순한 자료집일수는 있어도 일관성과 통일성, 정합성을 갖춘 세계종교 저술로서 인정할 수는 없을 것이다. 따라서 세계종교 수업에 사용하는 교재가 전통과 이론을 분리시키는 오류를 저지르고 있다고 지적하는 데는 신중할 필요가 있다.

여기서 방원일이 '사실'과 '담론'의 혼재 현상을 지적하면서 후자에 대한 분석이 세계종교 수업 시간에 반드시 포함되어야 한다고 주장하고 있음을 감안할 때 한 가지 의문이 제기된다. 그것은 방원일이 말하는 '담론'과 '이론'의 관계는 어떤 관계일까 하는 의문이다. 방원일은 '전통'과 '이론'의 분리 현상을 종교학의 고질적인 병폐로 보고 있고, 이러한 문제점이 세계종교 수업 시간에도 그대로 반영된다고 평가한다. 그런데 세계종교 수업의 한계를 지적하면서 '전통'과 '이론' 이외에 '담론'이라는 용어가 적극적으로 사용되고 있다. 방원일이 이 세 가지 용어를 사용하는 방식을 약간의 오해를 무릅쓰고 말한다면 일종의 위계 구도에 따라서 이해하고 있다고 볼 수 있다. 가장 최상위의 지점에는 '이론'이 자리하고, 그다음에는 '담론', 가장 하위 지점에는 '전통'이라고 부르는 사실이 위치한다. 방원일에 따르면 일반적으로 명확한 사실로 보았던 '전통'은 실제로는 '담론'에 의하여 재구성된 것에 불과하기 때문에 '전통'을 아무런 성찰 과정 없이 무비판적으로 흡수하는 행위는 무의미한 것이다. 이보다 더 중요한 것은 '전통'이 어떤 '담론'의 영향을 받아 재구성되었는지를 분석하는 것이 중요하다. 그와 같은 '담론'에 대한 분석의 결과가 바로 '이론'이다. 무엇보다도 세계종교 수업의 목표는 교재 안에 혼란 스럽게 얽혀 있는 '담론'의 흐름들을 끄집어내어 이를 분석할 수 있는 능력을 제고시키는 것이며, 이는 곧 '이론'의 창출 과정과 직결되는 것이다.

방원일의 발언에서 주목해야 하는 것은 그가 '전통'과 '담론'이라는 용어를 각각 구분해서 사용하지만 엄격하게 말해서 양자는 분리될 수 없다는 점이 다. 한 종교의 '전통'에는 경전 이외에도 구체적인 시간과 공간 안에서 살아 가는 신도들이 자기 종교에 대하여 쏟아 낸 수많은 말들의 집합과 실천적 행 위들이 포함된다. 일단 의례를 비롯한 행위의 차원을 제외하고 본다면 신도 들이 형성한 말들의 집합은 '담론'으로서 '전통'의 일부를 형성하는 것이다. 따라서 그 종교의 면면을 알기 위해서는 이와 같이 '전통'의 일부인 '담론'을 분석하는 것은 당연한 일이다. 물론 방원일은 세계종교 교재 안에서 '전통' 이라는 사실의 배면에 숨을 죽인 채 은폐되어 있는 '담론'을 드러내자고 말 한다. 여기서 언급된 '담론'은 겉으로 '전통'과 구분되는 것처럼 보인다. 하지 만 세계종교 교재에 포함된 '전통'에 대하여 숨은 영향력을 행사하는 '담론' 이란 따지고 보면 서구 개신교를 중심으로 형성된 '종교'나 '세계종교' 개념 과 밀접한 관련성이 있다는 지적을 염두에 둘 필요가 있다. 방원일은 이 개 념들이 '비기독교 종교들을 자유주의 개신교 가치에 따라서 리모델링'하는 효과를 발휘한 것으로 평가한다. 이 말은 결국 세계종교 교재가 특정 종교 의 관점에서 여러 종교들을 재구성한 결과물이라는 점을 강조한 것으로 풀 이된다. 그렇다면 세계종교 교재는 개신교 중심의 '담론'이 다양한 '전통'의 모습으로 변주된 것에 불과하다고 해도 과언은 아니다. 그러므로 세계종교 교재도 '전통'과 '담론'을 굳이 구분할 필요 없이 양자가 하나로 결합되어 생 성된 산물이라고 말할 수 있을 것이다.

방원일은 기존 세계종교 관련 저술들이 단순히 '전통'이라는 사실만을 나열한 채 '이론'의 부재를 드러내고 있다고 말하면서 그와 같은 한계를 극복하기 위해서는 '전통'의 뒤에 은폐되어 있는 '담론'이 무엇인지를 들추어냄으로써 '이론'의 자리를 메울 필요가 있다고 주장한다. 그러나 앞서 필자는 세계종교 저술들에 대하여 '이론'의 부재를 단정하기에는 이르다는 점을 엘리아데의 작품을 하나의 사례로 들어 반론하였다. 여기서 한 가지 물음이 제기될 수 있다고 본다. 엘리아데의 『세계종교 사상사』에서 드러난 현상학 '이론'과 방원일이 말하는 '이론'은 동등한 위상을 지니는 것일까? 다시 말해서 방원일의 관점에 입각했을 때 엘리아데의 '이론'도 '담론'의 영역에 속하여 분석의 대상이 되는 것은 아닐까? 만약 그렇다면 방원일이 말하는 '이론'은 종교학 이론의 영역 안에서도 매우 독특한 의미와 지위를 차지하는 것으로 보아야 할 것이다. 왜냐하면 종교학의 수많은 '이론'들은 '전통'과 내밀한 관계를 맺는 가운데 하나의 포괄적인 '담론'으로서 분석의 대상으로 설정될 가능성이 높으며, 이때 방원일이 지향하는 '이론'은 이와 같은 '담론'을 분석의 대상으로 채택함으로써 스스로의 위상을 최상급의 자리에 올려놓을 것이기 때문이다.

방원일이 세계종교 수업에서 반드시 필요하다고 주장한 '이론'의 성격을 이와 같이 규정하는 것은 순전히 필자의 상상에 불과하다. 방원일은 애초부터 세계종교 교재들이 '이론'을 결여하고 있다는 전제에서 출발하고 있기 때문에 필자가 지적한 바와 같이 '전통'과 '이론'이 결합한 저술에 대해서는 고려하고 있지 않다. 이러한 상황에서 바로 앞서 언급한 것처럼 세계종교 관련 저술에 포함된 '이론'이 '담론'으로 다루어질 것인지의 여부를 묻는 것은 방원일의 의도와 상관없이 필자의 입장에서 그가 던진 문제를 재구성한 것이라 하겠다. 하지만 이 글이 단순한 논평 이상의 역할을 지향하고자 한다면 처음에 제기된 문제를 필자 나름의 관점에서 수정하거나 확장하고 이를 매개로 종교학적 사유의 폭을 여러 방면에서 다듬어 나가는 일도 유의미하다고 생각한다.

이런 맥락에서 앞의 이야기를 좀더 지속해 보도록 하겠다. 먼저 방원일이 세계종교 수업 시간에서 '전통'이든 '담론'이든 분석을 통해서 '이론'을 지향하고자 할 때 과연 그러한 과정을 통해서 생산되는 결과물이 새로운 세계종교 교재의 기술이나 그것에 바탕을 두고 전개될 수업을 위한 대안으로서 기능할 수 있을까? '종교' 개념이나 '세계종교' 패러다임에 입각하여 기술된 세계종교 관련 저술들을 분석하고 남는 이론적 성과물은 결국 세계종교 혹은 세계종교사의 해체를 촉진하는 방향으로 작용하는 것은 아닐까? 가령 세계종교사의 서술이 가능하기 위해서는 불가피하게 '종교' 개념의 역사적 연속성을 인정하지 않으면 안 될 것이다. 그러나 '종교'가 서구 근대 및 개신교와 불가분의 관계 속에서 나온 개념으로서 보편성을 결여한 것이라고 말할 때 어떻게 종교에 관한 역사가 기술될 수 있을지 회의적인 물음이 부각되는 것은 어쩔 수 없는 일이다. 세계종교 수업이 그것의 해체를 지향한다면 무엇보다 우선적으로 고려해야 할 일은 과목의 이름을 바꾸는 일일 것이다. 굳이 세계종교라는 이름으로 과목을 개설할 필요는 없을 것이기 때문이다. 이와 같은 우려와 달리 방원일은 '담론' 분석을 토대로 진행될 수업이 새로운 대안을 제시할 수 있다고 믿는 것 같다. 그는 한국종교문화연구소가 기술한 『세계종교사입문』의 장단점을 언급하면서 부족한 점을 어떤 방향에서 개선할지를 제안한다. 하지만 그가 제안한 보완점이 '전통'과 '이론'의 분리라고 하는 세계종교 수업의 한계를 극복할 수 있을지 의구심이 드는 것도 부인하기 어렵다.

먼저 방원일은 새로운 교재를 기술하기 위해서는 '담론으로서의 종교'에 초점을 두어야 한다고 강조한다. 그는 '사람들이 자신들의 종교에 대하여 이야기하는 방식'인 담론적 차원을 근간으로 교재를 구성할 필요성을 제기한 것이다. 그러나 이와 같은 발언은 앞서 언급한 바와 같이 '전통'과 '담론'은 결국 동일한 것을 서로 다르게 지칭하는 것이라는 점을 다시 확인하는 정도로 판단된다. 방원일은 대부분의 세계종교 관련 교재는 '전통'과 '담론'이 서로 만나 빚어낸 산물이기 때문에 여기서 만족하지 말고 이를 분석의 대상으로 삼아서 '이론'을 이끌어 내는 방향으로 나아가야 한다고 주장한 바 있다. 방원일의 제안은 애당초 그가 비판의 대상으로 삼고 있었던 기존 세계종교 교재의 자리로 되돌아가는 결과로 귀착되는 것이 아닌가 하는 우려를 자아낸다. 두 번째 보완점으로 제시한 것도 첫 번째 주장의 연장선에서 이해할 수 있다. 방원일은 새로운 교재를 구성하기 위하여 종교 '담론'을 실어 나르는 매체에 주목하자고 주장한다. 그러나 '담론'을 생산하고 전파하는 매체도 '이론'을 위한 분석의 대상이라고 하는 점은 변하지 않는다. 필자는 방원일이 제시한 대안에 의하여 새롭게 쓰일 세계종교 교재가 기존의 것과 어떻게 다를지 분명하지 않다고 생각한다. 그 이유는 이렇게 새로운 대안으로서 등장할 교재에서도 여전히 '이론'의 부재라고 하는 한계를 모면하기는 어렵다고 판단하기 때문이다.

방원일은 처음 제기한 문제의식을 좀더 철저하게 밀고 나갈 필요가 있었다. 솔직하게 고백하면 필자는 '전통'과 '이론'의 분리가 종교학의 커다란 문제점이라고 지적하는 내목을 접하면서 도대체 무엇을 가리키는 것인지 파악하는 데 약간의 어려움이 있었다. 방원일의 말처럼 '전통'은 종교 연구를 위한 자료로서 '이론'을 끌어내는 텃밭이라고 하는 점은 지극히 상식적인 것인데도 불구하고 왜 이런 이야기를 할까 의아스러웠던 것이 사실이다. 그러나 이내 무슨 의미인지를 이해하게 되면서 한국 종교학의 현실이 아직도 녹록하지 않다는 점을 실감하게 되었다. 양자의 분리가 당연한 듯 아무런 의

심이나 반성 없이 받아들여지는 상황이 씁쓸할 수밖에 없었다. 어쩌면 방원일은 그동안 아무도 시비를 걸지 못하고 있었던 문제를 표면화하는 용기를 보여주었다고 본다. 방원일의 문제 제기는 종교학이 마주한 기형적 현실을 응시하는 데서 시작되었다. 대학에서 이루어지고 있는 세계종교 수업은 그런 현실이 가장 두드러지게 나타나는 현장이다. 하지만 아쉽게도 '전통'과 '이론'의 결합이라는 수업 목표를 달성하기 위하여 좀더 치밀하게 보완해야 할 점이 무엇인지를 드러내기도 하였다. 방원일이 기대하는 바와 같이 세계종교 수업에 필요한 새로운 교재는 '전통'과 '이론'이 결합된 형태일 것이다. 그러한 교재를 제작하기 위해서는 세계종교 혹은 세계종교사 서술에 필요한 인식론적 기초를 정교하게 다듬는 일이 우선시되어야 할 것이다. 그중에서도 세계종교나 세계종교사의 서술 가능성 자체 및 가능 근거를 되묻는 일이 무엇보다 성찰의 대상이 되어야 할 것으로 보인다. 그런 다음 '전통', '담론', '이론'이라는 개념들 사이의 관계를 재정립하는 일도 필요하리라 생각한다. 이와 같은 일련의 작업들이 선행된다면 새로운 교재의 서술 방향성이 서서히 전망을 드러낼 수 있을 것이라고 생각한다.

끝으로 필자는 대학에서 강의를 한 지 오래되어 교양 교육에 대한 현실감각이 많이 떨어져 있는 것이 사실이다. 따라서 방원일이 현장에서 느끼는 문제의식을 온전히 따라갈 수 없는 한계가 분명히 있을 것이다. 그러나 과거 세계종교를 강의한 경험을 토대로 당시 내 스스로 아쉽게 느꼈던 점을 떠올려 보면 방원일의 문제의식에 공감하지 못할 법도 없을 것 같다. 당시 세계종교 수업에서 늘 부족하게 여겼던 것은 두 가지로 요약될 수 있다. 하나는 방원일이 말한 것처럼 세계종교에 관한 수많은 정보들을 전달하는 데 급급한 나머지 종교를 통해 인간을 이해한다는 당초의 강의 목표를 달성하지 못한 점이다. 이는 방원일의 표현을 따르면 이론의 부재이다. 다른 하나는 거대 종교 위주로 강의를 진행하다 보니 세계의 수많은 종교들이 배제되는 불합리성을 드러낼 수밖에 없었다는 것이다. 앞서 엘리아데의 『세계종교 사상사』를 언급하였지만, '세계종교' 패러다임의 문제점은 이 책의 경우에 도 예외가 아닌 것으로 보인다. 39개의 장 가운데 절반 이상이 힌두교, 불교, 기독교, 유대교, 이슬람 등에 할애되고 있는 것을 보면 그러한 지적도 무리 는 아니라는 판단이다. 필자는 이와 같은 문제점에 봉착하면서 새로운 교재 가 기술되어야 할 필요성을 절감하였다. 다양한 관점과 이론적 맥락에서 거 대 종교 이외의 다양한 종교들을 함께 담아내는 교재가 다수의 저자들에 의 해서 서술되어야 하지 않을까 하는 것이 그 당시 막연하게나마 생각했던 문 제의식이었다.

방원일은 대학에서 세계종교를 강의하는 종교학자라면 누구라도 공감할 수 있는 문제를 던진 것으로 여겨진다. 이러한 문제를 해결하기 위해서는 개인의 차원을 넘어 집단적인 노력이 뒤따라야 하지 않을까 생각한다. 한국 종교문화연구소는 『세계종교사입문』이라는 세계종교 교재를 직접 서술한 경험을 가지고 있다. 『세계종교사입문』이 많은 장점을 지니고 있음에도 불 구하고 오늘날 세계종교 강의에서 필요로 하는 이론적 차원을 결여하고 있 다면 차후 이 점을 보충하기 위한 새로운 기술이 시도되어야 할 것이다. 이 러한 목표가 가까운 시일 안으로 달성되기는 어렵겠지만 미래를 내다보는 안목을 가지고 연구소 차원에서 신시한 고민을 시작해야 하지 않을까 생각 한다.

3. 문제의 적용

　방원일은 종교전통이란 종교학자의 연구 자료가 존재하는 텃밭이고 이곳으로부터 이론이라는 결실이 맺어진다고 표현하면서 양자는 결코 분리될 수 없다고 하였는데 과연 여기에 이의를 제기할 사람이 누가 있겠는가. 지금부터는 특정 종교전통에 관심을 지닌 연구자로서 필자가 가지고 있는 이론적 관심사를 간단히 소개함으로써 방원일이 제기한 전통과 이론의 문제를 다시 한번 생각하는 계기로 삼고자 한다.

　필자는 앞에서도 밝힌 바 있듯이 상주 시기의 종교전통에 관심을 가지고 있다. 중국 청동기시대의 서막을 알리는 상주 시기는 도시의 형성, 문자사용, 왕권의 성립, 전문가 집단의 출현, 관료제의 성립 등과 같은 문명의 여러 징표들을 갖추고 있었다. 이 시기는 엘리아데의 말을 빌려 표현하면 중국종교사 혹은 동아시아종교사에서 중요한 변혁이 발생한 시점으로서 차후 새로운 양식의 종교가 태동하는 모태가 되었다. 상주 시기 종교전통에 관심을 갖게 된 배경은 평소 '원시 및 고대 종교'에 대한 일종의 '환상'을 가지고 있었던 나에게 이 시기가 강력한 지적 상상력을 불러일으키는 데 부족함이 없었다는 정도로 말해 두겠다.

　갑골과 청동은 상주 시기 종교의 특성을 구체적으로 담을 수 있었던 대표적 물질들이라 말할 수 있을 것이다. 고고학적 발굴을 통해 드러난 갑골과 청동은 상주 시기 종교에 관한 주요 정보원이다. 갑골에 남겨진 점복 기록과 청동예기가 전하는 제사의 흔적들은 이 시기 종교가 삶의 의미를 구축하는 데 얼마나 결정적인 역할을 담당했는지를 잘 보여준다. 그렇다고 갑골과 청동이 은연중 불러일으키는 낭만적 상상력에 의하여 이 시기의 인간들은 대우주와 소우주의 합일을 만끽하고 있었고, 무(巫)를 비롯하여 영성으로 가득한 종교 전문가들은 인간과 신들의 관계를 조화롭게 연결시켰다고 말할 것까지는 없다. 지금까지 내가 바라본 상주 시기의 인간들은 신들의 세계나 자연을 비롯한 주변 환경과 늘 갈등 속에 있었으며, 이러한 삶의 모순을 해결하기 위해 고군분투한 존재들이었다. 그렇다면 이들이 삶의 세계를 거주 가능하며 의미 있는 상태로 축조하기 위하여 기울였던 노력은 무엇이며, 여기에 동원되었던 수단들은 어떤 것이 있을까? 이 물음에 답하기 위하여 나는 조상제사와 무(巫), 점복 등에 대한 연구를 진행하였다.

무엇보다도 상대에서 주대로 넘어가는 이행기에서 포착되는 조상제사의 체계화 현상은 나의 각별한 관심을 끌었다. 이러한 현상은 상대 후기에 서서히 나타나기 시작하여 왕조가 끝날 무렵에는 거의 완성 단계에 이른 것으로 파악되었다. 오늘날 학자들에 의하여 주제(周祭)라는 명칭으로 불리는 이 제사 체계는 하나의 근본적인 물음과 연결된다. 왜 주제가 나타난 것일까? 주제라고 하는 제사 체계의 존재를 확인하고 세부적인 진행 과정을 묘사하는 것도 중요하지만 더 나아가 왜 그와 같은 종교현상이 출현했는지를 설명하는 일은 연구자로서 피할 수 없는 과제이다. 이러한 물음은 결국 주제로부터 비롯한 이론적 과제라고 할 수 있을 것이다. 필자에게는 주제에 대한 연구를 거듭하면서 점점 분명해지는 사실이 있었다. 그것은 제사가 체계화되면 될수록 신들의 힘을 인간의 손으로 통제하고자 하는 의지가 더욱 강력하게 드러난다고 하는 사실이다. 나는 어디에선가 그러한 현상을 '인간의 발견'이라는 말로 표현한 바 있다. 좀 역설적이지만 제사가 더욱 복잡해지고 정교하게 구성되고 체계화될수록 신들의 영향력은 감소되는 '세속화' 현상이 나타나는 것은 아닐까.

주제에 대한 관심과 더불어 필자의 관심을 끌었던 것은 상대의 무(巫)라고 하는 종교 전문가의 실체였다. 상대의 무에 관한 연구는 천명자(陳夢家)의 뒤를 이어 장광즈(張光直)에 의하여 상당한 성과를 거둔 바 있었다. 필자도 장광즈의 연구에 많은 영향을 받았던 것이 사실이다. 장광즈가 상대의 무에 관하여 취하고 있는 입장을 간단히 요약하면 상대는 무교(巫敎)에 의하여 지배된 사회이고, 상왕을 비롯하여 점복을 담당한 전문가들이 대부분 무에서 나왔다는 것이다. 그러나 장광즈의 주장은 갑골문에 남아 있는 기록을 살펴보면 그것을 입증할 만한 증거가 전무하다는 약점을 가지고 있었다. 게다가 갑골문에는 상대를 무교가 지배했던 사회라고 하기에는 조상제사에 관한 기록이 상당한 비중을 차지한다. 또한 상대의 조상제사는 주제(周祭)를 통하여 절차와 양식의 측면에서 규칙성과 예측 가능성, 체계성을 동시에 확보하는 방향으로 나아갔다. 이러한 일련의 사실들은 무교와 주제가 매우 상반된 성격을 지닌 종교전통일 가능성을 암시하였다. 여기서 키틀리의 논의는 필자가 상대를 지배했던 종교적 분위기를 파악하는 데 상당한 도움을 주었다. 그는 상대의 조상제사가 지닌 관료주의적 성격을 강조하였다. 그는 상대 조상제사의 특성이 조상들이 지닌 인격적 측면을 최대한 소거하고 세대 간 위계의 차이에 기초하여 구성되었다는 점에서 관료주의적 성격을 지녔다고 하였다.[6] 나는 키틀리의 논의에 공감하면서 상대를 무교에 의하여 지배된 사회라고 보았던 기존의 가설을 포기할 수 있었다. 신들의 세계마저 관료주의적인 방향으로 재구성하려 했던 상대의 에토스에서 무교가 뿌리 내릴 기회는 점점 축소될 수밖에 없었을 것으로 판단하였다.

이 밖에도 상대 후기에 나타나는 '세속화' 현상은 점복이 일상화 혹은 형식화되는 과정과도 밀접한 관련성이 있는 것으로 보았다. 흔히 상대는 점복이 지배한 사회로 보는 것이 상식이지만, 왕조 말기로 갈수록 점복 자체가 진지한 관심의 대상에서 멀어지는 분위기가 감지된다. 반드시 필요한 것이어서가 아니라 이전부터 행해져 오던 관행이기 때문에 형식적으로 수행해야 하는 상황은 점복이 지닌 문화적 가치가 하락하고 있는 현실을 반영한다. 상왕조가 멸망하지 않고 지속되었다면 점복은 어떤 운명을 겪게 되었을까? 물론 상대 이후 중국의 종교사에서 점복은 사라지지 않았으며, 형태를 바꿔가면서 인간의 삶에 무시하지 못할 영향력을 행사하였다. 그러나 상 왕조만을 따로 떼어놓고 보았을 때 말기에 이르러 점복의 영향력이 점차 축소되었던 현상은 간과할 수 없으며 특별한 설명이 필요한 대목이라 생각한다. 필자는 여기에 대하여 설득력 있는 이론을 아직 구축하지 못한 채 앞으로 해결할 과제로 남겨 놓고 있다.

이에 더하여 추후 계획하고 있는 연구의 방향을 소개하면 다음과 같다. 현재까지 필자는 상대 후기의 종교에 나타난 몇 가지 변화에 주목하면서 이행기에 담긴 역사적 의미가 무엇인지를 밝히는 데 주력하였다. 주제(周祭)의 출현이나 무교(巫敎)의 영향력 감소, 점복의 진부화 현상은 상대 후기의 종교적 정황이 '세속화'를 향하여 가파르게 변동하고 있는 징표로 읽혀졌다. 여기서 오해를 무릅쓰고 '세속화'란 용어를 굳이 사용하는 이유는 신적인 힘을 인간의 통제력이 미치는 범위 안으로 끌어들이려는 의지를 표현하는 데 나름대로 적절하다고 판단하였기 때문이다. 그런데 상대 후기에 완성된 주제 체제는 겉으로 보기에 방대한 규모에 상당한 재원을 필요로 하는 국가 의례였지만 그 이면에는 의례의 형식화가 작동되고 있다는 인상을 지울 수 없다. 일정한 매뉴얼에 입각하여 규칙적이며 주기적으로 거행되는 주제 체제가 도래하면서 그 이전부터 의례 행위에 부여된 바 있는 특별한 가치와 지고한 위상이 점차 흔들리는 상황이 초래되지 않았을까. 좀 다른 이야기이지만 상 왕조에서 주 왕조로 교체되는 과정에서 통치의 정당성을 확보하기 위한 이데올로기로 등장한 것이 천명사상이었다고 일반적으로 언급되고 있는데, 내가 이 대목에서 늘 궁금하게 여겼던 점은 천명사상이 등장한 토대는 무엇일까라는 의문이었다. 아무런 문화적 토양 없이 갑작스럽게 예전에 볼수 없었던 사상이 불거져 나올 수는 없다고 판단했기 때문이다. 필자는 상대 후기 의례의 형식화 현상이 이러한 물음에 답변을 제공할 가능성이 있다고 생각한다. 예컨대 후대 유교 문헌에서 자주 확인하는 바와 같이 덕을 쌓은 자만이 제사를 올바르게 지낼 수 있다는 기록은 제사 그 자체보다는 제사를 대하는 인간의 태도가 더 중요함을 역설하는 언설이겠지만, 이러한 발언의 단초가 이미 상대 후기부터 마련되어 있었을 가능성을 완전히 배제할 수 없는 것이다.

필자는 이와 같은 의례의 형식화 현상을 의례 공간의 축소라는 관점에서 접근할 계획이다. 의례의 위상과 가치가 하락했을 때 무엇보다도 기존에 확보하고 있었던 의례 공간이 축소되는 현상이 초래될 가능성이 높다고 생각한다. 이러한 가설을 입증하기 위하여 폴 휘틀리가 언급한 바 있는 제사복합공간(ceremonial complex)으로서 도시에 관심을 기울일 필요성이 있다.[7] 폴 휘틀리는 상주 시기 도시의 핵심 기능이 제사를 거행하는 데 있다고 파악하고, 그러한 도시의 특성을 제사복합공간이라는 용어로 표현하였다. 상대 후기부터 서주 시기에 이르는 동안 각각의 도시 안에서 의례 공간에 어떤 변화가 초래되었는지를 추적하는 작업을 통하여 의례에 대한 태도의 차이를 밝혀낼 수 있을 것으로 예상한다.

4. 에필로그

지금까지 방원일이 「전통과 이론의 분리를 넘어서: 새로운 세계종교 수업을 꿈꾸며」에서 열어 준 노정을 따라 필자의 몇 가지 소견을 피력하였다. 비록 요령부득의 글이 되었지만 개인적으로는 꽤 오래전부터 묵혀 왔던 생각을 꺼내서 정리할 수 있었던 기회였다. 방원일이 던지는 메시지는 결국 전통과 이론은 분리될 수 없다는 것이고, 이러한 양자의 불가분한 관계는 수업 현장에서도 적용되어야 한다는 것이다. 종교학에서 생산된 이론들은 전통에 함몰되어 자신의 정체성을 상실할 위험에 놓인 연구자로 하여금 스스로를 되돌아보게 만드는 길잡이와 같은 기능을 한다. 그러므로 종교학자로서 종교학 이론에 무지하다면 심각한 결여라 하지 않을 수 없을 것이다. 또한 이론이란 결코 고정된 것이 아니다. 이론은 매우 역동적인 것이어서 기존에는 없었던 새로운 이론이 생산되거나 기존 이론의 오류가 수정되기도 한다. 방원일의 표현대로 전통이 이론을 위한 텃밭이라면 전통을 연구하는 사람들은 불가피하게 자신이 내놓을 이론이 무엇인지를 진지하게 고민해야 할 것이다. 더불어 자신이 생산한 이론이 종교학의 기존 이론들과 어떻게 관련되며 어떤 차별성과 의의를 지니는지를 인식해야 할 것이다. 이 글 마지막 부분에서 약간의 부끄러움을 무릅쓰고 필자의 관심사를 언급한 것은 전통과 이론의 문제가 고대 종교 연구자 한 사람에게 어떻게 반영되고 있는지를 있는 그대로 보여주려는 의도가 작용했기 때문이다. 엄한 질정을 바라며 이 글을 맺는다.

3부

도전과 상상

역사학적 종교 연구의 동향과
새로운 가능성의 모색

: 한국종교사 연구를 중심으로

김 유 리

1. 들어가며

본고는 과거의 종교적 현상을 역사학적 방법론을 활용하여 설명해 온 '역사학적 종교 연구'의 동향을 정리하고, 의례를 중심으로 한 한국종교사 서술의 가능성을 모색해보고자 한다. 그러나 많은 이들은 역사학적 종교 연구라는 표현에 고개를 갸웃할지도 모른다. 역사학적 종교 연구는 익히 사용되는 표현이 아니기 때문이다. 오히려 '종교사'가 익숙한 용어이며, 종교(들)의 역사를 의미하는 종교사가 본고가 표현하려는 바와 완전히 괴리된 것도 아니다. 그럼에도 불구하고 종교사가 아닌 역사학적 종교 연구를 내세운 것은 '종교사'가 내포하고 있는 의미 때문이다. 'History of Religions'로서의 종교사는 영미권에서 종교에 대한 과학적 탐구로서 종교학과 같은 의미로 사용되어 왔다. 이를 주도한 것은 미르치아 엘리아데(Mircea Eliade)와 조셉 기타가와(Joseph Kitagawa) 등의 종교현상학자들로, 이들은 현상학적 관점에 입각한 'History of Religions'를 사실상 종교학 전반을 지칭하는 표현으로 사용해 왔다. 그러나 브루스 링컨은 익히 알려진 그의 방법 테제에서 '역사는 방법론이며, 종교는 연구의 대상'[1]이라고 선언함으로써, 종교학은 역사학의 엄밀한 방법론에 입각한 '종교사학'이 되어야 함을 지적하였다.[2]

연구 대상으로서의 종교와 방법론으로서의 역사를 구분해야 한다는 링컨의 선언은 종교학이 나아가야 할 방향에 대한 지적이기도 하다. 그는 두 번째 테제에서 종교를 영원하고 초월적인 권위를 동원하여 영원하고 초월적인 것에 대해 말하는 담론으로, 역사를 완벽하지 않은 인간의 목소리로 시간적이고 지상적인 것에 관해 말하는 담론으로 각각 규정하였다. 이를 토대로 링컨은 종교사학(History of Religions)을 스스로를 영원하고 초월적이라고 여기는 제도와 실천, 담론에 관해 그 시간적, 맥락적, 상황적인 차원에서 검토하는 것이라 정의한다.[3] 종교가 자신의 초월성을 주장해 온 내용을 그대로 수용하고 전달하는 것이 아니라, 종교전통이 초월성을 확보할 수 있게 한 권위와 담론을 분석하는 것이 종교사가의 역할이 되어야 한다는 것이 링컨의 입장이다. 본고는 링컨의 지적에 공감하며 종교적 현상에 대한 서술의 한 방법으로서 역사학과 역사 서술, 나아가 종교사 서술의 연구 질문과 방법을 좀더 적극적으로 고민해보기 위해 역사학적 종교 연구라는 틀을 선택하였다.[4]

그러나 종교 연구에 동원된 역사학 방법론의 동향을 정리하는 것은 쉬운 일이 아니다. 소위 '역사학적 종교 연구'들은 역사학 방법론의 변화에 조응하면서도, 종교학이 발전시켜온 이론적 성과를 녹여내어 자신만의 연구 방법론을 구축해 왔기 때문이다. 따라서 이들 동향을 충분히 파악하기 위해서는 역사학 방법론의 변화와 종교학 이론의 발전 과정을 모두 살펴야만 한다. 이는 짧은 글에서 소화할 수 있는 내용이 아니기에, 본고는 필자의 연구 분야인 한국 종교 특히 조선후기 한국 종교와 의례 연구를 중심으로 국내외 역사학과 인류학 등 인접 분과의 방법론적 변화의 흐름 속에서 전개된 역사학적 한국종교 연구의 동향을 정리할 것이다. 역사학적 한국 종교 연구, 통칭 한국종교사 연구 성과는 분명하게 역사학 방법론의 변화를 의식하고 있지는 않으나, 기본적인 변화의 방향은 크게 다르지 않다고 생각된다. 따라서 전반적인 역사학 방법론의 변화를 염두에 두고 한국종교사 연구 성과를 검토하는 것은 역사학 방법론을 활용한 종교 연구로서 한국종교사 연구의 성과를 성찰할 수 있는 계기가 될 것이다.

종교에 대한 역사학적 연구의 기본적인 목표는 각 종교에 관한 충분한 설명에서 출발하여, 종교의 형성과 변화, 변형의 원리를 시간의 축에 따라 설명하는 것에 있다. 그러나 그 변화가 어디에서 비롯되는가는 연구자의 방법론적 전제에 따라 달라지며, 그에 따라 역사학적 종교 연구는 크게 세 가지로 나뉠 수 있다. 첫 번째는 종교전통에 대한 충실한 기술을 목표로 하며 종교의 변화를 종교 내부에서 찾으려는 시도다. 두 번째는 확립된 종교가 아니라 인간 마음의 체계와 인지 체계에서부터 종교의 변화를 설명하려는 움직임이 있다. 이들은 최근의 진화·인지과학의 발전에 힘입어 새로운 역사 서술의 가능성을 제시한다. 한국 종교 연구자들 중에서도 몇몇이 이러한 역사 서술의 가능성을 긍정적으로 평가하며 적극적인 자세로 연구에 임하고 있다.

마지막으로는 종교들의 변화를 추동하는 구체적인 인간의 행동에 주목하여 종교의 형성과 변화의 과정을 추적하는 것을 들 수 있다. 이들은 종교가 가지고 있는 논리를 그대로 수용하는 첫 번째 입장과도 결별하며, 종교 현상을 인간의 인지체계에 입각해 설명하는 두 번째 입장과도 거리를 둔다. 1990년대 후반 이후로 한국 종교에 종사하는 연구자들 대부분은 이 중간적 입장을 취한다. 이들은 종교의 변화가 종교 내부의 요인이라기보다는, 정치·사회·문화 등 외부의 다양한 요인들과의 관계 속에서 발생하며, 종교를 거시적으로 바라보기보다는 구체적인 현상으로 나아가는 미시적 혹은 중간적 렌즈[5]를 활용하였다. 본고는 이들의 연구 스펙트럼을 검토하면서 구체적인 인간 행동, 특히 의례를 통해 표현되는 행동의 반복에 따라 조율되고 재생산되는 종교적 사고에 주목하는 종교사 서술의 가능성을 타진해 보고자 한다.

본고는 역사학적 종교 연구를 연구 초점에 따라 위의 세 가지로 분류한 뒤에, 1990년대 후반을 전후로 공유되었던 한국종교사 서술의 문제의식을 확인하고, 이를 해결하려는 최근의 연구 성과로서 인지종교학적 역사 서술의 가능성과, 이욱과 최종성의 연구 사례를 검토하고자 한다. 먼저 인지종교학적 역사 서술은 종교사 서술에 대한 공통적인 문제의식이었던 일관된 관점을 제공하며, "왜?"라는 질문에 대한 과학적인 설명을 시도한다는 점에서 의미가 있다. 3장에서는 인지종교학적 역사 연구의 동향과 그 가능성에 대하여 검토할 것이다. 그리고 4장에서는 이욱과 최종성의 연구 질문과 방법을 중심으로, 최근 한국종교사 연구의 동향을 정리하고자 한다. 이들의 연구에는 의례를 중심으로 한 종교사 연구의 가능성, 종교사 서술의 주체 설정, 인과적 설명과 현상학적 해석을 오가는 종교사 서술의 방향에 대한 고민이 잘 담겨 있기 때문이다. 본고는 이들의 연구 사례를 위의 시각에서 검토함으로써, 한국 종교 연구의 새로운 가능성으로 '의례로의 전회'라는 구상을 펼치고자 한다.

2. 한국종교사 서술의 문제의식

1990년대 후반 한국종교학계에는 축적된 연구 성과를 정리하고, 일관된 관점에서 한국종교사를 서술하려는 다양한 시도들이 등장하였다. 한국종교학회는 1995년 "한국종교사 어떻게 쓸 것인가?"라는 주제로 발표회를 개최하였으며, 당시의 성과를 토대로 『해방 후 50년 한국종교 연구사』를 출간하였다. 이 책은 1990년대 후반까지 9개의 전통 종교(불교, 도교, 천주교, 개신교,

유교, 신종교, 무교, 고대 종교, 인도 종교)와 3개 분야의 종교이론(종교사회, 종교 철학, 비교종교)에서의 성과를 다루고 있다. 각각의 항목은 당시까지의 연구 경향과 함께 당시 연구자들이 공유하고 있었던 문제의식도 담고 있다. 그간 의 연구를 리뷰했던 이들은 역사적 사실에만 집중하여 종교의 특수한 감성 과 신심을 해석하지 못했다는 한계를 짚어내기도 하였고,[6] 이론의 적용에 급급하여 새로운 설명으로 나아가지 못했다고 뼈아프게 지적하기도 했다.[7]

이처럼『해방 후 50년 한국종교 연구사』가 그간의 연구 성과를 망라함으 로써 종교사 서술의 기초 자료 역할을 했다면, 1998년에는 일관된 한국종교 사의 서술을 지향한『한국종교문화사 강의』가 출간되었다. 흥미롭게도 이 책은 구체적인 집필자를 밝히고 있지 않다. 일관된 시선과 흐름에 입각한 한국종교사 서술이 필요하다는 문제의식과 특정 연구자가 모든 종교사의 장면들을 망라할 수는 없다는 현실적인 문제 하에, 공동 집필자를 내세움으 로써 집필자 간의 긴밀한 협력을 통해 일관성을 확보하고 저자의 개별성이 삭제된 하나의 종교사를 서술하고자 한 것이다. 또한 종교문화의 전개를 통 해 한국 종교문화의 형성과 발전을 통사적으로 다루면서도, 시대별 서술에 서 누락될 수 있는 주요 주제들을 폭넓게 다뤘다는 점에서 의미가 있다.

그러나 한국 연구자들의 주도하에 한국종교사를 서술하려는 시도는 이 때를 제외하면 크게 찾아보기 힘들다.[8] 이는 당시의 한국종교사 서술 과정 에서 인식된 문제들이 단시간에 해결될 수 있는 것들이 아니었기 때문이다. 오히려 이 시기 이후의 연구자들은 당시에 제기되었던 문제들을 안고 각자 의 자리에서 나름의 해결책을 간구하고 있다. 따라서 본고는 1990년대 후반 에 제기되었던 한국종교사 서술의 문제의식을 검토하여, 학계가 공유하고 있는 종교사 서술의 문제들을 일관성, 한국 종교의 정체성, 역사 속의 종교 서술로 나누어 검토하고자 한다.

1) 일관된 논리를 가진 한국종교사의 서술

이은봉은『한국종교문화사 강의』가 종교의 역사적 서술과 주제별 서술을 합하여 입체적 이해를 시도했다는 점에서 그 미덕을 치켜세우면서도, 이 책이 일관된 시선으로 한국종교사를 서술하는 것에는 성공하지 못했다고 평가하였다. 이 책의 집필자들이 종교의 사회적, 정치적 관계에 주목한다는 점에서 나름의 주제와 입장을 가지고 서술하였음에도, 하나의 일관된 시각으로 종교문화의 전개와 양상을 논리적으로 배치하는 데는 실패하였다는 것이다. 그는 불교학자나 유교학자들의 논의와는 차별화된 종교학자의 일관된 논리로 한국종교사를 기술해 낼 수 있어야 한다는 입장을 분명히 하였다.[9] 공동 집필자를 내세웠던『한국종교문화사 강의』와 이의 일관된 시선의 부재를 지적한 이은봉의 논의는 한국종교사 서술의 중요한 문제 중 하나가 한국종교사를 이해하는 일관된 시선임을 짐작케 한다.

한국종교사 전체를 관통할 수 있는 틀을 제공한 시론적 연구로는 윤이흠과 정진홍의 성과가 돋보인다. 이들은 종교학, 특히 종교현상학과 해석학의 방법론을 적극적으로 차용하여, 한국종교사 전체를 하나의 틀로 고찰할 수 있는 가능성을 제시하였다. 먼저 윤이흠은 편년사적 기술이 아닌 모든 역사적 종교현상을 일관된 안목으로 이해하는 체계의 필요성에 공감하면서, '신념 유형'을 중심으로 한 한국종교사 서술을 제안하였다. 그는 종교를 절대적 신념 체계로 정의하였으며, 종교적 신념은 인간 본성을 반영하는 신념 형식과 역사적으로 주어진 신념 내용으로 구성된다고 주장하였다. 이때 신념의 형식은 엘리아데나 루돌프 오토 등이 주장해 왔던 '인간의 선험적이고 존재론적인 추구 본성'을 가리키며, 이러한 추구 본성은 역사적인 상황에 따라 몇 가지 유형으로 등장한다.[10] 윤이흠은 선사종교부터 현대종교에 이르는 다양한 역사종교를 개관하면서, 각 단계에서 강조된 신념의 동기에 따라 도출된 신념 유형을 기복형, 구도형, 개벽형으로 분류하였다. 그는 세 가지 신념 유형이 인간의 존재론적 본성에 따른 것이며, 모든 종교는 세 유형의 관계에 따라 분류할 수 있다고 설명한다. 나아가 특정 시대를 주도하는 신념 유형에 따라 종교 사상의 흐름과 변천 과정을 분석할 수 있다고 주장하였다.

윤이흠은 종교 사상의 변화를 신념 유형이라는 일관된 시선으로 기술할 수 있는 가능성을 열어 두었다. 그는 신념 유형과 종교전통을 구분함으로써 주도적 신념 유형의 변화라는 일관된 시선 속에서 종교전통의 변화를 고찰할 수 있도록 했고, 신념 유형에 입각한 종교의 중심 메시지와 의례, 제도, 조직 등의 외형적 종교현상을 구분함으로써 외형적 종교현상은 언제든 '일시적 습합'의 가능성을 담고 있는 것이라 설명하였다.[11] 이는 종교전통의 본질을 유지하면서도 역사적 다양성을 지닌 종교적 현상을 설명하기 위한 틀이었던 셈이다.

윤이흠이 종교를 신념체계로 전제하고 주도적 신념유형의 변화로 한국종교사를 서술하고자 했다면, 정진홍은 종교가 '인간의 의식 속에 내재하는 본연적인 경험적 실재'[12]라는 엘리아데의 주장에 입각하여 인간의 실존적 종교경험에 대한 해답의 상징체계로서 종교문화를 이해할 것을 주장한다. 종교는 기본적으로 보편적인 인간의 종교경험에 기반하나 문화적 표상으로 구체화되는 과정에서 여러 다른 모습으로 출현하기에, 종교사가는 보편적 종교경험에 대한 다양한 해답의 상징체계들의 역사를 다루어야 한다는 것이다. 그는 보편적 종교경험에 입각한 서술을 지향하면서, 논의의 토대를 외래 종교 이전의 토착적 종교 심성으로서 '하늘-님' 신앙과 무속신앙에 둔다. 그는 '하늘-님' 신앙과 무속신앙을 바탕으로 상이한 해답 체계를 제시하였던 불교의 미토스와 유교의 로고스, 기독교의 테오스가 나름의 방식으로

공존하는 것이 한국 종교문화의 특성이라고 보았다.[13]

정진홍의 논의가 흥미로운 점은 종교경험의 보편성에 입각하면서도 문화적 표상의 차이를 내세움으로써, 종교 공동체나 조직, 의례 등을 일관되게 서술할 바탕을 마련했다는 점이다. 윤이흠과 정진홍은 인간의 보편적인 종교적 본성이나 종교경험 위에서 나타나는 역사적 표상의 다양성에 대한 연구로서 종교사가 서술되어야 한다는 입장에 서 있었다. 그러나 이들의 논의가 기반하고 있던 종교현상학의 객관성이 의문시되고, 토대로서의 고유종교 논의의 불확실성이 표출되고, 보다 역사적 사실에 가까운 종교사 서술의 필요성이 강조되면서,[14] 일관된 시선의 종교사 서술은 종교사 연구의 직접적 목표에서 멀어져 갔다.

2) 한국종교의 정체성

한국종교사 혹은 한국종교라는 연구 분야의 부상이 '한국종교'가 무엇인가라는 질문을 제기한다는 점은 자명하다. 한국종교를 전공 분야로 내세운 이들에게 이 질문은 쉬이 답변할 수 없는 문제이면서도 반드시 답해야만 하는 질문으로 여겨졌다. 특히 한국종교사를 통사적으로 서술하고자 하는 이들에게 외래종교 이전을 이해하는 문제는 언제나 중요한 화두였다.

먼저 윤이흠과 정진홍은 종교경험이 인간의 본성이라는 토대에 입각하여, 외래 종교가 전래되기 이전에도 종교현상이 있었으며 이를 바탕에 두고 한국의 종교문화를 기술해야 한다는 입장을 폈다. 정진홍은 외래 종교 이전부터 존재하며 그 이후까지 지속되어 온 구원의 논리를 서술하고, 이것이 외래 종교와 만나면서 이루는 새로운 종교문화의 모습을 추적하는 것이야말로 한국종교사 서술의 주요 과제라고 설명하였다.[15] 그러나 이들은 한국인의 종교경험의 본연을 구성하는 논리를 인정하면서도 이를 특정한 종교전통으로 규정하는 문제와 거리를 두기도 했다. 윤이흠은 단군의 시기부터 오늘날까지 불변하는 특정한 종교전통을 주장하는 것은 방법론적 오류에 빠질 위험이 있음을 지적하며, 특정한 종교전통으로 일반화하기보다는 확인 가능한 종교적 현상에서 출발할 것을 강조했다. 그 결과 정진홍과 윤이흠은 각각 하늘-님 신앙과 무속적 전통, 주술적 기복사상이라는 유형으로 한국의 고유한 종교 심성을 논하였다.[16]

인간의 보편적 종교경험에 기반한 한국 종교의 정체성을 주장하면서도, 윤이흠은 한국 종교문화의 전개에 담겨 있는 독특한 정신이 또 다른 정체성이 될 수 있다고 주장하였다. 그는 한국종교사가 개별 종교전통의 연구, 전통들의 상호 영향과 관계, 한국인의 정서를 통해 서술되어야 함을 주장하면서, '한국인의 고유한 정서' 속에 개별 종교들이 담겨져 내려오는 과정에 주목할 것을 요청하였다.[17] 한국종교의 정체성을 외래종교 이전의 시간적 구조에서 찾는 것에서 나아가, 종교문화의 수용과정에서 형성된 한국인의 세계관 속에서도 정체성을 논의할 수 있다는 것이다. 한국종교 연구회에서 출간한 『한국종교문화사 강의』 역시 한국종교의 특징을 조화와 융합의 정신, 다양한 신앙이 공존하는 중층적 구조라 설명한다는 점에서 윤이흠과 같은 문제의식을 공유하고 있다고 할 수 있다.

한국 종교의 정체성에 대한 고민은 한국 종교를 전공하는 연구자들에게 숙명과도 같은 주제다. 그러나 정체성의 문제가 반드시 공통의 종교경험이나 시원적인 수준에 의존하여 기술될 필요는 없다. 특정 종교전통에 구애되지 않으나 종교전통이 제공한 내용과 형식을 활용하여 전개되는 '민속 종교'에 대한 논의는 한국종교의 정체성을 새롭게 고민하는 분야가 될 수 있을 것이다.

3) 역사적 사실과 조응하는, 역사 속의 종교 서술

윤이흠과 정진홍으로 대표되는 이들이 보편적인 종교경험에 입각한 일관된 흐름의 종교사 서술의 가치를 강조하였다면, 다른 한편에서는 다른 학문 분야로부터 공감을 얻어낼 수 있는 역사적 사실과 조응하는 종교사 서술의 필요성을 피력하였다. 물론 윤이흠과 정진홍의 입장이 역사적 상황에 따른 변화를 간과한 것은 아니지만, 지나치게 종교에 집중된 서술보다는 종교가 주변의 역사적 상황과 조응하는 과정을 다룰 때 한국종교사가 역사학을 비롯한 여타 학문 분야와 조응할 수 있다는 문제의식이 발현된 결과였다.

윤승용은 한국종교사 서술의 방향성을 논한 글에서, 한국종교사가 '종교학적 관점에 입각한 포괄적인 사회문화사'가 되어야 함을 강조하였다. 그는 종교문화의 변동을 한국의 사회적·문화적 변동과 연결 짓는 역사 서술에 성공한다면, 정치-경제사 중심의 한국사 서술을 보완할 수 있는 종교사 서술이 가능할 것으로 보았다.[18] 서영대 역시 종교가 사회, 문화와 밀접한 관련을 지니고 전개된다는 점에서, 종교를 사회, 문화의 변동 속에서 고찰할 필요가 있다고 강조한 바 있다.[19] 1998년의『한국종교문화사 강의』는 종교를 한국의 정치, 경제사의 변화 속에서 이해하려고 시도한 주요 성과라고 할 수 있을 것이다. 4장에서는 종교문화와 한국사의 관련 속에서 이해하는 하나의 가능성으로 종교전통을 교류의 주체로 삼지 않고, 개별적인 종교적 현상 속에서 설명할 때 새로운 역사 서술이 가능하다는 것을 검토하고자 한다.

3. "왜?"라는 질문에 어떻게 답할 것인가?
: 인지종교학적 역사 서술의 가능성

한국종교사 서술이 일관된 논리에 입각한 서술, 한국 종교의 정체성 확보, 역사 속의 종교 서술 등의 문제의식 하에서 진행되었다면, 최근에 대두하고 있는 진화·인지 연구는 이 문제에 대답하는 하나의 가능성을 제공하는 것처럼 보인다. 이들은 진화와 인간 마음의 인지 체계라는 입장에서 종교와 역사를 서술할 수 있으며, 이러한 논리를 바탕으로 '왜?'에 대한 과학적 탐구도 가능하다고 주장한다. 역사 서술의 목적이 과거의 현상에 대한 통찰과 변화를 설명하는 것이라면 인지적 연구 성과를 통해 이를 가능케 한 동력과 구체적 메커니즘을 분석할 수 있다는 것이다. 이들은 특정한 종교 현상이 전달·확산되는 메커니즘을 밝힐 수 있다는 점에서 인지적 종교사 서술을 통해 일관된 시각의 종교사 서술뿐만 아니라 변화의 원인에 대한 질문에도 대답할 수 있다고 강조한다.

3장에서는 2011년에 간행된 *Past Minds: Studies in Cognitive Historiography*를 중심으로 인지 연구를 역사 서술과 결합하려는 시도를 개관하고,[20] 그중 '문화 역학(Cultural Epidemiology)'과 관련된 연구 동향을 정리함으로써 종교사 서술의 새로운 가능성을 살피고자 한다. 아울러 그러한 가능성을 한국 종교사에서 타진한 시도를 검토할 것이다.

1) 인지적 역사 서술(Cognitive Historiography)의 전개

인지적 연구에 종사하는 이들은 '역사가들이 전통의 전달에 관한 추정을 하고자 한다면 전달 과정을 담당하는 메커니즘을 밝히는 것이 그들의 임무가 될 것[21]이라고 말하며, 역사가들이 인지적 연구에 관심을 가져야 한다고 주장한다. 그들은 변화와 확산의 메커니즘을 밝힌다는 점에서 역사가들 역시 진화·인지적 이론화 작업을 시작해야 할 뿐만 아니라, 역사적 작업이 진화·인지적 이론화 작업에도 기여할 수 있을 것이라고 기대한다.[22]

진화·인지적 시각에 따른 역사 서술은 20세기 초반 알렉산더 맥칼리스터(Alexander Macalister)[23]와 제인 해리슨(Jane Harrison)의 연구에서부터 확인된다. 제인 해리슨은 특정한 종교적 실천과 관념에 필요한 정신적 능력의 습득에 입각한 종교사 서술을 제안하였다.[24] 이들은 개인의 심리적 특질의 진화 과정에 입각한 '소진화 과정(microevolutionary process)'을 중심으로 한 역사 서술을 제안하였으나 사회문화의 단계적 진화의 문제를 고심하던 사회진화론자들에게는 주목받지 못했다. 이후 민족지 증거의 증가로 거시적 차원에서 전개된 진화이론이 반박되면서, 소진화 과정에 주목한 진화적 시각의 역사 서술은 학계의 주목을 받지 못한 채 역사의 뒤안길로 사라져야 했다.[25]

그러나 2000년대를 전후로 역사 서술의 방법론으로서 진화·인지적 연구의 접목 가능성이 다시금 진지하게 고려되기 시작했다. 대표적인 것이 1999년 '과학의 귀환: 진화적 아이디어와 역사(The Return of Science: Evolutionary Ideas and History)'라는 주제로 출간된 『역사와 이론(History and Theory)』의 특집호다. 저널의 필진들은 역사 서술과 진화이론의 융합 가능성 특히, 진화적 힘의 산물로서 역사적, 문화적 변화에 대해 주목하였다. 그러나 이들은 문화의 심리학적 토대와 진화심리학 논의의 중요성을 인정하면서도 대부분의 논의가 문화의 생산과 전달에 관한 일반화된 설명에만 주목하고 있음을 한계로 지적하였다. 이들은 진화·인지 이론가들이 역사적인 특수 사건(historical particulars)과 개별적인 마음의 표현들에 주목할 때 진화적 시각과

역사 서술의 창조적 융합이 가능함을 피력하였다.[26]

인지 체계에 관한 일반적인 설명과 역사적인 사건들을 매개하는 방식을 찾고자 했던 시도로는 댄 스퍼버(Dan Sperber)의 연구가 주목할 만하다. 스퍼버는 문화가 유전자에 영향을 줄 수 있다고 설명했던 보이드와 리처슨의 연구와 달리, 유전자와 문화의 공진화는 역사적 과정으로 추적하기에는 너무나 느린 과정이라고 반박한다. 대신 그는 문화적으로 확산된 정보의 전달을 안정적으로 도와주는 인지적 경향성에 주목할 것을 제안한다. 이때 스퍼버가 제안한 것이 바로 '인지적 끌개 성향'이다. 그는 커뮤니케이션이 발신자의 정보를 수신자가 해독하여 특정한 정보가 연이어 전달되는 과정이 아니라, 특정한 추론이 발생하도록 자극하는 과정의 반복이며 따라서 끊임없이 변형이 발생하는 과정으로 설명한다. 그러나 우리가 경험하는 현실에서 모든 정보가 위계 없이 분산되어 있는 것은 아니다. 이에 착안하여 그는 다양한 변형들이 복수의 '인지적 끌개(cognitive attractor)'를 중심으로 모이며, 이러한 수렴의 원인을 밝힘으로써 정보의 안정적 전달과 확산의 메커니즘을 밝힐 수 있다고 주장하였다. 스퍼버가 제시하는 이른바 '표상역학'은 보다 구체적이고 개별적인 수준에서 역사적 변형과 문화적 확산을 설명할 수 있는 모델을 제시하는 것처럼 보인다.

2) 문화의 역학적 접근

스퍼버는 사람의 마음이 보편적인 인지 체계를 가지고 있더라도 다양한 표상이 발생할 수 있으며, 표상의 다양성은 무한정 확산되는 것이 아니라 일정한 형태로 수렴되어 특수한 문화를 구성한다고 주장하였다. 문화를 구체적인 행위나 상징의 의미 구조를 담고 있는 관념적 체계로 이해한 기어츠와 달리, 그는 인간 개체의 내부와 환경에서 물질적으로 존속하고 증식하는 표상들의 분포로 문화를 정의한다. 따라서 스퍼버에게 문화 연구란 개체의 내부와 환경에서 존속하는 물질적 표상들의 분포와 확산의 메커니즘을 밝히는 것이며, 그는 표상들의 생성과 존속, 증식의 프로세스를 밝히는 것을 표상역학(Epidemiology of Representations)이라 부른다.[27]

스퍼버가 제시한 표상역학의 특징은 표상의 전달을 끊임없는 변형 과정으로 본다는 점이다. 그는 커뮤니케이션 과정을 발신자의 메시지가 수신자에게 그대로 전달되는 것이 아니라 발신자의 공적 표상을 단서로 특정한 추론을 거쳐 새로운 심적 표상을 생산하는 과정으로 설명한다. 발신자는 자신의 심적 표상을 공적 표상으로 산출하며, 수신자는 이 공적 표상을 단서로 특정한 추론의 과정을 통해 새로운 심적 표상을 산출한다. 스퍼버는 끊임없이 새로운 표상을 생성해내는 표상의 입력과 산출의 과정에서, 표상이 특정한 의미론을 가지도록 안정화하는 것을 인지적 프로세스로 설명한다.

개개인은 입력된 표상을 특정한 표상으로 산출하는 인지적 인과 체인(Cognitive Causal Chains)을 가지며 개별적인 인지적 인과 체인은 필연적으로 타인과의 결합을 포함한다. 누군가의 산출물로 나타난 표상이 다른 이에게 입력으로 작용할 수 있기 때문이다. 스퍼버는 산출된 공적 표상이 다른 개인에게 영향을 준다는 점에서 일시적으로 다른 개인과 연결되는 것을 사회적 인지 인과 체인(Social Cognitive Causal Chains)이라 부른다.[28] 스퍼버는 두 명 이상의 사람이 심적 표상과 공적 표상의 연쇄 속에서 일시적으로 특정한 의미론을 공유하는 것에서 한 발 더 나아가, 개별적인 단위를 넘어 심적 표상의 내용이나 공적 산물을 보존할 수 있는 문화적 인지 인과 체인(Cultural Cognitive Causal Chains)을 제안한다. 문화적 인지 인과 체인에서 문화의 안정성은 문화적 끌개(cultural attractors)와 수렴의 문제로 설명된다. 스퍼버는 가능한 문화적 아이템들의 공간에서 많은 아이템들이 모여 있는 수렴점에서 문화 현상이 발생하며, 이때 상이한 아이템들이 밀집해 있는 곳을 추상적이고 통계적인 구성물로서의 문화적 끌개라고 설명한다. 이때 문화적 안정성은 끌개 주변으로 표상들을 모으는 인과적 요인을 분석하는 것으로 나아갈 수 있다.[29]

개인의 심적 표상과 공적 표상의 의미론적 관계를 안정화하는 인지적 인과 체인(CCCs)에서 사회적 인지 인과 체인(SCCCs)으로, 시공간의 물리적 한계를 넘어서 표상 간의 의미론적 관계가 보존되는 것을 문화적 인지 인과 체인(CCCCs)으로 분류함으로써, 스퍼버는 개인의 인지적 프로세스에서 시작하여 문화적 표상을 설명할 수 있는 토대를 마련한다. 이러한 접근이 흥미로운 것은 미시적인 방법론적 개인주의와 상호주의에 입각해서, 모든 것들이 밀접하게 연결되어 있는 사회의 전체성을 분석할 수 있는 토대를 마련해주었다는 점이다.[30] 또한 개인의 인지 인과 체인을 사회적 인지 인과 체인으로 확장시킴으로써, 개인의 행동 패턴과 사물 등 신체적이고 경험적인 변화를 표상의 산출 과정에 포함시켰다는 점에서도 의미가 있다. 이러한 접근을 통하여 스퍼버는 상호작용의 중요성을 강조하였으며 내적인 과정에 환경적 요인이 결합될 수 있는 논리를 마련하였다. 그러나 인지적 역사 서술의 가능성을 모색한 시도에 대하여 역사가들의 관심은 그다지 높아 보이지 않는다.

3) 인지적 역사 서술에 대한 비판적 고찰

종교학자 앤 테이브스(Ann Taves)는 역사학의 발전이 진화 · 인지 이론의 정교화에 기여할 수 있다는 점, 진화 · 인지 이론이 역사가들의 가설적 공간을 제한할 수 있다는 점을 내세워 인지종교학의 아이디어가 역사 서술과 창조적 융합을 이루어낼 수 있다고 보았다. 다양한 진화·인지 이론 중에 그가 주목하는 것은 스퍼버의 모델에 입각한 문화 역학 연구들로, 앤 테이브스는 이 작업들이 미시적이고 중위적인 역사 연구에 기여할 수 있다고 기대한다.[31] 그러나 많은 종교사가와 역사가들은 아직까지 인지적 역사 서술의 가능성에 회의적이다. 이들은 인지적 역사 서술의 방식이 반복되는 역사적 형태나 영속적인 인간 본성에 관한 주장에 의지하여, 역사적 자료에서 확인되는 구체적인 사건에 대한 진술에는 관심이 없음을 피력한다. 뿐만 아니라 역사학자 캐롤라인 바이넘(Caroline W. Bynum)은 깊숙한 곳에 있는 인지적 구조는 문화적으로 표현된 행동을 통해서만 접근할 수 있기에 진화·인지적 특질에 대한 고려 없이 기존의 문화사(cultural history)만으로도 충분하다는 입장을 편다.[32] 반면 루터 마틴은 그러한 바이넘의 입장이 최근의 흥미로운 사례들을 검토하지 않았기 때문이라 반박한다. 그는 장기적으로 발생하거나 발생하지 않는 것들의 제한을 설정해주는 진화심리학과 인지과학의 이론적 틀 안에서 세부적인 증거들을 논했던 그레고리 핸런(Gregory Hanlon)[33]과 문화나 사회제도가 인간의 표현형질을 변화시키는 진화된 인지적 경향 위에서 작동한다는 메커니즘을 제안한 스메일(Daniel L. Smail)[34]의 작업을 예로 들어, 인간의 진화–인지적 특질이 문화의 확산과 전달에 영향을 준다는 점이 이미 어느 정도 밝혀졌으며, 진화·인지적 연구 성과는 여전히 역사적 연구에 유의미한 역할을 할 수 있음을 재차 강조하였다.[35]

기존의 방법을 고수하는 역사학자들과 인지적 역사서술의 필요성을 강변하는 사람들 사이의 간극은 자료의 위상과 가설 설정의 문제에서 기인하는 것처럼 보인다. 루터 마틴과 로저 벡을 위시한 이들은 진화·인지 연구의 성과를 토대로 검증 가능한 가설을 세우고 이에 따라 역사적 사실을 설명하는 방법을 제안한다. 반면 미시사를 비롯한 대다수의 역사 서술들은 적절한 가설과 질문을 찾기보다는 자료 속에서 문제의 해결을 찾는다. 물론 역사학계에서도 자료에 대한 비판적 인식이 거듭되어 왔다. 역사학 내의 소위 언어적 전환(linguistic turn)은 자료가 과거의 실체를 담보하기보다는 필자의 의도를 담고 있는 텍스트일 뿐이기에 문헌 자료는 과거를 재구성하는 데 완전한 자료가 될 수 없다는 점을 인식시켰다. 그러나 바이넘은 특정한 자료가 과거의 실체를 전달하지는 않더라도 특정한 개인이 경험한 바를 전달해 주는 자료로는 가치가 있다는 점에서 자료에 입각한 서술의 가능성을 다시금 회복시켰다.[36] 또한 역사학자 게오르그 이거스(Georg G. Iggers)는 역사학이 언어적 전환으로 위기를 맞았지만, '전문적인 기준을 가지고 실천하는 해석적 공동체'로서 역사학의 과학성과 합리성은 여전히 유효하다고 주장하였다.[37] 이들은 자료에 입각한 현재의 역사적 서술이 지닌 한계를 인식하면서도 다른 가설과 이론에 기대기보다는 다시금 자료와 역사가들의 해석적 공동체로 귀환하는 것을 택한다. 미시사가들이 주장하는 것처럼 개별 인간의 다양한 전략들이 내포하는 모순과 불일치에 주목하고 맥락에 맞추어 상세히 기술함으로써, 역사학자들이 가진 선이해를 교정하고 새로운 일반성을 찾아낼 수 있으리라고 믿는다.[38] 여전히 이들에게 중요한 것은 가설이 아니라 자료다.

그럼에도 불구하고 역사 연구는 다른 분야와의 협업으로 검증 가능한 가설을 도입함으로써 자료의 한계를 극복할 수도 있을 것이다. 문화에 대한 역학적 연구를 주도해 온 크리스토프 헤인츠(Christophe Heintz)는 역사학자들이 과거 행위자의 사고와 의도라는 바탕에서 논지를 전개하지만, 실제로 역사학자의 해석이 사람의 의도에 부합하는지 분명히 할 수 없다는 점에서 한계가 있다고 지적한다. 그는 역사학자들의 나이브한 심리적 직관으로 메워왔던 과거 행위자의 의도에 대한 설명을 과학적 심리학과 인지과학으로 보완할 수 있다고 기대한다.[39] 이처럼 진화·인지적 특질에 입각한 가설을 토대로 역사적 자료에 접근함으로써, 가설과 배치되는 사례의 원인을 밝히고 기존의 가설을 수정하여 새로운 진화·인지적 연구 성과에 기여할 수 있다면 더할 나위 없을지도 모른다. 그러나 역사적 연구가 진화·인지 연구에 기여할 수 있는지의 문제는 인지적 역사 서술의 필요성을 제기하는 이들 사이에서도 여전히 논쟁적이다.[40] 이는 여전히 인지적 역사 서술이 인지과학과 진화심리학에서 확인된 가설을 역사적 자료에서 확인하는 작업에 그칠 가능성이 높다는 점을 암시한다. 결국 가설에 부합하지 않는 자료를 어떻게 평가할 수 있는가에 대한 답변을 내세울 수 없다면, '문화의 전달과 확산에 영향을 주는 진화·인지적 특질에 관한 연구 성과가 역사 연구에 적용되어야 한다'는 어젠다는 공허한 문구로 남을 수밖에 없다.

그럼에도 개별적인 차원에서 작동하는 심리적 메커니즘과 외부 환경의 요인이 결합하여 표상의 문화적 분포가 발생한다는 표상 역학의 모델은 인지과학과 진화심리학의 연구 성과가 역사 서술과 결합할 수 있는 더 나은 방향을 마련하였다고 생각한다. 스퍼버의 역학 모델은 다양한 역사적 사실들을 포섭하면서도 특정한 유형이 문화적으로 성공하는 메커니즘을 설명할 수 있기 때문이다. 특히 인지적, 심리적 요인을 포함하여 변화와 문화적 확산에 작용하는 복수의 원인을 찾는 기획이라는 점에서 주목할 만하다.

4) 인지적 종교사 서술의 사례

그렇다면 진화·인지적 연구를 접목한 역사적 연구는 구체적으로 어떤 방향으로 나타날 수 있을까? 직접적인 종교사 서술은 아니지만, 올리비에 모린(Olivier Morin)의 연구는 역학적 연구가 역사 연구에 어떻게 접목될 수 있는지를 보여주는 사례다. 그는 초상화 기법에 관한 역학적 연구에서 특정한 예술적 전통 내에서 초상화의 대상이 관람자를 똑바로 쳐다보기 시작한 다음부터 이 독특한 양태가 이전의 형식을 압도했으며, 이는 직접적인 응시가 주는 지각의 돌출성(perceptual salience) 때문이라고 분석한 바 있다.[41] 모린의 작업은 역사적 변화를 인지 체계의 특성에서 찾는 시도라는 점에서 인지적 연구와 역사 연구의 흥미로운 접목 시도라고 할 수 있다.

그간 한국 종교학계에는 인지종교학을 새로운 연구 흐름으로 조망하는 연구들은 있었으나,[42] 구체적으로 인지종교학의 연구 성과를 한국종교사 서술에 적용한 경우는 많지 않았다. 그중 침호두(沈虎頭) 기우를 인지종교학적 관점에서 분석한 구형찬의 연구가 주목할 만하다.[43] 그의 작업이 침호두 기우의 역사적 변화상을 다룬 것은 아니지만, 인지적 연구와 종교사 서술이 어느 지점에서 만날 수 있는지를 검토할 수 있다는 점에서 좋은 사례다. 그는 인간 마음의 작동방식에 관한 과학적 발견과 이론적 가설을 활용하여, 의례적 실천을 대하는 사람들의 의미 추론에 대한 가설을 검토한다. 구형찬이 침호두 기우에서 주목하는 것은 조선시대에 침호두에 대한 두 가지 해석이 공존하고 있었다는 사실이다. 그는 특정 문헌에 입각해 하나의 해석을 신학적 규범으로 진술하기보다는 두 가지 상이한 해석이 공존할 수 있었던 이유를 밝히고자 하였다. 그는 행위표상체계에 따른 관찰된 정보의 처리, 초점화, 직관적 추론과 반성적 추론의 이중 과정 등에 입각하여 침호두 기우의 의미에 대한 해석이 발생했으며, 호랑이 대가리를 넣어 용을 위협함으로써 비를 내리게 하는 행위라는 해석과 용왕에 제물을 바쳐 비를 호소하는 행위라는 두 가지 끝개 위치로 다양한 해석이 수렴된 것이라 분석하였다.

구형찬의 작업이 흥미로운 것은 일반적으로 알려진 진술을 상대화한다는 데 있다. 그는 문헌에 의존하여 침호두의 의미를 해석할 경우, 다른 해석을 단순히 잘못 이해한 진술로 평가할 수 있음을 지적한다.[44] 그는 당시의 의례가 항상 교리적 진술에 입각한 것은 아니었으며 상당부분 의례적 선례주의를 따르고 있었다는 사실을 떠올려 볼 때, 하나의 해석이 의미론적 권위를 지니고 있었다고 전제하기 어려움을 피력한다. 대신 구형찬은 침호두가 이미 정해진 의미론적 해석에 따라 규정된 것이 아니라 의례의 발생에 뒤따르는 발견적 추론(heuristic reasoning)에 의해 해석이 만들어진 것으로 설명한다. 그의 논의가 흥미로운 것은 왜 다양한 해석들 중에 특정한 해석이 권위 있는 것으로 선택될 수 있었는지를 질문의 영역으로 가져온다는 점에 있다. 그가 주장하는 것처럼 해석의 다양성이 기본 바탕이라면 그 위에서 특정한 해석이 권위를 지니게 되는 과정에 대해서도 분석이 필요하다.

그러나 구형찬은 침호두라는 의례적 행위가 어떠한 의미 해석 과정을 거쳤으며, 어떻게 두 가지 해석이 우위를 점할 수 있었는지를 기존의 논의를 통해서 재구성하는 것에 그친다. 그 결과 그의 작업은 기존의 지식, 즉 침호두에 대한 두 가지 해석이 공존하고 있었던 상황을 재기술하는 것에서 더 나아가지 못했다. 용을 위협하는 행위라는 해석과 용왕을 위한 제물이라는 해석이 인지적 끌개의 위치에 있음을 확인하는 것이 연구의 결과로 산출된 지식이기 때문이다. 이러한 결과가 알려진 상황에 대한 재기술에 그치지 않으려면, 발생한 해석들 중에 인지적 끌개의 위치에 도달하지 못하고 사라진 설명은 어떤 것들이 있는지 설명할 수 있어야 한다. 이를 설명할 수 있다면 그가 주장하는 적합성의 필터와 인지적 끌개의 사례가 종교사 서술에서 분명한 역할을 할 수 있을 것이다. 기존의 종교사 서술은 주류가 되지 못하고 사라진 것에 대한 설명을 제공하는 데 분명한 한계가 있기 때문이다.

인지종교학적 성과에 입각한 한국 종교 연구가 아직은 분명한 성과를 내지 못했음에도 불구하고, 진화·인지적 연구와 종교 연구의 접목 가능성은 여전히 유효하다. 최근의 한국종교사 연구가 맞닥뜨리는 궁극적인 질문, '왜?', '어떠한 동기로 종교적 행위에 문화적인 논리가 개입하는가?'의 질문에 대답할 수 있는 하나의 가능성을 진화·인지적 연구에서 기대해 볼 수 있으리라 생각하기 때문이다.

4. 최근 한국종교사 연구의 주요 성과
: 이욱과 최종성의 사례를 중심으로

3장에서 인지적 역사 서술의 가능성을 살펴보았다면 4장에서는 이욱과 최종성의 연구 성과를 중심으로 한국종교사 서술의 동향을 살피고자 한다. 이들의 연구에는 종교사 서술의 대상 설정, 개별적인 의례 연구의 가능성, 인과적 설명과 해석 사이의 방향 설정이라는 문제에 대한 고민이 잘 녹아 있다. 4장에서는 이러한 주제를 중심으로 이들의 성과를 살피고자 한다.

1) 어느 자리에서 종교사를 서술할 것인가

최종성과 이욱은 앞서 다룬 종교사 서술에 관한 문제의식을 공유하면서도 구체적인 역사적 상황에 주목하여 기존의 유형론을 역사화·맥락화하고,[45] 구체적인 현상에서 다양한 종교전통이 조합되어 나타나는 점에 주목하고자 하였다.[46] 구체적인 역사적 상황에 조응하는 종교사 서술이라는 목표 하에 이들이 가장 중점적으로 천착했던 문제는 조선시대 종교문화의 복합적인 관계 질서, 즉 다양한 종교 간의 관계 구조를 읽어 내는 것이었다. 이들은 거시적 시각과 미시적 시각을 극복할 대안으로 '중간 시각(middle range perspective)'을 제시했던 윤이흠의 시각을 발전적으로 수용하며,[47] 병인론과 의례적 치료,[48] 국가와 재난[49] 등을 주제로 다양한 종교전통 간의 관계 구조를 읽어 내기도 했다.

둘은 종교사 서술의 방향에 대해서는 비슷한 입장을 취하지만 구체적인 서술에서는 분명한 차이를 보인다. 둘의 종교사 서술이 갈라지는 지점은 종교사 서술의 대상을 무엇으로 삼을 것인지의 문제이다. 이욱은 종교 행위가 신을 상정함으로써 가능해진다는 점에서, 종교 연구는 한 사회가 당면한 힘을 찾아내고 그 힘과의 관계성을 읽어 내는 것이 되어야 한다고 주장하였다.[50] 그가 주장한 힘이란 기본적으로 종교 현상을 꾸려가는 개별 주체의 종교경험을 전제한 것이지만, 그는 힘이라는 현상학적 주제를 내세우면서도 결국 모든 문제를 유교 사전(祀典)과 같은 체계화의 과정으로 설명한다. 이는 그가 조선시대 종교문화의 수용 주체를 지배이념이었던 유교로 간주하기 때문이다. 이욱은 유교를 주체로 한 수용의 역사로 조선시대 종교사를 서술하고자 했다.[51]

그와 달리 최종성은 개별적인 종교 주체를 상정하고 행위자 중심의 사고를 다양한 방식으로 탐구하고자 했다. 그는 이념적 차원에서 공식화된 혼합이나 반혼합주의를 수동적으로 수용하는 존재가 아니라, 새로운 의미를 축적하거나 배제해가는 능동적인 주체로서 개인에 주목한다.[52] 이에 입각하여 최종성은 종교전통 중심의 서술보다는 '상징을 살아가며, 그것을 형성, 변화시키는 인간 주체'[53]에 주목한 종교사 서술을 시도하였고, 이는 조선시대 추국 자료에 대한 연구로 이어진다. 그는 조선시대 의금부로 넘겨진 중죄인들의 심문 기록을 담은 『추안급국안(推案及鞫案)』을 종교사 서술의 자료로 활용함으로써, 간접적으로나마 당시 민중의 '신앙적 열망과 구원의 욕구'[54]를 포착해내고자 했다.

최종성은 민중의 신앙적 욕구를 찾는 시도에서 나아가 공식 종교와 민속 종교라는 이분화된 프레임을 극복하고 일반인을 주체로 한 종교사 서술의 가능성을 타진한다. 이는 그가 새롭게 정의한 민속 종교 개념과도 통한다. 최종성은 기존의 민속 종교를 지칭하는 개념들이 이분법과 자의적 고정관념을 지니고 있었음을 비판하며, 종교 연구에 유용한 관점을 제공할 수 있는 개념으로 '일반인의 종교적 일상 문화'를 뜻하는 민속 종교를 주장하였다.[55] 그는 누구나 한번쯤은 민속의 주체가 될 수 있다는 점에서 모든 이들이 주체가 될 수 있으며, 일시적인 민속의 주체들이 공유하고 있는, 일상의 요소를 경유하여 표현되는 느슨하면서도 항구적인 믿음의 체계로서 민속 종교 개념을 내세운다.[56] 뿐만 아니라 일제강점기에 활발하게 간행된 다양한 일상 의례 매뉴얼을 통해 본인이 제시한 민속 종교 연구를 가능하게 할 새로운 자료를 발굴, 확장한다.[57] 그는 의례매뉴얼의 확산 정도를 양적으로 파악하는 것이 20세기 일반인의 민속과 종교를 규명하는 데 일익을 담당할 것이라 짐작한다.[58]

　그러나 민속 종교의 가능성은 민속 종교라는 개념의 창출보다 해당 개념을 통해 그간 간과해왔던 것들에 주목할 수 있게 한다는 점에서 중요하게 다뤄져야 한다. 최종성이 "유교 손을 떠난 민속(Confucian folklore)인지, 여전히 유교가 움켜쥔 민속(Folk Confucianism)인지, 아니면 다종교의 품으로 스며든 민속 종교(folk religion)인지 고민하지 않을 수 없다."[59]고 진술한 것은 그가 민속 종교를 주장한 이유를 짐작하게 한다. 그는 종교와 민속이라는 이분법에서 벗어나, 전통의 직접적인 제한을 받는 구체적인 종교 전문가에 의존하기보다는 모두가 종교의 전문가가 될 수 있는 영역을 상정하는 것처럼 보인다. 이는 종교전통을 중심으로 이해하였던 기존의 서술 방식만으로는 충분하지 않다는 문제의식의 연장으로, 종교전통으로 분명하게 분류될 수 없는 것들을 어떻게 다룰 것인가라는 질문과 통한다고 생각한다. 매우 강력한 믿음이 아니라고 할지라도, 사람들은 종교전통이 제공한 도구를 활용하여 나름의 방식으로 종교적인 행위를 이어 나간다. 종교전통은 인간의 종교적 행위를 규범화하고 그 형식을 제공하는 중요한 체계이다. 그러나 인간의 종교적 행위는 전통의 규범에만 의존하지 않는다. 그렇다면 종교적 행위는 무엇에 기초하여 행해지는가? 종교적 행위의 변화는 무엇으로 설명될 수 있는가? 구체적인 행위들이 일정한 형식 속에서 구현되는 의례의 장이야말로, 그러한 논의를 해결할 수 있는 열쇠가 될 수 있을 것이다.

2) 의례에 대한 본격적인 연구

그렇다면 한국 종교 연구에서 의례는 어떤 방식으로 다뤄졌을까? 박상언은 한국의 종교학이 의례에 대한 연구에 집중할 필요가 있으며, 문헌 연구에 경도된 의례 연구는 의례를 구성하는 단위의 유기적 연관성과 상황적 변수를 충분히 담아내지 못함을 지적한 바 있다. 그는 이러한 한계를 퍼포먼스 이론에 입각한 현지조사를 통해서 극복할 필요가 있다고 주장하였다.[60] 그의 지적에는 일견 타당한 면이 있다. 그러나 논평문을 통해 이창익이 지적하는 것처럼, 문헌 연구와 현지조사의 이분법이 언제나 성립하는 것은 아니다. 오히려 문헌에 의존해야만 하는 과거의 종교 연구에서 문헌 자료는 읽는 방법에 따라 일종의 민족지로 기능할 수도 있다. 중요한 것은 현지조사로의 전적인 전환이 아니라 문헌을 일종의 민족지로 중층적으로 읽어 내는 방법을 간구하는 것이다.[61] 조선시대의 종교문화를 다루었던 이욱과 최종성은 과거의 의례를 문헌을 통해 연구하기 위한 방법을 고안하며, 비교적 흥미로운 의례 연구를 전개하였다.

특히 이욱은 제장(祭場)으로서의 공간, 축문(祝文), 제물(祭物)로서의 음식 등 의례를 구성하는 다양한 요소들에 주목함으로써, 의례 연구를 종교사 서술의 중요한 축으로 끌어올렸다. 그는 의례가 벌어지는 현장에서 무엇을 얻어낼 것인가라는 문제에 천착하였으며, 음식과 공간, 축문에 주목하여 비교적 개별적인 의례 연구의 가능성을 열어 놓았다. 먼저 그는 의례가 벌어지는 공간의 구성에 주목한다. 유교적 의례가 지니고 있는 제장 구성의 논리에 입각하여, 특정한 의례 공간 구성이 암시하는 의례 대상과 주제자의 관계를 분석하는 것이다. 그는 여제(厲祭)의 제장 구성에 주목하여, 의례의 대상이 되는 무사귀신(無祀鬼神)의 신위가 단 아래에 놓이는 것은 해당 신이 숭배의 대상으로 간주되지 않는 것이며, 교화의 주체인 국왕이 해당 의례를 통해 무사귀신을 구휼하는 것이 해당 제장 구성을 통해 표현되는 의미라고 분석한다.[62] 이는 유교의 형식이 전제하는 것들에 입각하여, 의례에 참여하고 의례를 관찰하는 이들에게 해당 행위가 표상하는 의미를 고려한 것이라는 점에서 흥미롭다.

그는 제장의 구성뿐만 아니라 어떠한 제장이 선택되는지의 문제에도 주목한다. 제장의 선택은 곧 해당 행위를 통해 의례화되는 힘의 지향점을 보여주는 것이라고 이해하기 때문이다. 의례의 형식을 제한하는 매뉴얼이 구체적인 제장을 엄격하게 규정하지 않는다는 점을 고려한다면, 제장의 선택을 살피는 것은 조선의 국가의례가 구체적으로 어떠한 지향을 가지고 있었는지를 분석할 수 있게 한다. 그는 제장의 공간성이 제장에 모셔진 신의 속성을 초월하여 의례의 성격을 결정지을 수 있음을 강조한다.[63] 이러한 연구는 문헌을 통한 의례 연구에서도 의례를 구성하는 다양한 요소들의 결합과 그 효과를 분석할 수 있음을 보여주는 좋은 사례라 할 것이다.

그러나 제장의 공간성이 의례 구성에 미치는 역할을 중요하게 다룬다면 특정한 공간이 어떻게 상상되어 왔는지, 공간에 더해진 중층적 색채에 대한 연구도 병행되어야 한다. 이념적인 상상과 구체적인 사람들의 기억이 어떻게 결합될 수 있는가? 이욱이 이 문제를 다루지 않는 것은 아니다. 무주시매처(無主尸埋處)와 전장(戰場) 등이 별여제의 제장이 되는 이유는 재난의 상처를 기억하고 치유하려는 목적에서였다고 해석하기 때문이다.[64] 그러나 제장의 공간성이 의례의 성격을 좌우할 수 있다는 그의 논지는 좀더 확장된 설명을 필요로 한다. 최종성이 감악산의 종교를 분석하면서 지적했던 것처럼, 특정한 장소는 시간을 감내하면서 다양한 상징연합의 구조를 가지게 되기 때문이다.[65] 물론 최종성 역시 축적된 상징연합의 구조의 역사를 분석하지는 않는다. 이를 다룰 수 있는 자료의 한계가 분명하기 때문이다. 그러나 이욱이 열어둔 개별적인 의례 연구의 가능성을 활용할 때, 새로운 질문들로 제장의 공간성을 풍부하게 논의할 수 있다. 특정한 시기에 특정한 의례의 수행은 어떤 의미를 지니는가? 그리고 당시의 의례는 이전의 공간성과 이후의 공간성을 어떻게 매개하는가? 그의 의례와 공간에 대한 통찰은 위와 같은 질문으로 확장, 발전될 수 있을 것이다.

과거의 의례에 대한 연구는 제물(祭物), 의례에 사용되는 음식으로도 확장되었다. 이욱은 조선시대 왕실 제사에 사용된 제물의 종류와 진설 방식을 공간을 축으로 검토한다. 그는 왕실 제사가 조상을 혈식으로 모시는 것을 기본으로 하면서도, 왕릉 제향에서는 불교적 요소의 영향으로 고기를 배제한 소선이나 유밀과를 사용했으며, 유교의 이해가 높아지면서 소선이 배제되고 육선(肉膳)의 중요성이 높아지게 되었다고 설명한다. 그러나 흥미로운 것은 육선이 필요하다는 유자(儒者)들의 논리로 유교적 예의 원리가 아니라 돌아가신 부모를 살아 있을 때와 같이 섬긴다는 효행이 거론된다는 점이다.[66] 음식을 논하면서 이욱이 처한 문제는 의례의 매뉴얼이나 특정 종교전통의 교회적 논리와 상충하는 일상적인 원리가 동원되는 지점이다. 효행에 입각한 육선의 사용뿐만 아니라, 희생을 사용하는 것도 유사한 문제를 발생시킨다. 조선시대에 통용되었던 의례서들은 모두 사대부의 조상제사에 희생의 자리를 허락하지 않았으나, 사대부들은 자신들의 의례에 사용하는 생선과 고기를 일종의 희생으로 이해하는 경향을 보인다. 그는 이를 '희생을 제사의 필수적 조건으로 간주하려는 경향'이라고 설명한다.[67]

그러나 임현수가 지적하는 것처럼, '성리학을 명분으로 성립된 조선에서 비유교적 요소를 허용하였던 배경과 원동력'을 설명하는 문제는 여전히 해결되지 않은 채 남아 있다.[68] 이처럼 종교전통의 교리적 논리로 설명할 수 없는 문화적, 일상적 논리의 우선성을 어떻게 설명할 수 있을까? 최종성은 유교를 지배 이념으로 했던 조선사회에서 무속식 기우제가 국행의 형태로 행해질 수 있었던 것 역시 종교적 논리에 대해 문화적 논리가 우선할 수 있다는 것을 보여주는 사례라고 지적한 바 있다.[69] 그는 종교적 논리보다 문화적 논리가 우선하는 것을 옛 관행에 대한 선호와 절박한 상황에서 모든 것을 동원하는 필사적인 몸부림으로 해석해 낸다.[70] 종교적 논리보다 문화적 논리가 우선하는 것을 위기 상황에서 가능한 한 모든 해답을 추구하려는 인간의 기본적인 욕구로 해석하는 것이다.[71]

의례 연구자들은 구체적인 종교 행위의 현장에서 행위의 틀을 제공한 종교전통의 논리만으로는 설명할 수 없는 행위를 만나게 된다.[72] 그리고 이를 설명해야 하는 연구자들은 역사적 조건 속에서 종교 행위자와 의례의 체계가 견뎌 온 상호적인 변화와 의미 창출의 과정에 대한 인과적 설명을 멈추고, 공감적 해석의 방향으로 선회한다. 희생을 제사의 필수적 조건으로 간주하는 경향이나 모든 해답을 추구하려는 인간의 욕구라는 대답이 바로 그들이 선택한 공감적 해석이라 할 수 있다. 종교사 서술의 마지막 문제는 바로 인과적 설명과 현상학적 해석 사이의 줄타기라고 해도 과언이 아닐 것이다.

3) 인과적 설명과 현상학적 해석의 문제

종교사 서술은 종교에 대한 공감적이고 현상학적인 이해에 입각하면서도 역사적 변화의 과정을 인과론적으로 설명해야 하는 두 개의 상이한 목표가 교차하는 영역이다. 그렇다면 인과적 설명과 해석의 경계를 어떻게 정할 수 있을 것인가? 인과적 설명을 거두고 해석으로 선회하는 것이 최선의 방법이라고 여겨도 좋은가? 이는 간단히 해결할 수 있는 문제가 아니다. 이 절에서는 이욱과 최종성의 종교사 서술에서 설명과 해석이 어떻게 활용되는지를 간단히 살피고, 해석을 활용하여 설명으로 나아갈 수 있는 방법을 논의해 보고자 한다.

이욱과 최종성은 모두 근원적인 질문에 대해 해석의 방법을 택하나, 이욱의 질문이 시간의 흐름에 따라 종교적 표상이 변화하는 것을 인과적으로 설명하는 것에 강점이 있다면, 최종성의 연구는 특정한 종교 현상들의 의미를 해석하고 중요한 유형 혹은 모델을 상정하여 역사화를 시도하는 것에 특징이 있다. 따라서 최종성의 연구가 좀더 해석적 시각에서 종교현상을 기술한다고도 할 수 있다. 그는 해주의 무당을 통해 의례화된 별개의 세 반역자들을 다루면서, "왜 별개의 세 인물이 해주 무당에 의해 조합되었을까?", "대중들은 왜 해주 무당의 의례에 경도되었을까?"라는 질문을 던진다.[73] 그리고 종교가 제공할 수 있는 위력적인 정서적 환기를 고려해야 한다는 브루스 링컨의 논의를 활용하여 해당 사례에 대한 해석을 시도한다.[74] 최종성은 무속의례가 지닌 정서적 호소력으로 인해 대중들이 경도될 수 있었고, 미처 해소되지 못한 (반역의) 잔념이 의례를 통해 종교적인 에너지로 승화됨으로써 영험성을 바라는 민중들의 주목을 받을 수 있었던 것이라 해석한다. 그는 구체적인 상황을 확인할 수 없는 자료의 한계를 종교학의 이론에 기댄 해석으로 메운다. 최종성은 무당의 의례화를 '반역의 잔념을 의례를 통해 종교적 에너지로 승화'시키는 것으로 해석함으로써, 단편적인 역사적 기록에 대한 새로운 이해를 도입하였다.

이와 같이 종교학 이론에 입각하여 과거의 종교 행위가 지닌 이면을 적극적으로 해석하는 것은 종교사가의 중요한 임무라고도 할 수 있을 것이다. 그러나 여전히 다음과 같은 질문이 남는다. '(무속) 의례는 어떤 방식으로 정서적인 호소력을 지니게 되는가?' 현대의 심리학적, 진화·인지적 연구의 성과는 특정한 행위에 대한 정서적 반응의 메커니즘을 설명할 수 있는 가능성을 지니고 있다. 이를 고려한다면, 한국종교사 서술의 새로운 가능성은 그동안 공감적 해석으로 표현해 왔던 마지막 영역이 여타 학문의 성과를 빌려서 설명 가능한 영역으로 전환되고 있다는 사실을 인식하는 것에서 시작될 수도 있다. 해석의 영역이 설명 가능한 영역이 된다면, 질문의 방향이 조금 달라질 수 있다. '어떤 의례가 더 많은 정서적 호소력을 지니는가?', '호소력이 다른 의례들은 각기 어떤 효과를 불러오는가?', '둘의 전달 과정은 어떠한가?' 등을 새롭게 물을 수 있다. 해석의 영역이 설명 가능한 것이 된다면, 우리는 결론으로 치부했던 정서와 감정의 문제를 연구의 시작점으로 바꿔 둘 수 있다. 이는 새로운 시각과 질문을 제공해 줄 것이다.

그러나 모든 종교사가가 심리학적, 진화·인지적 연구 성과를 섭렵하고, 이에 입각해서 서술해야 한다고 주장하는 것은 아니다. 가능성을 인식하는 것과 해당 분야로 뛰어드는 것은 다른 문제이기 때문이다. 종교사가들은 그간 해석의 영역으로 치부해 왔던 주제들을 열려 있는 것으로 이해하는 것만으로도 시각의 전환을 맞을 수 있다. 그리고 그 열린 가능성에 대하여 심리학적, 진화·인지적 연구와의 협업이 이루어진다면, 종교사가의 해석학적 통찰과 인과적 메커니즘이 새로운 통합을 이루어낼 수 있으리라고 생각한다. 구체적인 길은 여전히 안개 속에 있다. 그러나 새로운 연구 성과의 가능성을 긍정적으로 평가하는 것이 딱딱하게 굳어 버린 고질적인 문제를 해결 가능한 말랑한 것으로 바꾸어 줄지도 모르는 일이다.

5. 나가며: 한국 종교 연구에 임하는 나의 문제의식

본고는 역사학적 종교 연구의 동향과 새로운 가능성의 모색이라는 주제 하에, 이전의 한국종교사 서술들이 제기해온 질문과 방법의 변화, 그리고 최근 인지과학의 연구 성과를 역사 서술에 접목하려는 시도들을 간략하게 살펴보았다. 실제로 역사 서술은 분명한 방법론을 제기하기보다는 구체적인 역사 서술의 실천 속에서 방법론적 특징이 배태되는 경우가 많다. 때문에 이러한 발표문의 정리는 어쩌면 방대한 역사적 연구의 흐름을 지나치게 베어내고 축약함으로써 다양한 문제를 낳았을지도 모른다. 또한 지면과 연구자의 한계로 인해 한국 종교 분과 내의 다양한 성과를 종합하지 못한 점도 분명하다. 그럼에도 불구하고 과거의 종교를 다루는 연구자들의 시선이 어떠한지를 검토함으로써 지금 나의 질문이 지닌 맥락과 의의를 분명히 할 수 있다는 것은 하나의 성과라고 할 수 있다. 마지막으로 기존의 연구들이 제기해 온 질문들 위에서 나의 새로운 질문들을 제시하는 것으로 본 글을 마무리하고자 한다.

1) 종교적인 행위를 구성하는 것은 무엇인가?

첫 번째로 제기하고 싶은 질문은 종교적인 행위를 구성하는 요소에 관한 것이다. 본론에서 살펴보았던 것처럼 종교전통의 교리적 논리를 중심에 둘 때, 종교의 교리적 논리가 아니라 문화적인 혹은 일상적인 논리를 따르는 의례를 만나게 된다. 기존의 연구자들은 이를 소위 '문화적 논리'가 종교적 행위에 개입하는 예외적인 상황으로 두고, 그 예외를 가능케 한 논리를 찾고자 했다. 그리고 절박한 상황에서 모든 것을 동원하는 혹은 희생을 필수적 조건으로 간주하려는 종교적 심성으로 그 논리를 해석해왔다. 그러나 의례의 장에서 문화적 논리가 빈번하게 동원된다면, 여기에서 새로운 질문을 제기할 수 있다. '종교적 행위를 구성하는 것들은 무엇인가?'

가장 중요한 전환은 의례를 구성하는 다양한 요소들을 시야에 넣고, 의례의 실천을 통해 확립되는 종교적 사고를 이해하는 것이다. 이는 개별 주체의 전략적 행위로 의례를 이해하고, 의례를 믿음이 행위로 표현된 것이 아니라 실천된 생각으로 바꾸고자 했던 실천이론가들의 입장과 맥을 같이 한다. 개별주체의 전략적 행위로서 의례를 이해할 때, 우리는 의례의 규범적 형식뿐만 아니라 개별 주체가 선택할 수 있는 민속(문화)적, 정치적 논리들을 함께 고려해야 하고, 다양한 요소가 개입된 개별 의례의 실천이 확립하는 종교적 사고를 물어야 한다. 종교적 행위를 구성하는 요소는 무엇인가? 만약 교리적, 민속(문화)적, 정치적 요소가 의례를 구성한다면 해당 요소들은 의례 안에서 어떤 의미를 부여받는가? 다양한 요소들의 결합으로 이뤄지는 의례의 실천은 어떠한 종교적 사고를 확립하는가? 기존의 연구자들이 확장시켜 온 제물(祭物), 공간, 축문(祝文) 등의 구체적인 소재는 이러한 질문에 대답할 수 있는 가능성도 열어두었다고 생각한다.

2) 개별적인 의례의 실천은 어떠한 효과를 수반하는가?

종교적 행위가 교리적인 논리로만 행해지는 것이 아니라 다양한 요소가 결합하여 새로운 사고를 만들어가는 과정이라고 이해한다면, 개별적인 의례가 만들어내는 효과에도 주목할 필요가 있다. "개별적인 의례의 실천은 어떠한 효과를 수반하는가?" 이때 효과란 새롭게 만들어지는 종교적 사고일 수도 정치 · 사회적 혹은 문화적인 영향력일 수도 있다. 의례가 가져오는 효과는 교리적 목적 혹은 의례 주도자들이 내세운 실용적 목적을 의미하는 것이 아니다. 오히려 의례의 실천을 통해서 만들어지는 일종의 부수적인 성취에 가깝다. 예컨대 조선후기 가뭄과 전염병이라는 재난 상황에 행했던 별여제(別厲祭)는 가뭄과 전염병의 해소를 목적으로 내세웠으나, 해당 의례가 수반하는 효과는 목적의 달성이 아니다. 오히려 별여제의 반복은 의례의 대상인 무사귀신(無祀鬼神)이 전염병과 가뭄의 원인일 수 있다는 생각을 분명히 하는 효과를 지닐 수도,[75] 의례를 주도하는 국가라는 공동체에 실체를 부여하는 효과를 지닐 수도 있다. 또한 개별적인 의례의 실천이 종교적 사고의 구축과 변화에 미치는 효과뿐만 아니라, 역사적으로 정치적, 사회적 상황에 미치는 효과를 고민하는 것은 역사적 사실과 조응하는 종교사의 서술이라는 문제의식과도 연결될 수 있다. 의례의 효과를 고민하며 종교적 행위의 실천이 역사적 변화에 미치는 영향을 종교사 서술의 장에 도입한다면, 종교사의 서술이 일반적 역사 서술을 보완하는 적극적인 역할을 할 수도 있을 것이다.

3) 구체적인 실천을 통해 확립된 종교적 사고의 변화는 어떻게 설명될 수 있는가?

각각의 종교적 행위를 구성하는 요소를 질문하고, 다양한 요소들이 의례의 현장 속에서 상징적인 의미를 부여받는 과정을 연구 주제로 끌어올리는 것은 의례를 개별적인 현상으로 다루는 것이다. 그렇다면 개별적인 의례의 실천을 통해 확립되는 다양한 종교적 사고들은 서로 어떤 관계를 지니는가? 구체적인 실천을 통해 확립된 종교적 사고는 어떤 변화의 궤적을 가지는가? 개별적인 의례의 과정에서 확립되는 종교적 사고의 파편들의 관계를 설명할 때, 앞서 살펴 본 스퍼버의 표상 역학 모델은 좋은 단서가 된다. 개별적인 의례를 통해 확립된 종교적 사고들이 특정한 끌개를 중심으로 모인다고 말할 수 있는가? 만약 두 개 이상의 끌개가 확인된다면 이를 이끌어낸 동력은 무엇인가? 끌개 위치에 놓인 복수의 문화적 현상 중 하나만이 교리적인 우위를 점했다면, 이를 야기한 사회적, 문화적 요인은 무엇인가? 끌개 위치에 놓이지 않고 사라진 종교적 사고가 있는가? 사라진 종교적 사고가 결여하고 있는 것은 무엇인가? 종교적 사고의 변화를 이해하는 것은 위의 질문들을 제기하는 것에서 시작할 수 있을지도 모른다.

인간적인 것 너머의 종교학,
그 가능성의 모색

: 종교학의 '생태학적 전회'를 상상하며

유기쁨

사태의 본질상, 탐험가는 탐험이 끝날 때까지 자신이 탐험하는 것에 대해 결코 알 수 없다.[1]

1. 들어가는 말

"인간적인 것 치고 내게 낯선 것은 없다." 널리 인용되는 오래된 이 경구는 19세기 후반 종교학이 하나의 학문 분야로 성립한 이래 종교학의 바탕에 깔린 정신을 간명하게 보여주는 말이다. 종교학은 종교적으로 혹은 '영적으로' 말하지 않고서도, 또는 환원 불가능한 종교적·영적인 무언가를 전제하지 않고서도 종교에 대해 이야기하는 이른바 합리적인 종교 연구의 가능성을 보여주면서 비로소 성립된 학문이다. 이때 종교는 인간을 이해하기 위해 반드시 주목해서 살펴야 할 '가장 인간적인' 현상으로 가정되었다. 초자연의 영역을 전제하지 않고서 '인간적인' 영역에 초점을 맞추어 종교에 대해 이야기하는 길이 열리면서 종교학이란 학문이 시작되었던 것이다. 인간을 이해하기 위해, '가장 인간적인' 현상으로서 종교를 이해하고 설명하려는 시도에서 출발한 종교학은 그간 꾸준히 연구 범위를 넓혀 왔다. 오늘날 많은 종교학자들은 '종교'라는 꼬리표가 붙지 않은 것에서 '종교적' 현상을 발견하고, '신화'나 '의례'라고 일컬어지지 않는 것을 신화 분석과 의례 분석의 방법으로 분석함으로써 인간의 사회와 문화에 대한 입체적인 이해를 좀더 용이하게 하고 있다.

그런데 현대사회에서 우리는 실제적인 생태환경 악화의 문제를 통해 인간 중심적 사고의 한계를 심각하게 경험하게 되었다. 많은 현대인들은 생태적 위기를 경험하면서, 세상을 바라보는 우리의 인간 중심적 시각에 문제가 있었음을 느끼고 있다. 인간은 타일러가 말하는 '복합적 전체'로서의 문화에 뿌리내리고 살아가지만, 또한 인간적인 것 너머의 세계에도 뿌리내리고 있다. 그러니 우리의 논의는 '이러한 세계를 다루는 방법 또한 탐구해야[2] 하기에, 오늘날에는 인간적인 것 너머로 확장된 시야에서 인간을, 그리고 인간적인 것을 새롭게 바라보는 시선의 변화가 필요하다.

이러한 맥락에서 중요하게 부각되는 것이 생태학적 시각과 종교 연구의 접목이다. 1866년에 에른스트 헤켈(Ernst Haeckel)은 자신의 책 『생물체의 일반 형태론』(Generelle Morphologie der Organismen)에서 '유기체와 무기적 환경, 그리고 함께 생활하는 다른 유기체들 사이의 관계를 연구하는 학문'이라는 의미에서 'oecologie'라는 신조어를 제안했고, 1893년 국제식물학회의부터 오늘날과 같이 'ecology'라고 적히게 되었다.[3] 새롭게 등장한 이 생태학이란 학문 분야에서 핵심적인 것은 유기체와 주위 환경 및 다른 유기체와의 '관계'이다.

지금껏 종교학은 종교현상을 '인간적인 것'으로 전제하고, 종교현상을 인간 이해를 위한 핵심적 영역으로 여김으로써 비로소 성립되고 또 발전해 온 학문이다. 만약 '인간적인 것' 너머로 시야를 넓혀서 인간을 포함한 더 큰 생태계 속에서 형성되는 관계들에 주목해서 종교현상을 조명한다면, 종교학의 논의는 어떻게 조정될 수 있을까?

그런데 상황을 복잡하게 만드는 것은, 생태학이라는 단어가 포괄하는 내용이 광범위하며, 생태학이란 이름의 접근법이 하나가 아니라는 점이다. 헤켈 이후, 생태학·에콜로지라는 이름으로 다양한 층위의 이야기들이 펼쳐져 왔다. 생물학에서 출발한 학문 분야뿐 아니라. 인간과 생태환경과의 관계를 다루는 철학적 연구, 나아가 생태환경의 보전을 위한 실천적 운동 등이 모두 '생태학·에콜로지'라는 이름 아래 전개되어 왔다. 이 글에서는 생태학·에콜로지라는 이름으로 통칭되는 여러 층위의 이야기들을 엄밀히 구분하기보다는, 그러한 복합적 층위의 생태학과 종교학이 만나서 새롭게 탄생할 수 있는 이야기의 층위들을 상상해 보려고 한다.

이를 위해 먼저 이른바 자연과 문화의 관계에 주목해서 진행되어 온 연구의 갈래를 살필 것이다. 많은 학자들은 생태학적 시각을 자신의 연구에 접목시킬 때, 종교를 포함한 인간의 문화가 자연과 상호 관계 속에 있다는 점에 착안해서 연구를 진행해 왔다. 한편으로, 이들은 종교는 그저 스스로 독자적으로 나타나서 존재하는 것이 아니라 다른 사회적·자연적 힘들과의 상호관계 속에서 형성되고 발달해 왔다고 전제한다. 다른 한편으로, 이들은 종교를 비롯한 문화 체계들은 인간이 자연 세계에 대해서 생각하고, 그것과 관계 맺고, 그것을 다루기로 택한 방식을 형성한다고 본다. 한마디로, 인간의 문화는 '자연'이란 개념 자체가 구성되는 방식에서 중요한 역할을 하며, 자연 세계 자체는 '종교' 개념이 구성되는 방식에서 중요한 역할을 한다는 것이다.[4] 2장에서는 이처럼 자연과 문화의 상호 관계에 주목해서 진행되어 온 연구 흐름을 살피고자 한다.

그런데 생태학과 종교 연구의 만남이 '자연과 문화'의 상호 관계의 구도에서만 진행되는 것은 아니다. 자연과 문화의 분리를 암묵적으로 전제한 뒤 그것들을 다시 연결하려는 기획에 문제를 느껴 온 학자들이 있다. 3장과 4장에서는 고전적인 '문화와 자연'의 이분법을 넘어서 생태학적 시각을 종교

연구에 접목할 수 있는 가능성을 살펴보려 한다. 우선 3장에서는 문화의 중재 없이 개인의 직접적인 경험을 중시하는 흐름을 살피고, 이를 종교 연구에 접목할 수 있는 가능성을 찾아보려 한다. 4장에서는 이른바 '유기체+환경'의 생존 단위에서 종교현상을 재정의하고, 문화 나아가 인간적인 것 너머로 확장하는 종교학의 가능성을 모색해 보려 한다. 5장에서는 글을 마무리하며 남은 문제들을 생각해 볼 것이다.

2. 심층생태학의 전개와 종교

1) 문화와 자연

생태학적 시각을 종교학에 접목하려 할 때 가장 먼저 맞닥뜨리는 문제는 종교와 생태가 어떻게 연결될 수 있는가 하는 문제이다. 많은 학자들은 문화와 자연의 관계에 초점을 맞추어 문제에 접근하려 했다. 19세기 말 타일러(E. B. Tylor)는 문화를 "지식, 믿음, 기술, 도덕, 법, 관습, 그리고 사회 구성원으로서 인간이 습득한 다른 모든 능력과 습관을 포함한 복합적 전체"[5]로 정의한 바 있다. 한편, '생태(生態)'를 글자 그대로 풀어 보면, 생명이 살아가는 모습이나 상태를 가리키는 말이다. 자신의 연구에 생태학적 시각을 접목시키려는 많은 종교 연구자들은 세계 내에서 '인간이 살아가는 모습'의 총체로서의 문화가 자연과의 밀접한 관계 속에서 발달해 왔다는 점에 착안해서 연구를 진행해 왔다.

사실 문화와 자연의 관계를 다룬 연구는 그 역사가 짧지 않다. 19세기부터 1960년대에 이르기까지 학계에서는 자연이 어떻게 문화에 작용해서 그것을 형성하는지를 다룬 환경결정론이나 문화와 환경의 관계를 적응이란 용어를 사용해서 설명한 문화생태학의 논의들이 이어져 왔다. 그러나 1960년대부터 생태환경의 악화 문제가 사회적으로 심각하게 대두되면서, 자연이 문화를 형성한다는 환경결정론이나 (생태환경에 대한) 문화의 적응적 성격만을 강조한 문화생태학의 논의들은 점차 쇠퇴하고, 서로 통합된 세계의 일부로서 자연과 문화의 상관관계를 다루는 접근법이 부상하게 되었다.[6]

2) '종교와 생태학(Religion and Ecology)' 학문 분과의 성립

인간에 의한 생태환경 악화의 문제가 널리 알려지게 된 계기로 자주 언급되는 것은 1962년 출간된 레이첼 카슨(Rachel Carson)의 『침묵의 봄』이다. 이후 지구상에서 인간은 자연의 일부로서 주위 환경 및 다른 유기체들과 관계를 맺으며 살아가고 있는데 우리가 그 관계를 점점 잊고 인간적인 것에만 주목하는 과정에서 각종 문제가 발생하게 되었다는 생각이 확산되었다.

특히 종교와 생태학적 사유를 연결하려는 시도는 생태적 위기의 원인과 극복에서 종교의 핵심적 역할을 제안한 1967년 린 화이트(Lynn White)의 글[7] 이후로 폭발적으로 쏟아져 나오기 시작했다. 예컨대 북미종교학회(AAR)에는 『종교와 생태학』(Religion and Ecology) 그룹이 형성되었고, 하버드대학교에서는 1990년대 중반부터 '종교와 생태학'을 주제로 일련의 컨퍼런스를 개최한 후 '세계종교와 생태학'(1997-2004) 시리즈로 출판하기도 했다.[8] 현재 '종교와 생태학'이란 학문 영역은 세계적 상황의 변화에 따라 점점 더 성장하고 진화하는 분야이기도 하다.

'종교와 생태학' 연구의 입문서라 할 수 있는 『Grounding Religion: A Field Guide to the Study of Religion and Ecology』에 따르면, 종교와 생태학의 교

차점을 다루는 이 분야는 필연적으로 철학, 윤리학, 신학, 사회과학, 역사학 등 여러 분야의 학제적 접근을 요구하며, 종교적 믿음으로 인생의 지성적 틀 구조를 제공하는 경전이나 교리뿐 아니라 신자들에 의해 그러한 관념이 표현되는 일상적 실천까지 연구 대상으로 삼으면서 다양한 방식으로 전개되어 왔다. 그러나 그러한 다양성에도 불구하고 이 분야의 연구자들은 (1) 종교와 생태학 사이에는 중요한 연결이 존재하며, (2) 이러한 연결은 환경 붕괴의 현실 때문에 오늘날 특히 중요하며 끊임없이 변화하고 있다는 전제를 공통적으로 갖고 있다고 한다. 어떠한 종교전통이라도 면밀히 살펴보면 거기서 자연 세계에 대한 고려 및 자연 세계와의 연결을 발견할 수 있으며, 전통적인 종교적 구조 내부나 외부의 많은 사람들은 자연 세계에서 무언가 영적이고 신성한 심오한 느낌을 경험하는 것을 볼 수 있기 때문이다. 실제로 '종교와 생태학' 분야의 많은 연구는 종교와 자연 세계가 서로에게 어떻게 중요한지, 종교적 세계가 어떻게 생태계에 영향을 미치고 또 그것에 의해 영향을 받는지를 주로 다룬다.[9]

이러한 '종교와 생태학' 분야의 주목할 만한 특징 중 하나는 그것이 학자의 중립성을 가장하지 않으며, 어떤 방식으로든 생태적 위기 극복을 위한 변화의 노력에 참여하려는 현실 참여적 성격을 떤다는 점이다. 사실 학계 내부에서 이루어지는 논의와 학계 외부의 이른바 '실제 세계'에서 추구되는 논쟁 사이의 관계는 좀처럼 간단하지 않다. '종교와 생태학' 분야는 학문 분과 밖에서 추구되고 제안된 도전이 학문적 논의에서 중요한 역할을 할 뿐 아니라, 학계의 성과가 학계 외부에 직접적으로 영향을 미칠 수 있는 역동적인 영역이며, 대중적 관심은 학문적 경계에 의해 제한되지 않기 때문이다.

3) 북미 심층생태학과 종교 연구의 만남

오늘날 종교계 안팎에서 종교와 생태학적 사유를 연결 지으려는 기획들 중 가장 많이 알려진 것은 종교전통에서 친생태적 부분을 발굴하고 생태 친화적인 종교문화를 재구성하려는 시도이다. 생태적 위기를 목전에 두고서야 오랫동안 잊고 있던, 혹은 간과해 왔던 생태환경 및 다른 비인간 유기체들과의 관계를 다시 연결하기 위해서 1960~1970년대부터 서구사회에서는 갖가지 노력이 이루어져 왔고, 이때 '다시 연결'하기 위한 다양한 자원을 보유하고 있는 종교에 대한 관심이 높아지게 되었다. 역사학자인 린 화이트는 생태적 위기를 극복하기 위한 종교의 역할에 관심을 불러일으키는 기폭제 역할을 했는데, 그는 "더 많은 과학과 기술은 우리가 새로운 종교를 발견하거나 우리의 옛 종교를 다시 생각하기까지는 현재의 생태 위기로부터 우리를 구하지 못할 것"이라면서, 종교를 생태 위기 극복을 위한 결정적 변수로 여겼다.[10] 생태계 보전을 위해 종교가 가진 힘에 특별히 주목하는 경향은 특히 북미의 심층생태(학)운동(deep ecology movement)으로 일컬어진 흐름에서 발견된다.

심층생태학(deep ecology)이란 용어는 1973년 노르웨이의 철학자 아느 네스(Arne Naess)의 논문에서 처음 만들어졌다. 네스는 당시의 환경운동이 주로 선진국 사람들의 복지를 목적으로 삼고 기존의 사회문화적 틀구조 안에서 단편적으로 이루어지는 점을 비판하면서, 생태 위기의 극복을 위해서는 심층적 수준에서의 변화가 필요하다고 보았다. 그리고 생태 위기의 심층적 원인과 심층적 해결을 철학적으로 모색하였다.

네스의 철학적 심층생태학은 북미의 토양에서 드볼(Bill Devall)과 세션스(George Sessions)에 의해 새로운 방향으로 전개되었다. 네스가 철학을 강조했던 곳에서 그들은 영성과 종교를 강조했으며, 심층생태학을 다양한 종교·영성 문화와 접목시키려 했다.[11] 네스의 철학적 심층생태학이 북미에서 특히 종교와 밀접히 결합되게 된 배경으로는 1970-1980년대 미국사회에서 대안을 찾는 사람들이 탈근대·비서구·마이너리티 종교에 걸었던 기대가 깔려 있다. 드볼과 세션스를 통해서 체계화된 북미의 심층생태학은 종교적·영적·신비적인 지식의 획득을 중시하게 되었고, 생태환경 파괴의 근원에는 인간 중심적 세계관에 바탕을 둔 근대 서구 종교의 폐해가 놓여 있다고 본 많은 이들이 생태적 위기를 타개할 힘을 갖춘 새로운 세계관을 지닌 종교문화를 구축하고 이를 통해 종교적 환경윤리를 발전시키려고 시도했다. 이러한 북미 심층생태학의 움직임은 생태운동가들뿐 아니라 종교 연구자들에게도 많은 영향을 끼쳤다. 종교와 생태학 분야의 많은 종교학자들은 여러 종교전통에서 생태학적으로 유의미한 교리, 경전 구절, 의례 등을 발굴하는 데 적극적으로 참여해 왔고, 종교전통들로 하여금 인간중심주의를 재고하고 자신의 역할을 재검토할 뿐 아니라 나아가 생태계 위기를 극복하기 위해 적극적으로 나서야 한다는 주장을 직간접적으로 펼치는 등 현대 종교문화의 반생태적 요소를 비판하고 생태적인 삶의 방식을 제안하는 생태비평에 동참해 왔다.

4) 현장의 생태(학)운동과 종교 연구

북미의 대표적 심층생태학자 드볼은 "심층생태학자들은 생태적 의식(ecological consciousness)을 해방하고 계발하는 길을 모색하고 있다. 생태적 의식에서 자연스럽게 생태적 저항이 흘러나올 것이다."라고 말한 바 있다.[12] 실제로 심층생태(학)운동의 일각에는 심층적인 세계관의 변혁을 위해 종교적이고 영적인 의식의 생태적 변혁을 꾀하며, 이를 위하여 종교적 신화와 의례를 적극적으로 전유하고 또 창안해 온 흐름이 존재한다. 드볼과 세션스는 심층생태학에서 때마침 북미에서 붐을 일으키던 아시아 종교전통, 토착 아메리카 전통과의 유사점을 발견했으며, 심층생태학이란 이름하에 그들이 재구성한 '미국의 생태주의적 자연관 전통'과 대안 문화 영성 운동을 접합시켰고, 그것이 북미에서 큰 반향을 일으키게 되었다. 그리하여 드볼과 세션스 이후 비서구, 비근대 전통에서 자연과의 합일을 위한 영적인 지혜를 찾는 흐름이 심층생태학에 대거 유입되면서 새로운 종교현상을 낳게 되었던 것이다.[13]

그런데 많은 종교 연구자들이 생태학적 문제의식을 종교 연구에 접목하기 위해 생태 파괴적 문명을 변화시킬 대안문화의 핵으로서 종교전통의 친생태적 교리, 의례, 환경윤리 등을 발굴하여 재구성하는 방향으로 나아갔던 데 비해, 일부 종교 연구자들은 생태(학)운동의 흐름에서 특정 종교의 테두리에 국한되지 않는 현대사회의 주요한 종교현상을 발견하고 그 특성을 분석해 왔다.

그 가운데, 생태(학)운동에서 일종의 종교현상의 특징을 발견하고 이를 분석해 온 브론 테일러(Bron Taylor)의 연구를 살펴볼 만하다. 그는 "오늘날의 일부 급진적 생태운동들은 종교의 한 형태로 볼 수 있는가?" "묵시적 종교와 환경과학의 끔찍한 예측 사이에는 어떤 상호 영향이 존재하는가?" "오늘날 대지와 연관된 영성과 종교에서 지구적으로 등장하는 패턴 혹은 경향들이 있는가?" "만약 그러한 패턴과 경향이 등장하고 있다면, 그것들은 어떻게 세계의 종교적, 정치적, 생태학적 경관을 재형성하고 있는가?"[14] 등의 물음을 던진다. 테일러가 볼 때, 레이첼 카슨의 『침묵의 봄』 이후 생태 위기에 대한 경고는 점점 더 묵시론적이 되었고, 그러는 동안 자연에 연관된 종교가 다시 불붙고, 발명되고, 퍼지고, 생태화되었다. 그는 오늘날 세계 도처에서 이처럼 "자연에 속하고 자연과 연결된다는 심층적 감각으로부터 흘러나왔으며, 지구와 그 살아 있는 시스템이 성스럽고 상호 연결된다는 지각"에 바탕을 둔 일종의 시민종교가 출현하고 있다고 보고, 이를 "짙은 녹색 종교(Dark Green Religion)"로 명명한다. 그가 볼 때, 전 지구적으로 생태학과 성스러움의 결합으로 새로운 종교현상이 나타나고 있으며, 오늘날 세계 곳곳에서 나타나는 이러한 새로운 종교현상은 일반적으로 심층생태학적이고, 생물 중심적 혹은 생태 중심적이며, 모든 종은 본질적으로 가치를 지닌다는 생각을 공유하고 있다.[15] 이처럼 오늘날 빠르게 성장하며 확산되는 "짙은 녹색 종교"는 세계의 오래 지속된 종교전통들과는 쉽게 융합되지 않지만 강력한 영향을 미치고 있으며, 새로운 혼종(하이브리드)을 생산하고 있다는 것이다.[16]

테일러와 같이 생태(학)운동의 전개와 확산 자체를 일종의 종교현상으로 보고 종교 연구의 대상으로 삼아서 다각도에서 현상을 설명하는 접근법은 "비판과 번역의 기우뚱한 균형 위에서 행해지는"[17] 생태학적 종교문화비평이라 일컬을 만하다. 이러한 접근법은 생태운동의 전개 과정에서 드러나는 독특한 성격을 이해하는 데 도움을 줄 뿐 아니라 현대 종교문화를 생동감 있게 파악하는 데 기여할 수 있다.

3. 지각의 생태학과 종교 연구

앞 장에서 우리는 북미의 심층생태학이 서구사회에서 생태 파괴적 문명을 변화시킬 대안 문화의 중핵으로서 종교에 대한 관심을 요청하며 자연의 재성화(再聖化)를 위한 종교적 노력에 불을 붙이게 되었고, 많은 종교 연구자들이 생태적 위기라는 오늘날의 상황에서 유의미하게 여겨지는 종교 경전이나 교리를 발굴하고 생태학적으로 재해석하는 등 자연을 재성화하기 위해 종교계 일각의 노력에 동참해 왔다는 점을 살펴보았다. 물론 문화는 중요하다. 그렇지만 종교 연구에 생태학적 시각을 접목하기 위해 '적응적 종교 문화'를 찾아내는 것 외에 또 다른 접근법은 없을까? 이 장에서는 문화의 필터를 거치지 않은 직접적 지각, 생태환경의 직접적 경험, 느낌과 감정, 지각 세계의 확장 등을 강조하면서 생태학적 시각을 자신의 연구에 접목한 여러 학자들의 접근법을 통해서, 자연 속에서 이루어지는 경험과 직관, 감정의 자리를 다시 생각해 볼 것이다.

1) 눈이 마주쳤을 때 무슨 일이 일어났을까(1)

진실의 순간에, 추상적 지식은 구체적인 것이 된다.[18]

장면 1.

1985년 2월의 어느 날, 카카두 습지에서 홀로 카누를 타던 철학자이자 에코페미니스트인 발 플럼우드(Val Plumwood)는 커다란 악어를 만났다. 악어는 카누 곁으로 돌진해 왔고, 플럼우드는 "그 아름다운, 얼룩이 있는 황금색 눈"을 마주보게 되었다. 그 악어는 플럼우드의 카누를 되풀이해서 들이받았다. 악어는 그의 다리를 꽉 물고 끌어내려서 수차례 물속으로 처박았다. 그는 온몸으로 저항하다가 어떻게든 그곳을 벗어나서 악어의 영역에서 빠져나오게 되었다. 그가 나중에 회상하기를, 눈이 마주친 그 순간이야말로 자신이 먹잇감이라는 것을 구체적으로 이해한 최초의 순간이었다고 하면서 이렇게 말했다. "나는 악어의 눈을 들여다보면서, 강 상류로 가는 이 여행 계획이 인간 생명의 중요한 측면, 곧 식용 가능한 동물로서 나 자신의 취약성을 충분히 고려하지 않은 것이었음을 깨달았다."[19]

장면 2.

제인 구달은 그가 데이비드 그레이비어드라고 불렀던 수컷 침팬지와 눈에서 눈으로 소통했는데, "그의 눈은 마치 그의 마음을 볼 수 있는 창처럼 느껴졌다."고 한다. 동물행동학자 마크 베코프는 연구를 위해 필요한 실험을 수행하려고 고양이 한 마리를 죽이려 했는데, 그때 고양이가 뚫어져라 자신을 쳐다보았다. 그것은 마치 "왜 나지?" 하고 묻는 것처럼 느껴졌다고 한다.[20]

장면 3.

알도 레오폴드는 북아메리카에서 늑대 근절 캠페인에 참여하고 있었다. 그러나 그와 동료가 엄마 늑대를 쐈을 때, 강렬한 경험을 하게 된다. "우리는 늙은 늑대에게 다가가서 그녀의 눈에서 맹렬한 녹색 불꽃이 꺼져 가는 것을 바라보았다. … 나는 어렸기에 … 늑대 수가 적어지면 사슴이 많아질 거라고 생각했지만, … 그 녹색 불꽃이 사그라드는 것을 본 후로, 그 늑대도 산도 그러한 시각에 동의하지 않을 것임을 알아차렸다."[21]

위의 네 사람은 각기 다른 영역에서 생태계 보전을 위해 중요한 업적을 남긴 사람들이다. 이들을 비롯한 많은 생태주의자들에게서 비슷한 종류의 어떤 경험이 삶의 전환점이 된 것을 볼 수 있다. 그것은 비인간 동물과 눈에서 눈으로 만나는 경험이다. 브론 테일러는 그러한 경험을 눈에서 눈으로의 현현(eye-to-eye epiphanies)으로 명명한다.[22] 눈에서 눈으로, 문화의 필터를 거치지 않은 생생한 만남의 경험은 많은 이들에게서 삶의 전환점이 되는 일종의 충격으로 작용했다. 무슨 일이 일어난 것일까? 삶의 변화를 일으키는 '문화 이전'의 이러한 경험을 어떻게 설명할 수 있을까?

2) 지각, 세계와의 접속

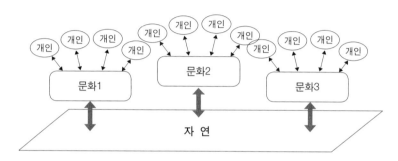

〈그림1〉 문화의 매개를 통한 자연 이해

지속 가능한 세계로 현대사회가 변화하기 위해서 생태적인 세계관을 가진 (종교)문화를 모색하는 흐름은 문화의 구성주의(constructionism)적 접근법과 겹쳐지는 부분이 있다. 구성주의 모델을 따른 많은 이들은 세계에 대한 우리의 관점이나 우리의 지식, 우리의 가정이나 욕망이 우리가 살고 있는 문화적 맥락에 따라 결정된다고 가정해 왔다. 구성주의 접근법에서는 환경을 이해하고 지식을 형성하는 데서 문화의 역할을 중시하며, 가령 이른바 '자연'에 대한 지식이 문화적 구성체(constructs) 혹은 정신적 표상들을 통해서 형성되고 이해되는 면을 강조한다.[23] 환경에 대한 이해와 지식의 생산, 배움이 모두 문화적 구성체들을 통해 형성된다고 가정하는 이러한 모델에서는 이른바 변화를 위한 실천의 동력 역시 문화적 구성체에서 찾게끔 된다. 그러나 같은 문화권 내에서도, 같은 종교 내에서도 어떤 이들은 생태계 보전을 위한 노력에 더욱 열심히 참여하는 반면 다른 이들은 무관심한 까닭은 어떻게 설명할 수 있을까? 생태환경에 대한 우리의 태도는 문화라는 필터를 거쳐서만 형성될 수 있을까?

개별적 인간들이 생태환경과 맺는 관계 속에서 일어나는 직접적 경험에 주목한 일부 학자들에 주목할 필요가 있다. 그들은 인간이 문화적 해석의 매개를 통하지 않더라도 직접적 지각(perception)을 통해 생태환경을 이해하고 그에 대한 지식을 형성하게 된다고 주장해 왔다. 이때 인간은 환경과 능동적으로 상호작용하는 유기체로 재정위된다. 가령 인류학자 케이 밀턴(Kay Milton)은 우리가 사회적, 문화적 맥락들 너머로 가서 각각의 인간을 환경 속에서 살아가면서 그 환경 속에서의 관계맺음을 통해 발전하는 개별적 유기체로 볼 필요가 있다고 강조한다.[24]

'인간(적인 것)보다 더 큰 세계(the more-than-human world)'라는 용어를 처음 사용한 것으로 잘 알려진 데이비드 에이브럼(David Abram)은, 인간이란 인간보다 더 큰 세계와 끊임없이 영향을 주고받는 관계적 동물이며, 이러한 관계에서 중요한 것은 지각을 통한 소통이라고 본다. 인간은 피부로, 콧구멍으로, 귀로, 눈으로 감각적인 환경의 모든 측면을 느끼고 또 표현하면서 주위 세계와 관계를 맺어 왔다.[25] 하늘의 빛깔이나 바람 소리 등 지구의 감각적인 것들의 모든 측면은 우리를 관계 속으로 이끌 수 있다. 그런 의미에서 지구상의 모든 것은 '말할' 수 있고, 우리는 거기에 응답해 왔던 것이다. 지각은 우리가 문화의 매개 없이도 세계와 접속하는 한 가지 방식이다.

3) 지각의 생태학

인간이 지각을 통해 세계와 접속하는 과정을 좀더 들여다보자. 생태심리학자 제임스 깁슨(James J. Gibson)은 지각을 몸안에 있는 마음의 계산적 활동이라고 생각하기를 그치고, 오히려 환경 속에서 이루어지는 유기체의 탐사 활동으로 여겨야 한다고 주장한다.[26] 모든 환경은 그 속의 유기체에게 행위유발성(affordance)을 제공하며, 유기체는 공감각적으로 그것을 지각한다. 즉, 하나의 대상이나 사건을 지각한다는 것은 환경이 끊임없이 제공하는(afford) 일종의 흐름을 지각한다는 것이다. 예민한 유기체는 그 움직임이 환경의 작은 변화에 밀접하게 조율되고 반응한다. 유기체로서의 인간 역시 눈, 귀, 피부, 혀, 콧구멍 등으로 환경의 모든 측면과 어떻게든 관계를 맺어 왔다. 이러한 유기체와 환경의 상호 관계 속에서 직접적 지각을 통해 일종의 직관적 지식이 형성되는데, 이러한 종류의 지식은 우리의 일상생활에서 언제나 사용되는 종류의 지식이다. 잉골드는 사람들이 자신의 환경에 대해 갖는 지식을 '감응적 생태학(sentient ecology)'이란 용어를 사용해서 설명한 바 있다. 그것은 공식적이고 권위적인 종류의 지식이 아니라, 직관적 느낌에 기초하며, 특정한 환경에서 자신의 삶을 이끌어 온 오랜 경험을 통해 전개되어 온 종류의 기술, 감수성, 지향들에 기반을 둔 지식을 가리키는 용어이다.[27]

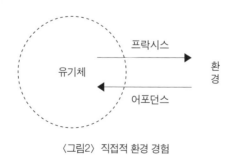

〈그림2〉 직접적 환경 경험

그런데 유기체로서 인간이 주위 환경을 지각할 때에는 흔히 어떤 감정이 유발된다는 점에 유의해야 한다. 즉 "우리 자신-과-세계"[28] 사이의 만남에서 그 효과로 발생하는 것이 감정이다. 아느 네스와 케이 밀턴은 환경 지각의 효과로 발생하는 감정이 심층적 변화를 위한 기폭제가 된다고 주장해 왔다. 밀턴은 같은 문화권 내에서 왜 어떤 이들은 생태환경의 보전을 위해 헌신하고 다른 이들은 무관심한지 탐구하는 가운데, 생태환경의 직접적 경험을 통해 생성된 감정이 중요한 변수로 작용한다는 것을 지적했다.[29] 네스는 1982년에 가진 인터뷰에서, "더 깊은(곧, 심층적인) 질문을 던지는 일"의 중요성에 대해 언급한 바 있다. 심각한 위기에 직면했을 때, 위기의 원인을 '더 깊이' 질문하고, '더 깊은' 변화를 꾀하는 것이 네스의 접근법의 특징인데, 네스는 느낌과 감정은 '사실'과 '가치'를 떼려야 뗄 수 없게 결합하는 접착제일뿐더러, 정치적인 변화를 위해서도 우리의 감정적 변화가 반드시 요청된다고 여긴다.[30] 이러한 접근법에 따르면, 생태환경과의 밀접한 관계 속에서 지각을 통해 환경지식이 생겨나고, 그러한 과정에서 감정이 유발되며, 그러한 감정을 기반으로 모종의 실천이 일어나며, 이것은 주위 환경에 어떤 변화를 일으켜서 새로운 지각이 발생하는 등, 일종의 지각 회로가 형성된다.

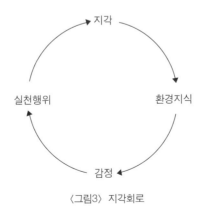

〈그림3〉 지각회로

4) 성스러운 생태학

자연에 의탁하여 생계를 유지하는 사람들, 가령 농민이나 어민 중에는 세계의 살아 있음에 민감하게 반응하면서 생명에 대한 감수성에 따라 자신의 삶의 방식을 조정해 온 사람들이 있다. 이들이 가진 생태학적 지식은 대지나 바다, 하늘과 바람 등의 변화에 맞게 스스로를 조율하면서 생태환경과의 밀접한 관계 속에서 형성된 것으로서, 현대 과학의 언어가 아니라 종종 감정이 실린 주관적인 언어로 서술된다. 지역 생태계 보전을 위해 개발에 반대하는 강렬한 저항적 실천 행위는 종종 지역민들이 저마다 경험을 토대로 형성해온 지식 및 그에 따른 강렬한 감정을 바탕으로 한다.

이러한 종류의 지식은 개인적 수준에서는 아느 네스가 말한 생태지혜와도 연관될 수 있을 것이다. 아느 네스는 생태학과 생태철학, 생태지혜를 각각 구분했다. 생태학(ecology)은 일반적으로 통용되듯이 유기체와 주위 환경과의 상호작용 속에서 유기체의 살아 있는 조건을 연구하는 과학적 연구를 가리킨다. 그런데 생태학 연구는 자연 속에서 인간의 자리 등 철학적인 문제들과 겹쳐지는 부분이 있다. 이러한 주제들에 대한 철학적이고 서술적인 연구를 생태철학(eco-philosophy)이라 일컬으며, 이것은 대학의 환경에 적합한 연구이다. 이러한 학술적 접근과 달리, 개인의 결정을 인도하는 사적인 가치 코드 및 세계관과 연관된 접근을 네스는 생태지혜(ecosophy)라고 부른다. 네스는 저마다 자신의 생태지혜를 계발하는 일이 중요하며, 저마다의 생태지혜를 계발하기 위해서는 생태환경 속에서 직접적인 경험을 토대로 직관적인 지식을 형성하는 일이 필요하다고 보았다.[31]

나아가 집단적인 수준에서의 접근도 가능하다. 캐나다의 환경과학자이자 인류학자인 버크스(Fikret Berkes)는 생태환경과의 밀접한 관계 속에서 살아

온 사람들 사이에서 집적되어 온 전통적인 생태학적 지식에 주목했다. 그는 전통적인 생태학적 지식이 "살아 있는 존재들(인간 포함) 서로와 그 환경과의 관계에 대한 지식, 실천, 믿음이 누적된 몸체이며, 적응 과정에 의해 진화하고 문화적 전달에 의해 세대를 통해 전수된다."고 본다.[32] 이러한 전통적인 생태학적 지식은 환경 속에서 지각을 통해 얻어진 환경지식(직관적 느낌)에 형태를 부여하고, 무형의 표현하기 어려운 경험을 형태로 만들어 소통하려는 시도들을 통해 일종의 문화적 형태로 형성된다.[33] 버크스는 토착민들의 환경 지각에 바탕을 둔 전통적 생태학적 지식과 문화를 '성스러운 생태학'이라고 불렀다. 생태환경과의 밀접한 관계 속에서 살아온 사람들의 생태학적 지식 및 그것이 집적된 문화가 춤, 신화, 종교적 실천 등으로 표출되는 현상은 드물지 않다. 케이 밀턴이 말하듯이, 사람들은 그들에게 중요한 것, 곧 그들의 삶에 의미와 패턴을 주는 것을 성스럽게 여기고, 그러한 성스러움에 대해 감정적으로 반응하는 경향이 있기 때문이다.[34]

5) 이성의 재신체화와 지각 세계의 확장

인간과 생태환경과의 직접적인 상호 관계 속에서 경험을 통해 형성된 지각, 환경지식, 감정, 실천 등을 강조하는 접근법이 종교 연구와 어떻게 연결되는지는 주로 고도로 상징화된 종교문화를 대상으로 생태적으로 유의미한 부분을 발굴하고 해석함으로써 생태적 위기 극복에 기여하기를 모색하는 2장의 종교 연구의 흐름보다 뚜렷하지 않다. 다만 인간과 생태환경과의 직접적 상호작용에 주목하고, 그때의 환경이 주는 어포던스와 인간의 지각, 인간의 경험 및 그 효과에 관심을 두는 이러한 접근법이 종교학자에게 시사하는 바를 생각해 볼 수 있을 것이다.

이러한 접근법은 고도로 상징화된 교리나 경전 등의 연구에서보다는 로컬의 종교현상 연구와 좀더 직접적으로 관련될 수 있다. 로컬의 생태환경은 어떤 의례나 종교현상의 배경으로서가 아니라 지역민에게 어포던스를 제공하며 상호작용을 통해 특정한 지각과 환경지식을 발생시킨다. 이것이 종교현상의 발현에 어떠한 작용을 하는지, 나아가 그렇게 발현된 종교현상은 생태환경에 다시금 어떠한 영향을 미치는지, 그 되먹임의 구조를 살필 수 있을 것이다. 가령 바닷가 마을에서 이른바 자연의 소리를 채집하고 이에 응답하는 인간의 소리(굿, 풍물, 소리 등)를 채집하여 마을의 사운드스케이프(Soundscape)를 재구성하는 창조적인 작업이 가능하다.[35] 이러한 작업을 수행하기 위해서는 여러 분야의 다양한 연구자들과의 학제적 접근이 필요하다.

한편, 아느 네스는 이성의 재신체화(再身體化, reembodiment)를 통해 세상에 다시 생기를 불어넣을 것을 요청하고 있는데,[36] 이것은 생태학과 종교 연구를 접목시키려는 종교학자에게도 적용될 수 있을 것 같다. 이러한 방향에서의 연구를 수행하기 위해서, 우리는 몸을 움직여야 한다. 이를 위해 필요한 것은 현장성이다. 사람은 의식하든 의식하지 않든 끊임없이 주위 환경의 어포던스를 지각하고 있다는 점에 착안해서 생태환경에서 이루어지는 인간의 직접적 경험과 지각을 분석하기 위해서는 연구자가 그 현장에 참여하는 것이 바람직하다. 예를 들어, 생태환경 속에서 어떤 종교적 실천이 행해질 때 그때 그 자리에서 인간이 경험하는 감각 및 그 효과를 여러 각도에서 살피기 위해서는 연구자가 그 현장에 참석해야 한다.

나아가 현대 세계에서 우리는 거의 배타적으로 다른 인간들과 우리 자신의 인공적 테크놀로지에만 관여하고 있다. 오늘날 우리의 지각 세계는 매우 축소되었고, 인간(적인 것)보다 더 큰 세계를 온전히 지각하지 못하는 동물이 되어 버렸다. 지각 세계를 확장하는 일, 인간(적인 것)보다 더 큰 세계와의 접속을 의도적으로 늘리는 일은 현대인들에게뿐 아니라 종교학자에게도 요구된다. 확장된 지각 세계에서 더 넓은 시야로 종교현상을 바라볼 때, 연구의 범위 및 그 결과물도 달라질 수 있지 않을까?

4. 인간적인 것 너머, 시점의 전환

1) 눈이 마주쳤을 때 무슨 일이 일어났을까(2)

인류학자 팀 잉골드는 북극 인근의 핀란드 라플란드 지역에서 민족지 조사를 수행하면서 순록을 뒤쫓다가 기묘한 순간을 경험했다.[37] 순록이 그의 존재를 알아차리는 순간, 그것은 멈춰 서서 꼼짝도 하지 않고 그를 똑바로 응시하기 시작했다. 생물학자들은 이러한 행동이 순록의 포식자인 늑대에게서 달아날 기회를 포착하기 위한 적응적 행동이라고 설명한다. 순록이 멈추면 늑대도 멈추고 잠시 고요한 시간이 온다. 이제 우선권을 쥔 것은 순록이다. 순록은 적절한 기회를 포착해서 갑자기 높이 뛰어오르며 달아나고, 대개는 늑대로부터의 도주에 성공한다. 순록의 이 같은 도주 전략은 늑대에 관해서는 종종 성공적이지만, 인간 사냥꾼을 만났을 때는 정반대의 결과를 낳는다. 사냥 도구를 가진 인간은 순록이 멈추어 응시하는 동안 손쉽게 순록을 포획할 수 있기 때문이다.

그런데 잉골드는 캐나다 북동부의 토착 사냥꾼인 크리족에게서 순록을 사냥하기 쉬운 이유에 대하여 생물학자들의 설명과는 다른 이야기를 듣게 된다. 그들은 순록이 사냥꾼에게 선한 의도로 의도적으로 스스로를 내준 것이라고 말한다. 그들은 순록을 잡은 게 아니라 받은 것이라고 말한다. 순록이 땅에 서서 사냥꾼의 눈을 응시하는 순간, 일종의 봉헌이 이루어졌다는 것이다.

그렇다면 인간과 순록의 눈이 마주친 순간 일어난 일에 대하여 서구 자연과학자와 토착민 사냥꾼이 서로 다르게 설명하는 것을 우리는 어떻게 이해해야 할까?

2) 다문화와 다자연

> 우리는 다양한 종교적 · 문화적 세계관들이 자연에 대한 전통적인 태도의 형성을 조장해 왔다고 주장한다. 실제로, 래리 라스무센이 관찰하듯이, 세계관으로부터 행동을 위한 방법이 나오며, 우주론으로부터 윤리가 생겨난다.[38]

북미의 심층생태운동가인 개리 스나이더(Gary Snyder)는 생태 위기를 극복하기 위해 종교가 기여할 수 있는 자산으로 가장 먼저 종교의 세계관을 꼽았다. 라스무센이나 스나이더 외에도, 많은 이들은 인간이 세계를 바라보는 시각, 곧 세계관의 문제를 생태 위기의 발생과 극복을 위한 핵심적 요소로 여기고, 지속 가능한 세계를 위한 종교적 · 문화적 세계관을 발굴하고 형성하기 위해 노력해 왔다.

그런데 이러한 접근법은 문화의 기반이 되는 공통분모로서 동일한 자연과 그것을 표상하는 다양한 문화들을 전제하고 있다. 하나의 자연 · 실재에 대해 그것을 바라보는 여러 세계관들이 존재하지만 근대 서구 과학이 설명의 권위를 획득한다고 암묵적으로 상정된다. 앞 절에서처럼 동일한 사건에 대해 토착민과 자연과학자의 설명이 다를 경우, 토착민의 설명은 하나의 믿음("그들은 ~라고 믿는다.")으로 혹은 하나의 세계관으로 여겨지고, 과학자의 지식체계는 현상에 대한 설명의 권위를 획득한다.

이를 좀더 확장해 보면, 동일한 기반으로서의 하나의 자연이 있고, 그 위에 객체로서의 자연을 바라보는 여러 세계관들이 있고, 그 위에 그것들을 조망하는 보편이성이 위치한다. 학자의 자리는 물리적 세계에 대한 세계관들을 바라보는, 'a viewer of views'로 가정된다. 잉골드는 서구의 근대적 사유 궤도에서 생산된 이러한 기획을 아래와 같이 도식화하였다.[39]

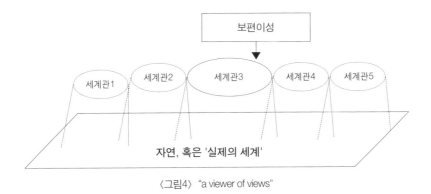

〈그림4〉 "a viewer of views"

자연과 문화의 분리를 전제로 하고 그 상호작용을 다루는 다양한 접근법에는 나름의 유용성이 있지만 한계도 분명하다.[40] 이 문제를 고심해 온 일부 인류학자들은 그러한 기획의 문제를 비판하면서 인류학의 '존재론적 전회'를 요청하였다. 두 차원에서의 존재론적 전회가 동시에 요청된다. 첫째는 문화와 자연의 이원론을 넘어서는 것이다. 타일러가 제안한 "지식, 믿음, 기술, 도덕, 법, 관습, 그리고 사회 구성원으로서 인간이 습득한 다른 모든 능력과 습관을 포함한 복합적 전체"로서의 문화와 그 기반이 되는 단일한 자연을 구분하고 다시금 둘 사이의 상호작용을 다루기보다는, 인간적인 것 너머로 확장되는 '열린 전체'[41]를 상정하는 것이다. 둘째는 토착민 위에 서구의 근대적 시선으로 내려다보는 학자의 이성이 위치하는 구도를 탈피하는 것이다. 여기서 요청되는 것은 서구 근대적 존재론의 탈중심화 혹은 '지방화'[42]이다. 비베이루스 지 까스뜨루(Eduardo Viveiros de Castro)는 하나의 공통분모인 자연이 다양한 문화들에서 다양한 세계관들에 의해 다르게 인식된다고 보는 근대 인간 중심적 다문화주의를 탈중심화하기 위해 다양한 유형의 존재자들이 동일한 방식으로 다양한 세계들을 본다고 여기는 아메리카 원주민의 '다자연주의'를 이와 대비한다.[43] 다문화주의가 여러 가지 서로 다른 세계관들을 상정한다면, 다자연주의에서는 "상이한 세계관들이 아니라 상이한 세계들이 있다."[44] 다문화주의는 우리가 자문화를 넘어서게 하는 데 기여해 왔다. 그렇다면 아메리카 원주민의 다자연주의의 존재론을 통해 우리가 얻을 수 있는 것은 무엇일까?

1절의 사례로 다시 돌아가 보자. 순록이 상대의 눈을 응시하며 멈춰 있을 때, 무슨 일이 일어난 것일까? 비베이루스 지 까스뚜르는 토착민과 그들의 담론의 관계를 믿음의 용어로 서술하거나 믿음이라는 양식에 따라 그것과 관계 맺으려 해서는 안 된다고 주장한다.[45] 우리가 스스로를 실제로 왜 그런 일이 일어났는지, 자연에 대한 객관적 사실을 알고 있는 객관적 관찰자의 자리에 두고서, "크리족은 순록이 자기를 내준 것이라고 '믿는다.'"는 식으로, '믿음'의 용어로 원주민의 사유를 서술하는 것을 경계해야 한다. 반대로, 생태환경 속에서 내밀하게 자연과 영향을 주고받으며 살아온 토착 부족의 사유가 더 자연을 내밀하게 알고 궁극적인 통찰을 지녔다고 상상하면서 그들처럼 사유하려고 시도하려는 경향도 지양해야 한다. 우리는 그들처럼 사유할 수 없다. "우리는 기껏해야 그들과 함께 사유할 수 있을 뿐이다."[46] 우리가 탈중심화된 자리에서 그들과 '함께' 사유하기 시작할 때, 우리는 익숙했던 개념들을 반성적으로 다시 생각해 보게 된다.

3) 예시: 애니미즘

1960년에 할로웰(Irving A. Hallowell)은 「오지브와족의 존재론, 행동, 그리고 세계관에 관한 연구」(Ojibwa Ontology, Behavior, and World View)에서, 오지브와족의 '사람(person)' 개념은 인간과 동의어가 아니라 사실상 그것을 초월한다는 점을 보여주었다. 그는 그 글에서 '인간 이외의 사람들(other-than-human persons)'이란 표현을 사용했는데, 여기에는 바위, 나무, 곰, 벼락 등을 포함한 여러 경험적 존재들 혹은 실재들이 포함된다. 그의 글은 새로운 방향에서 애니미즘에 대한 관심을 불러일으키게 되었다. 오늘날에도 많은 사람들에게서, 특히 아메리카 원주민 부족들에게서 인간 이외의 존재를 사람으로 여기는 현상이 두드러지게 나타나기 때문에, 어떻게든 그 현상을 다루기 위해 애니미즘이라는 이름으로 다양한 논의가 다시금 전개되게 된 것이다.

'애니미즘(animism)'은 '생명, 숨, 영혼' 등을 의미하는 라틴어 '아니마(anima)'에서 유래한 용어로서, 1871년에 출간된 E. B. 타일러의 『원시문화』에서 사용된 이래 널리 퍼지게 된 개념이다. 그는 인류의 하등 종족에게서 특징적으로 나타나는 종교현상, 곧 인간 이외의 존재에게도 영이 있다고 여기고, 동물이나 식물뿐 아니라 무생물까지도 마치 살아 있는 사람처럼 여기는 등의 현상을 설명하기 위해 그 용어를 사용했다. 타일러에 따르면, 우리의 고대 조상은 설명을 필요로 하는 두 가지 현상과 접할 수밖에 없었는데, 하나는 살아 있는 사람의 몸과 죽은 사람의 몸에서 보이는 차이였고, 다른 하나는 바로 꿈이었다. 타일러는 '원시인들'이 몸에 생명을 불어넣는 '영혼'이라는 것의 존재를 상상함으로써 죽음과 꿈에 대한 적절한 설명을 찾았으리라고 여겼다. 나아가 원시인들은 인간의 영혼에서 유추해서 동물, 식물, 심지어 물체 안의 영을 일반화하게 되었으리라는 것이다.

이러한 타일러의 애니미즘 이론은 실재의 세계를 '객관적'으로 조망하는 근대 서구인의 시선으로 타자의 종교현상을 이해하고 설명하려는 기획이다. 그의 이론은 인간만 영혼을 갖고 있다는 선이해를 바탕으로 하며, 그리하여 애니미즘은 영혼이 없는 존재에게 영혼이 있다고 상상하고 인간이 아닌 존재를 사람처럼 여기는 잘못된 믿음으로 여겨지게 된다. 오늘날에도 애니미즘을 원시적이고 유치한 믿음으로 규정하는 용법이 아직도 우세하다. 최근에는 생태적 위기 상황에서 인간중심주의에 대한 반성적 움직임이 일어나면서, 일각에서는 이른바 '세상의 모든 존재를 살아 있다고 믿는' 믿음이나 일종의 세계관으로서 애니미즘이 근대 서구적 인간중심주의에 대한 대안으로 새롭게 조명되고 있지만, 비판적으로 접근하든 대안적인 것으로 보든, 일종의 세계관이나 믿음으로서 애니미즘에 접근한다는 점에서는 공통적이다. 그런데 믿음이나 세계관이란 용어로 접근하지 않는다면, 우리는 애니미즘을 어떻게 서술할 수 있을까?

　현대의 페이건(pagans, 토속 신앙인)을 포함해서 애니미즘적으로 살아가는 여러 부류의 사람들을 만났던 종교학자 그레이엄 하비(Graham Harvey)는 그들의 구체적이고 일상적인 생활 속에서 서로 다른 종 사이의 소통이 이루어지는 것을 보면서 애니미즘이란 개념을 떠올리게 되었다. 그러나 타일러의 옛날식 접근과는 달리, 그는 인간의 머리나 마음이나 영 안에서가 아니라 그들과 다른 (흔히 서로 다른 종의) 사람들을 서로 연결하는 데서, 곧 안에서가 아니라 '사이에서(in between)' 애니미즘을 발견하였다. 그리고 하비는 많은 원주민 문화들에 강력히 퍼져 있는 '관계성'이 단지 이론적인 것이 아니며 항상 지역적이고 구체적이며 실제적이고 실용적인 것임을 깨닫게 되었다.[47] 팀 잉골드, 누리트 버드 데이비드(Nurit Bird-David), 필리페 데스콜라(Philippe Descola) 등이 보여주었듯이, 지역 생태계로부터 자신의 생계에 필요한 것들을 직접적으로 얻는 많은 이들은 오늘날에도 그들의 비인간 환경에 '관계적' 태도로 임하며, 환경 속의 다른 존재들을 소통 가능한 주체들로 대하는 것을 볼 수 있다.[48] 그리하여 하비는 믿음이나 세계관이란 용어를 최대한 배제하고, 애니미즘을 "주위의 존재들을 존중하면서 살아가려고 애쓰는 사람들(peoples)의 문화"로서 조명한다.[49]

한편, 누리트 버드 데이비드는 어떤 존재를 로컬의 언어로 사람으로 묘사하는 것의 인식론적 기능에 주목한다. 타자를 사람으로 묘사할 때, 자기와 타자가 함께 존재한다는 것, 그리고 세계 안에 존재하는 다원성 속의 상호성을 배우는 것에 탐구적인 관심으로 나아가게 된다는 것이다.[50] 비슷한 맥락에서, 비베이루스 지 까스뚜르는 아메리카 원주민의 인식론적 관습을 서구 근대성이 촉진하는 객관주의적 인식론의 대척점에 둔다. 서구 근대성의 경우, 인식하기는 '객관화하기', 곧 '탈주체화하기'라 할 수 있다. 여기서 타자의 형식은 곧 사물이다. 이에 비해, 아메리카 원주민에게 인식한다는 것은 '인격화하기'이고, 타자의 형식은 곧 사람이다. 타자를 알기 위해서 타자를 사람으로 여기게 된다는 것이다.[51]

또한 아메리카 대륙의 원주민들이 인간 이외의 존재들을 사람으로 칭하고 그렇게 여길 때, 그러한 현상을 세상의 인간 이외의 다른 존재들의 생명성에 민감한 생태적 감수성이라는 측면에 초점을 맞추어 접근할 수 있다. 이러한 접근법에서는 세계에 대해 생각하는 방식이 아니라 세계 속에서 살아가는 방식, 세계 속에서 존재하는 조건에 초점이 맞춰진다. 우리는 팀 잉골드처럼, 애니미즘을 매순간 달라지는 영원한 흐름(flux)으로서의 환경 속에서 다른 '살아 있는' 존재에게 민감하게 지각하고 행동하며 살아가는 방식으로[52] 바라볼 수 있다.

그런데 무엇보다도 인간 이외의 존재를 사람으로 여긴다는 것의 가장 중요한 함의는, 인간 이외의 존재도 시점을 차지한다는 것을 인정한다는 점이다. 비베이루스 지 까스뜨루는 이를 존재론적 잠재 능력 중 하나인 관점성으로 지칭한다. 가령 퓨마도, 악어도 저마다 하나의 시점을 차지할 수 있다.[53] 나도 퓨마를, 악어를 바라보지만, 퓨마도, 악어도 자신의 시점에서 나를 바라본다. 이 점을 고려할 때 애니미즘은, 달리 말하면, 나는 보는 동시에 보이는 존재임에 좀더 민감한 존재론으로 재조명될 수 있을 것이다.

에두아르도 콘은 아마존의 루나족과 '함께' 사유하면서, 관점성에 대한 생각을 비인간 존재들에게까지 확장한다. 그는 감각을 가진 모든 존재는 자신을 사람으로 여기지만, 다른 존재에게 보이는 방식은 바라보는 존재와 보이는 존재 각각의 부류에 따라 달라진다고 본다. 그리하여 콘도르는 루나족이 그들의 세계를 보는 것과 같은 방식으로 자기 시점으로 자기 세상을 보지만, 콘도르 종 특유의 습관과 기질 때문에 인간과는 다른 세계에 거주한다.[54]

우리가 이들 학자들과 함께, 그리고 루나족을 비롯한 애니미스트 원주민들과 함께 사유하다 보면, 우리는 인간 이외의 존재들과의 관계성을 의식하게 되고, 다른 존재의 시점을 의식하게 된다. 나아가 인간이 아니지만 인간과 마찬가지로 시점을 가진 비인간 존재들과 함께 사유하다 보면, 인간적인 것을 넘어선 세계에 도달하게 된다. 콘은 바로 이러한 까닭에 인간적인 것을 넘어선 인류학에서 애니미즘과 함께 생각하는 것이 중심적인 위치를 차지하게 된다고 본다.[55] 그렇다면 인간적인 것 너머로, 비인간 존재들과 함께 사유할 때 우리는 어디로 가닿게 될까?

4) 인간적인 것 너머, 비인간 존재들의 시점

첨엔 몰랐지. 근데 거기 장수말벌이 있었어. 그놈이 딱 내 코앞에서 나를 노려보는 거. 내 이마빡을 쏠라고 준비하는 거지. 그래서 내가….

섬에 살면서 땅과 바다에 기대어 살아가는 어떤 농부이자 어부와 이런저런 이야기를 나누다가 화제가 벌에 대한 것으로 넘어갔다. 그는 벌 중에서 위험한 것은 장수말벌이라고 하면서, 언젠가 한적한 곳에 혼자 있다가 위협적으로 노려보는 장수말벌 한 마리와 맞닥뜨리게 된 경험을 말하기 시작했다. 나는 그가 장수말벌을 의도와 감정을 갖고 행동하는 사람처럼 묘사하는 것이 흥미로웠다. 이 경우에 그는 장수말벌을 사람처럼 여기고, 장수말벌의 시점에서 자신이 어떻게 보일지를 자연스럽게 유추했는데, 이는 어떤 믿음 같은 것에서 나왔다기보다는 생존을 위한 즉각적인 반응이라고 보는 것이 적절할 것이다.

자연과 밀접한 관계 속에서 살아가는 사람들은, 생존과 생계를 위해서, 인간이 자기의 관점을 지닐 뿐 아니라 다른 생명체들 역시 자기들의 관점을 지니고 있음을 예리하게 인식하고 인정하게 된다. 이들에게 애니미즘은 실용적이고 실제적인 문제이다. 물고기나 낙지, 키조개를 잡고 콩과 배추를 심을 때, 인간의 시점에만 의존해서 수확을 거두기란 쉽지 않은 일이다. 지역 생태환경에서 뭔가를 얻기 위해서는, 그리고 숲에서 바다에서 생계 활동을 하면서 해를 입지 않기 위해서도, 인간적인 것을 훌쩍 넘어서는 다른 존재들의 시점에서 내가 어떻게 보일 것인지를 상상하고, 서로 다른 여러 관점들이 어떻게 상호작용하는지 상상함으로써 지역 생태계를 이해할 필요가 있는 것이다.

여기서 중요한 것은 애니미즘은 가령 인간이 숲에 대해 어떻게 사유하느냐가 아니라 숲이 어떻게 생각하느냐를 묻는 일과 더욱 연관된다는 점이다.[56] 애니미즘과 관련해서 생각할 때, 우리의 시선은 자꾸만 인간이 다른 존재를 바라보는 시각, 인간의 사유, 믿음에 맞춰진다. 그러나 애니미즘은 다른 존재들이 저마다의 시점에서 나를 포함한 세계를 바라본다는 사실을 인정하면서 서로 관계 맺는 방식이라 할 수 있다.

여러 학자들이 지적하듯이, 신대륙의 많은 인간 집단들은 세계가 다양한 시점들이 역동적으로 얽혀 있는 다양체로 이루어져 있다는 개념을 공유한다.[57] 다른 부류의 존재들도 자기 시점을 가지고 다른 존재들과 세계를 바라보며, 기호 작용에 의해 주변 세계를 표상한다. 그리고 그러한 살아 있는 기호적 상호작용으로 인해 복합적 의미화가 창발하게 되고, 살아 있는 역동성이 창발하는 세계는 "활기에 넘친다(animate)."는 것이다.[58]

그러나 현대사회는 살아 있는 존재들을 인식하거나 우리가 인간 외 다른 존재의 시점에 포착된다는 사실을 인식하는 능력을 점점 더 잃어버리면서 관계적 생태학으로부터 떨어져 나가는 가운데 일종의 소외에 이르게 되는[59] 과정과 그 부정적 결과를 여실히 보여주고 있다.

관계적 생태학에 스며들어 살아가는 사람들은 먹고살기 위해 숲이나 바다 등 로컬의 조밀한 세계로 진입한다. 이들은 살아 있는 존재들의 시점을 인식하고 그들을 '사람'으로 인정하면서도 종종 먹고살기 위해 그러한 '사람들'에게서 생명을 빼앗아야 한다. 사냥이나 어로는 동물이나 물고기를 발견하기 위해 그러한 비인간-사람들의 시점을 인식해야 하고, 그러한 존재들을 잡아서 먹기 위해 이를 다시금 '비인간-그것'으로 바꾸어야 하는 일이다. 이러한 일은 결코 쉽지 않다. 관계적 생태학에 스며들어 사는 사람들은 다른 '사람들'을 먹음으로써 살아 가는 근본적 모순에 압도당하지 않기 위해서, 다른 '사람'들을 '비인간-그것'으로 바꾸는 (흔히 의례적인) 복잡한 절차를 거친다. 현대사회는 그러한 절차들의 외주화로 인해, 아예 다른 존재들이 시점을 가진 살아 있는 '사람들'이라는 사실을 잊어버렸다. 아는 능력을 상실해 버렸다. 이제 현대인들은 인간만이 시점을 가지고 바라보고 해석하고 의미를 만드는 유일한 존재로 여기게 되었다. 인간적인 것만을 사유하는 가운데, 우리의 시야는 점점 협소해졌고, 인간적인 것 너머의 세계로부터 우리는 소외되었다.

에두아르도 콘은 "숲과 함께 생각한다면, 우리는 살아 있는 사고 그 자체의 숲 같은 속성을 드러내고 이를 경험할 뿐만 아니라 우리가 어떻게 숲처럼 생각하는지를" 알 수 있을 것이라고 제안한다.[60] 로컬의 생태환경에서 다른 종의 존재들과 맺는 관계들에 주의를 기울이며 살아가는 존재 방식에 주목하는 것 자체가 일종의 실천적인 정치가 될 수 있다는 것이다. 그리고 그것은 다른 살아 있는 존재들을 포함하는 정치가 될 것이다.

5) 학문의 재접지

> 만약 '우리'가 인류세–인간적인 것 너머의 세계가 너무나 인간적인 것에 의해 점차 변해버리는 이 불확실한 우리의 시대–에서 살아남고자 한다면, 우리는 숲과 함께 그리고 숲처럼 생각하는 이 방식들을 적극적으로 갈고 닦아야 할 것이다.[61]

기어츠(Clifford Geertz)는 인간에 대해 "자신이 자아낸 의미의 그물에 걸린 동물"이라고 했다.[62] 그런데 잉골드는 이 말을 다음과 같이 비틀어 고친다. "구두 신고 의자에 앉아서–쉴 때나 움직일 때나–땅(ground)과의 직접적인 접촉으로부터 인위적으로 단절된 사람만이 스스로가 그렇게 걸려 있다고 여길 것이다."[63] 그는 근대사회가 땅에서 멀어지고 있을 뿐 아니라, 인류학, 심리학, 생물학 등 근대 학문도 마찬가지라고 보았다.[64] 아마 종교학도 마찬가지일 것이다.

　많은 학자들은 책상 앞에서 창조적 지성을 발휘하는 데 골몰하느라 주변 세계로부터 분리되는 경향이 있다. 인간을 독특하게 만드는 상징적 사고는 더 넓은 생명의 기호 작용의 장으로부터 창발하는 것이다. 우리는 상징적 사고를 통해 고도로 복잡한 추상적인 것들을 말할 수 있지만, "무제한적인 상징적 사고"는 그것이 생성된 우리 주변의 세계로부터 우리를 분리시키는 위험을 내포한다.[65] 허공에 부유하며 자신이 자아낸 의미의 그물에 매달려 있는 것이 아니라 지면에 다시 발을 붙이는 일이 요청된다. 나는 그것을 학문의 접지(接地, Grounding), 혹은 재접지라 일컫는다. 세상을 위에서 내려다보는 냉정한 관찰자이자 분석가, 보편적 이성으로서의 위치에서 지면으로 내려와서 연구자의 시선을 수많은 시선들 중 하나로 인정하고 다른 시점들을 마주할 때, 우리는 좀더 다채로운 세계와 좀더 풍성하게 관계 맺을 수 있을 것이다.

　가령 애니미즘을 연구할 때, 세 가지 종류의 시선들이 지면에서 마주치고 얽히게 된다. 학자의 시선은 연구 대상이던 애니미스트의 시선, 나아가 애니미스트가 사람으로 대하는 비인간 존재의 시선과 지면에서 만나고 관계를 맺게 된다. 종교학자 하비는 "동물, 애니미스트, 학계 등 세 가지 영역 모두를 함께 다루는 것 자체가 새로운 일"이며, 학자들과 학계 자체를 포함해서 규범적인 서구 근대적 세계관, 관습, 입장에 도전하는 사건이 된다고 말한다.[66]

　이처럼 서로 다른 시선들이 지면에서 마주치는 곳에서 연구자가 할 수 있고 해야 할 일은, 멀리 떨어진 높은 곳에서의 관찰과 조망이 아니라, 서로 다른 시선들의 번역 작업이다. 비베이루스 지 까스뚜르의 말대로, "좋은 번역이란, 낯선 개념들이 번역자의 개념적 장치를 변질시키고 전복할 수 있도록 하는 데 성공한 번역이다."[67] 지면으로 내려와 다른 시선을 마주하고 그것을 번역하는 과정 속에서, 우리는 우리가 습관처럼 지니고 있던 개념들을 수정하고, 비틀어 열고, 새로운 관계를 향해 나아갈 수 있을 것이다.

5. 남은 문제들

> 모든 분할선을 구부려 무한히 복잡한 하나의 곡선으로 만들면서, 그 경계들을 '환원하지 않고' 정의하지 않는 것이 필요하다. 윤곽을 지우는 것이 아니라, 주름 지우고 조밀하게 만들고 무지갯빛으로 반짝이게 만들고 회절시키는 것이 필요한 것이다.[68]

생태학과 종교 연구의 접목을 시도하는 다양한 연구의 갈래들 중에서 오늘날 주목할 만한 세 가지 접근법을 본문에서 살펴보았다. 그런데 어떠한 방향에서 문제에 접근하든, 생태적 위기의 현실은 연구자에게 무언의 압력으로 작용하며, 연구자는 '객관적' 관찰과 사회개혁을 위한 능동적 참여 사이에서 긴장을 경험하게 된다. 시간적으로 멀리 떨어진, 그리고 삶의 공간이 겹쳐지지 않는 '그들'의 문제를 연구 대상으로 삼을 때, 연구자의 이른바 객관성과 중립성을 제안하는 것에는 큰 어려움이 없다. 그러나 생태학과 관련된 모든 문제들은 '안전한 자리'에서의 거리두기가 불가능하다. 현대를 살아가는 우리 모두가 생태환경의 악화로 인해 어느 정도 영향을 받고 있는 당사자들이며, 우리가 살아가는 삶의 자리가 곧 생태적 위기가 현실적으로 체감되는 현장이다. 이러한 불편한 현실에서 연구자의 장소성은 연구 과정 내내 딜레마로 경험된다.

또한 생태학과 종교학을 접목시키려 할 때, 연구자는 다양한 영역, 관계, 시점들을 가로지르는 난관에 수시로 부딪친다. 그러니 이 분야의 연구자들은 종교학의 테두리 안에서뿐 아니라, 다양한 다른 학문과의 학제적 연구에, 그리고 현장의 활동가들, 일반 시민들, 나아가 생태계의 비인간 존재들에게까지 관심이 열려 있어야 하고, 소통할 수 있어야-적어도 소통을 시도해야-한다. 소통과 대화, 번역의 끝없는 노력이 요청된다.

인간적인 것 너머로 향하는 종교학은 인간(적인 것)보다 더 큰 세계의 일원이라는 인간의 조건을 새삼 깨우침으로써 시작된다. 인간은 인간(적인 것)보다 더 큰 세계의 생태학과 연결되어 있으며, 어떤 사회는 인간(적인 것)보다 더 큰 세계의 생태학에 의식적으로 스며들어 그것을 활용하며 삶을 이어왔다. 인간(적인 것)보다 더 큰 세계의 생태학에 주의를 기울이는 것은, 연구자에게도 인간적인 것에 갇힌 우리의 시선을, 생각을 해방시키는 통로가 될 수 있을 것이다.

세계 속에서 생명이 살아가는 모습[生態]은 다채로우며 역동적이다. '생태(生態)'학과 종교 연구의 만남 역시 다채롭고 역동적이며 끊임없이 진화해 간다. 그 길이 한 가지로 규정될 필요는 없을 것이다. 종교학과 생태학의 만남을 요청하는 현실의 장은 더 많이 주름지고 역동적인 것이기 때문이다.

종교적 마음과 사회적 마음

:진화인지적 접근

구형찬

1. 논의의 맥락

겨울이 오기 전에 프로야구의 한 시즌은 끝난다. 야구팬들은 봄철에 다음 시즌이 시작될 때까지 야구 경기가 없는 세상의 무료함을 견뎌야 한다. 극성팬들은 야구 경기가 없는 세상을 상상하기는 힘들다고 말할지도 모른다.

그런데 사실 야구 경기는 '야구(baseball)'라는 개념이 통용되지 않는 곳에서는 찾을 수 없는 현상이다. 이와 대조적으로, '인구증가율'이나 '남녀 성비'는 그 개념이 통용되지 않는 사회문화 속에서도 발견할 수 있다. '종교(religion)'의 경우는 어떨까? 종교라는 개념이 통용되지 않는 곳에서도 종교를 찾을 수 있을까? 종교사나 종교현상학 분야에 축적된 연구 성과들과 '종교' 개념의 역사를 함께 염두에 둔다면, 이에 대한 답변은 그리 간단하지 않다.

적어도 '종교'라는 말에 이미 익숙해진 나로서는, 그 용어를 누가 어떻게 정의하든 간에, 잘 알려진 '종교들'이 있건 없건 간에, '종교'라는 개념이 통용되든 그렇지 않든 간에, 그 말로써 지시할 만한 현상이 전혀 없는 사회를 떠올리기가 쉽지 않다. 만약 시간과 여비가 넉넉해 세계 어디든 여행할 수 있게 된다고 해도 모든 사람들이 아무런 종교도 없이 살아가는 사회를 만날 수 없을지도 모른다. 가끔씩 존 레논의 노래, '이매진(Imagine)'이 가슴 뭉클하게 다가오는 것은 아마도 그런 이유일 것이다.

20세기 종교학에서 널리 회자되었던 '종교적 인간', 즉 '호모 렐리기오수스(homo religiosus)'라는 용어는 종교성을 하나의 인간 본성으로서 묘사한다. 그 용어는 문화적 차이를 넘어 반복적으로 또 지속적으로 발견되는 인류의 특정한 경향성을 '종교'라는 범주에 비추어 살펴볼 수 있게 해 준다.

'종교적 인간'이라는 말이 지시하는 인간의 경향성은 특정 종교 단체에 속하는지 여부를 뛰어넘어 서술될 수 있다. (종교적) 인간은 일상(日常)을 살지만 때때로 일상의 한계를 넘어선 것을 상상하고 말하고 행동한다. 그는 특정한 상황에 처할 때 반드시 지켜 행해야 할 무언가가 있다고 느낀다. 그가 살아가는 시간과 공간은 균질적이지 않고 분절되어 있으며 위계를 갖는 것으로 경험된다. 그러나 때때로 그 모든 비균질성과 차이는 그에게 전혀 무의미한 것으로 여겨지기도 한다. 그는 일상과 비일상이 갈마드는 그러한 경험을 타인과 공유하면서 특별한 감정을 느끼며 관계를 맺고 하나의 동아리를 이루기도 한다. 그는 자신의 동아리에 속한 타인과 협력하면서 내외의 잠재적 위협에 종종 분노하고 강경하게 대응한다. 그는 그렇게 살아가는 자신의 삶에 만족하기도 하지만 때때로 자아의 위기와 갈등을 심하게 겪기도 한다. 이로 인해 그는 심지어 누구를 죽이거나 자기 자신의 삶을 포기할 수도 있다. 그래서 그는 끊임없이 질문하고 답변을 추구하며 살아간다. 그는 그러한 자신의 삶이 행복하기도 하고 불행하고 고통스럽기도 하다.

인간의 이러한 경향성은 도대체 어디에서 비롯하는 것일까? '종교적 인간'이라는 개념은 이러한 질문에 대해 "이러한 경향성은 인간의 종교적 본성으로부터 나온다."라는 동어반복의 답변을 준비하고 있는 듯하다.

과연 '종교'가 문제의 경향성을 가장 적절히 드러내는 개념일까? 종교라는 개념 없이 위의 경향성을 서술하고 이해하는 것은 불가능할까? 마음에 대한 과학적 탐구를 표방하는 진화심리학과 인지과학의 연구 성과들은 오히려 우리가 '종교'라는 말의 무게에 눌리지 않을 때 이른바 '종교적인 것'으로 간주되어 온 인간의 생각과 행동에 대해 더 적합한 질문을 던지고 그 답을 탐색할 수 있으리라는 가능성을 보여준다.[1]

진화과학과 인지과학의 관점에서 인류의 종교문화에 접근하는 대표적인 연구 프로그램으로서 인지종교학(CSR, cognitive science of religion)이 자주 언급된다. 비교적 새로운 이 연구 프로그램의 문제의식에 공감하는 사람들은 진화된 인간 마음의 작동 방식을 많이 이해할수록 종교와 관련된 것으로 보이는 다양한 문화현상을 더 잘 설명하고 이해할 수 있을 것이라 기대한다. 많은 독자들에게 아직 낯설게 여겨질 수도 있지만, 인지종교학의 연구 성과는 국내 학계에도 이미 수차례 소개된 바 있고,[2] 그 문제의식을 공유하는 연구 역시 조금씩 이루어지고 있다.[3]

인지종교학의 주요 관심사는 세계의 다양한 문화 속에 종교적인 생각, 행동, 표현 등이 널리 퍼져 있게 된 이유와 종교적 생각과 행동에서 반복적으로 등장하고 지속하는 패턴의 원인을 밝히는 데 있다. 이때 인지종교학의 상상력은 종교를 인간의 본성으로 간주하는 '종교적 인간'이라는 선험적 개념으로 수렴하지 않는다. 현재까지 종교에 대한 인지적 가설의 '표준 모델(standard model)'[4]에 따르면, 우리가 '종교'라는 범주를 통해 서술하는 다양한 현상들은 인류의 진화 과정에서 나타난 다양한 적응들의 부수적인 효과, 즉 부산물(by-product)이며, 종교적인 생각과 행동이 발생, 전수, 분포하는 양상과 그 인과적 프로세스는 초자연적인 신비의 작용을 전제하지 않아도 설명될 수 있고 종교만을 위한 특수한 인지 체계나 뇌의 병리적 상태를 가정하지 않고도 설명될 수 있다. 즉, 문화 속에 현존하는 종교적 생각과 행동의 많은 특징은 인간의 종교적 본성에 대한 선험적 가정을 통해서가 아니라 일상적인 인지능력과 의사소통능력에 대한 과학적 지식을 통해 더욱 체계적으로

설명될 수 있다는 것이다.[5]

인지종교학은 어느덧 30년 가까이 나름의 역사를 축적해 오고 있다.[6] 그리고 당연히 그동안 연구 질문이 변하고 핵심적인 이론과 방법 그리고 연구 풍토에도 변화가 나타나게 되었다. 주목할 만한 변화로서, 과거에 비해 경험연구 즉 실험 기반 연구의 중요성이 강조되고, 진화와 관련한 이론적 쟁점들이 부각되면서, 종교학을 넘어서 더욱 다양한 분야의 학자들과 학술적 아젠다를 공유하는 양상이 보인다. 이러한 양상은 신경심리학(neuropsychology), 실험종교학(experimental science of religion), 현장실험(field experiments), 역사(history), 빅데이터(big data) 등의 영역에서 새로운 연구가 활발히 시도되고 있는 최근의 흐름,[7] '진화인지종교학(ECSR, Evolutionary Cognitive Science of Religion)'이라는 용어를 사용하는 학술적 담론의 등장,[8] '사회성의 진화'와 종교의 관계를 다루는 진화론적 연구[9] 등을 통해 일견할 수 있다. 이러한 흐름은 단지 이론과 방법론에서의 변화만이 아니라 개인 연구에서 공동 연구로 연구의 풍토가 변화하고 있는 모습을 목격하게 해 준다는 점에서 그 함의가 진지하게 평가될 만하다.

그러한 흐름 가운데 특히 주목할 것은 진화사에서 발생한 인간 집단 규모의 변화에 주목하여 사회적 마음의 진화와 종교적 마음의 진화의 상관성을 이해하려는 최근의 연구 경향이다.[10] 이 경향은 종교에 대한 진화인지적 연구에서 축적되어 온 중요한 두 가지 발견을 함축한다. 첫째, 오늘날 '종교'라는 개념이 상식적으로 환기시키는 요소들, 즉 사제들이나 성문화된 의례, 그리고 우주론, 종말론, 악의 기원론, 구원론 등이 잘 구비된 교리 체계는 인간의 종교적 경향성을 일반적으로 이해하기 위한 필요충분조건이 아니라는 것이다. 둘째, 앞에서 열거한 요소들은 작은 규모의 수렵채집사회보다 큰 규모의 사회집단을 형성하고 사는 사람들 사이에서 더 잘 관찰되는 특수한 현상이라는 사실이다.

첫 번째 발견이 함축하는 바에 대해서는 진화인지적 종교 연구의 초기부터 논의가 지속적으로 이루어져 왔다고 볼 수 있지만, 두 번째 발견의 함의에 관해서는 근래 다양한 분야에서 전개되고 있는 사회성의 진화에 대한 연구 흐름과 더불어 논의되기 시작했으며 지금도 여전히 논쟁적이다. 두 가지 발견과 관련한 몇 가지 쟁점들에서 현대의 종교문화 일부에서 나타나는 순기능만이 아니라 배타성과 사회적 역기능의 문제를 새롭게 이해할 가능성을 발견할 수 있으리라 기대한다.

2. 진화인지적 종교 연구의 이론, 방법, 풍토의 변화

1) 진화인지적 종교 연구의 전개

이 글에서 '진화인지적 종교 연구'는 진화과학과 인지과학의 진전에 힘입어 시도되고 있는 비교적 새로운 종교 연구의 흐름을 느슨하게 포괄하기 위한 용어로 사용된다. 진화인지적 종교 연구의 대표적인 연구프로그램으로는 인지종교학이 있다.[11]

인지종교학에 이론적 토대를 제공한 연구들은 이미 1970년대부터 등장했고, '종교에 관한 인지적 이론(cognitive theory of religion)'이라는 말은 1980년부터 사용되었다.[12] 한편, '인지종교학'이라는 표제는 1990년에 토머스 로슨과 로버트 맥컬리의 공저인 『종교 다시 생각하기: 인지와 문화의 연결 (Rethinking Religion: Connecting Cognition and Culture)』에서 처음으로 등장했다.[13] 이와 비슷한 시기에 인지종교학의 학문적 지향을 보여주는 각종 저서들이 출판되기 시작했으며, 2000년대에 들어서면 알타미라 출판사(AltaMira Press)의 '인지종교학총서(Cognitive Science of Religion Series)'가 등장했다. 2006년에는 국제인지종교학회(IACSR, International Association for the Cognitive Science of Religion)가 설립되었고, 2013년에는 국제인지종교학회의 공식 학술지인 《인지종교학저널(*Journal for the Cognitive Science of Religion*)》이 창간되었다. 독립적인 정기 학술대회를 격년 단위로 개최하고 있는 국제인지종교학회는 다양하게 학술 활동의 범위를 넓혀 가고 있으며, 회원들은 종교학, 심리학, 인지과학 등 몇몇 유관 분야의 국제학술대회에도 인지종교학 분야 세션을 구성해 참여하고 있다.

'진화인지적 종교 연구'의 기틀을 마련하는 데 기여한 고전적인 설명 모델과 가설로는 주로 다음의 6가지 정도가 반복적으로 언급된다. 댄 스퍼버의 '표상역학(Epidemiology of Representations)' 모델, 스튜어트 거스리의 '애니미즘과 의인주의(Animism & Anthropomorphism)' 가설, 저스틴 배럿의 '과활성 행위력 탐지 장치(Hyperactive Agency Detection Device)' 가설, 로슨과 맥컬리의 '행위표상체계와 의례형식 가설(Action Representation System & Ritual Form Hypothesis)', 파스칼 보이어의 '최소 반직관성과 집합적 적합성(Minimally Counter-intuitiveness & Aggregate Relevance)' 가설, 하비 화이트하우스의 '종교성의 양식(Modes of Religiosity)' 가설 등이 그것이다. 이 6가지 모델 및 가설에 대해서는 국내 학계에서도 반복적으로 소개되고 자세히 다루어진 바가 있으므로,[14] 여기서는 각각의 주요 아이디어와 함의만을 되짚어 보겠다.

스퍼버의 '표상역학'은 사람들의 생각과 행동의 특정 양상들이 지속하고 반복적으로 나타나게 하는 복수의 원인을 마치 역학조사(epidemiology)를 시행하듯 연구할 수 있으며, 그러한 연구에는 진화된 마음이 작동하는 특정한 방식들을 고려한 분석이 포함되어야 함을 강조한다.[15] 이는 문화적 차이를 넘어 나타나는 종교적인 생각과 행동의 분포와 빈도에 영향을 미치는 복수의 인과적 원인을 추적할 수 있으며, 이런 작업을 위해 인간 마음에 대한 진화과학과 인지과학의 지식이 큰 도움이 될 것이라는 진화인지적 종교 연구의 가장 기초적인 아이디어를 함축하고 있다.

거스리의 '애니미즘과 의인주의'에 관한 가설은 인간의 인지 체계가 주변 환경으로부터 행위자의 존재를 탐지하거나 인간의 형상을 지각하는 데 과도할 정도로 민감하다는 사실을 예증하고 설명하기 위한 것이다.[16] 이와 관련하여 배럿은 인류 조상의 진화적 적응 환경(Environment of Evolutionary Adaptedness, EEA)에서 포식자 회피라는 적응 문제를 해결하는 데 유리했던 개체들의 특징이 '과활성 행위력 탐지 장치'로 진화했다는 가설을 제시했다.[17] 거스리와 배럿의 가설들은 어째서 인간이 특정 행위자의 개입이 없는 물리적이고 자연적인 현상들에서까지 행위자 기반의 인과추론을 하고 눈에 보이지 않는 비물리적이고 초자연적인 존재를 떠올리게 되는지에 관한 고전적인 설명 모델을 제공한다.

로슨과 맥컬리는 일상적으로 작동하는 '행위표상체계'를 통해 종교의례에 대한 진전된 설명이 가능하다고 주장한다.[18] 그들의 가설은 종교적 의례가 참여자들의 마음속에 일종의 행위로서 표상되며, 일상적으로 작동하는 행위표상체계에 의해 자동적으로 환기되는 행위자, 피행위자, 도구 등의 표상이 문화적으로 상정된 초인간적 표상과 어떻게 결합되는지에 따라 의례의 형식과 의미가 구분될 수 있다는 것이다.

보이어의 주요 가설은 종교적인 생각과 행동이 진화된 인지 체계들의 부산물로서 발생할 수 있으며, 인간 마음의 작동 방식에 부합하여 주의집중과 향상된 기억효과를 잘 이끌어 내는 생각과 행동이 상대적으로 더 쉽게 널리 퍼지고 지속하게 된다는 것이다.[19] 이에 따르면, 특정한 생각과 행동의 문화적 성공 여부는 인간 조상의 삶에서 오랜 세월 동안 지속되고 반복되었던 적응적 문제를 해결하면서 진화된 다양한 인지 체계들이 얼마나 효과적으로 자극되고 활성화되는지에 따라 결정될 수 있다. 즉, 진화된 인간의 마음은 적응 문제와 관련된 직관적 기대를 갖고 있는데, 종교적 생각과 행동이 환기시키는 직관적 기대와 반직관적인 정보가 결합되는 양상에 따라 기억이나 전달의 효과가 달라지며, 이로 인해 종교적 생각과 행동의 문화적 분포와 빈도가 결정되게 된다. 이는 왜 특정한 종교적 생각과 행동이 더 많은 호소력을 갖게 되는지에 대한 설명적 모델을 제공한다.

화이트하우스의 '종교성의 양식' 가설은 진화된 인지 체계들 중에서 특히 장기기억 메커니즘이 특정 생각과 행동의 문화적 성패와 전승 양상에 영향을 끼친다는 것이다.[20] 장기기억의 메커니즘은 반복의 빈도에 의해 활성화되기도 하고 정서적 자극에 의해 활성화되기도 하는데, 이러한 두 가지 메커니즘에 잘 부합하는 것들이 상대적으로 잘 기억되고 오래 전승됨으로써 특정한 문화적 양상으로 나타나게 된다는 것이다. 교리 체계에 비중을 두는 종교성과 강렬한 체험을 중요시하는 종교성의 두 가지 양상이 횡문화적으로 널리 나타나게 되는 이유도 이 가설을 통해 설명될 수 있다.

이러한 6가지 모델 및 가설이 기본 토대를 형성하면서 진화인지적 종교 연구가 전개되어 왔지만, 현재는 각 가설에 대한 비판적 논의도 적지 않게 축적되고 있으며 연구의 범위도 더 많이 확장되고 체계화되고 있다.[21] 인지종교학과 문제의식을 공유하는 더욱 다양한 분야의 연구자들에 의해 많은 저작들이 출판되었으며, 단지 종교학 분야만이 아니라 심리학, 인지과학, 생물학 관련 학술저널들에도 상당수의 논문들이 게재되고 있다. 특히 최근의 연구 경향은 다양한 분야의 전공자들이 공동으로 참여하는 연구를 통해 개인 연구의 분과 학문적 한계를 극복하면서 크게 '실험 기반의 연구'와 '진화론적 쟁점이 부각되는 연구' 등 두 가지 특징적인 흐름이 강조되고 있다고 생각된다.

2) 실험 기반 연구의 강조

실험 기반 연구와 경험적 데이터가 갖는 중요성은 진화인지적 종교 연구의 '고전기'에서도 간과할 수 없는 것이긴 했지만, 최근에는 연구자들이 더욱 적극적으로 경험 연구(empirical researches)에 직접 참여하는 경향이 나타나고 있다. 이러한 첫 번째 변화의 흐름에 자극을 준 연구로 평가할 수 있는 저작으로는 인지종교학자 디미트리스 지갈라타스(Dimitris Xygalatas)의 『불타는 성인들(The Burning Saints: Cognition and Culture in the Fire-walking Rituals of the Anastenaria)』(2014)이 있다. 이 책은 저자의 박사학위논문을 정리한 것으로서 그리스 북부 지역의 정교회 신자들이 행하는 연례적인 페스티벌에 대한 인류학적, 심리학적, 생리학적인 조사와 연구를 담고 있다. 이 책에서 저자는 특히 성상을 운반하고 뜨거운 불 위를 걸으며 춤추는 '불 걷기(fire-walking)' 의례의 사회학적, 심리학적, 신경생물학적 요인들을 정서적이고 생리학적인 고양 상태에 대한 실험적 데이터와 연결을 지어 설명하고자 시도하였다.

『불타는 성인들』에서 이루어진 지갈라타스의 시도가 인류학적 현지조사와 실험연구를 결합하는 아이디어를 기초적인 수준에서 타진한 것이라면, 그의 아이디어와 이론 및 방법론적 과제를 중점 연구과제로 삼아 발전시키고자 하는 본격적인 시도들은 이후 지갈라타스 자신이 깊이 관여하기 시작한 덴마크 오르후스(Aarhus)대학의 말렉사연구실(MALEXA: The Mauritian Laboratory for Experimental Anthropology)과 체코 브르노(Brno)의 마사리크대학 종교학과에 설립된 레비나연구실(LEVYNA: Laboratory for Experimental

Research of Religion)을 통해 이루어지고 있다고 할 수 있다.

주로 공동 연구의 형식으로 추진되는 본격적인 실험 기반 연구들은 고위 인지(higher cognition)에 속하는 종교 관련 논제를 직접 다루기보다는 더 하위 수준의 가설을 구축하고 이를 반복 가능한 실험을 통해 검증하는 형태로 이루어진다는 특징이 있다. 가령, 저명한 생물학 저널(*Current Biology*)에 게재된 마틴 랭(Martin Lang)과 그 동료들의 연구는 의례적 행동을 일종의 위험 예방체계(hazard precaution system)와 관련해 설명하는 기존의 유력 가설을 비판적으로 보완하는 시도로서, 불안(anxiety) 상황을 실험적으로 조작했을 때 사람들의 반복행동 패턴에서 어떤 차이가 나타나게 되는지를 모션캡처 (motion-capture) 기법을 이용해 탐구하였다.[22] 불안 상황의 조작 여부는 피험자들이 인지적 자원을 어떤 과제에 할당하는지를 변화시키고, 이에 따라 주어진 행동과제의 수행 패턴에도 차이가 발생한다. 그러한 차이는 의례적 행동이 의식적으로 큰 집중을 요하는 경우도 있지만 반대로 거의 자동적으로 행해지는 반복행동처럼 이루어지기도 한다는 인류학적 사실과 모순되지 않는다는 점에서 주목할 만하다.

실험 기반 연구가 강조되는 이러한 흐름은 진화인지적 종교 연구가 인지종교학이라는 특정 연구프로그램의 틀을 넘어 신경과학, 컴퓨터과학, 진화심리학, 발달심리학, 사회심리학, 진화인류학과 같은 다양한 연구 분야의 연구자들이 종교와 관련된 질문을 공유하면서 협업하는 연구 풍토의 등장과 궤를 같이한다. 이를 통해, 연구자들의 주된 연구 분야가 다르더라도 인식론적 전제가 모순되지 않는 경우라면 질문과 연구 아젠다를 공유하는 일이 충분히 가능하다는 것을 확인할 수 있다.

3) 진화론적 쟁점의 부각

진화인지적 종교 연구의 최근 흐름을 구성하는 또 하나의 축은 진화론적 쟁점을 부각시키는 연구들이다. 진화인지적 종교 연구가 추구하는 진화론적 접근은 단지 과거의 낡은 패러다임을 다시 소환하는 것과는 전혀 다른 차원의 학술적 기획이라는 점에서 주의해서 볼 필요가 있다. 이미 혹독한 비판을 받았던 19세기 말과 20세기 초의 사회진화론적 가설들과 20세기 후반 이래로 지금까지 발전적으로 전개되고 있는 다윈주의와 신다윈주의에 입각한 진화론적 종교 담론들 사이에는 커다란 이론적 차이가 존재하기 때문이다.[23]

자연선택, 성선택, 개체군 사고 등 다윈주의 진화론을 구성하는 핵심 아이디어들은 사실 찰스 다윈의 당대에도 매우 논쟁적이었기 때문에 학계에 일반적으로 수용되기까지는 수십 년이 더 걸려야 했다. 20세기 초까지 사회진화론적 가설과 구별되지 않는 다양한 문화진화 가설이 널리 유행하다가 혹독한 비판에 직면할 수밖에 없었던 것은 바로 당대 학계의 이러한 인식론적 한계 때문이기도 했다. 그러나 오늘날 다윈주의 진화론은 발전된 유전학과의 '현대적 종합'을 통해 현대 생명과학의 기본적인 패러다임으로 자리를 잡게 되었다. 나아가 20세기 말의 진화과학은 진화생물학에 집중되어 있던 논의의 범위를 더욱 확장시켜 인류와 문화를 이해하기 위한 새로운 가설적 설명 모델을 적극적으로 제안하기에 이르렀다. 이는 마음에 대한 다학제적 연구프로그램으로서 진화심리학과 인지과학이 형성되는 것으로 이어졌을 뿐만 아니라, 인문사회과학의 몇몇 분야들 즉, 언어학, 역사학, 철학, 인류학, 종교학, 문학 등에도 적지 않은 영향을 끼치고 있다. 21세기의 진화론적 종교이론의 맥락은 이처럼 바로 생물학적 진화론의 확장된 설명모델 속에서 이해되어야 한다.

그러나 한국의 종교학계에는 여전히 이 주제와 관련해 적지 않은 학술적 과제가 남겨져 있는 것으로 보인다. 가령, 한국에서 검토되어 온 종교학사에서는 진화론적 종교이론이 주로 19세기 말과 20세기 초 지성계의 특수한 분위기를 나타내는 것으로 협소하게 이해되어 온 경향이 있다. 즉, 한국 종교학계에서는 생물학적 진화론의 전개에 대한 포괄적인 이해에 입각하여 진화론적 종교이론의 가능성, 쟁점, 함의 등을 검토하는 작업이 충분히 이루어지지 못한 것이 사실이다. 특히, 초기 종교학사에 등장하는 진화론에 대한 논의들은 찰스 다윈의 포괄적인 이론보다는 허버트 스펜서의 사회진화론적 관점을 중심으로 평가되는 한계가 있었다. 따라서 사회진화론이 인종차별주의, 파시즘, 나치즘, 식민주의의 약육강식 논리를 옹호한다는 비판과 함께 학술적 담론의 일선에서 물러나게 됨과 동시에, 진화론적 종교 이론 역시 더 이상 깊이 있게 다루어질 수 없었다.

그러나 이러한 한계에 머무른다면 20세기 말과 21세기에 등장한 새로운 진화론적 종교이론의 주요 쟁점과 함의에 적절히 접근할 수가 없다. 다행스럽게도, 인지종교학을 중심으로 하는 진화인지적 종교 연구의 흐름이 소개되면서 한국의 종교학에도 이전에 비해 더욱 진전된 관점에서 진화이론의 함의를 새롭게 논의할 수 있는 여지가 제공되고 있다. 특히 최근의 인지종교학 연구자들은 다윈주의 진화론의 핵심 아이디어인 자연선택, 성선택, 개체군 사고 등을 신다윈주의적 관점에서 적극 수용하면서 새로운 연구 질문과 연구 아젠다를 생산하고 있다.[24] 당연하게도 그 과정에서 진화론적 주요 쟁점들을 직접적으로 부각시키는 연구를 시도하는 경향도 나타나고 있다. 이러한 흐름은 '진화인지종교학(Evolutionary Cognitive Science of Religion)'이라는 용어를 사용하는 연구들, 그리고 '친사회적 종교'의 탄생에 대한 진화론적 가설과 관련된 연구들에서 두드러진다.

'진화인지종교학'이라는 용어는 2011년에 국제 학술지『종교(Religion)』 41(3)에 실린 슬링거랜드(Edward Slingerland)와 불불리아(Joseph Bulbulia)의 「Introductory Essay: Evolutionary Science and the Study of Religion」이라는 논문에서 본격적으로 사용되기 시작한 것으로 보인다. 2014년에는 이 용어를 사용하면서 새로운 연구 흐름을 조망하는 논문모음집이『진화, 종교, 인지과학(Evolution, Religion, and Cognitive Science)』이라는 제목으로 출판된 바 있다.[25] 종교학, 신학, 과학사 및 과학철학, 진화생물학, 인지신경과학, 심리학, 사회인류학, 사회학, 인공지능, 인지종교학 등의 전문가들이 글쓴이로 참여한 이 책에서 우리는 '진화인지종교학'이라는 용어를 탄생시키는 데 기여한 주요 아이디어와 가정이 어떤 것인지를 탐색할 수 있다.

진화인지종교학의 옹호자들은 종교 연구가 '진화'라는 논제를 더욱 적극적으로 수용할 때 훨씬 더 넓은 범위의 학술적 아이디어와 가정들을 포함할 수 있으며, 일종의 '다각적 연구프로그램(Multi-Faceted Research Programme)'을 추구할 수 있다고 주장한다. 초창기 인지종교학 역시 '진화'의 논제를 내포하고 있었지만 진화된 인지 체계의 작동 방식에 초점을 맞추는 바람에 종교 연구를 위해 '진화'가 환기시킬 수 있는 광범위한 논점들을 충분히 다루지 못했다고 보는 것이다. 이런 관점에 따르면, 종교문화를 가능하게 하는 적응적 형질의 복합적 작용은 인지적, 정서적, 행동적, 발달적 요소들과 함께 나타나기 때문에 이런 요소들을 연구하는 다각적인 수단을 총동원할 필요가 있다. 종교적 생각과 행동의 특징, 그런 특징의 기저에서 작동하는 인지 체계에 대한 경험적 증거, 인지 체계의 유전적 토대, 그리고 인지 체계가 지닌 적응적 이점에 관한 가설들이 모두 더 깊이 있게 다루어질 필요가 있다고 보는 것이다.

『진화, 종교, 인지과학』의 공동 편집자인 레온 터너(Léon Turner)는 서문에서 '진화인지종교학'이라는 용어를 둘러싼 함의와 쟁점을 간략히 정리하고 인지종교학과 진화인지종교학에 가해지는 학계의 비평에 대해 논의한 바 있다. 그 비평은 크게 서너 부류로 나누어 볼 수 있다. 첫째는 진화인지적 종교 연구를 뒷받침하는 심리학적 방법과 모델에 관련된 전문적인 난점에 대한 비판이다. 둘째는 주로 철학자들이 제기하는 것으로서, 진화인지적 접근의 암묵적이거나 명시적인 반종교적 태도에 관한 비판이다. 셋째는 주로 사회인류학이나 문화인류학 진영에서 나오는 비평인데, 종교와 같은 복합적인 사회문화현상을 생물학, 심리학, 인지과학의 이론과 개념으로 설명할 수 있을 것인지에 대한 의혹을 담고 있다. 여기에 '진화이론' 특히 '진화심리학'을 둘러싼 논쟁을 염두에 둔 비평이 추가적으로 언급된다. 터너는 이러한 비평들에 함축된 문제 제기들이 진화인지종교학이 발전하는 계기를 마련하게 될 것이라 기대하는 것으로 보인다.

'사회성' 혹은 사회적 마음의 진화와 종교의 진화에 대한 가설을 다루는 연구도 진화이론이 부각되는 최근의 연구 경향에서 빼놓을 수 없다. 이러한 연구는 사회심리학자 아라 노렌자얀(Ara Norenzayan)의 『거대한 신들(*Big Gods*)』(2013)[26]이나 진화인류학자 조지프 헨리크(Joseph Henrich)의 『인류 성공의 비밀(*The Secret of Our Success*)』(2015)[27]과 같은 저서를 통해 일견할 수 있다. 이러한 저서들에는 저자가 참여하거나 유관 분야 연구자들이 공동 연구로 시행한 여러 편의 실험 기반 연구들이 인용되고 있다.

이러한 연구들은 대개 종교적 생각과 행동이 근원적으로 그 자체로 진화적 적응의 결과가 아니라 진화를 통해 갖춰진 인지 체계가 작동하는 과정에서 나타나는 부산물과 같은 것이라는 인지종교학의 표준적인 가설을 부정하지 않는다. 그런데 이 연구들은 이에 머물지 않고, 부산물로서 등장한 문화적 변이인 다양한 종교적 믿음과 실천이 그 자체로 선택의 대상이 될 수 있을 뿐만 아니라 문화진화와 집단의 상대적 성공에 영향을 끼치는 인과적 요인이 될 수 있다고 주장하는 데까지 나아간다. 특히 이러한 연구들은 문화진화의 과정에서 선택된 '감시자 신(watching God)'이나 '도덕적 신(moral God)' 관념으로 묘사될 수 있는 특정한 부류의 종교적 표상들이 지난 약 12,000년간 이루어진 인간 집단 규모의 확장 과정과 밀접한 인과적 상관성을 갖고 있다고 보며, 이로부터 사회성의 진화와 종교의 진화를 결부시켜 설명하고자 한다.

다음 장에서는 진화인지적 종교 연구가 직접적으로 겨냥하고 있는 여러 진화론적 쟁점들 중에서 특히 적응주의-부산물이론 논쟁에 대해 살펴보면서 현재의 논의를 이어 가고자 한다. 적응주의-부산물이론 논쟁은 문화진화와 관련한 다양한 분야의 연구에서 가장 핵심이 되는 쟁점을 포괄하고 있으며, 진화인지적 종교 연구의 이론, 방법, 풍토의 현재 동향을 이해하는 데 필수적인 인식론적 기반이 된다.

3. 종교는 적응인가 부산물인가

최근 수십 년 동안 진화생물학, 진화심리학, 인지과학 등에서 이루어진 진전에 힘입어 문화와 종교현상에 대하여 과학적 접근이 다양하게 시도되고 있다. 이러한 접근들은 고전적인 종교학 논의와 비교할 때 매우 새로운 방식의 종교 담론을 생산하고 있다고 할 수 있다. 물론 지금까지 인류 종교사에 대한 균형 잡힌 관점과 전문적 지식을 광범위하게 축적해 온 종교학적 연구 성과에 비추어 본다면, 그 모든 접근이 동일한 정도의 설득력을 갖는다고 평가될 수는 없을지도 모른다. 그러나 그중의 일부는 단지 새로움을 넘어 다른 과학적 지식과의 무모순성과 실증적인 자료에 의해 검증이 가능한 가설을 다룬다는 점에서 과학적으로 유의미하다. 또 이러한 연구들은 인류의 종교사 일반에 관한 체계화되고 반성적인 연구들의 축적된 성과를 발전적으로 되살펴보게 하는 유용한 인식의 도구로 기능할 수도 있다. 따라서 종교에 대한 다양한 자연주의적 접근의 설득력과 가치 및 특징을 서로 구별하면서 비판적으로 평가하는 일은 중요한 과제라고 할 수 있다.[28]

예컨대, 종교에 대한 자연주의적 접근의 한 부류는 주로 특수한 종교경험에 대한 신경과학적 분석을 통해 종교를 설명하고자 한다. 일종의 신경병리학적 관점에서 뇌의 측두엽 간질과 '신비체험' 사이의 유사성에 주목하는 라마찬드란(V. S. Ramachandran)의 논의를 예로 들 수 있다.[29] 이런 접근은 왜 종교사에서 신비체험이 특정한 종교전통에만 국한된 현상이 아니었는지, 또 그럼에도 불구하고 어째서 신비체험이 매우 특별한 소수의 사람들에 의해서만 경험되는 것으로 보고되어 왔는지를 이해할 수 있는 과학적 근거를 제공해 준다. 이 접근의 관점에서 볼 때, 신비체험은 특수한 신경학적 조건이 형성되기만 하면 특정 종교를 신봉하지 않는 사람들도 경험할 수 있다. 즉, 종교적 신비체험은 '종교적인 것'으로 간주되는 신경병리학적 현상의 일부일 가능성이 있는 것이다. 그러나 이 접근이 종교적 신비체험에 대한 적절한 설명이 되기 위해서는 그러한 경험이 왜 흔히 '종교적인 것'으로 간주되는지 그 까닭에 대해서도 추가적인 설명이 필요하다. 또 인간의 종교문화가 단지 특별한 소수의 특수한 경험만으로 구성되는 것은 아니라는 점에서 이 접근의 설명력이 갖는 적합성의 범위는 명백히 제한된다.

이와 대조적으로, 인지종교학으로 대변되는 진화인지적 종교 연구에서는 소수의 특수한 경험보다는 문화적 차이를 넘어 널리 분포하는 인간의 종교적 생각과 행동의 일반적 양상에 더욱 관심을 기울인다는 특징이 있다. 이러한 관심은 결국 인간의 종교성이 횡문화적으로 확인되는 일반성을 갖게 된 것은 종교성 자체가 진화 과정을 통해 형성된 일종의 적응이기 때문이 아닌가 하는 진화론적 질문과 만나게 된다. 그러나 앞에서도 언급했듯이 현재 인지종교학을 중심으로한 진화인지적 종교 연구 분야에서 널리 수용되고 있는 표준적인 입장은 인간의 종교적 생각과 행동은 그 자체로 적응적 가치를 지니고 있다기보다는 진화된 적응의 부산물이라는 것이다. 진화이론의 전체 흐름을 고려할 때 인지종교학의 이러한 관점은 적응주의-부산물이론 논쟁이라고 하는 매우 첨예한 쟁점과 연결되어 있다고 할 수 있다.

먼저, 일부 학자들은 종교를 일종의 진화적 적응(adaptation)의 관점에서 설명하고자 한다.[30] 즉 종교가 인간 개체, 유전자, 혹은 집단의 생존과 번식 혹은 적합도 향상을 가능하게 함으로써 자연선택되어 나타난 진화적 설계의 직접적인 산물이라는 것이다. 개체 수준에서든, 유전자 수준에서든, 집단 수준에서든 자연선택에 따른 생물학적 적응의 관점에서 종교를 설명하려는 시도는 다음과 같은 몇 가지 공통적인 문제를 안고 있다.

첫째, 적응주의적 접근은 종교의 적응적 가치와 이익에 초점을 맞추고 있지만 종교로 인해 발생하는 비용도 만만치 않다는 점을 충분히 고려하고 있지 않다는 점이다.[31] 둘째, 더 근본적인 문제로서, 종교학에서 축적된 연구 성과에 의하면 '종교'는 분명한 실체가 아니라 인간 삶과 문화의 특정한 양상을 서술하기 위해 고안된 하나의 이차적인 개념 범주일 뿐이다.[32] 따라서 그 자체로 인간 조상의 환경을 고려하며 선택압력이나 적응을 논의할 수 있는 고정된 대상으로서 '종교'나 종교의 '본질'을 논의하는 것 자체가 적절하지 않을 수 있는 것이다.

한편, 적응주의적 입장과 가장 강력하게 대립하는 입장으로서 '부산물이론(byproduct theory)'이 있다. 적응이나 부산물은 해당 형질이 유기체의 생존이나 번식을 위하여 직접적인 가치가 있는지를 기준으로 구분된다. 가령, 포유류의 탯줄이나 혈액은 분명한 적응이지만, 배꼽이나 피의 붉은색은 그러한 적응으로 인해 나타나는 부산물이다.

부산물이론의 관점에서 종교를 보는 입장은 오랜 생물학적 과정을 통해 진화한 서로 다른 다양한 인지적 프로세스가 겹쳐 작용함으로써 종교적인 표상이 발생하고 직관적인 설득력을 갖게 된다고 보는 파스칼 보이어(Pascal Boyer)의 논의가 대표적이다.[33] 보이어는 풍부한 인류학적 자료를 근거로 하여, 제도화된 몇몇 성립종교를 기준 삼아 인류의 종교문화를 논의하는 것은 너무 협소하고 부적절한 것이라고 비판한다. 그에 따르면, 우리가 '종교'라고 부르는 것은 통일된 하나의 총체가 아니라 다양한 생각과 행동이 만들어 내는 매우 분산된 현상이므로 그것을 일종의 패키지처럼 취급하거나 하나의 생물학적 적응으로 간주할 수 없다.[34] 이와 대조적으로, 인간 마음에서 작동하는 행위자 탐지 체계, 대상의 심리적·물리적·생물학적 상태를 파악하는 직관적 추론 체계, 사회적 상호작용과 관련한 추론 체계, 오염 회피 체계, 기억 체계 등의 다양한 인지 체계들은 자연선택과 생물학적 적응을 통해 이해될 수 있는 것들이다.

보이어는 종교문화에서 흔히 발견되는 초자연적 행위자에 대한 관념이나 의례적 행동이 이러한 다양한 적응적 인지 체계가 정상적으로 작동하는 과정에서 발생할 수 있는 부산물이라고 주장한다. 그에 따르면 초자연적 행위자 관념이나 의례적 행동은 일상적으로 작동하는 인지 체계에 의해 발생하기 때문에 인간이 일상적으로 직면하고 경험하는 수많은 상황에 쉽게 기생할 수 있다. 따라서 종교적인 것으로 간주되는 생각과 행동의 양상은 여러 가지 상황에서 매우 다양하게 나타날 수 있다. 그 다양한 것들 중에서 어떤 것들은 여러 인지 체계의 작동 방식에 더 잘 부합하기 때문에 상대적으로 적은 노력으로도 더 쉽게 기억되고 환기된다. 그런 점에서 보이어의 부산물이론은 다양한 인지 체계를 염두에 둘 때 평가할 수 있는 '집합적 적합성(aggregate relevance)'을 통해 종교적 생각과 행동의 발생과 문화적 성공을 설명하려는 시도라고 이해할 수 있다.

부산물이론은 앞에서 언급한 적응주의적 접근이 안고 있는 문제들을 어느 정도 해결해 주는 측면이 있다. 그러나 현실의 종교문화가 단지 인지적 비용이 적게 드는 생각과 행동만으로 가득차 있는 것은 아니라는 점에서 부산물이론이 해결해야 하는 과제 역시 간과될 수 없다. 인지적 고비용의 종교현상에 대한 설명은 부산물이론을 표준적인 설명 모델에 포함시키고 있는 인지종교학 연구자들에게도 중요한 과제로 취급되고 있다.[35]

이와 같이 현대 진화이론의 '적응-부산물이론 논쟁'이라는 주제는 진화인지적 종교 연구에도 중요한 쟁점을 제공한다. 이로 인해 이 주제는 진화이론의 쟁점을 염두에 둔 새로운 연구 동향과도 연결되고 있다. 그 흐름은 다음과 같이 세 가지로 정리될 수 있다.

첫째, 진화인지적 종교 연구에서 적응-부산물이론 논쟁은 종교적 생각과 행동이 적응적 형질의 부산물이라고 보는 인지종교학의 '표준 모델'과 대립하는 적응주의자들과 유전자-문화 공진화론자들의 온건한 반론을 포함하는 방향으로 전개되고 있다. 즉, 인간의 종교적인 생각과 행동이 진화된 인지적 메커니즘의 부산물일지라도 그러한 생각과 행동이 일단 '종교'를 형성하고 나면 결과적으로 적응적인 기능을 논의할 수 있고 자연선택의 메커니즘을 가동시킬 수 있다는 것이다.

둘째, 적응주의적 이론의 관점과 부산물이론의 관점은 해결하고자 하는 연구 질문의 성격에서 중요한 차이를 형성하면서 전개되고 있다. 특히 적응주의 관점에 무게를 둔 연구들은 종교의 궁극적 기원에 관한 질문에 더욱 진지하게 접근하며, 부산물 관점에 비중을 둔 연구들은 종교의 확산, 변형, 지속 등을 가능하게 하는 근연적 메커니즘에 더욱 주목한다.

셋째, 적응주의와 부산물이론 논쟁은 그 틈새를 공략하는 유전자-문화 공진화의 입장에서 종교의 진화를 친사회성(pro-sociality)의 진화와 연계하여 이해해 볼 여지를 제공한다. 이런 관점에서는 대규모 사회 문명의 등장이 인간의 도덕적 행위를 감시하는 높은 위계의 신격에 대한 신앙을 갖는 종교들의 등장과 상호 연관되어 있을 것으로 추정하기도 한다.

즉, 진화인지적 종교 연구의 주요 가설들은 진화이론 전체와 관련해 중요한 함의를 갖는 적응-부산물이론 논쟁의 연장선 위에 놓여 있다. 적응-부산물이론 논쟁은 이미 진화이론 일반에서도 매우 첨예한 논쟁을 형성한 이력이 있고 지금도 여전히 논쟁적인 측면이 있다. 그런 점에서 종교를 둘러싼 적응-부산물이론 논쟁은 선택의 단위를 개체나 유전자의 수준으로 제한하는 주도적인 관점과 집단선택을 주장하는 관점 사이에서 이루어지는 진화생물학과 생물철학 분야의 논쟁에 종교학자들이 참여하고 기여할 수 있는 가능성이 열리는 지점일 수도 있다.

4. 사회적 마음의 진화와 종교문화

인간의 종교적 경향성을 일종의 적응으로 본다는 것은, 그러한 경향성을 지닌 개체들(집단선택론에서는 집단들)이 인간 조상이 오랫동안 노출되었던 환경적 조건에서 살아남고 번성하는 데 상대적으로 유리했을 것이라는 생각을 함축한다. 이와 달리, 부산물이론의 관점에서는 우리가 종교적인 것으로 간주하는 경향성 자체가 적응 문제를 해결하는 데 직접적인 이점을 제공했다고 보기는 어렵지만, 그러한 경향성을 가능하게 하는 하위의 여러 인지적 메커니즘은 중요한 적응적 가치를 지니고 있다고 본다.

그런데 이러한 관점의 차이는 단순히 진화과학의 이론적 쟁점을 드러내는 데 그치지 않는다. 이는 무엇보다도 종교학의 고전적인 논제 중 하나인 '종교적 인간'의 현대적 함의를 재고하게 해 준다. 즉, 이러한 두 관점은 인간의 종교성을 일종의 신성한 기원(divine origin)을 상정하지 않고도 논의할 수 있는 복수의 시나리오를 제공한다.

첫째, 적응주의적 관점에서 인간이 본유적으로 종교적인 존재로 진화한 것으로 가정하더라도 인간 종교성의 적응적 가치는 일차적으로 인간 조상의 환경에서 평가되어야 한다는 것을 의미한다. 진화적 과거에서 적응적이었던 것이 오늘날의 변화된 환경에서도 동일한 적응적 가치를 지닌다고 봐야 할 필연적 이유는 없기 때문이다. 가령, 당분과 지방에 대한 선호는 인류 조상의 척박한 환경에서 적은 양의 음식을 섭취해도 많은 에너지를 낼 수 있는 적응적 가치에 의해 진화하였지만, 오늘날에는 그러한 선호가 비만과 동맥경화를 야기하는 부적응성의 원인이 될 수 있다는 사실과 유비될 수 있을 것이다. 즉, 이러한 관점은 인간의 종교성으로 표현되는 특정한 경향성이 현재의 삶의 환경 속에서 과연 적합한 것인지를 되묻게 해 준다.

둘째, 부산물이론의 관점에서 볼 때, 우리가 인간의 종교성으로 간주하는 특정한 경향성이 반드시 '종교'라는 개념을 통해 서술되어야만 할 필연적인 이유는 없다. '종교'는 실제로 인간이 가지고 있는 하나의 본성적 특징이 아니라 인간 삶의 특정한 양상들을 서술하면서 발생한 이차적인 범주다. 오히려 진화의 과정에서 인간이 실제로 보유하게 된 하위의 적응적 기능들을 서술하고 그 고유의 작동 방식을 체계적으로 이해하는 것이 종교적인 것으로 간주되는 인간의 생각과 행동에 대한 우리의 이해를 깊고 넓게 구축하는 데 도움이 될 것이다. 그리고 그 하위의 적응적 기능들은 앞에서 언급한 바와 마찬가지로 인간 조상의 환경에서 적응적이었을지 몰라도 현대인이 살아가는 환경에서는 그렇지 않을 수도 있다는 것을 간과하지 않을 때 인간 삶의 양상에 대한 더욱 정밀한 분석이 가능하게 될 것이다.

진화인지적 종교 연구가 제공하는 이러한 통찰은 우리가 현대사회의 종교문화 속에서 경험하는 배타성과 사회적 역기능 등 각종 사회적 문제들에 대해서도 보완적인 접근을 가능하게 해 주리라 생각된다. 사실 '사회'는 초창기 종교학에서부터 매우 핵심적인 논제를 형성해 왔다. 집단표상의 측면에서 사회와 종교를 동일선상에 놓고 보았던 에밀 뒤르켐의 논의, 사회를 개인의 실존적 관념적 차원의 확장으로 보았던 막스 베버의 논의, 종교경험이 표현되는 양상을 이론적, 실천적, 사회적 표현으로 구분하고 종교의 사회적 기능과 종교와 사회의 관계를 서술했던 요아킴 바흐의 논의, 사회를 현상학적 관점에서 접근했던 피터 버거의 논의 등을 포함하여, '사회'에 대한 관심은 고전적인 종교학의 중심 주제였다. 그러나 이러한 사회학적 거대이론들이 우리가 살아가는 종교문화의 현실이 맞닥뜨리는 문제들을 가장 잘 설명하는 최선의 도구라고 할 수는 없다. 우리가 경험하는 사회적 문제가 다양하고 복잡한 만큼 이를 설명하는 인식론적 도구도 다각적으로 모색할 필요가 있다.

진화인지적 종교 연구에 함축된 적응-부산물이론 논쟁의 쟁점은 단지 인간의 종교성, 즉 종교적 마음의 진화와 그 작동 방식에 대해서만 의미가 있는 것은 아니다. 그것은 인간의 사회성, 즉 사회적 마음(social minds)의 진화와 그 작동 방식에 대해서도 동일한 함의를 갖고 접근할 수 있게 해 준다. 물론, 인간의 사회성에 대한 유력한 진화론적 가설에는 인간 사회성의 진화를 인간 조상의 적합도 향상의 요인으로 보는 적응주의적인 관점이 강력한 영향력을 발휘하고 있다는 점에서 분명한 차이가 있음을 간과할 수는 없다. 그러나 세부적인 강조점의 차이를 염두에 둘 때, 사회적 마음의 진화에 대한 고려는 현실의 종교문화가 직면하는 다양한 이슈들에 접근하는 대안적인 관점을 제공해 줄 수 있다. 특히 인간의 사회성이 일종의 진화적 적응이라고 할 때, 부산물이론의 관점에 의해 그것은 '종교성'을 구성하는 다양한 적응적 기능의 수준에서 이해될 수 있을 것이다. 또, '사회성' 자체가 하나의 모듈이 아니라 하위의 다양한 적응적 기능들로 구성된 복합 형질로 파악될 수 있다는 점에 대한 고려는 사회적 마음에 대한 일반적인 논의로부터 더욱 체계적인 접근을 요청하는 세부적인 연구 주제들을 분할시켜 준다.

이러한 접근은 종교문화에서 나타나는 다양한 갈등 상황과 부적응적 사회 행동을 이해하는 데에도 도움이 되리라 생각된다. 타인을 만나고 관계를 맺고 협력하고 갈등하는 행동 패턴에는 다양한 기능적 모듈이 작동하며 편향과 편견을 작동시킨다. 내집단에 대해 친사회적 순기능을 갖는 마음의 체계가 내집단의 구성원으로 지각되지 않는 사람들에 대해서는 전혀 다른 효과를 낼 수 있는 것이다. 그러므로 사회적 마음의 중층적인 작동 방식을 체계적으로 파악하는 일은 현실의 종교문화가 발생시키는 다양한 이슈를 이해하는 데에도 도움이 될 것이다. 또 만약 인간 조상의 환경에서 형성된 인간의 사회성이 수렵채집사회의 집단 규모에 특화된 적응적 체계로 이해될 수 있다면, 글로벌 사회에서 현대인들이 직면하는 개인 간, 집단 간, 개인과 집단 간의 상호작용에서도 그러한 사회성이 여전히 적응적일 수 있는지, 그렇지 않다면 어떤 부작용을 낳게 될 것인지도 더불어 숙고할 수 있을 것이다.

흥미롭게도 최근의 진화과학과 인지과학은 사회적 마음의 진화에 대하여 많은 연구를 생산하고 있다. 인간의 사회성은 유전적 근연도와 무관한 개체들과의 상호작용을 포괄한다는 점에서 자연선택과 성선택, 친족 선택, 생애 사적 자원배분[36] 등 진화론의 기본적인 논제를 넘어서는 특징을 지니기 때문에 다양한 차원의 탐구가 요청되고 있는 것이다. 특히 사회적 뇌의 진화,[37] 대뇌 신피질 비율(cerebral neocortex ratio)과 집단 크기의 상관성,[38] 이타성과 호혜적 이타주의의 진화, 협력과 친사회성의 진화, 집단정체성과 내집단 편향 등의 사회인지적 기제, 도덕 판단과 도덕적 행동의 기저에서 작동하는 마음의 체계[39] 등에 대한 연구가 많이 시도되어 오고 있으며 그 성과가 상당히 축적되어 있다. 그러나 여전히 갈 길은 멀어 보인다.

진화인지적 종교 연구의 주요 연구자 중 한 명인 파스칼 보이어는 최근의 저서 『마음이 사회를 만든다』에서, 사회적 마음의 진화에 대한 연구가 다음과 같은 다양한 질문에 대하여 답변을 탐색할 수 있다는 것을 보여준다.[40] 왜 사람들은 사실이 아닌 것을 그토록 많이 믿을까? 왜 사람들은 정치적 지배를 감내할까? 왜 사람들은 집단정체성에 관심을 기울일까? 무엇이 남자와 여자를 다르게 만드는 걸까? 다른 가족 모델이 존재할 수 있을까? 왜 인간은 그렇게도 협력적이지 않을까? 한편, 왜 인간은 그토록 협력적인가? 사회가 정의로울 수 있을까? 도덕성을 어떻게 설명할 것인가? 사람들은 왜 다른 사람들의 행동을 모니터하고 통제하는가? 왜 사람에게는 종교가 존재하는가? 이러한 질문들은 한국사회의 종교문화를 연구하는 학자들에게도 그대로 유효할 것이다. 위의 질문들은 이른바 '종교적 인간'에 대하여 묻는 질문이기도 하며, 우리 사회의 종교문화 속에서도 반복적으로 발견되는 보편적인 이슈들을 다루고 있기 때문이다. 그러나 이런 질문들은 결코 개별 종교의 교리나 이념적 주장에 대한 탐구만으로는 대답할 수 없다.

진화인지적 종교 연구가 종교적 마음과 사회적 마음을 별도로 다루어야 할 이유는 없을 것이다. 인간 마음은 다양한 심리적·인지적 기제를 기초로 작동하며 종교나 사회도 그러한 기제들의 종합적인 작용과 더불어 경험되는 것이기 때문이다. 또, 진화인지적 종교 연구가 인간이 지닌 종교적 마음과 사회적 마음의 밝은 면만을 강조해야 할 이유도 없다. 우리는 이미 일상의 경험을 통해 인간의 종교성과 사회성이 얼마나 파괴적일 수 있는지를 잘 알고 있다. 우리에게 필요한 것은 종교성과 사회성이 앞으로 나아갈 방향에 대한 낭만적 기대가 아니라 과거의 진화 과정이 만들어 낸 마음의 작동 방식에 대한 체계적인 지식이다.

5. 나가며

진화인지적 종교 연구는 지금까지 이른바 '호모 렐리기오수스'에 대한 선험적 가정이나 '세계종교'에 대한 역사학적 관심을 '인류의 종교문화'에 대한 더욱 폭넓은 의미의 인간학적 관심으로 전환시키는 노력을 기울여 왔다고 할 수 있다. 이러한 전환 속에서 종교의 공식적인 '교리', '역사', '전통'만으로 다 포착되지 않는 종교적 삶의 일상적 현장들이 더욱 체계적으로 다루어지고, 다양한 문제의식, 이론, 연구방법 등이 제시되고 있다. 연구자들은 이런 성과를 내기 위해 인문학 하위의 분과 학문의 울타리가 주는 안정감을 일정 부분 포기하고 더욱 다양한 과학적 발견과 이론적 가설을 탐색하는 데 많은 자원을 투자해야 했을 것이다.

그러나 진화인지적 종교 연구는 단지 종교 연구에 특정 과학 이론을 일방적으로 적용하려는 시도와는 구별해야 한다. 그것은 오히려 종교학, 인류학, 진화심리학, 인지과학 등 다양한 연구 분야의 성과를 통합적으로 참조하여 종교의 중요한 특징들을 설명하면서, 더 나아가 분과 학문 체계의 한계를 넘어서서 소통하고 있는 학계에 더욱 유의미한 과학적 가설을 제시하고 학술적 논쟁에 주도적으로 참여하려는 움직임을 보이고 있기 때문이다.

물론 진화인지적 종교 연구의 이러한 시도들은 진화과학과 인지과학 제분야에서 전개되고 있는 여러 가지 이론적 쟁점이 함축되어 있는 가설들에 기반을 두고 있는 것이 사실이다. 따라서 그러한 쟁점을 둘러싼 가설들이 여타의 과학적 발견들이나 이론적 가설들과 어떤 관계를 맺고 있으며 과연 충분한 설득력을 확보하고 있는지 여부가 진화인지적 종교 연구의 학술적 가치와 함의를 평가하는 데 중요한 준거로 작동하게 될 것이다.

나는 진화인지적 종교 연구의 최근 동향을 리뷰하면서 발견한 간과할 수 없는 한 가지 사실에 대해 언급하고 글을 끝맺고자 한다. 진화인지적 종교 연구가 묻고 있는 질문들은 이제 결코 개인 연구자 한 명이나 분과 학문 하나가 감당할 수 없다. 울타리를 열고 다양한 분야의 연구자들과 협업하며 서로 논쟁하고 배울 수 있는 기회를 적극적으로 모색해야 할 것이다. 진화 과정을 통해 갖추어진 우리의 제한된 이성은 다른 사람들과 상호작용하는 과정에서 가장 효과적으로 작동하는 사회적 마음의 일부다.[41]

페미니즘 시대,
실천적 종교 연구를 위한 시론

: 진화인지적 접근

강 석 주

1. 들어가며

"2018년의 대한민국에서 '남녀'는 '남북'보다 결코 덜 중요하지 않았다." 한 반도의 분단 상황이 평화 체제로의 긍정적 전환 가능성을 보여줄 만큼 남북 문제가 화두였지만, 신형철은 젠더 문제가 더 이상 다른 이슈들의 뒷전으로 밀려날 수 없었던 한 해였다고 지적했다.[1] 연초부터 이어진 미투 폭로는 사회 전반의 영역에 숨겨져 있던 성범죄 사실들을 공론화시켰다. 특히 현직 검사의 생방송 인터뷰가 기폭제가 된 이유는 검사라는 엘리트 직업군의 여성조차 성폭력에 공포감을 느끼며 오랜 시간 자책과 2차 피해의 와류 속에서 헤맬 수밖에 없었다는 현실이 많은 이들의 공감과 지지를 이끌어 냈기 때문이었다. 전방위적 미투의 해를 보내면서 우리는 젠더라는 계급성이 한국 사회의 근원적 억압 조건이 되어 왔음을 체감할 수 있었다.[2]

'남녀'가 중요했던 만큼 성대결 또한 어느 때보다 격화되는 양상 속에서 웹사이트 〈워마드〉[3]가 논쟁의 중심으로 부상했다. 워마드는 현실의 젠더 불평등을 인식하고 해결하기 위한 핵심 정체성으로 생물학적 '여성'만을 강조하는 특징을 보인다. 이 사이트가 청년 세대를 넘어 대중 일반에 강렬하게 각인된 시점은 작년 여름부터라고 볼 수 있다. 2018년 7월 10일, 천주교 미사에 쓰이는 '성체'에 낙서를 하고 불에 그을려 업로드한 게시글이 결정적 계기가 되었다. 특정 종교에서 소중히 여기는 신앙적 전통을 모독하는 방식이 잘못됐다는 비판과 함께, 사이트 폐쇄를 촉구하는 글들이 청와대 국민청원 게시판에 올라오기 시작했다.[4] 온라인상에서도 많은 논쟁이 있었다. 한쪽에서는 '신성모독'과 '나라 망신'을 외치며 경찰 수사와 법적 처벌을 주장했고, 다른 한편에서는 여성 사제와 낙태죄 폐지를 원천 금지하는 가톨릭 교리의 여성 억압적 측면을 점검할 때라는 목소리가 나왔다.[5]

'성체 훼손 사건' 이틀 뒤, CBS 라디오 〈김현정의 뉴스쇼〉에서 안봉환 신부(한국천주교 주교회의 홍보국장)와 이현재 교수(서울시립대 도시인문학연구소, 여성주의 철학자)의 인터뷰가 진행되었다. 이들이 각각 '한국의 가톨릭'과 '페미니즘'의 입장을 대변한다고 볼 수는 없겠지만, 이 인터뷰는 이 글이 시작되는 중요한 동기가 되었다. 각자의 영역을 침범하지 않으려는 자기주장의 말하기는 소통을 전제하지 않으며 진정한 대화를 불가능하게 한다는 생각이 들었기 때문이다. 해당 인터뷰는 그동안 한국사회에서 '종교'와 '페미니즘'이 어떠한 방식으로 만나 온 것인지 궁금증을 불러일으키기에 충분했던 것이다.

> 안봉환 신부: 한마디로 그런 엽기적인 행동을 보고 너무 경악해서 이루 형용할 수 없는 상당한 충격을 받았습니다. (중략) 천주교에서는 예수님의 몸과 피를 빵과 포도주의 형상으로 우리에게 보여주고 또 거룩하게 축성해서 그리스도의 몸이라고 받아 마시고 또 이 그리스도 신앙의 가장 중요한 계율이라고 믿고 있습니다. 지극히 공경을 드리고 있죠.
>
> (진행자 김현정 앵커: 천주교에서는 여자는 사제도 못 하게 하고. 그러니까 신부도 못 하게 하고 낙태죄 폐지하는 것에 대해서도 반대한다. 여성을 억압하는 종교다. 이게 지금 성체를 훼손한 이유라는 거거든요. 어떻게 생각하세요?)
>
> 이번에 발생한 성체 훼손 사건은 별개의 문제라고 봅니다. 사실 천주교에서

는 사제 직무를 위해 오직 남자만을 택하셨고 어떤 여성도 열두 사도의 일원으로 부르시지 않았다는 예수님의 가르침에 근거하여 사제 직무를 설명합니다. 그래서 인간의 권리나 남자와 여자의 성평등 차원에서 접근할 수 있는 문제가 아닙니다.

다음에 생명이라는 것은 임신 순간부터 최대의 배려로 보호받아야 합니다. 따라서 낙태는 근본적으로 인간 생명을 존중하지 않는 흉악한 죄악, 인간 생명 자체를 거스르는 행위라고 볼 수가 있습니다. (중략) 옳고 거룩한 것은 아무것도 배척하지 않으며 그 계율과 교리도 진심으로 존중하고 있습니다. 그러나 이런 보편적인 상식과 공동선에 어긋나는 심각하고 중대한 문제는 마땅히 비판받아야 한다고 봅니다. (중략)

이현재 교수: (중략) 불편하면서도 오죽하면 그랬을까 싶기도 하고 복잡합니다. 실제로 온라인 공간은 여성혐오로 넘쳐나고 있습니다. 그런 상황에서 사실 그러한 비난으로부터 대피하기 위해서 만든 사이트가 워마드인데요. 가장 자극적인 주제로 이야기해야만 우리의 페미니즘 혹은 우리의 이슈들을 건드려 주는구나라는 걸 이미 알고 있는 이용자들이기 때문에. (중략) 그리고 왜 일베에서는 우리보다 더한 것들도 하는데 그것을 했을 때는 한마디 말도 없다가 왜 우리가 그들과 비슷한 미러링으로써 이런 짓을 할 때에만 우리의 흠집을 잡아내느냐가 전반적으로 이들의 불만 사항들이거든요. 그리고 그렇게 말하는 식으로 해서, 일베류의 사람들이 얼마나 여성혐오의 일들을 저지르는지를 봐라라는. 사실은 폭로하는 거죠, 간접적으로.

저는 사실 워마드의 입장에 동의하지 않습니다. 하지만 워마드의 행위에 흠집을 내는 것을 너무 집중해서 말하는 방식이 이 문제들을 불거지게 한 성평등의 문제를 해결할 수 있는 방안인지에는 의심을 둡니다. 이 흠에만 집

<u>중하는 방식은 악순환을 만드는 거 같아요. 잘못하지 않았다는 게 아니에요.</u> 그런데 잘못을 지적한다고 해서 지금 문제가 되는 상황이 없어지지 않잖아요. 그리고 문제가 되는 상황을 없애야 한다라고 한다면 <u>성평등을 위해서 사실은 무엇을 더 할 수 있었는가를 먼저 같이 생각해 줘야 한다고 생각해요.</u>[6] (밑줄은 인용자)

위 인터뷰에 참여한 두 화자의 발언에서 둘 사이의 엄청난 격차를 느낄 수 있다. 안봉환 신부는 성체 훼손 사건과 가톨릭의 여성 관련 입장이 완전히 별개의 문제라고 못박으면서 워마드 행동 동기에 동의할 수 없다는 입장을 강조한다. 사제 직무의 남성중심성과 임신중단에 관한 가장 보수적인 교회의 입장도 주지시킨다. 이현재 교수는 워마드 활동 방식의 과격성을 우려하면서도 온라인 공간 전반에서 그동안 여성들이 겪어 온 여성혐오적 환경에 대한 설명을 충분히 하는 것에 인터뷰 내용을 할애한다. 워마드의 방식에는 동의할 수 없지만 그들의 잘못을 지적하는 것보다 성평등을 위한 우리 사회의 고민과 행동이 우선시되어야 한다고 강조한다. 그러면서 성체 훼손 문제에 대한 직접적인 언급을 하지 않고 민감한 종교적 부분도 건드리지 않는다.

한국사회는 2015년부터 현재까지 대중적 차원에서 페미니즘의 급격한 재부상을 경험하고 있다. 2016년 5월 강남역 일대에서 벌어진 여성 살해 사건에 청년세대 여성들은 자신들이 '우연히 살아남았다'고 응대했고, 페미니즘을 생존을 위해 취하지 않을 수 없는 세계관으로 받아들인 결과, 최근 2명 중 1명꼴로 자신을 페미니스트라고 정체화하는 것으로 드러나고 있다.[7] 그러나 이러한 대중 페미니즘의 사회적 폭발력에 비해 종교라는 영역과 페미니즘의 관계 맺기는 아직까지 심도 깊은 차원으로 이뤄지지는 못한 것 같다.[8] 특히 한국의 여성학자들에게 종교는 대체로 무관심의 대상이며, 종교 역시 페미니즘의 목소리를 지속적으로 소외시켜 오는 방식으로 변화를 거부해 온 것은 아닌지 의심을 거두기 어렵다.

물론 종교계와 여성계의 대화는 쉬운 일이 아니다. 각자의 입장이 완고한 평행선을 이루는 것으로 보이기도 하고, 소통을 시도한다는 것 자체가 불가능한 미션으로 느껴지기도 한다. 그러나 각자의 언어를 번역해 줄 존재를 만나지 못했거나, 대화의 방법을 연습할 기회가 부족했다는 문제도 있을 것이다. 진정한 대화는 '우리가 거부하는 견해를 고수하는 사람들과의 대화'이며, 이것만이 서로의 세계와 사유를 풍부하게 만든다. 『인간의 조건』(2015)에서 사회학자 바우만(Zygmunt Bauman)과 예수회 사제 출신 종교학자 오비레크(Stanisław Obirek)는 '사회학의 세상과 예수회의 세상이 서로 다른 전제 위에 구축되어 있음을 인정함에도' 대화를 나누었다.[9] 대화는 상대방을 제압하지 않으려는 자세로 자신을 전달하고, 다른 세상의 이야기를 경청하는 것에서부터 시작될 수 있다.

페미니즘과 종교는 서로를 불편하게 만들면서도 만나지 않을 수 없는 역사를 지녀 왔다. 이에 이 글에서 지속적으로 대화하고 소통하기 위한 자원을 정리하는 차원에서 기존 논의의 지형을 점검하는 기회를 제공한다. 이 글은 페미니즘과 종교를 동시에 연구하고자 했던 사람들이 어떤 메시지를 부각시켜 왔는지를 중심으로 범주화하여 역사를 재구성하고 앞으로의 페미니즘적 종교 연구의 과제를 제안하려는 시론적 시도이다.

2. 기본 개념: 페미니즘, 젠더, 종교

페미니즘과 종교가 대화를 하기 위해서는 우선 서로의 언어와 어휘들을 알아야 한다. 따라서 이 장에서는 본격적인 논의에 필요한 기본 개념들을 정의하는 작업을 할 것이다.

페미니즘은 '성차별주의에 근거한 착취와 억압을 종식시키려는 운동이자 인식론'이다.[10] 벨 훅스(bell hooks)의 이 명제는 남성이나 여성이 아닌, 성차별주의에 문제의 핵심이 있음을 바로 알게 한다는 면에서 페미니즘에 대한 좋은 개념 정의이다. 즉 페미니즘은 역사적으로 제도화된 성차별주의에 대한 이론적 이해이며, 이를 만들고 고착화시키는 구조와 문화에 비판적으로 개입하는 사회운동이라고 볼 수 있다.

페미니즘의 학문적 버전이라고 할 수 있는 여성학은 1970년대부터 학계에 진입하게 되면서 사상과 이론을 집약하고 발전시킬 수 있었다. 여성학은 태생적으로 학제간 연구의 특징을 지니는데, 여성들의 복잡한 현실이 단일한 분과 학문의 틀 안에서 이해될 수 없기 때문이다.[11] 시대별로 중요한 학문적 사조(자유주의, 마르크스주의, 사회주의, 포스트모더니즘, 탈식민주의 등)와 이론 경향이 페미니즘 발전의 중요한 자원이 되어 온 것처럼, 여성학도 다른 분과 학문들과의 지속적인 교류를 통해 성장해 왔다. 여성학은 여러 학문들과의 인식론적, 방법론적 융합을 통해 다면적이고 다층적인 여성의 현실을 탐구 가능하게 한다. 특히 '젠더(gender)'와 '섹슈얼리티(sexuality)'라는 고유의 분석 도구를 고안하고 정교화하면서 모든 분야에 제공하는 학문적 허브(hub) 역할을 한다.

학술 용어이면서 정책 용어이기도 하고 일상어이기도 한 '젠더'는 페미니스트 문제의식을 가지고 사회 분석을 촉구하는 개념적 렌즈이자 사회 분석 범주이다. 일차적으로는 성(性)이 생물학적으로 결정되거나 고정적으로 주어진 것이 아닌, 사회문화적으로 끊임없이 만들어지는 것이라는 메시지를 주기 위하여 고안되었다. 그러면서 남성(men)과 여성(women) 집합이 구성되는 방식이 비대칭적, 불균형적임을 가시화하고 그 안에 어떤 권력이 작동하고 있는지 분석하면서 이를 변화시키기 위한 목적을 지닌다. 오늘날 젠더는 여성 혹은 남성을 만들어 내는 힘, 성적 특질을 생산하는 행위들에 대한 수행적 개념, 현실을 구성하는 담론적 권력의 한 형태, 이항대립과 위계질서에 수반되는 효과에 대한 질문 등으로 이어지는 일종의 '아비투스(habitus)'로서 화두가 되고 있다.[12]

젠더라는 분석 범주를 종교 연구에 적용한다는 것은, 종교 전반(상징, 의례, 신화, 교리, 경전 해석 등)에 대한 근본적인 재구성을 통해 종교를 인간 삶의 온전한 시스템으로 참여시키는 것을 의미한다.[13] 오직 남성들의 관점에 집중하는 것이 사회적 복잡성과 종교 조직을 유지하는 구조를 놓치게 하며 정확한 분석을 왜곡한다는 의미에서 그렇다. 젠더에 관심을 갖는 것은 인종, 계급, 민족에 관심을 갖는 것처럼 인간 사회 요체들의 다면적인 복잡성을 더 잘 이해할 수 있도록 해 준다. 젠더를 주요 도구로 하여 페미니즘적 종교 연구가 본격적으로 시작된 시기도 1960년대 후반으로, 여성학이 학문화된 시기와 비슷하다. 페미니즘은 종교 연구에서 전통적으로 중요시되어 온 현상학적 풍토를 탈코드화하였으며, 종교를 절대적인 것이 아닌 특정한 문화와 역사적 맥락 속에 존재하는 것으로 보는 패러다임을 창출시켰다.[14]

그렇다면 도대체 '종교'란 무엇인가? 많은 논자들이 역사적으로 종교를 다양하게 정의해 왔지만, 각종 포스트 담론(후기구조주의, 포스트모더니즘, 탈식민주의 등)이 휩쓸고 지나간 이후, 해체주의 철학자 데리다(Jacques Derrida)가 여전히 "종교(religion)는 대답(réponse)이며, 대답은 책임(responsabilité)이다."라고 말하고 있음을 주목할 필요가 있다.[15] 물론 하나의 대답만을 추구하지 않겠지만, 기본적으로 인간 삶의 근본적인 질문들에 대한 책임 있는 대답이 무엇인지를 고민하는 것이 종교라는 점은, 종교를 다루고 연구하는 사람들이 늘 염두에 두어야 할 바일 것이다. 그러므로 페미니스트 종교학은 "종교를 페미니즘의 관점으로 연구하는 데서 나아가 종교를 페미니즘적으로 변형시킨다."[16]는 면에서, 종교 본연의 책임성을 실현시키는 데 도움이 되는 방향이라고 볼 수 있다.

3. 페미니즘과 종교의 소통을 위한 자원들
  : 5가지 주제를 중심으로

페미니즘과 종교의 소통의 관점에서 그동안 어떤 주제들이 논의되어 왔는지를 일목요연하게 정리하는 것은 어려운 일이며 논자들마다 그 방식이 다양하다. 페미니즘은 당대에 유행하는 주류 이론과 사유체계를 활용해서 바로 그 이론과 담론에 비판적으로 개입하려 하기 때문에 범위와 내용이 무한히 확장되는데, 종교는 이러한 페미니즘보다도 길고 방대한 역사를 갖고 있다. 따라서 종교학의 모든 연구 대상들이 페미니즘적으로 재구성될 수 있다고 볼 때 이를 한 편의 글에서 다루기는 불가능할 것이다.[17]

페미니즘의 개입을 시대구분을 두어 단계적으로 정리하는 방식은 종교학 연구에서 자주 발견되는 것이지만(이순기, 2005; 이숙진, 2007; 최연정, 2006; Gross, 1996; Mikaelsson, 2016; Morgan, 1999 외), 그 유용성에도 불구하고 이는 역사의 선형적 발전론을 상상하게 하며 세대 간의 단절도 전제한다. 비슷하게, 여성학에서는 페미니즘의 역사를 설명할 때 주로 물결(wave)이라는 비유를 사용한다. 페미니즘이 파도와 같이 크고 작은 물줄기들을 만들며 끊임없이 이어져 왔다는 역사의 연속성을 보여주면서 동시에 큰 바다 안에 수렴되기도 했다는 메시지를 전하는 것이다. 그런데 이것은 페미니즘이 특정 시기에 좀더 많은 동력을 확보한 것이 사실이라 해도, 두세 번의 물결 외에는 페미니스트 활동이 없었다는 오해를 줄 수도 있다.[18]

이 글에서는 그동안 종교와 페미니즘이 만나 대화를 시도한 목표에 따라 5가지 주제를 범주화해 역사를 재구성한다. 키워드로 뽑은 것은 동등, 해방, 차이, 교차성, 해체이다. 여성이 세상의 절반이며 남성과 '동등'한 존재라는 기본 전제를 설득하는 것조차 종교의 영역에서는 여전히 숙제로 남은 가운데, 페미니즘 이론은 젠더 개념과 정체성의 고정성을 '해체'하는 방향으로까지 발전을 이루었다. 성별 이외에 다른 사회적 조건들이 '교차'하는 복합적인 맥락을 보는 것이 최근 페미니즘 이론의 일반적 관점이지만, 여전히 여성의 경험과 몸의 '차이'를 강조해야 하는 국면들이 존재한다. 계속해서 발생하는 억압 상황을 하나씩 소거하는 방식으로 '해방'을 꿈꾸는 존재들의 시도는 늘 소중한 것이다. 즉 이 모두는 완성되어 혹은 종결되어 역사 속으로 사라졌거나, 이제 막 떠오르는 새로운 과제가 아닌, 모순된 채로 공존하고 있는 동시대 현재진행형의 주제들이다. 이러한 기술 방식과 범주화 작업을 통해 우리는 현재 시점의 한국사회에서 종교와 페미니즘의 소통에 필요한 기초 이론적 자원으로서의 기능을 기대할 수 있다.

1) 동등

메리 울스턴크래프트(Mary Wollstonecraft)가 영국에서 『여권의 옹호』(1792)를 쓴 시점을 보통 근대 페미니즘의 시작으로 본다. 이 시기 여성운동의 과제는 여성이 시민이 되는 것이었다. 시민의 권리인 참정권, 교육권, 노동권, 재산권 등의 확보가 주된 의제로 부각되었다. 여성운동가들은 이 권리를 신이 부여한 것으로 이해하였다. 국가가 여성을 시민에서 배제하는 것은 애초에 신의 창조 원리와도 맞지 않는다는 입장을 폈다. 울스턴크래프트 역시 『여권의 옹호』의 많은 부분에서 그 근거를 종교로부터 찾고 있다. 그가 보기에 당시 여성의 현실은 남녀 모두에게 자신의 형상을 부여해 준 신에 대한 모독이므로, 교육을 통해 여성의 인간존엄성을 되찾는 것이 중대한 목표가 되었다.[19]

미국에서는 여권운동의 공식적 첫 모임이라 할 수 있는 '전미여성인권대회'(1848)가 세네카 폴즈의 한 감리교회에서 열렸다. 초기의 취지는 노예제 폐지 운동 내부의 여성 배제와 차별에 대항하는 것이었으나, 기독교 여성들이 주축이 되면서 여성의 시민됨의 조건과 종교적 지위가 함께 토론에 부쳐졌다. 이 시기 페미니스트들은 남성과 여성의 동등한 대우에 있어 종교적 보장이 필수적이라고 믿었으므로 여성의 사회적 권리를 확보하는 것과, 교회 안에서 여성의 목소리를 높이고 성서에서 그 근거를 발견하는 과정이 연결되었다. 즉 여성의 시민권 확보를 참정권 이슈로 집중시키면서도, 교회 제단의 남성 독점권 폐지를 동시에 요구하였다.[20]

여성 참정권 운동을 주도했던 캐디 스탠턴(Elizabeth Cady Stanton)은 『여성의 성서』(1895)에서 성서가 가부장적 남성들의 정치적 도구로 오용되어 왔다는 것을 지적했다. 이 책은 기존의 성서를 대체하는 새로운 것이 아닌, 여성에 관해 언급한 구절을 모아 놓은 성서 주석집이다. 이 책에서는 성서 기술 방식에 특정한 문화적 배경이 깔려 있음을 밝히면서 이것이 신적인 진실과 공존하고 있음을 구분해 냈는데 이는 성서 비평 역사의 핵심적 성취였다.[21] 스탠턴은 특히 창세기에 기록된 평등주의를 강조했다. 성서에는 남성적 요소와 여성적 요소가 동등하게 출현하고 있으며, 신성 안에 존재하는 여성적 요소가 남성과 동등한 권능과 영광을 가지고 있음을 드러냈다.[22]

이러한 '동등'의 이슈는 3세기부터 불연속적으로 이어져 온 성서와 교회에 관한 페미니스트들의 비평과 재해석의 연장선상에 있는 것이며, 지금도 지속되고 있는 강력하고 핵심적인 현재적 문제이다. 래쉬코브(Ilona N. Rashkow)는 페미니스트 관점으로 히브리 성서를 연구하는 것이 현재에도 여전히 중요함을 강조한다. 이것은 성서의 남성 작성자와 남성 번역자가 주목하지 못했거나 잘못 해석했던 성서 시대 여성의 역할을 탐색함으로써 성서 해석의 폭넓은 전통을 만들어 내며 역사적 방향성과 종교의 가능성을 넓히는 일이다. 누가, 언제, 어떤 상황과 맥락에서 말했는지에 대해 주의깊은 질문을 가지는 태도는 '정확성'에 대한 갈망이며 결국 종교적 텍스트를 제대로 이해하기 위한 필수적인 관점이기 때문이다.[23]

한편, 가톨릭교회는 1976년 교황청의 '여성 사제 불허 선언' 발표 이후, 현재까지 여성 사제 가능성에 대한 논의 자체를 꺼리는 상황이다. 가톨릭 신앙의 중심인 미사를 집전할 수 있는 권한이 남성 사제에게 집중되는 한 여성 수도자들의 자율성과 능력이 남성보다 부족하다는 인식은 계속될 수밖에 없다.[24] 이것은 전 사회적 분야에서 여성과 남성이 동등한 기회를 가지는 방향으로 발전하고 있는 현대의 시대적 소명과는 상당히 거리가 있다. 개신교에서 여성에게 목사 안수를 통해 목회자로 나설 수 있는 기회가 열려 있지만, 100년이 넘은 한국 교회 역사 속에서의 활발한 개신교 여성운동의 양상에 비해 아직까지 매우 적은 수의 여성 목사만이 배출되고 있다. 교회 내 뿌리깊은 성역할 고정관념으로 인해 여성 목회자에게 부수적 업무만 맡기거나 목사보다 사모의 역할을 권유하는 분위기가 만들어지는 것도 문제이다.[25] 교회에 출석하는 개신교인 1천 명을 대상으로 한 정재영의 2018년 조사에 따르면, 교인 90% 이상이 여성과 남성이 할 일을 구분하지 말아야 하고, 교회의 주요 의사결정과정에 여성들이 동등하게 참여해야 한다고 응답했다. 의사결정권을 갖는 장로직의 경우 적당한 여성 비율을 묻는 질문에

평균 31.1%로 나와, 현재보다 3배 이상 늘어나야 한다는 결과가 도출되었다.[26]

불교의 상황도 크게 다르지 않다. 한국불교 최대 종단인 조계종은 지도자가 반드시 비구여야 한다는 것을 종법(1962년)으로 명시하면서 비구니를 차별하고 여성 불자를 배제하는 제도를 지속시켜 오고 있다. 그러나 옥복연이 지적하듯이, 제도에 무관심하거나 냉담해지기보다 꾸준히 비판하고 개입하면서 동등한 권리를 요구하는 것이 무엇보다 중요하다. 권리는 그냥 주어지는 것이 아니라는 인식이 필요하며, 관습과 전통의 공고한 성차별성을 여성 종교인 스스로가 적극적으로 드러내야만 쟁취될 수 있는 것이기 때문이다.[27]

즉, 여성이 남성과 동등한 인간존재라는 기본적인 전제를 토대로 한 종교 내 여성 리더십 확보[28]와 경전의 성평등적 재해석은 종교와 페미니즘의 관계에서 여전히 중요한 제1의 대화 주제이다. 다른 이슈들과 함께 계속적으로 논의되어야 하는 미완의 과제인 것이지 포기되거나 시선을 돌려야 하는 철 지난 문제가 아닌 것이다.

2) 해방

두 번째 논의 주제는 '해방'이다. 페미니스트 철학자 앨리슨 재거(Alison Jaggar)에 따르면, 해방은 억압의 상태로부터 구제되는 것이다. 이때 억압은 불운 때문에 빚어지는 것이 아니며, 개인이나 집단의 자유가 불공평하게 차별적으로 제한될 때 초래된다.[29] 인간의 억압 상태로부터의 해방은 (차별적인 이유로 자유를 제약받는 어려운 환경에서) 다소 과격하고 급진적이며 발본적인 방식으로 문제상황의 핵심을 찌를 때 그 가능성이 열린다. 소저너 트루스(Sojourner Truth)는 1851년 오하이오주 연설에서 다음과 같이 말했다. "저기 검은 옷을 입은 작은 남자가 말하네요. 여성은 남성만큼의 권리를 가질 수 없다고요. 왜냐하면 그리스도가 여성이 아니었기 때문이라고요. 당신들의 그리스도는 어디서 왔죠? 하느님과 여성으로부터 왔잖아요. 남성은 그리스도와 아무런 관계가 없었죠."[30] 흑인, 노예, 여성의 신분으로 당시의 그녀는 상당히 급진적이고 과격한 주장을 펼쳤다. 제2물결 페미니즘의 시기에 여성해방을 고민했던 사람들을 '래디컬(radical)' 페미니스트라고 부르는 것도 같은 맥락이다. 일례로, 슐라미스 파이어스톤(Shulamith Firestone)은 『성의 변증법』(1970)에서 여성이 가진 생물학적 특징에 수반되는 성적 역할이 여성을 하위 계급에 머무르게 만드는 문제라고 보고, 성과 재생산을 분리할 수 있는 방법만이 여성해방에 기여할 수 있다고 주장했다.

이 시기 교회 안에서도 기독교 자체를 강도 높게 비판하는 목소리가 나왔다. 메리 데일리(Mary Daly)는 1971년 하버드 기념 교회 최초 여성 설교자로 초청받은 자리에서 탈기독교 선언을 한 것으로 유명하다. 신학자였던 그녀가 교회를 떠난 것은 페미니스트 종교 연구에 한 획을 그은 사건이 되었다.[31] 『교회와 제2의 성』(1968)에서부터 데일리는 급진성의 단초를 보여주었다. 기독교를 '과거로부터 물려받은 부담스러운 짐', '우리 자신의 어둠'으로 표현하기 시작한 것이다. 그녀는 기독교가 인간의 존엄성을 항상 가르쳐 왔다고 낙관하면서 성평등의 근거를 성서와 교리 안에서 찾으려고 하는 것은, 종교가 여성 억압을 외면하고 심지어 기반이 되어 주는 현실을 정당화할 뿐이라고 지적하였다.[32] 『하나님 아버지를 넘어서』(1973)에서는 육화된 신의 개념과 인간과의 관계를 설명하는 기독교의 남성중심적 상징주의가 현실의 성별 위계를 강화하며, 공공연하게 여성들의 무의식을 억압한다는 점을 비판하였다. 따라서 가부장적 종교의 기초 가정에 도전하고 여성들의 '인간 되

어감(human becoming)'을 가능하게 하기 위한 해방철학이 필요하다는 것을 천명하게 된다.[33]

한편, 류터(Rosemary Ruether)는 데일리처럼 교회를 떠나지 않고 가톨릭 신앙을 유지하면서 해방주의 신학자로서 성서에 사용된 언어의 위계성을 검토하였다. 그는 『성차별주의와 하느님-말』(1983)에서 성서에서 발견되는 남성 신격의 이미지를 고집하는 것은 신앙이 아닌 우상숭배이므로 이를 넘어서야 한다고 주장하였다.[34] 신을 가부장적 질서, 제국주의적 언어와 밀접하게 연결시키는 것은 위계 관계를 전제하기 때문에 평등과 거리가 멀다. 류터는 이러한 신학적 사고가 여성을 하위적, 피지배적 존재로 귀착시키면서 역사 안에서 여성의 종속을 당연한 것으로 가르치게 만들었다고 비판하였다.[35]

물론, 해방의 가능성이 기독교전통을 비판하는 것만으로 충분히 열린다고 볼 수 없다. 종교통합주의자 현경은 21세기 인간 해방의 포괄적 지향점으로 에코페미니즘을 주창한다. 여성들과 함께 모든 생명의 억압 문제에 뿌리로부터 접근하는 것이 중요하기 때문이다. 그녀는 자신을 '살림이스트(Salimist)'라고 지칭하는데 이는 명사 '살림'에서 온 말이며, 한국 여성이 매일 하는 가정일을 일컫는다. 동시에 죽어 가는 환경과 지구를 살아나게 한다는 의미도 담고 있다.[36] 그녀는 여성과 자연에 대한 억압이 같은 사회문화적 사상과 종교적 기제에서 나왔다고 보고 있으며, 여성해방과 자연해방이 함께 추구되어야 할 과제라고 강조한다.[37]

한편 스리랑카 여성들에 관한 한 연구에서, 여성의 지위가 낮은 사회에서 종교적 텍스트가 이를 합법화하기 위한 근거로 이용되는 경우가 많다는 사실이 지적된 바 있다. 종교가 여성들에게 낮은 지위의 운명이 예정되어 있는 것처럼 믿게 만들면서 여성의 종속을 유도하고 강화한다는 것이다. 이러한 사회에서 여성들은 자신들의 상태를 제한하는 모든 종교적 아이디어를 거부하고 종교 해체 운동에도 적극적으로 참여할 필요가 있다.[38] 종교적 해방이 사회·경제·정치적 해방의 시작점이 될 수 있기 때문이다. '원칙적으로 해방은 마지막으로 성취되는 상황이 아니라 억압의 상태가 계속 일어날 때 그것을 제거하는 과정일 뿐'이라는 앨리슨 재거의 말을 상기할 때,[39] 앞으로도 해방은 다양한 방식으로 계속해서 시도되어야 하는 것이다.

3) 차이

페미니즘 역사에서 차이를 강조한다는 것은 기본적으로 남성과 다른 여성만의 특질에 주목한다는 의미이다. 에이드리언 리치(Adrienne Rich)는 '레즈비언 연속체(lesbian continuum)'라는 개념을 만들어 여성들 간에 모든 형태의 긴밀함을 포함하는 동일시 체험의 영역이 있음을 강조했다. 여성의 모성적 체험과 '즐거움'을, 모성의 가부장적 '제도화'와 구별하여, 페미니즘 이론에서 주변화되었던 모성 개념을 적극적으로 회복시키기도 했다.

프랑스에서도 성차 자체를 긍정하고 '여성성(femininity)'의 특징과 가치가 여성 힘(power)의 원천이 된다는 주장이 나왔다.[40] 엘렌 식수(Hélène Cixous)는 '여성적 글쓰기(écriture féminine)'가 여성의 대안성을 문화적으로 강력하게 표현하는 수단이라고 보았으며, 종결이 없는 여성적 리비도 체제를 문화 속에 새기는 혁명적 작업이 될 것이라 주장했다.[41] 뤼스 이리가레(Luce Irigaray)는 여성의 탈중심적이고 복합적인 섹슈얼리티에 주목하였다. 여성 몸의 두 개의 음순이 자율적 쾌락을 지속적으로 즐길 수 있게 하며, 이때 확산되는 희열(jouissance)이 여성을 위한 새로운 형태의 성적 에너지를 만들어 낸다고 보았다.[42]

이것은 종교 내 '여성적 경험'을 강조하는 흐름과 맞닿아 있다. 특히 줄리아 크리스테바(Julia Kristeva)는 '성(聖)스러움'을 '여성성'과 연결시켜 사고하였다. 가부장적 상징질서에서 배제된 여성적 공간이 종교적 성스러움을 통해 회복될 수 있다고 보았는데, 가톨릭의 성모마리아를 예로 들어 기존의 주류 상징과 의례에서 채울 수 없는 모성적 성스러움을 구현한다고 주장하였다. 그는 "성모마리아 숭배가 카타르시스적 성격을 띠며, 관계를 향한 유토피아적 희구를 대변한다."고 보았다.[43] 가톨릭에서 성모마리아는 분명 어떤 권력을 누리고 있다. '누구나 인정하면서도 동시에 부정되는' 이 권력은 신의 어머니로서 십자가에 못 박히지도 않고, 오히려 승천을 통해 지상의 삶을 '부드럽게 통과하는 영예'를 누리는 것으로 드러난다.[44] 오직 헌신적인 어머니 이미지로 존재하는 성모마리아이지만, 한편으로 권력을 향한 여성들의 현실적 열망을 만족시켜 주는 측면이 있는 것이다. 물론 크리스테바가 생물학적으로 본질론적인 여성성 개념을 견지하고 있는 것은 아니다. 그에게 여성은 '주변성'의 강조이지만, 그것을 억압, 결핍, 부정, 비이성, 어둠이 아닌 '위치 정하기(positionality)'의 문제로 규정하도록 해준다는 면이 독특하다. 크리스테바는 여성성을, 가부장제의 경계선에 놓여 상징질서의 '교란적' 성격을 갖는 것으로 본다.[45]

이본 게바라(Ivone Gebara)의 '마리아 신학(theology of Mary)'은 이와는 결이 조금 다르다. 그는 남미의 가난한 여성들의 상황과 마리아를 연결하여 읽어 내려고 하였다. 마리아 역시 사회적으로 아무런 의미를 갖지 못한 가난한 여성이었지만, 민족 전체를 해방시킬 존재를 낳고, 예수 곁에서 억압 상황에 저항하며 새 시대를 열고자 했던 핵심 인물이었기 때문이다. 실제로 남미 여성들에게 마리아는 그들이 고통, 가난, 폭력 속에서 탄식할 때 현실에서 곁을 지켜주고 도와주는 존재로 체험되고 있다.[46]

한편, 캐롤 크리스트(Carol P. Christ)는 여성의 종교적 경험을 더욱 적극적으로 해석하면서 여신운동의 발전을 이론화했다. 여신 상징을 갖는다는 것은 더 이상 남성 구원자를 필요로 하지 않는다는 면에서 남성 지배체제에 의존해 온 서구 제도종교문화와 전혀 다른 패러다임을 펼쳐 낸다.[47] 그뿐만 아니라, 여성의 힘이 강하고 선하며 독립적이고 창조적임을 합법적으로 인정하는 것이며, 이를 통해 여성의 몸과 고유한 삶의 주기를 긍정할 수 있게 된다.[48] 여성들은 생리와 출산을 경험하고, 전통적으로 아이와 노인을 돌보며, 생명과 깊은 관련을 맺는 독특한 위치에 있다. 이 점을 고려하여 여신운동과 여신의례에서는 자연과 인간의 재탄생 과정을 재현한다. 이러한 가운데 '그동안 여성의 힘을 평가절하하고, 여성의 몸을 폄하하며, 여성의 의지를 불신했던 무드(mood)'를 제거할 수 있다. 또한 여성들 간의 결속과 유대와 유산을 중요하게 재평가할 수 있게 된다.[49]

여신 상징이 여성의 종교적인 삶과 경험을 긍정하고 적극적으로 의미를 부여하기 위해 선택된 것이지만, 그것의 효과는 이를 초과한다. 예를 들어, 여신의례의 진행 과정에서 수직적 위계질서를 거부하고 참여자들 간의 수평적 관계가 드러나게 되는 점이나, 원형적 공간을 사용하여 자연주기와 생명순환을 체험하도록 하는 것은 상당히 실험적인 실천이며, 이것은 기독교 신앙의 범주를 넘어 새로운 종교적 현상이다.[50] 즉 여성적 경험과 몸의 차이에 관심을 가지는 것은 여성들을 향한 종교적 지지기반을 만드는 것 이상으로 인류의 창의적인 종교문화적 상상력을 촉진하기 위해서도 도움이 된다.

4) 교차성

교차성은 1990년대 초부터 현재까지 페미니즘의 주요 인식론이자 분석틀로 사용되고 있다. 흑인 페미니스트 법학자 킴벌리 크렌쇼(Kimberlé Williams Crenshaw)가 논문 「인종과 성의 교차를 주류화하기」(1989)에서 '교차(intersection)'라는 비유를 처음 사용하였다.[51] 그는 흑인여성이 여성과 흑인이라는 두 개의 정체성을 다르게 경험하지만, 여성운동과 흑인운동 모두에서 대표되지 못하는 모순의 복합성이 제대로 포착되어야 한다고 주장했다.[52] 이것은 젠더라는 분석 범주 안에 다 담길 수 없는 인종적, 계층적, 종교적, 신체적 차이 등에 따른 억압이 중층적으로 교차하며 서로를 구성한다는 세계관으로 발전되었다.

패트리샤 힐 콜린스(Patricia Hill Collins)는 『흑인 페미니즘 사상』(1990)에서 고유한 관점을 가진 어떤 집단의 인식론적 접근법이 결국 학술적 진리의 객관성도 높인다고 주장했다. 예를 들어, 백인 중산층 가정에 거주하는 흑인여성 유모는 젠더, 인종, 계층이 교차하는 삶 속에서 통합적인 인식론을 체득하게 된다. 이때 자신의 고유한 관점을 희생시키거나, 타 집단의 부분적 관점도 억누르지 않을 수 있다.[53] 흑인 페미니스트 인식론은 이렇게 진리에 도달하는 과정 자체에 질문을 던지는 방식으로 객관성을 확보한다. 콜린스는 기존 페미니즘 사상에 단지 추가된 관점으로서가 아닌 흑인 페미니즘의 문제의식을 중대하게 수용하는 방식으로 페미니즘 전반이 변화해야 한다고 보았다.

레니타 윔스(Renita J. Weems)는 교차성의 관점으로 성서를 새롭게 해석한 인물이다. 이러한 작업은 성서가 백인들의 억압 도구로 사용되어 온 역사를 고발하며 동시에 흑인들의 희망과 생존의 수단으로 전환될 수 있는 가능성을 보여주는 새로운 시도이다. 윔스의 성서 비평은 '다양한 삶의 자리로부터 나온 실제 살아 있는 독자들(real flesh and blood reader)'을 중요하게 여기며 그들이 성서를 읽는다는 것의 의미를 재고하게 한다.[54] 그는 창세기 16장과 21장의 이야기를 아브라함과 사라가 아닌 이집트 노예 하갈을 중심으로 읽어 내면서 백인 고용주에 의해 반복되는 인종차별적 함의를 이끌어 낸다. 또한 경제적, 사회적으로 우월한 위치를 이용하여 하갈의 노동력을 착취하는 사라의 모습이 자본주의 시대를 살아가는 현대인의 모습일 수 있다는 비판적 해석을 첨가한다. 윕스는 비백인 여성들이 그들 자신을 위해 성서를 읽고 해석할 권리가 있으며, 식민주의적 특권층을 향해 자신들의 해석 방식을 변호할 필요가 없음을 당부한다.[55]

이처럼 서구 백인 중심이 아닌 탈식민적 페미니즘 역사를 독자적으로 기술해야 한다는 움직임과 함께, 종교 연구 전반이 서구 중심, 기독교 중심으로부터 시선을 확장할 계기를 마련하게 되었다. 하이다 모기시(Haideh Moghissi)는 『이슬람과 페미니즘』(1999)에서 서구 페미니즘 논의들이 그동안 '제 3세계' 여성들을 무력한 희생자로 단일하게 구성해 왔다고 비판한다. 동시에 이슬람 엘리트 여성들 역시 서구 페미니즘의 대안으로서 이슬람사회 여성들의 다양성을 무슬림 정체성에 귀속시키는 오류를 범하였다고 지적한다.[56] 서구 중심주의에 반대한다는 미명 아래 자민족 중심주의가 이슬람 원리주의와 공모하게 되는 상황 역시 경계해야 한다는 것이다. 즉 페미니즘의 역할은 당사자 여성들의 행위주체성을 언어화할 수 있는 공간을 마련해 주는 일에 초점을 맞추면서 이슬람사회 내 여성 투쟁의 복잡한 역동성을 분석하는 것이 되어야 한다. 강남순도 비슷한 맥락에서 한국과 아시아 신학 담론이 동양-서양, 한국-서구의 이분법을 넘어서지 못한다면 만성화된 식민지성으로부터 끊임없이 우리 자신을 타자화시키게 된다고 지적한 바 있다.[57] 그러므로 스스로의 '상황 지워진(situated)' 영역에서 벌어지는 구체적인 일상의 문제를 파고들어 무수한 소서사를 성실히 쓰는 작업이 중요하다.

한편, 우혜란이 한국의 여성 종교 지도자들(천주교, 개신교, 불교)이 보여주는 카리스마의 특징을 분석한 것이 하나의 가능한 교차성 연구 실천으로 보인다.[58] 가부장적 종교문화가 팽배한 한국사회에서 여성이 종교적 권위를 행사하고자 할 때, 그 권위의 원천과 정당성을 획득하려는 전략이 서구 이론의 카리스마 개념으로 포착되지 않으며 이를 초과하고 있는 현실을 잘 보여주었다. 비정상-비권위-비제도라는 낙인과 억압이 반복되지만 '치유'라는 특수한 능력으로 사적 카리스마를 확보해 내는 여성들을 공적으로 가시화한다는 면에서 상당히 중요한 가치가 있다. 이처럼 다양한 억압 요인들이 젠더와 어떻게 맞물리고 교차하며 작동되는가를 드러내는 일은 종교 연구와 페미니즘 둘 다를 풍성하게 만들 수 있다. 여성 주체의 자명함을 질문하는 것을 통해 그동안 식민화되었던 타자의 목소리를 복원할 수 있고 종교적 범주를 재구성하는 작업에도 기여할 수 있게 되는 것이다.[59]

5) 해체

페미니즘과 포스트모더니즘의 만남에서 가장 큰 기여를 한 이론가 중 한 명으로 주디스 버틀러(Judith Butler)를 꼽을 수 있을 것이다. 젠더라는 분석 범주의 고정성을 허물어 그것의 유동성을 질문 가능한 것으로 열어 주었기 때문이다. 그는 『젠더 트러블』(1990)에서 행위성(agency)이 정체성(identity)에 우선한다고 주장하였다. 젠더를 근본적으로 이분화된 범주로 상정해 온 그간의 이론들이 행위성과 행위의 가능성을 배제해 왔음을 지적하였다. 버틀러에게 정체성은 젠더 수행(gender performativity)의 반복을 통해 변주될 수 있는 하나의 '효과'이다. 이때 페미니즘은 이러한 정체성을 구성하고 경합시키는 '반복적 실천에 참여해서 그 실천에 개입할 공간적 가능성을 여는' 과제를 부여받는다.[60]

그는 젠더 범주를 흔들리게 만드는 예시로 '드래그(drag)'를 제시한다. 드래그는 주로 크로스드레싱(cross-dressing)으로 자신을 표현하는데, 드래그퀸의 경우 여성의 의복뿐 아니라 제스처, 애티튜드, 에티켓 등을 모방한다. 예를 들어 '여성'을 '연기'하는 '게이 남성'으로서의 '드래그퀸'이 있다면 그/녀의 '실재'는 무엇이라 할 것이며, 드래그퀸이 여성보다 더 '여성스러움'을 구현할 때 '실제 여성'은 누가 되어야 하는가? 즉 버틀러는 그/녀들이 반복적인 퍼포먼스를 통해 젠더의 보편성을 조롱하고 본질주의적 비어 있음을 드러내면서 젠더의 경계를 허문다고 본 것이다.[61] 젠더의 본래적 빈약함을 보여주는 적절한 사례로 드래그를 소개할 때 이는 비단 '퀴어함'만을 대표하지 않는다. 버틀러는 모든 젠더가 드래그와 같이 구조화된다고 보고 있기 때문에 젠더 분석 전면에 드래그를 위치시킨 것이다. 버틀러가 말하듯 젠더는 언제나 '행위'이므로 고착화될 수 없다. 드래그가 매 순간 복장, 몸짓, 자세 등을 모방할 때 보여주는 표현물은 결과가 아니라 젠더 그 자체이다.

불교의 관음여신은 서구 여신 담론의 고정적 이미지에 대항하는 '저항적 젠더 부정'으로서 하나의 대안이 될 수 있다. 관음은 어떤 규범 속에 묶여 있지 않는 유동성, 혼종성, 불안정성을 특징으로 가지며 경계 흐리기와 연결을 동시에 함축하는 새로운 상징이다. 관음은 남성에서 여성으로의 젠더 역전을 이룰 뿐 아니라, 남성도 여성도 아닌 제3의 젠더로 변하거나 젠더 자체를 초월한다. 이것은 성별 규범 수행의 어떤 억압도 거부함으로써 모든 인간의 자유로운 자아실현을 위한 조건적 기반이 될 수도 있다.[62]

유기쁨의 지리산 여신축제 연구를 버틀러 이론을 활용하여 재해석할 수도 있다. 왜냐하면 이 연구에서 의례 참가자들에게 여신에 대한 믿음이 선행하고 있는 것이 아니라 오히려 의례의 '효용'이 중시되고 있고, 이 효용을 얻기 위해 의례에 참여하는 점이 분석되기 때문이다. 지리산 여신의례는 개인들에게 해방적 가치를 체현시키고, 현실로 돌아와서도 탈가부장적, 친생태적 현실을 구축하기 위해 살아가도록 독려하는 기능을 한다.[63] 참여자의 성별이나 여신 상징의 의미보다, 의례에서 발생되고 작동되는 수행-실천-장치들을 통해 특별한 정동이 유도된다는 사실이 중요하다. 이것이 오히려 여신에 대한 믿음을 강화하고 긍정적 여성정체성을 사후적으로 구성시킬 가능성을 열 수 있는 것이다.

이처럼 해체적 젠더 이론이 종교 연구와 만날 수 있는 방식은 앞으로도 무궁무진할 것이다. 의례를 연구할 때 행위자의 성별이나, 종교적 상징의 토대를 흔드는 것을 넘어, 의례 행위 그 자체의 작동 효과에 우선적으로 초점을 둘 수 있게 하며, 그것이 사후적으로 어떤 종교적 정체성을 만들고 의미를 발생시킬 가능성을 연다. 버틀러가 지적했듯, 정체성의 해체는 정치성의 해체가 아니다. 정체성이 표명되어 온 방식의 비자연성을 폭로하는 작업 자체가 정치적인 것이기 때문이다.

4. 최근 한국사회, 페미니즘적 종교 연구가 당면한 복잡성

현재는 후기구조주의, 탈식민주의, 포스트모더니즘의 시대를 지나 이론사적으로도, 페미니즘의 차원에서도 주제별 자원이 모두 섞인 풍부한 논의 환경이 조성되어 있다. 이러한 상황에서 페미니즘적 종교 연구를 수행한다면 이 모든 자원과 인식론을 적절하게 활용하여 다양하고 복합적인 연구 경향을 보여줄 수 있다. 그러나 이론적으로 이미 많은 진척이 이루어진 것에 비해, 페미니즘과 종교의 현실적인 대화 테이블에서 여전히 논의되어야 하는 문제들은 산적해 있다.

특히 2010년대 한국사회에서 종교는 유독 두드러지는 가부장성과 성차별성을 공고히 하는 방식으로 시대를 역행하는 듯이 보인다. 성폭력, 낙태 금지, 호모포비아 등의 오래된 사회문제가 다시금 재점화될 때 종교와의 관련성 속에서 그 해법이 더욱 미궁으로 빠지고 있다. 종교 내 성폭력은 은폐와 2차 피해를 쉽게 만드는 구조를 가지며, 임신중단권을 생명권과 경쟁시키는 이분법적 논의를 계속해서 재생산하고, 동성애자와 난민 혐오 등 사회적 소수자를 향한 폭력적 시선을 심각한 문제로 인식하지 못하게 만드는 역할도 종교가 자임하고 있는 듯하다. 특히 한국 개신교 우파를 중심으로 복음주의적 아버지 부흥운동, LGBT 혐오, 이슬람 차별 등이 계속되는데 이러한 행보가 후기 개발주의적 남성성을 복권하기 위한 것으로 정당화되기도 한다.[64] 이들은 종교가 아닌 시민의 이름('건강한사회를위한국민연대', '바른성문화를위한국민연합' 등)을 내세우며 해외 자료 공유, 출판 작업, 전문가 강연 등의 활동을 통해 사회적, 정치적 지지기반을 확대해 나가고 있다.[65]

하지만 한주희가 지적하듯이, 개신교 보수우파 그룹이 사회적 호모포비아를 심화시킬 수도 있지만 한국사회에서 이미 고조되고 있는 반개신교 감정이 강화되어 역설적으로 퀴어 정치학이 상당히 역동적으로 작동할 다른 가능성도 있다.[66] 따라서 매우 다층적이고 통합적인 접근이 필요한 것이다. 즉 혐오와 종교가 공생관계에 있는 듯이 보이는 한국사회의 현 상황이 특정 종교 내부의 문제로 환원되거나 일부 종교계의 태도를 문제삼는 방식으로 축소되어서는 곤란하다. 종교의 이념적 지향과 실천 행위에 대한 추적과 이에 대한 사회 구성원의 인식이나 심리적 반응이 함께 고찰되어야 할 것이다.[67]

종교 지도자의 성범죄가 전문직 중 가장 많다는 발표(경찰청, 2010~2016)가 있을 정도로 종교 내 성폭력 문제는 심각하다.[68] 가부장적 남성중심주의에 의한 힘의 불균형과 종교 리더를 비호하도록 가동되는 체계적인 은닉 시스템 속에서 종교는 여성에게 안전하지 못한 섹슈얼리티의 사각지대가 되어가고 있다.[69] 하지만 그동안 교회 내 성범죄를 다룬 학계의 연구들은 대부분 피해자의 심리나 가해자의 개인적 성향과 정신병리적 측면에 주목하는 경향을 보여 왔다. 권최연정이 지적하듯이 성직자의 성범죄를 '범죄'로 보는 공론이 결여되어 있었기 때문이다.[70] 성범죄자를 비판하기보다는 죄의 판단을 신의 영역으로 돌리거나 성직자의 '셀프 용서'를 방관하는 신앙적, 신학적 기반이 종교 안에 공고하며 이러한 분위기가 성범죄를 범죄로 인식하는 것조차 어렵게 만들고 있다. 하지만 이때에도 종교가 지니는 특수성은 민감하게 고려되어야 한다. 종교 공동체 안에서 계속 살아가려는 사람들에게 가해자 처리 문제가 (용서와 회개, 뉘우침과 깨달음, 자비 등과 같은 종교적 가르침과 관련하여) 분명히 심각한 내적 갈등을 일으키는 일일 것이기 때문에, 이 부분에 대한 충분한 숙고가 필요하며 문제를 대하는 인식과 해결 방법에 창의성이 필요한 것이다.[71]

최근 한국사회는 형법의 낙태죄 위헌 여부 심의와 관련하여 헌법재판소의 판단을 기다리는 중이다. 여성운동과 종교계의 대립이 유례없이 가시화되고 있고, 낙태죄 폐지 찬성과 반대에 표면적인 에너지가 많이 쏠려 있는 모습이다. 그러나 문제는 2019년 4월로 예고된 헌재 판결 이후의 상황이 준비되어 있지 않다는 사실이다. 종교계는 '태아의 생명'이라는 구호 뒤에 숨어, (안전하지 못한 시술로 고통받는) 수많은 여성의 생명을 외면해온 모순적인 생명윤리를 성찰해야 한다. 임신중단뿐 아니라 피임마저 금지하며 제대로 된 성교육을 거부한 책임으로부터도 자유로울 수 없다.[72] 그뿐만 아니라, 얼핏 단일하고 견고해 보이는 종교계의 목소리 이면의 개념적 모호성들에 대해서도 다시 질문해야 한다. 인간의 시작을 어디서부터 설정할 수 있는지에 대한 합의 없이 종교인들의 욕망과 권력의지로 인위적인 인간 범주를 만들어 낸 것은 아닌지 재고해야 한다. 종교적 죄 개념에 대해서도 마찬가지이다. 폴 리쾨르(Paul Ricoeur)의 신학적 통찰은 죄·허물·흠이 매우 다의적인 인간의 연속체적 체험임을 알게 하는데, 종교가 낙태를 '죄'로 단순화하는 것은 인간 삶의 이러한 복잡한 측면을 간과하는 독단일 수 있다.[73]

이처럼 페미니스트 종교학이 풀어내야 할 과제와 당면한 현실은 그리 단순하지 않다. 20-30대 청년 여성들에게는 다시 급진적 페미니즘이 필요하다는 움직임과 함께 온라인 공간을 중심으로 성별 분리주의적인 경향이 심화되고 있지만, '믿는 페미', '갓 페미'의 목소리는 여전히 제도종교 안에서 연대와 개혁을 시도하고 희망을 꿈꾸는 젊은이들 또한 늘어나고 있음을 보여주고 있기도 하다.[74] 오늘날 페미니즘적 종교 연구는 이 복잡성과 모순성을 직면하고 설명하려고 노력해야 하는 것이다.

5. 페미니스트 비평적 개입으로서의 종교 연구를 기대하며

최근 강남순이 잘 지적하였듯, 종교가 자체의 존립을 위해 현상유지만을 모색하면서 존재한다면, '이기적인 구원클럽' 그 이상이 되지 못할 것이다.[75] 종교가 진리와 정의라는 본연의 가치를 실현하기 위해서는 열린 자세로 페미니즘과 소통하는 것이 도움이 된다. 페미니즘 운동의 역사와 인식론 안에는 타자에 대한 윤리와 책임을 고민하게 하는 담론적 자원이 풍부하다. 페미니즘 역시도 인간에 대한 깊은 통찰력의 측면에서 논의를 성숙시키기 위해 종교적 상상력을 필요로 한다.

이 글에서는 종교와 페미니즘의 소통을 위한 우선적인 대화 주제를 5가지로 범주화하였다. 동등, 해방, 차이, 교차성, 해체라는 키워드를 중심으로 페미니스트 종교학의 역사를 재구성한 것이다. 각각의 의미를 다음과 같이 정리할 수 있다. 여성이 남성과 '동등'한 인간존재라는 기본적인 전제를 토대로 한 종교 내 여성 리더십 확보와 경전의 성평등적 재해석은 종교와 페미니즘의 관계에서 여전히 중요한 첫 번째 대화 주제이다. '해방' 또한 마지막으로 성취되는 유토피아적 상태가 아니며 억압의 상황이 계속 발생할 때 그것들을 직면하고 제거해 가는 과정의 연속이다. 여성적 몸과 경험의 특수한 '차이'에 관심을 갖는 것은 여성들을 향한 종교적 지지기반을 만드는 것 이상으로 인류의 창의적인 종교문화적 상상력을 촉진하는 데 보탬이 된다. 다양한 억압 조건들이 젠더와 어떻게 맞물리고 '교차'하며 작동되는지를 드러내는 일은 종교 연구와 페미니즘 둘 다를 풍성하게 만들 수 있으며, 종교적 범주를 재구성하는 작업에도 기여할 수 있다. 정체성 '해체' 이론은 특히 의례를 연구할 때 행위자의 성별이나 종교적 상징의 토대를 흔드는 것을 넘어, 의례 행위 그 자체의 작동과 효과에 우선적으로 초점을 둘 수 있게 하며, 그것이 사후적으로 어떤 종교적 정체성을 만들고 의미를 발생시킬 가능성을 연다.

이러한 작업을 통해, 모든 주제가 완성 혹은 종결되어 사라진 것이 아닌 현재진행형의 문제로 이어지고 있음을 드러내었다. 또한 서구 중심의 이야기가 아닌 각각의 이슈가 지금 여기 한국에서 우리의 문제로 어떻게 연결되는지 보여주었다. 여기서 강조되어야 할 지점은 각각의 범주가 서로 배타적인 것이 아니며 중첩되고 이어진다는 점이다. 이 글은 이론화 작업이라기보다는 하나의 실천으로서의 시도이다. 다른 분야와 비교해 여전히 기초적인 담론 형성 단계를 지나고 있는 페미니즘적 종교 연구가 앞으로 활발한 비평적 개입으로서 한 걸음 진보하기 위한 준비 작업의 일환이다. 페미니즘적 종교 연구는 미완의 역사적 과제를 직시하면서, 동시에 현실의 복잡성과 모순성의 창의적 해법을 모색하는 실천 학문으로 거듭나야 한다.

"종교학은 인간의 얼굴을 가진 학문이기 때문에 현실 세계 속에서 인간들이 고군분투하는 모습에 많은 관심을 기울이는 방향으로 종교학의 위상을 강화시킬 수 있다."는 우술라 킹(Ursula King)의 말처럼,[76] 종교학이 상아탑 안에 머무는 것이 아닌 활발한 비평적 개입을 통한 현실 학문 차원으로 내려올 수 있어야 한다고 생각한다. 페미니즘과의 끊임없는 열린 교류를 통해 이러한 실천적 비전을 강화할 수 있는데, 현재 페미니즘적 종교 연구가 당면한 과제는 단순하지 않다. 종교는 평등과 정의의 전진을 위하여 노력하는 역사 한편에, 억압과 혐오가 심화되는 후퇴의 현실도 맞이하고 있다. 동성애, 임신중단, 성폭력 등 섹슈얼리티 문제를 두고 시대를 역행하는 프레임을 재생산하고 있음에도, 그러한 종교 안에서 변화를 일으키고 희망을 만들려는 젊은 여성들의 존재 또한 가시화되고 있다. 페미니즘적 종교 연구(혹은 페미니스트 종교학)는 이러한 모순성과 복합성을 언어화하고, 현실 종교와 살아 있는 여성들의 대화의 국면에서 믿을 만한 '퍼실리테이터(facilitator)'[77]의 역할을 할 수 있어야 한다.

종교 다시 듣기

: 다학제적 감각 · 지각 연구 분야로서의 소리

김 용 재

1. '들어'가며

종교의 소리세계는 무궁무진하다. 굳이 종교학이 소리를 다루는 통념적 범주인 종교음악이나 의례(전례, 예배)음악을 언급하지 않더라도, 전 세계 대부분의 종교전통은 어떠한 방식으로든–상징적, 의례적, 수행적, 공동체적, 체험적 방식 등–소리와 밀접하게 관계하고 있다. 심지어 침묵의 실천–소리의 의도적이고 체계적인 거부 또는 그러한 침묵의 상징적 중요성–이라는 '부정적' 형태를 띤 방식일지라도, 소리는 인간의 종교적 삶에 너무도 속속들이 침투해 있어서 소리 없이 종교적 인간의 개인적 · 공동체적 또는 사적 · 공적인 삶을 상상하기란 거의 불가능하다.

소리는 문화적 · 종교적 정체성의 핵심을 차지하며, 소리 · 음악 · 소음 · 침묵 등은 수많은 종교전통에서 의례나 창조신화 내러티브의 중요한 요소이기도 하다. 소리는 인간뿐만 아니라 초자연적 존재에게 특별한 영향력을 끼친다는 믿음도 널리 발견된다.[1] 음악의 신화적 기원론에서 자주 발견되는 설명 방식은 음악이 초자연적 존재와 인간의 소통을 위한 도구로 인간에게 주어졌다는 형태를 띠는 경우가 많다. 실제로 수많은 종교전통의 실천에서는 다른 인간이나 신성한 존재와 접촉하고 교류할 때 매우 다양한 소리의 표현 방식들–노래하기, 읊조리기, 소리치기, 설교하기, 울부짖기, 손뼉치기, 두드리기 등–이 사용된다. 개인적인 기도나 침묵의 명상 또는 사회적인 의례,

상징적 표현이나 음악적 활동 등 어떠한 형태로든 소리의 실천은 의사소통의 핵심에 위치한다. 또한 특정 소리는 초자연적인 존재나 영적인 힘을 현현한다고 여겨지기도 했고[2], 소리의 신성한 힘에 대한 설명은 다양한 신화나 믿음 체계, 고유한 음악이론 등으로 형성되기도 했다.

소리를 듣는 행위는 일차적으로 개인적인 체험에 뿌리내리고 있지만, 동시에 소리의 개념, 인식, 판단, 구분, 구조, 소리를 통한 사회화, 배제, 체화, 매개 등 소리와 연관된 모든 주제와 실천은 종교적 인간의 사회적 삶과 긴밀하게 얽히며 구성된다. 또한 소리와 관련된 기술의 발달은 종교 안에서의 소리의 기능, 한계, 가능성, 지위, 영향력과 그 범위, 수행, 의례, 텍스트 등 거의 모든 것에 심대한 영향을 끼쳤다. 일례로, 이전에는 독립된 예배공간에서만 들을 수 있었던 특정한 의례의 소리가 뛰어난 충실도의 녹음 기술과 스피커의 강력한 출력에 힘입어 공간의 제약을 뛰어넘어 더욱 넓은 범위로 울려 퍼지게 된 상황을 떠올릴 수 있다. 이러한 기술적 변화는 소리로 구획화되던 '성스러운 공간'의 개념 자체, 의례 전문가와 일반 참여자의 관계 양상, 의례의 형식, '성스러운 소리'의 의미와 기능과 중요성 등에 큰 변화를 일으킨다. 따라서 종교의 소리세계의 복잡한 상호작용을 제대로 파악하고 이해하기 위해서는 기존의 '종교음악' 범주의 한계를 넘어서는 동시에 소리 기술 발달로 인한 종교의 소리세계의 근본적인 변화를 포착할 새로운 관점과 방법론이 요구된다.

이어질 글에서는 종교에서 소리의 위상과 중요성에도 불구하고 기존의 종교 연구가 '학문적 귀먹음'이라고 불릴 만큼 소리에 주목하지 않았던 이유를 살펴보고, 종교학을 포함하여 다양한 분과에서 폭넓게 이루어지고 있는 학문적 흐름인 '청각적 전회'와 연구 현황을 소개할 것이다. 또한 매체 기술의 발달과 함께 인간이 소리와 맺는 관계 양상이 변화하면서 생겨나는 현상들을 포착하는 확장된 관점과 개념어를 소개하면서 앞으로의 종교 연구가 기존의 '종교음악' 범주가 아니라 '종교와 소리'라는 폭넓은 범주로 현상들을 다시 바라보아야 한다고 주장할 것이다. 다음으로, 공간의 잔향(reverberation)에 대한 청감각과 '성스러움' 또는 '숭고함'의 주관적 경험의 관계에 대한 필자의 연구 질문과 관련 선행 연구들을 소개할 것이다. 마지막으로는 종교학에서의 소리 연구의 향후 과제와 전망을 제시하고, 인간의 개인적 · 공동체적 종교경험 안에서 소리가 발생, 전파, 지각, 실천되는 복합적 양상에 대해 귀기울이는 종교 연구를 요청하며 글을 마무리할 것이다.

2. 학문적 귀먹음

종교학에 소리가 제기하는 새로운 방법론적 도전과 전망을 살펴보기 전에, 먼저 기존의 종교 연구가 소리를 어떻게 다루어 왔는지 정리해 볼 필요가 있다. 소리를 고려하지 않고는 살아 있는 종교를 상상하기 불가능할 정도로 종교전통에서 소리가 차지하는 위치와 중요성이 적지 않음에도, 종교학은 최근까지 소리를 외면해 왔다. 소리에 대한 이러한 인식은 국내 종교학계에서 소리를 주제로 한 연구 현황을 검토해 볼 때 단적으로 드러난다. 소리를 다루고 있는 학위논문은 종교현상학과 음악현상학의 방법론적 접점을 탐구한 하현애의 글이 유일하다.[3]

(사)한국종교문화연구소는 텍스트와 담론 중심에서 점차 다양한 감각과 매체와 실천으로 옮겨가는 종교 연구의 흐름을 반영하여 2013년에 열린 제26회 하반기 정기 심포지엄에서 '감각의 종교학'이라는 주제로 이미지, 물질성, 감각, 영화, 생태, 의례 등의 다양한 주제를 소개한 바 있다. 하지만 청각

은 제대로 조명되지 않았다. 2014년 '종교와 미디어'라는 주제로 열린 제 28회 하반기 정기 심포지엄에서는 문자성, 사진, 영화와 더불어 처음으로 소리를 다룬 이창익의 연구[4]가 소개되었다. 감각과 미디어를 다룬 두 번의 심포지엄의 글들은 최근에 『종교, 미디어, 감각』[5]이라는 책으로 엮이기도 했다. 하지만 감각과 미디어를 다룬 이러한 시도들에서도 여전히 대부분의 연구가 시각을 중심으로 이루어졌다. 소리를 다룬 연구가 일부 있었으나 미디어로서의 소리에 국한된 것이었기에 아직 소리와 청감각 자체를 연구의 중심으로 데려온 것은 아니었다. 반갑게도 최화선은 2018년 7월 발표된 연구에서 국내 연구자 중 최초로 한국 종교의 소리 차원에 주목함으로써, 소리 경험의 변화를 통해 근대적 종교 개념의 변화와 형성 과정을 새롭게 조명할 수 있다는 흥미로운 논의를 제기하였다.[6]

종교의 소리세계를 외면한 것은 비단 한국 종교학계에만 국한된 현상은 아니었다. 종교학에서 가장 권위 있는 사전 중 하나인 *Encyclopedia of Religion*(2nd ed.)에 Sound 대신 Music[7] 항목만 존재한다는 사실에서 단적으로 보이듯, 종교학이 소리를 다루어 온 가장 전형적인 방식인 '종교음악'은 세계종교 개념과 서구적 음악 개념을 전제로 하고 있다. 종교에서 소리를 이야기할 때 당연시되는 종교음악, 또는 의례(전례)음악 개념은 살아 있는 종교 내에서 소리가 작용하는 다양한 차원과 의미의 교차를 포착하기에는 너무도 거친 범주이다. 또한 이 개념은 '종교'와 '음악'이라는 독립된 영역이 존재한다는 것을 전제로 하고 있는데, 종교와 음악 개념 각각이 지닌 서구 중심성의 한계에 더하여, 서구적 음악 범주에 정확히 대응하지 않는 현상을 설명하는 데 부적절하다는 한계가 있다.

기존 연구들은 대부분 종교학보다는 역사학, 음악학, 인류학 분야에 속한 것들이며 주로 의례적 맥락에서 특정 종교전통의 성스러운 음악을 분석하거나, 그것이 공동체의 정체성이나 영적 경험을 어떻게 형성하는지 살펴보거나, 특정 종교의 음악과 연관된 실천이나 특정 지역 종교지형의 음악적 차원을 다루는 것들이다.[8] 미국의 종교지형 내에서 소리를 연구한 아이작 와이너는 미국 종교의 소리세계에 대한 연구가 '학문적 귀먹음(disciplinary deafness)'을 앓고 있다고 말한다.[9] 이러한 신랄한 표현이 비단 미국 종교의 소리세계에 대한 연구에만 해당하는 말이 아니라는 점은 명백하다.

종교학 분야의 학문적 귀먹음의 다양한 원인은 아이작 와이너의 분석에서 잘 드러난다. 첫째, 청취에 내재된 소리 연구 자체의 방법론적 난점: 소리의 청취는 물리적 현상(공기 등 매질의 진동)이자 생리적 과정(고막의 진동이 청각으로 인식)인 동시에 사회적으로 구성(수많은 문화적 가치에 의해 매개·표현)되는 것이다. 소리는 물리적 세계의 조건(날씨, 건축, 지리 등)에 의해 영향을 받는 동시에 역사·문화적 맥락 내에서 해석되고 구체화되기에, 이렇게 복합적인 소리(물리적 현상, 객관적 사실, 생리적 현상, 문화적 구성물)에 대한 합의된 연구 방법이나 목표점을 찾기가 매우 어렵다. 둘째, 소리의 물리적 특성에서 기인한 자료 자체의 난점: 청각 자료의 접근 가능성과 이용에서의 문제도 있다. 텍스트나 건축물 같은 자료와 달리, 소리는 금방 사라진다. 인간이 소리를 보존할 기술을 손에 넣게 된 역사가 매우 짧다는 것은, 우리가 인간의 역사 대부분의 소리를 연구할 자료들을 갖고 있지 못하다는 말이기도 하다. 거의 유일하게 접근 가능한 자료는 소리를 문자나 그림으로 기록한 것들이지만, 그마저도 주로 비일상적이거나 특수한 소리들에 대한 기록이지 일상적인 순간의 소리에는 전혀 접근할 수가 없다. 셋째, 소리 연구를 저해하게 만든 이론적 전제(서양 지성사의 뿌리깊은 '시각 중심주의'): 종교와 청취 그리고 근대성의 관계에 대한 서구의 지배적인 생각에 따르면, 구전 문화로부터 문자 문화로의 전환으로 인해 시각이 근대의 지배적 감각이 되었고, 청각은 계몽사상에서 시각에게 지식의 생산자로서의 자리를 내주게 되었다.[10] 여기에 더하여, 로살린트 해케트는 소리 분석에 필요한 음향적, 기술적 지식의 요구는 소리를 다루려는 수많은 연구자들에게 무시하기 어려운 연구의 진입장벽으로 작용한다고 주장한다.[11]

3. 청각적 전회(auditory turn)

1) 청각의 귀환(auditory return)

이전에는 상상도 할 수 없었던 충실도로 소리를 포착·녹음하고 어디서나 자유롭게 재생·변형하는 오디오 기술의 발전에 힘입어 소리가 다시 주목받기 시작했다. 새로운 청각 기술은 인간이 소리와 공간 그리고 시간과 맺는 관계를 변화시켰기 때문이다. 예를 들어 스피커는 음원의 도달 범위를 이전보다 훨씬 넓혔으며, 라디오는 음원과 청취자 사이에 요구되던 물리적 근접성을 제거했다. 축음기는 청자들이 특정 소리를 그들이 원하는 언제라도 들을 수 있도록 해 주었다.[12]

이러한 기술적 발전을 바탕으로, 1970년대 이후 사운드스케이프 개념의 등장과 더불어 음향학, 음향고고학, 생태음향학, 사운드 디자인 등 소리를 주제로 하는 다학제적인 인접 분과들이 빠르게 성장하였고, 축적된 연구 성과는 사운드 스터디(Sound Studies)라는 신생 분과로 정립되었다. 다양한 인접 분과들의 변화에 발맞춘 몇몇 선구적 작업들을 시작으로, 종교학에서도 '청각적 전회'라 이름붙일 수 있는 흐름이 시작되고 있다.(인문학 및 소리 관련 분야 전반에서는 스젠디,[13] 종교학에서는 해케트[14]의 글이 '청각적 전회'를 전면으로 다루고 있다.)

지난 30여 년간 종교 연구에는 관련 분과의 추세에 대한 응답으로서 일련의 변형적 전회들–문학적, 페미니즘적, 공간적, 물질적, 시각적, 수행적, 육체적, 인지적, 감각적 전회 등–이 있었다. 음향과 청취에 관한 다학제적 사운드 스터디의 급성장에도 불구하고, 종교학에서의 청각적 전회는 이제야 겨우 형태를 갖춰 가고 있다.[15] 20세기 대부분의 종교 연구는 지성사, 교리사, 교파사 중심이었기에, 신앙과 텍스트를 종교적 삶의 중심에 두었다. 그러나 최근 관심이 관념에서 사물로, 신앙에서 실천으로 옮겨가게 된 것이다. 이는 부분적으로는 물질적 · 육체적 · 감각적 실천이 종교경험을 형성하는 방식에 주의를 기울여야 한다는 몇몇 이론가들의 주장에 대한 응답이었다.[16] 그럼으로써 물질성과 시각문화에 대한 주요 연구들[17]이 발표된 것이다. 하지만 청각문화에 대한 연구는 여전히 시각문화 연구에 비해 부족하다.

소리 연구는 지각(perception) 연구자들로부터도 영향을 받았다. 그들은 청취를 소리의 수동적 수용이나 본질적으로 개인적인 기능으로 보는 대신, 소리 생산자와 청취자 사이의 활동적인 교환으로 이해하였다. 청취는 주체와 객체 사이의 상호주관적 관계를 주조해 내며, 세계 안의 몸의 다감각적인 관여를 포함하기 때문이다.[18]

이러한 새로운 방법론적 전환으로 인해 신앙, 교리, 경전 그리고 담론과 텍스트 중심이던 종교학의 관심이 물질성, 몸, 감각, 퍼포먼스, 인지 등으로 넓혀지면서, 종교학은 물질이나 감각을 종교적 메시지나 텍스트의 부산물이 아니라, 인간의 종교경험이나 정체성을 매개하고 체화하고 작동시키는 핵심으로 인식하게 되었다. 소리 역시 마찬가지이다. 다른 감각보다 수동적이고 쉽게 사라지며 문화의 결정요인이기보다는 부산물로 여겨졌던 소리가 종교적 정체성, 개인의 종교경험, 성스러운 공간과 사적인 공간의 구분 등을 형성하는 중요한 역할을 한다는 사실을 인식하게 된 것이다. 이러한 '청각적 전회'는 기존의 '종교음악' 범주를 넘어 다학제적으로 소리에 접근함으로써 소리가 종교 내에서 갖는 다층적 의미를 드러내고, 종교학이 기존의 자료와 방법론을 '청각적으로' 재검토할 가능성을 열어 준다.

2) 종교학 및 관련 분야의 소리, 청각 관련 연구 발간 현황

종교학 및 인문학 주변 분야 전반에서의 청각적 전회는 관련 연구서의 발간 현황을 통해서도 잘 드러난다. 2000년대를 지나면서 문화사, 인류학, 도시연구, 음악인류학, 음향학 등 소리와 관련된 다양한 분야에 걸친 소리 연구 결과를 모은 안내서들이 발간되기 시작했다. 『The Auditory Culture Reader』(2003)를 필두로 『Hearing Cultures: Essays on Sound, Listening, and Modernity』(2004), 『Audio Culture: Readings in Modern Music』(2004), 『Hearing History: A Reader』(2004), 『Sound (Darwin College Lectures: Seriese No. 11)』(2007), 『Threshold of Listening: Sound, Technics, Space』(2015), 『Keywords in Sound』(2015) 등이 출간되었다. 2010년대 이후로는 사운드 스터디라는 명칭을 본격적으로 내건 안내서들이 출간되기 시작했다. 『The Sound Studies Reader』(2012), 『The Oxford Handbook of Sound Studies』(2012) 등이 대표적이다. 2015년에는 사운드 스터디만을 전문으로 다루는 저널 『Sound Studies: An Interdisciplinary Journal vol. 1』[19]이 출간되기도 했다. 온라인에서도 사운드 스터디와 관련하여 흥미로운 활동이 시작되었다. 2009년 이래로 사운드 스터디 관련 글이 발표되고 있는 전문 블로그 〈Sounding Out!〉[20]이 가장 대표적이며 2011년부터 시작된 다학제적 오픈 액세스 저널이자 온라인 플랫폼인 〈Journal of Sonic Studies〉[21]도 주목할 만하

다. 이처럼 사운드 스터디는 근래에 빠른 속도로 발전하고 있는 다학제적 신생 분야이지만, 종교와 소리는 아직 사운드 스터디에서 많이 다루어지지 않았기에 종교학이 탐구할 영역과 기회는 무궁무진하다.

종교학으로 눈을 돌려 보면, 종교학의 감각적, 물질적 전회 이후에도 소리는 여전히 최근까지도 감각 중에서 시각에 비해 중심적으로 다루어지지 않았다는 것을 알 수 있다. 종교 연구에서 감각과 물질 전반을 다루는 가장 중심적인 저널 『Material Religion: The Journal of Objects, Art and Belief』의 경우, 2007년 소리를 주제어로 다루는 논문은 단 두 건뿐이었으며,[22] 방법론적으로 소리 자체에 대하여 다룬 것은 2011년이 처음이었다.[23] 2018년의 최신호에는 인지종교학적 맥락에서 각각 발화와 음악을 다룬 글 두 편이 소개되었다.[24]

종교학 안내서들의 경우 최근에 출간된 책부터는 소리 자체 또는 소리와 관련된 주제를 단독 항목으로 다루기 시작했다는 것을 알 수 있다. 『Key Words in Religion, Media and Culture』(2008),[25] 『The Routledge Handbook of Research Methods in the Study of Religion』(2011),[26] 『Sensational Religion: Sensory Cultures in Material Practice』(2014),[27] 『A History of Religion in 5 1/2 Objects: Bringing the Spiritual to Its Senses』(2014),[28] 『The Oxford Handbook of the Study of Religion』(2016),[29] 『Contemporary Views on Comparative Religion』(2016),[30] 『The Wiley-Blackwell Companion to Material Religion』(2019 출간 예정)[31] 등의 책들이 모두 소리에 관한 챕터를 포함하고 있다.

4. 종교음악을 지나 소리로

기존의 종교학이 소리를 바라보는 방식은 대부분 종교음악이나 의례(전례)음악의 범주이거나, '성스러운 소리' 등으로 불리는 것이었다. 서구 중심적인 음악 개념과 그리스도교 중심적인 종교 개념이 전제된 이러한 범주는 뚜렷한 한계를 보인다. 음악을 아무리 '인간적으로 조직화된 소리'[32]처럼 포괄적으로 정의하더라도, 여전히 서구적 음악 개념으로는 포착되지 않는 수많은 언어와 현상을 마주할 수밖에 없다. 따라서 소리를 분석의 중심 범주로 삼아야만 의례 현장을 벗어난 세속적인 공공의 공간뿐 아니라 종교·영성과 연관된 소리의 개인적·일상적 사용과 체험의 영역에 귀기울일 수 있게 된다.[33] 또한 매체 기술의 발달은 인간이 소리와 맺는 관계의 양상과 폭에 심대한 변화를 일으켰으며, 이에 따른 소리 이해의 변화와 확장은 소리와 연관된 새로운 개념을 만들어 내고 소리 개념 자체의 변화와 확장을 가져옴으로써 종교학과 다양한 학문 분야에서의 청각적 전회나 사운드 스터디 등장의 이론적 바탕이 되었다.

소리를 바라보는 새로운 관점을 담은 가장 중요한 개념어는 캐나다의 작곡가이자 이론가인 머레이 셰퍼에게서 나왔다. 그는 물리적 현상으로서의 음공간 전체뿐 아니라, 인간이 그러한 소리와 관계 맺는 방식 전반을 함께 일컫기 위해 사운드스케이프(soundscape) 개념을 제안하였다.[34] 인간이 소리의 물리적 생산자·수용자일 뿐만 아니라, 소리의 의미가 직조되는 복잡한 문화적, 사회적, 역사적 맥락의 그물망을 끊임없이 형성하고 있기에, 우리는 종교의 소리세계를 종교적 사운드스케이프라 부를 수도 있다.

다음으로, 단지 주어진 세계 안에서 일어나는 하나의 물리적 사건으로서가 아니라, 청각적으로 세계를 구성하는 '앎의 방식으로서의 소리'를 이론화하기 위해 음향학(acoustics)과 인식론(epistemology)을 합성한 개념인 음향인식론(acoustemology)를 제안한 음악인류학자 스티븐 펠드의 시도도 주목할 가치가 있다. 스티븐 펠드는 음향인식론을 일종의 관계적 존재론으로서 이해한다. 그는 인식이 단지 앎을 획득하는 일방적인 작용이라기보다는, 유동하는 상황 안에서 '소리내기'와 '소리듣기'를 통해 지속되는 축적적이고 상호적인 참여와 반성의 과정이라고 본다. 따라서 그에게 소리를 통한 인식은 사운드스케이프처럼 하나의 '풍경'으로 존재하는 것이 아니라, 상호적이고 생태적이며, 다성적(polyphonic), 대화적, 비완결적 작용인 것이다.[35]

또한 소리 녹음과 재생 기술의 발견을 통해 변화되는 청자와 음원의 관계를 포착하기 위한 개념도 등장하였다. 어쿠스메트르(acousmatré) 또는 어쿠스매틱 사운드는 청각으로 감지되지만 음원이 시각적으로 보이지 않는 소리를 뜻한다. 프랑스의 작곡가이자 구체음악의 선구자 피에르 셰퍼는 스피커라는 '베일'을 통해 소리를 듣게 됨으로써 음원이 보이지 않는 현상을 어쿠스메트르라 지칭했다. 현재는 의미가 확장되어 자연적인 것이든 인공적인 것이든 음원이 보이지 않는 모든 소리를 어쿠스매틱 사운드라 부르게 되었다. 미셸 시온은 라디오, 축음기, 전화기 등 소리의 원천을 보이지 않고 소리를 전달하는 매체가 모두 어쿠스매틱한 미디어라고 본다.[36] 의례 현장에서 실제 인간에 의해 수행되는 의례의 장소성이 녹음 기술이나 마이크-스피커 시스템을 통해 공간과 시간적 제약을 상당 부분 극복하고 전달되는 오늘날의 종교지형에서, 종교의 소리는 상당히 어쿠스매틱한 현상이 되었다.

근래에 등장한 이러한 소리 개념은 소리 기술의 발달로 인해 변화된 인간과 소리 사이의 관계뿐만 아니라, 소리가 단지 물리적인 현상이자 수동적인 감각이기보다는 형성적·참여적·수행적·사회적으로 구성된다는 새로운 인식을 잘 반영하고 있다. 여기에 더하여, 더글라스 칸의 소리 이해는 소리 연구 전반을 위한 유용한 출발점을 제공한다.

> 소리(sound)라는 단어로 나는 소리들, 음성들, 그리고 청각성(aurality)–청각
> 적 현상의 범위에 들어가거나 관련된 모든 것들–을 의미하고자 한다. 이는
> 실제 음향적이거나 청각적인 사건이든 또는 소리나 청취에 관한 관념이든
> 관계없이 포괄한다. 실제로 들린 소리 또는 신화나 관념이나 암시 안에서
> 들린 소리, 모두에게 들린 소리 또는 오직 한 사람에게만 상상된 소리, 감각
> 지각 전체와 융화되는 것으로서의 소리.[37]

이러한 확대된 소리 개념에서 출발해야만 우리는 '종교(안)의 소리', '종교
와 소리', '종교로서의 소리', '소리를 통한 종교' 등[38] 종교와 소리가 관계하는
양상의 다층성과 복잡성에 다가설 수 있다.

종교학에서 소리와 관련된 개념의 패러다임 전환은 다음과 같이 정리할
수도 있겠다. 단지 의례(예배)적 맥락 안에서의 '성스러운 음악' 전통만을 가
리키는 종교음악(religious music)에서 출발하여, 의례적 맥락뿐만 아니라 일
상적 맥락까지, 공공성뿐만 아니라 사적 영역까지 걸쳐 있으며 음악이 아닌
소리(침묵, 소음 등)를 포괄하는 종교의 소리(sound 'in/and' religion), 그리고 종
교와 소리가 순간순간 살아 움직이는 복잡한 관계적 흐름으로서 형성되는
모습을 상정한 종교로서의 소리(sound 'as' religion)로 점차 변화 · 확장된다.
이렇게 확대된 소리 개념이야말로 훨씬 더 비교문화적인 파악력과 설명력
을 지니는 동시에,[39] 멈춰 있는 물질적 대상이 아니라 복잡다단한 관계적 존
재로서의 소리 현상을 온전히 이해할 수 있는 출발점이 될 수 있다.

5. 연구 질문 및 관련 선행 연구

1) '성스러움', 청각적으로 다시 고민하기

소리에 대한 새로운 이해는 결국 새로운 연구 질문의 제기로부터 시작된다. 새로운 연구 질문을 통해 기존에 다루지 않았던 연구 주제나 방법론의 변화가 일어나고, 전통적인 분과 학문의 경계를 넘는 통섭과 융합의 아이디어가 제시되기도 한다. 또한 종교학이 전통적으로 다루어 왔던 기존의 문제들을 바라보는 신선한 관점이 등장하기도 한다.

필자의 연구 질문은 "왜 어떤 음악이나 소리는 다른 음악보다 더 성스럽게 들릴까?", "성스러움과 소리의 관계는 무엇인가?"와 같은 개인적 호기심에서 시작되었다. 그 뒤로 소리 중에서도 동굴 혹은 고딕 성당처럼 공간적 특성으로 인해 일반적인 환경에서보다 잔향(reverberation)이 풍부한 소리가 일상적으로 '성스러운 소리'와 연관되는 경향이 있다는 것을 발견하게 되었다. 그러면서 자연스럽게 성스러움이라는 주관적 경험과 잔향이라는 물리적 현상 사이의 연관에 관심을 갖게 되었다.

물론 소리를 통한 종교적 경험의 양상과 실천의 다양성을 '성스러움'이라는 낡은 개념만으로 포착하고 한정할 수 없다는 것은 명백하다. 또한 성스러움의 주관적 경험에 관계되는 소리 경험이 모든 상황에서 반드시 잔향과 연관된다고 보기도 힘들다. 하지만 종교학에서 인간의 종교경험을 오랫동안 설명해 왔던 이러한 개념어를 특정한 소리 경험의 관점에서 다시 살펴봄으로써 인간의 종교경험과 감각에 대하여 새롭게 이해할 수 있을지도 모른다.

물론 종교적인 공간이 '항상' 성스러운 소리를 먼저 고려했다거나, 성스러운 소리는 '반드시' 잔향이 긴 소리라고 주장하기는 어렵다. 다만 여러 자료를 고려할 때, 공간의 '성스러움'을 주관적으로 인식하게 하는 다양한 요인 중 공간의 '잔향'이 주요한 요소로 작용할 수 있다고 추측할 수 있다.

질문을 구체화하는 과정에서 결국 이러한 질문은 기존 종교학의 틀 안에서는 해결할 수 없다는 것이 명백해졌다. 건축음향, 음향심리학, 종교미학, 인지미학, 건축심리학, 음악심리학, 종교경험론, 인지학적 방법론 등 소리에 대한 다학제적 접근이 필요한 질문이기 때문이다. 필자가 제기하는 연구 질문들은 다음과 같다.

> 공간의 잔향(reverberation)의 물리적 특성에 대한 청감각이 '성스러움' 혹은 '숭고함'의 주관적 경험에 어떠한 영향을 미치는가?
> 유의미한 연관이 있다면, 잔향의 어떠한 물리적 요소가 '성스러움'이라는 문화적 표상을 만들어내는 청감각과 관련이 있는 것일까?
> 왜 잔향이라는 특정한 소리현상을 초자연적 존재, 성스러움, 숭고함 등과 연관짓는 종교문화적 해석의 경향이 발견되는 것일까? 거기에는 어떠한 인지적 근원이 있을까?

인류학적 조사에 따르면 특정한 악기나 환경의 소리가 초자연적 존재나 성스러움과 연관되는 것은 보편적으로 발견된다. 북소리, 종소리 같은 특정 악기 소리와 더불어, 동굴과 같이 울림이 풍부한 음환경은 인간에게 성스럽고 특별한 장소로 인식되는 경향이 있는 것 같다. 따라서 공간의 울림에 대한 청감각이 성스러움이나 숭고함의 주관적 인식에 큰 영향을 끼치는 매개변수 중 하나라는 가설을 세울 수 있다. 이 가설에 따르면 성스러운 공간과 성스러운 소리는 분리 불가능하게 상호적으로 구성되는 것이다. 어떤 장소를 성스럽게 만드는 것은, 그러한 장소에 덧입혀진 문화적 해석이나 종교적 관념(구별됨, 정결함 등)일 수도 있지만, 어쩌면 감각적(지각적, 청각적) 경험 자체의 다름(비일상성)으로부터 그러한 종교문화적 해석의 경향성이 사후적으로 발생된 것이 아닌지 추정할 수도 있다.

공간 인식에는 시각뿐만 아니라 청각도 매우 중요한 요소이기에, 인간은 공간의 음향적 특성에 아주 민감하게 반응한다. 동굴이나 성당처럼 일정 조건이 갖추어진 공간은 일상적 공간과는 완전히 다른 음환경을 갖는다. 하나의 소리가 메아리쳐 여러 번 울리거나, 그림자처럼 길게 남는 잔향은 종종 초자연적 존재의 현존과 연결되기도 했다. 그래서 울리는 동굴, 계곡 등 소리가 신비롭게 울리는 공간에 인간은 특별한 의미를 부여해 왔다. 이 지점에서 소리와 성스러움의 오랜 문화적 연관의 인지적 근원의 실마리를 찾을 수 있는지도 모른다.

이를 증명하기 위해서는 종교경험을 청각적으로 다시 고민할 필요가 있다. 청각적으로 사고하는 일에는 건축음향학적 지식을 기반으로 청각 자극의 생리학적 영향을 과학적으로 측정하고, 그것을 종교문화적 해석과 결합하는 다학제적 접근이 요청된다.

또한 소리와 성스러움이 연관되는 매개변수를 섬세하게 파악하기 위해 질문을 더 세분화할 필요가 있다. 첫째, 무엇을 듣나?: 음원 자체의 물리적 특성이 성스러움의 감각과 연관이 있을까? 북소리, 종소리, 나팔소리 등 전통적으로 종교적인 맥락에서 사용되는 소리의 물리적 특성이 무엇이며 인간에게 어떻게 받아들여지는가? 둘째, 누가 듣나?: 성스러운 소리는 원래부터 성스럽게 존재하는 것이 아니라 특정한 소리를 성스럽게 여기는 관념이 청자에게 역사적, 사회적, 문화적 맥락 안에서 형성됨으로써 존재할 수 있다. 그렇다면 그 청자는 어떤 청자인가? 어떻게 특정한 소리를 성스러움으로 맥락화해서 듣게 되었는가? 특정한 소리가 청자에 따라 성스럽게도, 성스럽지 않게도 들리는 이유는 무엇인가? 셋째, 어디서 듣나?: 완전히 중립적인 소리는 존재하지 않는다. 모든 소리는 특정한 공간에서의 소리이며, 따라서 공간의 건축음향적 특성에 따라 같은 소리라도 완전히 다르게 받아들여지기 때문이다. 넷째, 어떻게 듣나?: 소리의 생산자인가 수용자인가? 의례적 맥락인가 아닌가? 얼마나 집중해서 듣는가? 성스러움에 대하여 어떠한 문화적 해석틀을 가지고 있는가? 다섯째, 타 감각과의 상호작용: 소리만큼이나 시각적 정보도 성스러움의 주관적 인식에 큰 영향을 준다. 어둡고 밝은 정도, 내부와 외부 건축디자인뿐만 아니라 공간의 냄새와 온도, 촉각 등의 다른 감각이 청각과 긴밀하게 연관되는 감각지각 전체로서 성스러움이라는 주관적 표상이 구성될 것이기 때문이다.

2) 소리와 공간 그리고 종교경험에 대한 연구자의 관심과 공명하는 선행 연구들

이러한 질문과 연관되면서 소리와 공간에 대한 흥미로운 관점을 제시해주는 선행 연구들이 존재한다. 다수는 스티븐 펠드의 음향생태학 연구처럼 인간이 음향적 관점에서 환경을 이해하고 공간에 대한 감각을 구성하는 방식에 주의를 기울이는 인류학자, 역사학자들의 작업들이다. 그중에서도 종교경험을 소리와 공간과의 관계 안에서 해석하려는 시도에 주목할 필요가 있다. 공간에 대한 감각적 경험의 하나인 잔향과 성스러움의 경험 사이의 관계를 어떠한 방법론으로 접근해야 할 것인지에 관해 유용한 실마리들을 제공하기 때문이다.

첫째, 인류학자 도널드 투진은 특정한 소리 도구와 초자연적 존재의 증거로 널리 받아들여지는 특정한 소리 감각 사이의 연결을 해명하기 위해, 특정한 환경적 맥락 안에서 청각 자극의 생리학적 영향과 그것의 종교문화적 해석을 결합하는 '생물문화학적(biocultural)' 접근을 요청한다.[40] 이러한 접근은 잔향이 풍부한 음환경이 청자에게 생리적으로 끼치는 영향이 성스러움이라는 종교문화적 해석으로 연결되는 경향이 있다는 필자의 가설에도 적용될 수 있다.

둘째, 음악인류학자 주디스 베커는 음악과 정서, 음악과 트랜스에 관한 연구에서 뇌과학·생물학의 접근과 문화적 접근을 결합함으로써, 음악 청취에서 깊은 정서를 경험하는 사람들이 종교의례의 맥락에서 트랜스를 경험하는 사람들과 유사하다고 주장한다.[41] 비종교적인 청취 경험과 종교의례에서의 트랜스 경험의 생물학적 유사성에 대한 이 연구는, 잔향이라는 청각 경험이 성스러움과 연결되는 것에는 경험을 해석하는 문화적 맥락뿐만 아니라 물리적으로 측정될 수 있는 신체적 과정도 포함된다는 사실을 알려준다.

셋째, 비세라 펜체바는 인문학적 접근과 건축음향학, 디지털 기술을 결합하여 하기아 소피아 성당에서 신자들의 종교적 경험이 성당 내부의 미적 경험(특히 잔향이 풍부한 청각 경험과 빛의 시각적 경험의 결합)을 통해 형성되는 방식을 연구함으로써 기존의 시각 중심적 이콘 해석이 아닌 다감각적 해석을 제안한다.[42] 이 연구의 의도는 이콘 해석의 시각 중심성을 다감각적으로 전환하려는 시도였지만, 청각 경험과 시각 경험이 결합되어 신자들의 미적·종교적 경험을 형성한다는 것을 밝힘으로써 잔향과 성스러움의 연관에 대한 설득력 있는 근거를 제공할 뿐만 아니라, 건축음향학적 지식과 디지털 소리 측정 기술이 어떻게 활용될 수 있는지에 대한 유용한 방법론적 선례도 제공한다.

넷째, 스티븐 월러는 선사시대 동굴벽화가 발굴되는 장소들이 대부분 잔향이 풍부한 음환경을 갖추고 있다는 사실에 착안하여, 비일상적인 잔향 환경이 만들어 내는 청각적 환영이 동굴벽화나 의례 등의 탄생에 영향을 주었다는 흥미로운 가설을 제안한다.[43] 이러한 관심사는 최근에 생겨난 다학제적 분야인 음향고고학(archaeoacoustics; acoustic archaeology)의 주요한 테마이기도 하다.[44] 스티븐 월러가 주로 주목한 것은 동굴벽화와 잔향이 풍부한 음환경의 연관이었지만, 그의 가설에 포함되었듯이, 그러한 동굴벽화가 그려진 곳이 종교적 의례의 장소일 수도 있다는 사실은 종교적 경험과 잔향의 연관에 대한 또 하나의 흥미로운 예를 보여준다.

다섯째, 예술사가 니나 에르긴은 고문헌을 이용하여 오토만의 모스크 건축가들이 쿠란 낭송에서 청감각을 효과적으로 활용하기 위한 디자인(내부 소재)과 건축음향 기술(돔형 천장)을 사용함으로써, 청자들에게 장엄함과 위엄을 선사해 주었다고 주장한다.[45] 청자들의 미적 경험(장엄함, 숭고함)을 유발하기 위해 건축음향 기술이 사용되었다는 사실은 과거의 건축가들 역시 잔향과 성스러움 혹은 숭고함의 경험의 연관을 의식하고 있었다는 것을 보여준다.

여섯째, 음악 비평가인 데이빗 툽은 앰비언트(ambient) 사운드에 대한 연구서에서 앰비언트 음악의 세계에서는 '세기말적인 경향, 비물질성, 영성 그리고 일렉트로닉이 동의어'라는 흥미로운 주장을 제기한다.[46] 로잘린트 해케트는 여기에 대하여, 에워싸는 듯하고(immersive), 일렉트로닉하며 실험적이고 미니멀(minimal)한 음악들이 현실도피, 초월, 내재, 변형적 경험 등과 연관되는 것에서, 아직 연구되지 않은 형태의 '속된 성스러움(secular sacred)', '암시적 종교(implicit religion)', '세속화 이후의 종교(post-secular religion)'의 형태일 수 있다고 추정한다.[47] 덧붙이자면, 이러한 앰비언트 음악의 '속된 성스러움'의 감각에서도 가장 중요한 것은 역시 잔향으로 인해 소리의 공간 안에 완전히 에워싸이는 듯한 느낌이라는 점은 필자의 연구 질문과 흥미로운 접점을 이룬다.

　마지막으로, 공간의 잔향과 성스러움의 문화적 연관에 대한 설득력 있고 중요한 반론이 있다. 필자의 가설이 증명되기 위해서는 이러한 반론에 대해 효과적인 재반론 또는 다른 설명 방식을 제기할 수 있어야 할 것이다. 『Spaces Speak, Are You Listening?』(2007)에서 배리 블레서와 린다-루스 살터에 따르면 작업적 가설로서 종교적 공간이 잔향시간이 길게 설계·선택되었다는 생각은 매력적이지만, 최소한 그리스도교의 경우 건축사적·문헌학적 연구를 통해 얻은 신뢰할 만한 증거들은 이러한 직관적인 결론을 반증하며, 현재의 문화적 연관이 의도가 아닌 우연적 결과물이었다는 흥미로운 주장을 제기한다. 고딕 성당은 동굴 벽화의 장소처럼 밀폐되고 넓은 공간의 음향을 종교적인 이유로 이용했던 초기 문화의 연장선상에서 이해할 수 없다는 것이다. 성당의 풍부한 울림을 만들어 내는 요소 하나하나가 모두 비의도적 결과물이기 때문이다. 작고 개방된 형태의 건물이 밀폐되고 거대해진 이유는 날씨의 영향을 최소화하고, 많은 신도들을 수용하기 위한 실용적인 이유에서였다. 높은 천정은 하느님 집의 장엄함을 시각적으로 표현하기 위한 것이지 음향적 의도를 가지고 설계되었다는 증거는 없다는 것이다. 또한 목재보다 소리의 반사를 효과적으로 일으키는 석재를 사용한 것은 석재가 화재의 위험이 적은 데다가, 커진 예배당 규모를 지탱하기 위한 실용적 선택이었다는 것이다. 또한 잔향이 신학적 적절성 때문에 의도적으로 만들어졌다는 문헌적 증거도 존재하지 않는다. 청각적 잔향과 시각적 장엄함이 긴밀하게 연관된 것은 그 뒤의 일이며, 그러한 연결성은 잔향이 풍부한 공간에 적합한 형태로 만들어진 단순한 무반주 단성음악에 의해 강화되었다. 따라서 잔향에 부여된 상징적 의미의 상당 부분은 그리스도교 건축의 부산물에서 시작된 유산인 것이다.[48]

이러한 반론은 적어도 그리스도교에 있어서는 받아들일 수 있다. 하지만 저자 역시 잔향에 종교적 의미가 부여된 것이 그리스도교가 처음은 아니었으며, 그리스 건축에서도 잔향이 청자에게 신의 목소리의 장엄함으로 감싸이는 청취 경험을 만들어 주었다는 점을 언급하였다. 따라서 잔향과 성스러움의 의미론적 연관이 하나 이상의 서로 다른 문화 전통에서 발견된다는 점에 비추어 볼 때, 그것을 오로지 그리스도교 건축의 우연한 부산물로만 바라보기는 힘들다. 잔향과 성스러움의 관계에 대해서는 비교종교, 비교문화, 비교건축적 접근으로 바라봄으로써 다른 해석을 제시할 가능성이 충분하다.

필자의 연구 질문은 성스러움의 주관적 감각을 '소리'로 이해하는 동시에, 그것이 공간의 지각과 다감각적으로 융합되며 만들어지는 방식에 주의하는 것이다. 잔향을 통해 우리는 청각적으로 공간의 크기를 가늠하고, 공간을 '더듬는다'. 잔향이 풍부한 음공간에서 소리가 울려 퍼지는 순간 무슨 일이 일어날까? 소리와 성스러운 공간에 대한 오랜 연관이 단지 관념이나 기억으로서가 아니라 그 순간 살아 숨쉬는 감각적 현존으로서 작동된다. 따라서 순간순간의 소리에 의해 시시각각 변화하며 구성되는 음향 공간은 물리적으로도 의미론적으로도 살아서 작동되는 것으로서 받아들여진다. 그것이 소리의 특별한 현존감을 가져온다.[49] 이것이 성스러움의 주관적 체험에서 핵심적인 것이 아닐까? 소리가 고정적인 것이 아니듯, 음환경이란 소리가 끊임없이 나타나고 사라지는 동시에 순간순간 감각적으로 지각되고 해석되고 표현되는 역동적인 공간이듯, 성스러움의 경험을 '청각적으로' 다시 생각한다는 것은, 성스러움을 그러한 역동적 관계의 구성으로 다시 해석해 보는 것 아닐까.

6. 나가며: 과제와 전망

소리와 관련된 기술의 발전과 더불어 소리에 대한 다감각적 연구 성과들이 '사운드 스터디'로 축적되고 있다. 텍스트와 담론으로부터 감각과 물질, 몸, 수행 등 보다 실천적인 방향으로 진행되었던 일련의 전회들은 종교학에서의 청각적 전회의 바탕이 되었다. 점점 더 많은 학자들이 소리를 비물질적이고 덧없으며 수동적인 대상으로 여기는 종래의 인식에서 벗어나, 인간의 종교적·사회적·개인적 경험과 정체성을 매개하고 구성하는 핵심 요인으로 바라보게 되었다. 이러한 인식의 변화는 사운드스케이프, 음향생태학 등의 고유한 다학제적 개념어로 표현되었다. 소리에 관하여, 소리와 함께, 소리를 통해 생각하는 시도는 기존 종교 연구가 다루어 왔던 주요 개념들을 '청각적으로' 재고하게 만들고 새로운 연구 과제를 제시한다.

또한 매체 기술의 발달로 인해 종교의 소리가 점차 전 세계적으로 상품화되고 유통되는 현상은 종교 실천의 본성과 장소성 등에 대해 신선한 의문을 제기한다. 소리를 녹음, 변형, 증폭, 재생하는 기술적 변화가 종교 행위자들의 청각적 경험의 보존, 기억, 공유, 수행, 정체성 등을 바꿔 놓는 것이다. 이제는 종교전통이나 공동체 또는 개인적 경험 안에서 소리의 발생·전파·지각·실천에 대해 귀 기울이는 종교 연구를 위한 조건이 무르익었다. 우리가 귀 기울이지 않았던 종교의 소리는 지금 이 순간에도 어디서나 울려 퍼지고 있다.

주석

한국의 근대와 종교 개념, 그리고 연구 방향 모색을 위한 하나의 사례 / 장석만

1) 서양사의 'middle age'도 마찬가지다. 'modern'과 동시에 'ancient'가 만들어진 다음, 그 사이에 끼어들면서 자리 잡은 것이 바로 'middle age'이기 때문이다.

2) Jacques Le Goff, *Must We Divide History into Periods?*, New York: Columbia University Press, 2015, pp. 13-14.

3) 르네상스라는 시대구분이 유럽에서 형성된 역사적 맥락 및 중국과의 비교 가능성을 논의하고 있는 흥미로운 최근의 연구 업적을 보려면 다음을 참고할 것. Thomas Maissen, Barbara Mittler, *Why China did not have a Renaissance, and Why That Matters: An Interdisciplinary Dialogue*, Berlin & Boston: Walter de Gruyter, 2018.

4) *Ibid.*, p. 14.

5) *Ibid.*, p. 13.

6) 장석만, 「개항기 천주교와 근대성」, 『교회사연구』 제17집, 겨울호, 한국교회사연구소 2001, 9쪽.

7) 위의 글, 10쪽.

8) 위의 글, 12쪽.

9) 위의 글, 12-13쪽.

10) 위의 글, 13쪽.

11) 장석만, 「한국의 근대성 이해를 위한 몇 가지 검토: 누구의 근대성? 그리고 왜 근대성」, 『현대사상』 여름호, 민음사, 1997.

12) 위의 글.

13) 장석만, 『한국근대종교란 무엇인가』, 도서출판 모시는사람들, 2017, 82-84쪽.

14) 위의 책, 32-34쪽.

15) 위의 책, 184쪽.

16) 위의 책, 190-192쪽.

17) 대표적인 저술이 1993년에 집문당에서 출간된 『이능화 연구』이다. 한편 이능화의 백교회통(1912)이 지닌 의미를 새롭게 강조한 것으로, 다음의 논문이 있다. 이민용, 「근대기 호교론으로서의 백교회통」, 『종교문화비평』 통권 30호, 종교문화비평학회, 2016.

18) Martin Holbraad & Morten A. Pedersen, *The Ontological Turn: An Anthropological Exposition*, Cambridge: Cambridge University Press, 2017. 이들의 논의를 소개 차원에서 검토하는 것은 우선 현재 인류학의 새로운 연구 방향에 대해 한국 학계에서 별로

논의가 이루어지지 않고 있기 때문이다. 또한 그들은 주요 문제의식을 비교적 간결하고 평이하게 정리하고 있으며, 자신의 관점을 설득력 있게 제시하는 점이 돋보인다.

19) 홀브라드와 페데르센은 아젠데족의 점치는 풍습과 발리섬의 역법(曆法)에 대한 예도 언급하고 있다. *Ibid.*, pp. 1-3.

20) *Ibid.*, p. 2.

21) *Ibid.*, pp. 3-4.

22) *Ibid.*, pp. 4-5.

23) *Ibid.*, p. 7.

24) *Ibid.*, pp. 6-7.

25) *Ibid.*, p. 10.

26) *Ibid.*, p. 11

27) *Ibid.*, p. 14.

28) *Ibid.*, p. 16.

29) *Ibid.*, pp. 17-18.

30) *Ibid.*, pp. 22-23.

31) *Ibid.*, pp. 288-289.

32) 정진홍, 『종교학서설』, 전망사, 1980, 66-67쪽.

33) Martin Holbraad & Morten A. Pedersen, *op. cit.*, p. 284.

34) *Ibid.*.

35) 이에 대해서는 다음을 참고할 것. 장석만, 「종교문화 개념의 등장과 그 배경: 소전 정진홍의 종교문화 개념의 의미」, 『종교문화비평』 통권 24호, 종교문화비평학회, 2013. 13-39쪽.

36) 장석만, 「식민지 조선의 "문명-문화-종교"의 개념적 네트워크」, 『종교문화비평』 통권 28호, 종교문화비평학회, 2015.

37) Graham Harvey, *Food, Sex, and Strangers: Understanding Religion as Everyday Life*, Acumen, 2013, pp. 14-15.

38) *Ibid.*.

39) *Ibid.*.

40) Eduardo Viveiros de Castro, *Cannibal Metaphysics*, edited and translated by Peter Skafish, Minneapolis, MN: Univocal, 2014, p. 48; 『식인의 형이상학: 탈구조적 인류학의 흐름들』, 박이대승・박수경 옮김, 후마니타스, 2018, 28쪽.

41) *Ibid.*, pp. 47-48.

42) Gilles Deleuze & Felix Guattari, *Qu'est-ce que la philosophie?*, Les editions de Minuit, 1991; *What Is Philosophy?*, Columbia University Press, 1994; 『철학이란 무엇인가』 이정임 옮김, 현대미학사, 1995.

1) 장석만, 『한국 근대종교란 무엇인가』, 도서출판 모시는사람들, 2017, 73-78쪽 참조.

2) 정진홍, 『정직한 인식과 열린 상상력』, 청년사, 2010, 32쪽.

3) 순교 문제를 다루더라도 필자와는 전혀 다른 방식으로 접근하는 연구도 있다. 김윤성, 「개념사의 비교종교학적 유용성: '순교' 개념의 분석 사례를 중심으로」, 『종교와 문화』 9, 서울대학교 종교문제연구소, 2003 참조.

4) 도날드 베이커는 19세기 조선에 천주교 집단이 형성된 것을 일종의 '종교 혁명'이라고 말한다. 기존의 유교나 불교, 무속과는 판이한 논리, 즉 다른 종교의 의례에 참여하는 것을 금지하는 배타적 공동체의 형성, 믿음(信)을 신뢰와는 다른 차원으로 해석하여 창조주의 존재에 대한 긍정으로 해석하는 논리의 출현 등을 그 근거로 하고 있다. Don Baker, "The Religious Revolution in Modern Korean History: From ethics to theology and from ritual hegemony to religious freedom," *The Review of Korean Studies*, Volume 9 Number 3, 2006, pp. 249-275.

5) 한스 요아스, 『행위의 창조성』, 한울, 2002 참조.

6) 기존의 언어로는 도저히 담을 수 없는 사태에 직면하여 신조어가 출현한다는 점을 강조하기 위하여 하영선은 신개념 형성의 역사를 일종의 좌절사라고 이름 붙였다. "새 질서를 전통 개념으로 담아보려는 힘든 노력이 현실의 벽에 부딪혀 혼란을 거듭하게 되자 비로소 대단히 조심스럽게 새 개념의 전파와 변용을 겪게 된 것이다. 개념 형성사를 근대 서양 개념 도입사로 접근하려던 소박한 생각은 접어야했다. 전통 개념의 좌절사를 거쳐 전통과 근대 개념의 복합으로 형성되는 새 개념의 역사를 정리해야 하는 어려운 숙제를 만난 것이다." 하영선 외, 『근대 한국의 사회과학 개념 형성사』, 창비, 2009, 9쪽.

7) 조현범, 「조선 후기 근대적 양심 개념의 도입 경위와 천주교의 역할」, 『코기토』 75, 부산대학교 인문학연구소, 2014 참조.

8) 以工匠之所制造 粉墨之所粧點 因謂之眞父眞母乎 正理無據 良心不允. 정하상, 『上宰相書』, 성황석두루가서원, 1999.

9) 영어와 불어에서 동일하게 사용하는 conscience는 여기서 나온 단어이다. 형태는 완전히 다르지만 독일어 Gewissen 역시 'Wissen'이라는 어간에서 보듯이 '알다(scire)'라는 의미를 함축하고 있다.

10) "天主始造人類 將十誡道理 銘刻在各人心上 所以上古 雖未明頒十誡 其時人心猶朴 世風未壞 照各人良心行去 自然能不背天主命令". 페르비스트, 『교요서론』, 노용필 옮김, 한국사학, 2013, 56쪽.

11) 김치완, 「「변방사동부승지소」의 논리구조로 본 서학 논의의 주요 쟁점과 그 의의」, 『동서철학연구』 54, 2009, 212쪽.

12) 1791년에 벌어진 윤지충 사건을 가리킨다.

13) "其書中廢祭之說, 臣之舊所見書, 亦所未見, 葛伯復生, 豺獺亦驚, 苟有一分人理者, 豈不崩心顫骨, 斥絶亂▓ 而辛亥之變, 不 幸近出, 臣自玆以來, 憤恚傷痛, 誓心盟志, 疾之如私仇, 討之如凶逆. 而良心旣復, 見理自明, 前日之所嘗欣慕者, 反而思之, 無非謊虛怪誕, 離奇辨博之文, 不 過稗家小品之支流餘裔也". 『정조실록』 46권, 정조 21년 6월 21일 庚寅. 번역문은 국사편찬위원회에서 운영하는 조선왕조실록 웹사이트에서 가져왔다. (http://sillok.history.go.kr/id/kva_12106021_002#footnote_1)

14) 『孟子』 「告子 上」, 雖存乎人者 豈無仁義之心哉 其所以放其良心者 亦猶斧斤之於木也 旦旦而伐之 可以爲美乎. 장승희, 「맹자의 양심론」, 진교훈 외, 『양심: 고대로부터 현대에 이르기까지의 양심의 의미』, 서울대학교 출판문화원, 2012, 38쪽에서 재인용.

15) 『孟子』 「告子 上」, 朱子注. 良心者 本然之善心 卽所謂仁義之心也. 진교훈 외, 앞의 책, 38쪽에서 재인용.

16) 『심경』에 관해서는 다음의 책들을 참고할 것. 최중석 역주, 『역주 심경부주』, 국학자료원, 1998 김종석 역주, 『심경강해』, 이문출판사, 1999 한형조 외, 『심경: 주자학의 마음 훈련 매뉴얼』, 한국학중앙연구원, 2009.

17) 陷溺之術 或以形氣之私慾 或以習俗之薰染 或以外物之引誘 以此之故 良心陷溺 至於大惡 何得以氣質爲諉乎. 번역문은 정약용, 『역주 다산 맹자요의』, 이지형 역주, 현대실학사, 1994, 335쪽에서 취하였으며, 원문은 정약용, 『정본 여유당전서 7』, 다산학술문화재단, 2012, 200-201쪽에서 가져왔다.

18) 『한국 교회사 연구 자료 제23집 *Dictionnaire Français-Coréen*』, 한국교회사연구소, 2004, p. 64.

19) 『한불ᄌᆞ뎐 *Dictionnaire Coréen-Français*』, Yokohama: C. Levy, Imprimeur-Libraire, 1880, p. 271.

20) 한국교회사연구소 편, 『한국교회사연구자료 제17집 묵상지장, 구령요의, 성상경』, 한국교회사연구소, 1986, 285-286쪽.

21) 한국교회사연구소 편, 『성교요리문답 진교절요 성교요리 성교빅문답』, 한국교회사연구소, 1985, 741-742쪽.

22) 조광, 『조선후기 천주교사 연구』, 고려대학교 민족문화연구소, 1988, 124-125쪽.

23) "問: 世人當何如 奉事天主. 答: 須信望愛主 全守十戒 此十戒者 乃天主生民 賦與人心 當然之理" in Nicolas Standaert, Ad Dudink, Nahalie Monnet, eds., 『法國國家圖書館明淸天主敎文獻』 Vol. 24, Taipei: Ricci Institute, 2009, p. 225.

24) 장석만, 「개항기 한국 사회의 "종교" 개념 형성에 관한 연구」, 서울대학교 대학원 박사학위논문, 1992; 磯前順一, 『近代日本の宗敎言說とその系譜: 宗敎, 國家, 神道』, 東京: 岩波書店, 2003; 島園進, 鶴岡賀雄 編, 『〈宗敎〉再考』, ぺりかん社, 2004; Gerard Clinton Godart, "'Philosophy' or 'Religion'? The Confrontation with Foreign Categories

in Late Nineteenth-Century Japan," *Journal of the History of Ideas*, 69:1, 2008, pp. 71-91; Isomae Jun'ichi(磯前順一), "The Conceptual Formation of the Category 'Religion' in Modern Japan: Religion, State, Shinto," *Journal of Religion in Japan*, 1, 2012, pp. 226-245; 쑨장, 「'종교' Religion의 재구성: 1893년 시카고 세계종교회의에서의 '중국종교'」, 이경구 외, 『개념의 번역과 창조: 개념사로 본 동아시아 근대』, 돌베개, 2012.

25) 장석만, 앞의 책(2017), 81-84쪽.

26) Marion Eggert, "'Western Learning', religious plurality, and the epistemic place of 'religion' in early-modern Korea(18th to early 20th centuries)," *Religion*, 42:2, 2012, pp. 299-318.

27) *Ibid.*, pp. 305-306.

28) 斧鉞在前 鼎鑊在後 而毅然不屈者 代不乏人 此足爲眞敎之一證 一言蔽曰 至聖 至公 至正 至眞 至全 至獨 惟一無二之敎也.

29) 天下未有無敎之國 而敎不眞者多矣.

30) 死人跟前 薦酹酒食 天主敎之所禁也.

31) 所謂士大夫木主 亦天主敎之所禁也.

32) 이규경이 천주교 등을 논하면서 사용한 용어들을 분석하는 데에는 다음의 글을 참고할 만하다. 원재연, 「五洲 李圭景의 對外觀과 天主敎 朝鮮傳來史 인식」, 『교회사연구』 17, 한국교회사연구소, 2001.

새로운 세계종교 수업을 위한 제언 / 방원일

1) Paul J. Achtemeier ed., *Harper' Bible Dictionary, S*an Francisco: Harper & Row, 1985, xx; *Jonathan Z. Smith, On Teaching Religion: Essays by Jonathan Z. Smith.* New York: Oxford University Press, 2013, p. 51에서 재인용.

2) Smith, *op. cit.*, p. 50.

3) 조너선 스미스, 『종교 상상하기』, 장석만 옮김, 청년사, 2013, 22쪽.

4) 장석만, 「종교문화 개념의 등장과 그 배경」, 『정직한 이삭 줍기: 소전 정진홍 교수 종교 연구의 지평』, 소전희수기념문집편찬위원회 엮음, 도서출판 모시는사람들, 2013, 36쪽.

5) 정진홍, 『하늘과 순수와 상상』, 강, 1997, 6쪽.

6) 앞으로의 내용에서 다루어지게 되듯이, '세계종교(world religion)'는 의미가 불명확한 개념이다. 그 의미는 학술적으로 규정되기보다는 대중적 어감에 의존하는 것이 현실이다. '세계종교'는 '세계에 존재하는 종교(religions in the world)'일 수도 있고 '세계적인 종교(world-famous religions)'일 수도 있다. 글자 상의 의미는 전자이지만, 현실적으로는 긍정적 가치가 얹힌 후자로 받아들여 진다. 따라서 세계종교 수업에서 수강생

이 기대하는 것은 세계적으로 알려진 중요한 종교들에 대한 지식을 얻는 것이라고 볼 수 있다.

7) Tomoko Masuzawa, *The Invention of World Religions: Or, How European Universalism Was Preserved in the Language of Pluralism*, Chicago: University of Chicago Press, 2005, pp. 37-46.

8) *Ibid.*, p. 9

9) Mark MacWilliams, "Religion/s between Covers: Dilemmas of the World Religious Textbook," *Religious Studies Review* 31-1 & 2, 2005, pp. 1-3.

10) Christopher R. Cotter & David G. Robertson (eds.), *After World Religions: Reconstructing Religious Studies*, London: Taylor & Francis, 2016, pp. 7-10.

11) 윌프레드 캔트웰 스미스, 『종교의 의미와 목적』, 길희성 옮김, 분도출판사, 1991. 캔트웰 스미스는 역동적으로 신앙을 이해하기 위한 세계종교 입문서를 직접 집필하기도 하였다. 윌프레드 캔트웰 스미스, 『지구촌의 신앙』, 김승혜·이기중 옮김, 분도출판사, 1989. 한편 세계종교 패러다임 비판의 입장에서 캔트웰 스미스의 주장이 갖는 선구적인 의미를 소개한 글로는 다음을 볼 것. James L. Cox, "Before the 'After' in '*After World Religions*': Wilfred Cantwell Smith on the Meaning and End of Religion," Christopher R. Cotter & David G. Robertson (eds.), *After World Religions: Reconstructing Religious Studies*, London: Taylor & Francis, 2016.

12) 맬러리 나이, 『문화로 본 종교학』, 유기쁨 옮김, 논형, 2013, 23-30쪽.

13) 웬디 도니거는 집단적 성격을 강조하면서 위에서 아래가 아닌 아래에서 위로 올라가는 종교 연구를 점묘법이라고 부른다. Wendy Doniger, "Post-modern and -colonial structural Comparisons," Kimberley C. Patton & Benjamin C. Ray eds., *A Magic Still Dwells: Comparative Religion in the Postmodern Age*, Oakland: University of California Press, 2000, pp. 70-72.

14) Tara Baldrick-Morrone, Michael Graziano and Brad Stoddard, "'Not a Task for Amateurs': Graduate Instructors and Critical Theory in the World Religion Classroom," Christopher R. Cotter & David G. Robertson (eds.), *After World Religions: Reconstructing Religious Studies*, London: Taylor & Francis, p. 46.

15) Masuzawa, op. cit., pp. 37-46.

16) Baldrick-Morrone et al., "'Not a Task for Amateurs'," p. 41. 분석된 교재의 서지사항은 다음과 같다. John Clark Archer, *Faiths Men Live By*, New York: Ronald Press, 1934.

17) Baldrick-Morrone et al., "'Not a Task for Amateurs'," p. 41. 분석된 교재의 서지사항은 다음과 같다. Huston Smith, *The Religions of Men*, New York: Harper & Row, 1958.

18) Baldrick-Morrone et al., "'Not a Task for Amateurs'," pp. 41-42. 분석된 교재의 서지사항은 다음과 같다. John L. Esposito, Darrell J. Fasching and Todd T. Lewis, *World*

Religions Today, 2nd ed., Oxford: Oxford University Press, 2006.

19) Baldrick-Morrone et al., "'Not a Task for Amateurs'," p. 42. 분석된 교재의 서지사항은 다음과 같다. Jeffrey Brodd, Layne Little, Bradley Nystrom, Robert Platzner, Richard Shek and Erin Stiles, *A Concise Introduction to World Religions*, Oxford: Oxford University Press, 2012.

20) 참고로 뒤에서 다루어질 『세계종교사입문』의 힌두교 서술에서 월경 의례를 비롯한 여성의 종교 생활에 관한 내용은 없다. 그러나 힌두교 부분을 담당했던 저자가 최근에 출판한 연구서에서는 인도 신화와 여성 정체성의 문제가 깊이 있게 다루어진다. 류경희, 『인도 힌두 신화와 문화』, 서울대학교출판문화원, 2016.

21) Steven W. Ramey, "The Critical Embrace," Cotter & Robertson eds., *After World Religions,* pp. 50-58.

22) *Ibid.*, p. 58.

23) 안연희, 「'세계종교'와 종교 가르치기」, 『종교문화비평』 통권 29호, 종교문화비평학회, 2016, 70쪽.

24) J. B. 노스, 『세계종교사』, 윤이흠 옮김, 현음사, 1986. 이 책은 1980년에 출판된 *Man's religions*의 제6판을 번역한 것이다. 서문에 따르면 이 책은 기본적으로 세계 여러 종교를 자체의 자료를 이용해 소개하고 기원과 성장 과정을 밝히는 것을 목표로 한다. 또 제6판에서는 각 종교가 신자의 일상생활에서 어떠한 의미를 지니는지에 관한 관심을 추가하였다고 밝히고 있다.

25) 세계종교교육과 관련된 협업 작업의 다른 예를 든다면, 서강대학교 종교학과 출신 학자들이 전공 별로 번역을 맡아 방대한 분량의 세계종교 교재를 번역 출간한 일이 있다. 아르빈드 샤르마 외, 『우리 인간의 종교들』, 이명권 외 옮김, 소나무, 2013.

26) 엄밀히 말하면 '세계종교'와 '세계종교사'는 구별되는 개념이다. 『세계종교사입문』의 필자들도 "종교사는 '종교'라는 척도를 가지고 역사적 변화의 흐름을 재어본다는 의미를 밑바탕에 깔고 있다"고 규정함으로써 의미를 구분한다.(한국종교문화연구소, 『세계종교사입문』, 개정증보판, 청년사, 2003, 5쪽) 하지만 현실적으로는 두 단어가 거의 겹쳐져 사용되기 때문에 이 글에서는 둘을 엄밀히 구분하지 않을 것이다. 즉, 현재 종교의 모습을 이해하기 위해 종교의 역사를 배우는 것과 현재의 관심에서 비롯하여 종교의 역사를 서술하는 것은 내용상 큰 차이를 보이지 않는다.

27) 한국종교문화연구소, 『세계종교사입문』, 초판, 청년사, 1989, 11쪽.

28) 위의 책, 25-110쪽, 115-255쪽, 261-370쪽.

29) 사실 지식의 홍수라는 점은 기존의 세계종교 교재들이 갖는 공통된 문제이기도 하다. 한국에 출판된 교재 중 가장 간결하게 요점을 전달하는 오강남의 책 역시 이 지적에서 자유로울 수 없다고 생각된다. 오강남, 『세계 종교 둘러보기』, 현암사, 2013.

30) 정진홍, 『종교문화의 인식과 해석: 종교현상학의 전개』, 서울대학교출판부, 1996, 203

쪽.

31) 맬러니 나이, 앞의 책, 37쪽.

32) 한국 사회 종교 담론의 예로는 다음을 볼 것. 방원일, 「비서구세계 종교문화의 만남 과 종교 개념에 대한 최근 논의들」, 『종교문화비평』 통권 8호, 한국종교문화연구소, 2005, 139-140쪽.

33) 한국종교 연구회, 『종교 다시 읽기』, 청년사, 1999, 105-118쪽, 403-413쪽, 414-423쪽.

34) 박규태 외, 『종교 읽기의 자유』, 청년사, 1999, 123-140쪽, 154-166쪽, 304-311쪽.

35) 예를 들어, 장석만, 「'종교'를 묻는 까닭과 그 질문의 역사」, 『종교문화비평』 통권 22 호, 종교문화비평학회, 2012.

36) 『종교문화비평』 통권 8호(2005)의 특집 「해외 불교학의 형성과 오리엔탈리즘」에 수 록된 논문들이 이러한 문제의식을 보여준다. 그 후속 연구도 지속되고 있다. 송현주, 「서구 근대불교학의 출현과 '부디즘(Bhddhism)'의 창안」, 『종교문화비평』 통권 22 호, 종교문화비평학회, 2012.

37) 『종교문화비평』 통권 33호(2018)의 특집 「종교문화로 보는 한국기독교」는 이러한 문 제의식을 담고 있다.

38) 예를 들어, 이연승, 「'도교' 개념의 적용 범위에 대한 소고」, 『종교문화비평』 통권 12 호, 한국종교문화연구소, 2007.

39) 베르나르 포르, 『불교란 무엇이 아닌가: 불교를 둘러싼 23가지 오해와 답변』, 김수정 옮김, 그린비, 2011.

40) Ramey, *op. cit.*, p. 58.

41) 다음 글에서는 서양인들이 이슬람을 접하는 미디어의 사례들이 풍부하게 제시된다. William Lafi Youmans, "Islam," John C. Lyden and Eric Michael Mazur (eds.), *The Routledge Companion to Religion and Popular Culture*, London: Routledge, 2015, pp. 460-76.

42) Jonathan Z. Smith, *op. cit.*, p. 59.

'종교문화비평'의 관점과 시야, 그리고 외연 / 신광철

1) 「발간사」, 『종교문화비평』 창간호, 2002.

2) 「책을 내며: '문화'의 지평에서 새로운 눈으로 종교 바라보기」, 『종교문화비평』 2호, 2002.

3) 「책을 내며: 이 땅에서 종교에 대해 묻는다는 것」, 『종교문화비평』 3호, 2003.

4) 「책을 내며: 두 가지 관심사가 주는 긴장」, 『종교문화비평』 4호, 2003.

5) 「책을 내며」, 『종교문화비평』 6호, 2004.

6) 「권두언: 지령 14호를 맞이하여」, 『종교문화비평』 14호, 2008.

7) 이 분야에 강점을 보이고 있는 주체로 한신대학교 종교와문화연구소를 들 수 있을 것이다. 한신대학교 종교와문화연구소는 학술지 『종교문화연구』 특집 주제를 통해 대중문화를 중심으로 다양한 장르 비평을 시도하고 있다.

8) 「창간호 특별 좌담회: 한국 종교학의 회고와 전망」 (정진홍, 이민용, 배국원, 장석만, 박규태, 구형찬), 『종교문화비평』 창간호, 2002.

9) 「특별 좌담회: 종교 가르치기」 (정진홍, 장석만, 이진구, 조현범, 이창익, 안연희, 방원일, 심형준, 도태수, 김대현), 『종교문화비평』 29호, 2016.

'종교' 개념과 '종교하는 인간'의 차이를 생각하며 / 심형준

1) 이 영화의 타이틀은 '오역'의 대명사다. Dead Poets Society에서 Society는 '클럽'이나 '모임'의 의미이고, Dead Poet은 유명한 '죽은 시인들'을 지칭하는 게 아니라 학생들 자신을 일컫는 말로 살아 있는 동안에는 정회원이 아닌 수습 내지 준회원 상태에서 자신들이 죽어서야 해당 모임의 정회원이 될 수 있다는 의미였다. 영화 메시지, '카르페 디엠'의 의미가 담겨있는 말이라고 할 수 있다. 살아 있는 동안에는 미숙한 수습의 상태이니 마음껏 실수를 저지르며 현재를 즐기며 최선을 다하라는 메시지가 숨어 있다. 그런 의미에서 '죽은 시인들의 모임' 정도가 적절한 번역이라고 한다. "「죽은 시인의 사회」의 진짜 의미"(브런치, ohsebeom) 참고(주소: https://brunch.co.kr/@5beom/14).

2) 영어식 표현으로는 '진홍이언(Jinhongian)'이 맞겠지만 그렇게 부르지는 않았던 것 같다.

3) Oxford Advanced Learner's English-Korean Dictionary와 『신영한대사전』(교학사)의 '-(i)an', '-ist' 항목 참고.

4) 캔트웰 스미스를 비롯해서 근대의 '종교' 개념의 문제를 다룬 선행연구들이 있었다. 장석만, 「개항기 한국사회 "종교" 개념 형성에 관한 연구」, 서울대학교 박사학위논문, 1992, 10-16쪽.

5) 조현범, 「'종교와 근대성' 연구의 성과와 과제」, 『종교문화연구』 6, 한신인문학연구소, 2004, 132쪽. 다만 '종교' 개념의 한계를 사유하는 논의로 확장한다면 그 출발점을 정진홍으로 잡아야 할 것이다. 정진홍, 『종교학 서설』, 전망사, 1980.

6) 위의 글, 136-140쪽.

7) 조현범, 「한국 근대종교란 무엇인가?」, 『종교문화비평』 33, 종교문화비평학회, 2018, 314-340쪽. 강조 인용자.

8) 위의 글, 333쪽.

9) 장석만, 「개항기 한국사회 "종교" 개념 형성에 관한 연구」, 6-12쪽.

10) 유발 하라리, 『사피엔스』, 조현욱 옮김, 김영사, 2015, 176-177, 247쪽.

11) 조현범, 「한국 근대종교란 무엇인가?」, 317쪽.

12) 심형준,「종교학적 지식의 가능태에 대한 일고: "개인적 지식"(personal knowledge) 의 개념을 바탕으로 '종교적 인간'(homo religiosus)에 대한 재조명」, 서울대 종교학과 학부졸업논문, 2005. 다행하게도 이 글은 어디에도 공개되어 있지 않다. 서울대 종교 학과 도서관에 2005년도 졸업논문을 모아 놓은 논문집에 실려 있기는 하다.

13) 심형준,「종교학적 지식의 가능태에 대한 일고」, 14쪽.

14) 심형준,「종교 개념의 적용과 해석에 대한 연구: '삼교', 유교, 무속을 중심으로」, 서울 대 석사논문, 2009.

15) 위의 글, 136쪽.

16) 심형준,「성스러운 인간의 생성과 변형에 관한 연구: 조선시대의 사례를 중심으로」, 서울대 박사논문, 2016, 3-5쪽.

17) 유발 하라리,『사피엔스』, 176쪽.

18) Dan Sperber, *Explaining Culture: A Naturalistic Approach*, Oxford: Blackwell Publishers Ltd., 1996, p. 1.

19) Pascal Boyer, *The Fracture of an Illusion: Science and the Dissolution of Religion*, Gottingen: Vandenhoeck & Ruprecht, 2010, p. 9.

20) *Ibid.*, pp. 9-10.

21) 종교 개념사 논의 비평과 연구 발전 방향에 대한 논의는 조현범 선생님의「'종교와 근대성' 연구의 성과와 과제」와「한국 근대종교란 무엇인가?」가 좋은 참고가 될 것 이다.

22) Pascal Boyer, *The Fracture of an Illusion*, p. 15-16.

23) 당시 이 사진을 소개한 기사에서 언급된 사람들의 반응들: "하늘도 함께 하는구나. 얘 들아 집에 가자"(@rh0**) "별이 된 아이들이 세월호를 보기 위해, 친구를 찾기 위해 하 늘에 나타났구나"(@assa***) "하늘이 눈 감고 있지 않으시네요. 아이들과 부모님들과 그 아픈 한을 푸는 것은 진실이 밝혀지는 것이다"(@sat********) "무사인양을 바라는 하 늘의 뜻"(@long*********). "'세월호 리본 구름'은 진짜 하늘의 선물…"숨이 멎는 줄"", 한겨레, 2017년 3월 23일자.

24) 심형준,「한국 기독교 민속신앙론은 어떻게 가능한가?: 인지종교학의 관점이 말해주 는 것」,『종교문화비평』 33호, 종교문화비평학회, 2018, 90-130쪽.

한국종교사개론에 대한 상상 / 안연희

1) Joseph M. Kitagawa, "The History of Religions in America", Mircea Eliade and Joseph M. Kitagawa (eds.) *The History of Religions; Essays in Methodology*, University of Chicago Press, 1973.

2) 정진홍,「한국의 종교와 한국인」,『경험과 기억: 종교문화의 틈 읽기』, 당대, 2004, 109

쪽. 한국의 종교문화를 사는 우리에게 한국종교사 서술은 '한국'을 오로지 서술과 인식의 대상으로만 삼을 수 있는 한국종교사 서술과 상당히 겹치더라도 그 서술의 결과 의미가 같을 수 없을 것이다.

3) 기존의 세계종교사나 종교사 관련 저술들의 목차를 비교해보면, 서술동기와 관점의 중요성을 확인할 수 있다. 어느 시대, 어느 지역, 어떤 필요에 따라 저술되었느냐에 따라 어떤 관심을 가진 저자의 저술이냐에 따라 목차와 내용은 달라진다.

4) 정진홍, 『한국종교문화의 전개』, 서울: 집문당, 1985. 이러한 서술은 『경험과 기억』의 2부 한국의 문화와 종교문화의 틀에서 심화되고 되풀이된다.

5) 윤이흠, 『한국의 종교와 종교사』, 서울: 박문사, 2016. 한국종교사를 집필 중 작고하신 윤이흠 선생님의 유고(한국 천주교사에서 중단)가 출판되었다. 이 유고집의 서론에서는 『한국종교 연구』 1권에서의 세 신념유형과 『한국인의 종교관』에서 주장한 현세중심주의, 순수정통주의, 다종교 상황, 세계문화의 보존창고로서의 한국종교사론이 종합되어 제시되고 있다.

6) 『한국의 종교와 종교사』, 32-33쪽. 요지는 다음과 같다. 진정한 의미의 종교, 온전한 종교현상은 곧 종교전통을 의미한다. 예컨대 신앙, 교리, 기도, 의례, 조직, 신비경험 등은 종교전통을 형성하는 구성요인들이다. 이들이 예속된 또는 의존적 종교현상이라면 종교전통은 완성된 또는 독립된 현상이다. 우리가 연구하는 어떤 종교현상도 종교전통을 벗어나서 존재하는 경우는 없다. 이런 맥락에서 어떤 신화나 신비경험도 특정한 종교전통의 세계관의 맥락 안에서 그 본래의 의미를 지니게 되고 또한 기능할 수 있으며 전수된다는 것이다. 즉 종교를 전통으로 볼 때 비로소 종교 간의 차이가 분별되고 역사 안에서의 종교가 기능한 음양의 양면을 동시에 이야기할 수 있게 된다는 것이다.

7) 미르체아 엘리아데, 『세계종교 사상사』 1권, 9-10쪽. 조너선 스미스는 엘리아데의 핵심저작으로 『종교사개론』, 『샤머니즘』, 『대장장이와 연금술사』, 『요가』를 꼽았고, 그의 종교형태론과 역사를 아우르는 그의 종교사로서의 종교학에 대한 관점을 잘 보여주는 엘리아데의 핵심저작으로 꼽았다. Jonathan Z. Smith, *Relating Religion: Essays in the Study of Religion,* Chicago & London: The Univ. of Chicago Press, 2004, p.79.n.47. 이에 대한 중요한 연구로는 이창익, 「엘리아데와 차이의 해석학: 종교의 영도 II」, 『종교문화비평』 통권 11호, 43쪽 이하.

8) M. Eliade, *La Nostalgia des Origines*, Gallimard, 1969, p.7f; 『세계종교 사상사』 1권, 5쪽에서 재인용.

9) 정진홍, 『한국종교문화의 전개』, 집문당, 1985. 422-431쪽, 한국종교학의 성숙의 지표로 종교학의 자기정체성 확립, 종교학적 관심의 구체화, 학문공동체의 형성, 사회문화적 요청에의 응답을 들고 있다. 윤이흠, 『한국종교 연구 1: 종교사관, 역사적 연구, 정책』, 집문당, 1886, 78-79쪽.

10) 한국종교 연구회 지음, 『한국 종교문화사 강의』, 청년사, 1998.

'전통'과 '이론'의 분리에 대하여 사유하기 / 임현수

1) 이 책에서는 「새로운 세계종교 수업을 위한 제언: 전통과 이론의 구분을 넘어선 세계 종교교육」으로 제목을 변경하여 수록하였다.
2) 장석만, 『한국 근대종교란 무엇인가?』, 모시는사람들, 2017; 안연희, 「'세계종교'와 종교 가르치기」, 『종교문화비평』 29, 2016.
3) 경험적 실재가 언어에 앞선다고 말하는 정진홍은 전자를 대변하는 입장에 선다고 본다. 그의 발언이 엘리아데가 어디선가 본질이 실존에 앞선다고 말한 대목과 절묘하게 겹치는 느낌이 드는 것은 순전히 주관적인 인상에 불과한 것은 아니라고 믿고 싶다. 정진홍, 『경험과 기억』, 당대, 2003, 321-347쪽.
4) 장석만, 앞의 책, 73-84쪽.
5) M. Eliade, *Histoire des croyances et des idées religieuses 1,* 이용주 옮김, 『세계종교 사상사 1』, 이학사, 2005; M. Eliade, *Histoire des croyances et des idées religieuses 2,* 최종성·김재현 옮김, 『세계종교 사상사 2』, 이학사, 2005; M. Eliade, Histoire des croyances et des idées religieuses 3, 박규태 옮김, 『세계종교 사상사 3』, 이학사, 2005.
6) David N. Keightley, *Working for His Majesty: Research Notes on Labor Mobilization in Late Shang China(ca. 1200-1045 B.C.), as Seen in the Oracle-Bone Inscriptions, with Particular Attention to Handicraft Industries, Agriculture, Warfare, Hunting, Construction, and the Shang's Legacies,* Berkeley: Institute of East Asian Studies, University of California, 2012, pp. 222-3.
7) Paul Wheatley, *The Pivot of the Four Quarters: A Preliminary Enquiry into the Origins and Character of the Ancient Chinese City,* Chicago: Aldine Publishing Company, 1971, pp. 42-3, 174-5.

역사학적 종교 연구의 최근 동향과 새로운 가능성의 모색 / 김유리

1) Bruce Lincoln, "Theses on Method," *Method and Theory in Study of Religion*, 2005, p. 8.
2) 김윤성, 「브루스 링컨의 종교 연구 방법 테제 분석」, 『종교와 문화』 29, 서울대학교 종교문제연구소, 2015, 14쪽.
3) Bruce Lincoln, 2005, p. 8.
4) 립케는 "종교적 기본 개념을 체계화하고 유형화하면서, 역사 속에서 원인결과를 밝혀 내는 종교학의 방법"으로서 '역사학적 종교학'이란 용어를 사용한다. 최정화, 「종교사

(history of religions)의 재발견: 역사적 종교 연구의 학적 전통과 방법론」,『종교문화연구』20, 한신대학교 종교와문화연구소, 2013, 190쪽.

5) 윤이흠은 거시적 시각과 미시적 시각을 극복할 대안으로 양자의 중간시각(middle range perspective)을 내세운 바 있다. 그는 중간시각을 차용함으로써, 특정 종교전통 안에서 의미를 지니는 온전한 종교현상을 볼 수 있다고 주장하였다. 윤이흠,「한국종교사의 이해」,『종교와 문화』10, 서울대학교 종교문제연구소, 2004, 153-154쪽.

6) 정병조,「한국에서의 불교 연구, 그 현실과 과제」,『해방 후 50년 한국종교 연구사』, 도서출판 창, 1997, 25-26쪽.

7) 서영대,「한국 고대종교 연구사」,『해방 후 50년 한국종교 연구사』, 도서출판 창, 1997, 240; 258-259쪽.

8) 미완의 원고이기는 하나 생전의 집필 원고를 유고집 형태로 간행한 윤이흠의『한국의 종교와 종교사』는 또 다른 하나의 성과이다. 이 책의 성과를 온전히 다루지 못하는 것은 전적으로 필자의 한계이다. 윤이흠,『한국의 종교와 종교사』, 박문사, 2016.

9) 이은봉,「한국종교사 서술의 가능성과 과제」,『종교문화연구』1, 한신대학교 종교와 문화연구소, 1999.

10) 윤이흠,「信念類型으로 본 韓國宗敎史」,『韓國宗敎의 理解』, 集文堂, 1985, 12-14쪽.

11) 윤이흠, 1985, 41-43쪽.

12) Mircea Eliade, *The Quest: History and Meaning in Religion*, The University of Chicago Press, 1969, p. 1-11. 정진홍,『韓國宗敎文化의 展開』, 集文堂, 1988, 17쪽에서 재인용.

13) 정진홍, 1988, 55쪽.

14) 최종성은 혼합현상의 모델과 유형을 강조하면서도, 이를 분명하게 역사화하고 맥락화해야 함을 강조하였다. 이른바 유형론을 역사화하고 맥락화하지 않는 한 한국종교사의 이해는 여전히 정태성과 비역사성에 갇혀있을 수밖에 없다는 것이 그의 입장이다. 최종성,「조선전기 종교혼합과 혼합주의-유교, 불교, 무속을 중심으로」,『종교연구』47, 한국종교학회, 2007, 42쪽.

15) 정진홍, 1988, 18쪽.

16) 토착종교 연구에 전력했던 서영대 역시 토착종교를 특정 종교로 분류하기보다는 다양한 토착종교 현상들 간의 구조적 관련성과 입체적, 동태적 변화상을 추구해야 한다는 입장을 공유하고 있다. 서영대, 1997, 258-259쪽.

17) 윤이흠,「韓國宗敎史 硏究의 方法論的 課題 - 한국종교사 어떻게 쓸 것인가」,『종교연구』12, 한국종교학회, 1996, 7쪽.

18) 윤승용,「한국종교사 서술에 대한 제언」,『한국종교 연구회회보』5, 한국종교 연구회, 1994, 44-45쪽.

19) 서영대,「서평,『한국종교문화사 강의』」,『역사민속학』8, 1999, 257-258쪽.

20) Luther H. Martin, "Evolution, Cognition, and History," *Past Minds: Cognitive Historiography*, ed. Luther H. Martin and Jesper S ø rensen, London; Oakvile: Equinox Publishing Ltd., 2011, pp. 1-8.

21) Thomas E. Lawson, "Counterintuitive Notions and the Problem of Transmission: The Relevance of Cognitive Science of the Study of History," *Historical Reflections/ Réflexions Historiques* 20, 1994, p. 482.

22) 역사적 작업이 진화·인지적 이론화 작업에 기여할 수 있는가의 질문에 대해서는 *Past Minds*의 필자들 사이에서도 논쟁이 있다. 루터 마틴의 경우 "역사적 작업이 진화·인지적 이론화 작업에 기여할 수 있는가"라는 질문에 긍정적이지만 쇠렌슨의 경우 회의적인 태도를 보인다. Ann Taves, "Review on *Past Minds*(2011)", *Numen* 62, 2015, p. 479-480.

23) 맥칼리스터는 연속된 단계의 다양한 결과나 외부의 조건에 따른 변이는 자신을 둘러싼 외부적 조건과의 조응을 유지하기 위한 진화의 결과라고 보았으며, 이에 입각한 역사 서술을 제기하였다. Alexander Macalister, *Evolution in Church History*, Dublin: Hodges, Figgis, 1882, p. 10.

24) Jane E. Harrision, "The Influence of Darwinism on the Study of Religions," in *Darwin and Modern Science: Essays in Commemoration of the Centenary of the Birth of Charles Darwin and of the Fiftieth Anniversary of the Publication of the Origin of the Species*, edited by A.C. Seward, Cambridge: Cambridge University Press, 1909, p. 497.

25) Luther H. Martin, 2011, pp. 2-3.

26) Luther H. Martin, 2011, pp. 4-5.

27) 구형찬, 「'인간학적 종교연구 2.0'을 위한 시론」, 『종교문화비평』 15, 한국종교문화연구소, 2009, 256쪽.

28) 그는 한 명의 인도를 따라 길을 걷고 있는 세 명의 친구들을 "사회적 인지 인과 체인(SCCCs)"의 예시로 든다. 인도자는 인지적 인과 체인에 따라 외부의 자극에 반응하여 어떤 방향으로 나아가야 할지를 결정한다. 이때 인도자의 결과물은 그를 따르는 두 명의 친구들에게 입력물로 작용하여, 그들이 인도자를 따르도록 행동하는 결과를 만들어낸다. 이것이 스퍼버가 말하는 일시적 사회적 인지 인과 체인이다. Dan Sperber, "Why a deep understanding of cultural evolution is incompatible with shallow psychology," in Nick Enfield and Stephen Levinson (eds.), *Roots of Human Sociality: Culture, Cognition, and Interaction*, 2006, pp. 434-436.

29) Christophe Heintz, "Cognitive History and Cultural Epidemiology," in *Past Minds: Cognitive Historiography*, 2011, pp. 22-24.

30) Dan Sperber, 2006, pp. 446-447.

31) Ann Taves, 2015, pp. 478-480.

32) Caroline W. Bynum, "What's Happening in History now?", *Daedalus* 138(1), 2009, pp. 77-78.

33) Gregory Hanlon, *Human Nature in Rural Tuscany: An Early Modern History*, New York: Macmillan, 2007.

34) Daniel Lord Smail, *On Deep History and the Brain*, Berkeley: University of California Press, 2008.

35) Luther H. Martin, 2011, pp. 7-8.

36) Caroline W. Bynum, 2009, pp. 73-76.

37) 조지 이거스 지음, 『20세기 사학사: 포스트모더니즘의 도전, 역사학은 끝났는가?』, 임상우 · 김기봉 옮김, 푸른역사, 1999. 31쪽.

38) 조반니 레비, 「미시사에 대하여」, 강문형 옮김, 곽차섭 엮음, 『다시, 미시사란 무엇인가』, 2017, 56-57, 62쪽.

39) Christophe Heintz, 2011, pp. 12-13.

40) Ann Taves, 2015, p. 480.

41) Olivier Morin, "How Portraits Turned Their Eyes upon Us: Visual Preferences and Demographic Change in Cultural Evolution," *Evolution and Human Behavior* 34(3), 2013, pp. 222-229.

42) 이창익, 「인지종교학과 숨은 그림찾기」, 『종교문화비평』 14, 한국종교문화연구소, 2008, 64-140쪽; 박종천, 「종교와 마음: 인지종교학의 주제와 경향을 중심으로」, 『철학탐구』 24, 중앙대학교 중앙철학연구소, 2008, 189-220쪽; 이창익, 「신 관념의 인지적 구조: 마음 읽기의 한계선」, 『종교문화비평』 21, 한국종교문화연구소, 2012, 316-372쪽.

43) 구형찬, 「초점화가 이끄는 환기작용: 조선시대 침호두 기우를 중심으로」, 『종교문화비평』 30, 한국종교문화연구소, 2016, 284-322쪽.

44) 구형찬, 2016, 288쪽.

45) 최종성, 2007, 42쪽.

46) 이욱, 「조선시대 국가사전과 영험성의 수용-기우제차의 정비를 중심으로」, 『종교와 문화』 6, 서울대학교 종교문제연구소, 2000, 66쪽.

47) 윤이흠, 2004, 153-154쪽.

48) 최종성, 「儒醫와 巫醫-유교와 무속의 치유-」, 『종교연구』 26, 한국종교학회, 2002, 154쪽.

49) 이욱, 「조선시대 국가사전과 영험성의 수용」, 2000, 65쪽.

50) 이욱, 「조선전기 귀신론에 관한 연구」, 『종교연구』 15, 한국종교학회, 1998, 259쪽. 그는 유교의 사전체계를 힘과의 관계성을 축으로 이해하며, 조선시대 유교의 사전체

계를 공덕성과 모범성을 기준으로 포섭된 신이 주제자(主祭者)의 사회적 권력에 따라 의례화되는 것으로 설명한다. 이욱, 「조선시대 국가 사전(祀典)과 여제(厲祭)」, 『종교연구』 19, 2000, 149-150쪽.

51) 이욱, 「조선시대 국가사전과 영험성의 수용」, 2000, 88쪽.

52) 최종성, 2007, 49쪽.

53) 최종성, 2007, 43쪽.

54) 최종성, 「무당에게 제사 받은 생불-『요승처경추안』을 중심으로」, 『역사민속학』 40, 한국역사민속학회, 2012, 9쪽.

55) 최종성, 「감악산의 민속 종교」, 『종교와 문화』 31, 서울대학교 종교문제연구소, 2016, 5쪽.

56) 최종성, 2016, 6-8쪽.

57) 관혼상제를 중심으로 한 의례 매뉴얼이 소수의 의례전문가가 아닌 국민 일반을 대상으로 한다는 점, 신과의 만남이라는 종교적 특징이 축문을 통해 고스란히 드러나는 점, 일상의 세계와 밀접한 관계를 두고 있는 점 등을 들어 의례 매뉴얼이 일종의 민속 종교를 구성하고 있음을 보여준다. 최종성, 「일제강점기의 의례 매뉴얼과 민속 종교」, 『역사민속학』 52, 한국역사민속학회, 2017, 199-206쪽.

58) 최종성, 2017, 245쪽.

59) 최종성, 2017, 207쪽.

60) 박상언, 「퍼포먼스로서의 의례 읽기, 그 지점과 가능성」, 『종교문화연구』 9, 한신대학교 종교와문화연구소, 2007, 1-2쪽.

61) 이창익, 「박상언, 「퍼포먼스로서의 의례 읽기, 그 지점과 가능성」에 대한 논평」, 『종교문화연구』 9, 한신대학교 종교와문화연구소, 19-20쪽.

62) 이욱, 「조선시대 국가 사전과 여제」, 2000, 167쪽.

63) 이욱, 「조선시대 공간 상징을 통한 왕도(王都) 만들기-풍운뢰우단(風雲雷雨壇)을 중심으로」, 『종교문화비평』 3, 한국종교문화연구소, 2003, 99쪽.

64) 이욱, 「17世紀 厲祭의 對象에 관한 硏究」, 『역사민속학』 9, 한국역사민속학회, 336쪽.

65) 최종성, 2016, 42-43쪽. 그는 감악산 산상의 성소가 감악산신과 설인귀장군, 빗돌대왕을 표상하면서 독특한 상징연합의 구조를 형성하였으며, 이 구조가 국가나 지역을 둘러싼 역사적 흐름과 맥락에 좌우되어왔을 것이라 짐작한다. 그는 자료의 한계를 들어 그 과정을 구체적으로 추적하는 과제로 넘어가지 않지만, 가능하다면 그 역사적 과정을 분석하는 것이 기존의 이해를 확장할 수 있는 하나의 방법이 될 것이다.

66) 이욱, 「조선시대 망자를 위한 음식-국상을 중심으로」, 『종교문화비평』 29, 한국종교문화연구소, 2016, 232-234쪽.

67) 이욱, 「조선시대 유교 제사의 확산과 희생의 변용」, 『종교문화비평』 31, 2017, 77쪽.

68) 임현수, 「조선시대 왕실 조상제사에 관한 종합적 연구서: 『조선왕실의 제향 공간: 정제와 속제의 변용』에 대한 서평」, 『종교문화비평』 30, 2016, 362쪽.

69) 최종성, 「국행 무당 기우제의 역사적 연구」, 『진단학보』 86, 진단학회, 1998, 59-60쪽.

70) 최종성, 1998, 61쪽.

71) 최종성, 2002, 151-174쪽.

72) 안준영(Ahn, Juhn Young)은 탈랄 아사드(Taral Asad)의 논의에 입각하여 행위력(agency)과 주체성(subjectivity)를 구분하는 것을 이 문제를 해결하는 하나의 방법으로 제시한 바 있다. Juhn Y. Ahn, *Buddhas & Ancestors: Religion and Wealth in Fourteenth-century Korea*, Seattle: University of Washington Press, 2018, p. 10-11.

73) 최종성, 「생불과 무당-무당의 생불신앙과 의례화」, 『종교연구』 68, 한국종교학회, 2012, 201쪽.

74) 최종성, 「무당에게 제사 받은 생불-『요승처경추안』을 중심으로」, 『역사민속학』 40, 한국역사민속학회, 2012, 25쪽.

75) 혹은 이욱이 지적하는 것처럼 별여제가 명산(名山)에서 "여제지신(厲祭之神)" 혹은 "여역지신(厲疫之神)"에게 비는 형태로 행해졌다면, 별여제의 반복은 무사귀신이라는 문화적 표상의 확산이 아니라 여역지신이라는 문화적 표상의 확산이라는 효과를 만들어 낼 것이다. 무라야마 지준의 『부락제(部落祭)』에 보이는 여제의 흔적이 무사귀신이 아니라 "여역지신"이나 "여제지신"의 형태로 전해지고 있는 것은 이를 뒷받침한다고도 볼 수 있다. 이는 추후에 더 살펴야 할 문제이다.

인간적인 것 너머의 종교학, 그 가능성의 모색 / 유기쁨

1) 그레고리 베이트슨, 『마음의 생태학』, 박대식 옮김, 책세상, 2013, 32쪽.

2) 에두아르도 콘, 『숲은 생각한다』, 차은정 옮김, 사월의책, 2008, 74쪽.

3) 도널드 워스터, 『생태학, 그 열림과 닫힘의 역사』, 강헌, 문순홍 옮김, 아카넷, 2002, 244~245쪽.

4) Whitney A. Bauman, Richard R. Bohannon II, and Kevin J. O'Brien eds., *Grounding Religion: A Field Guide to the Study of Religion and Ecology*, New York: Routledge, 2011, pp. 6~7.

5) 에드워드 버넷 타일러, 『원시문화: 신화, 철학, 종교, 언어, 기술, 그리고 관습의 발달에 관한 연구』 1, 유기쁨 옮김, 아카넷, 2018, 19쪽.

6) 좀더 자세한 설명으로는, 「인간과 생태, 더 큰 "이야기" 속으로 걸어가기」, 「생태주의-다시 사유하는 인간의 조건, 그리고 종교」, 「생태주의와 종교 연구: 흐름과 전망」 등 필자의 선행연구를 참고하라.

7) Lynn White, "The Historical Roots of Our Ecological Crisis," *Science*, Vol. 155, No. 10,

1967.

8) Bruce Monserud, "Religion and Ecology: Visions for an Emerging Academic Field, Consultation Report," *Worldviews: Environment, Culture, Religion*, Vol. 6, Issue 1, 2002, pp. 81-93.

9) Whitney A. Bauman, Richard R. Bohannon II, and Kevin J. O'Brien eds., *Grounding Religion: A Field Guide to the Study of Religion and Ecology*, New York: Routledge, 2011, pp. 4~6.

10) Bron Taylor, *Dark Green Religion: Nature Spirituality and the Planetary Future*, Berkeley: University of California Press, 2010, p. 11.

11) Bill Devall, George Sessions, *Deep Ecology*, Salt Lake City: Gibbs Smith, 1985, p. 65 참조.

12) Bill Devall, "The Deep Ecology Movement", *Natural Resources Journal*, Vol. 20, 1980, p. 317.

13) 그러나 이는 아느 네스의 심층생태학과는 다소 결이 다르며, 정확히 말하자면 북미의 토양에서 자라난 심층생태학의 한 갈래이다. 사실 심층생태학의 창시자로 일컬어지는 네스의 경우, 네스 자신은 종교에 큰 관심이 없었다. 네스가 종교에 대해 긍정적 입장을 취할 때가 있었지만, 언제나 "만약 ~~를 종교라고 혹은 종교적이라고 칭한다면" 등과 같은 단서를 붙인 뒤 긍정적인 가정을 덧붙였다. 그는 불교나 특정 그리스도교 집단이 심층적 물음을 묻거나 행동을 위한 플랫폼을 형성하는데 도움을 줄 수 있다고 인정했지만 그 자신은 철학을 통해 심층적 물음을 묻고자 했고, 다만 다른 이에게는 (종교를 통한) 다른 접근이 있을 수 있다고 포용적 태도를 보인 것이다.

14) Bruce Monserud, "Religion and Ecology: Visions for an Emerging Academic Field, Consultation Report", *Worldviews: Environment, Culture, Religion*, Vol. 6, Issue 1, 2002, pp. 86~87.

15) Bron Taylor, *op. cit.*, p. 13.

16) *Ibid.*, p. 217.

17) 문순홍 편저,「생태 패러다임, 생태담론, 그리고 생태비평의 언어 전략」,『생태학의 담론-담론의 생태학』, 솔, 1999, 44쪽.

18) Val Plumwood, *The Eye of the Crocodile*, Canberra: ANU Press, 2012, p. 10.

19) *Ibid.*, p. 10.

20) Bron Taylor, *op. cit.*, pp. 24~25.

21) *Ibid.*, p. 33.

22) *Ibid.*, p. 24.

23) Kay Milton, *Loving Nature: Towards an Ecology of Emotion*, New York: Routledge, 2002, pp. 1, 40~41.

24) *Ibid.*, p. 2.

25) David Abram, *The Spell of the Sensuous*, New York: Vintage Books Editions, 2017(1997), ix.

26) James J. Gibson, T*he Ecological Approach to Visual Perception*, New Jersey: Lawrence Erlbaum Associates, 1986(1979), p. 260.

27) Tim Ingold, *The Perception of the Environment: Essays in livelihood, dwelling and skill*, London: Routledge, 2000, p. 25.

28) 네스는 "우리 자신과 세계 사이에서 예리한 구분이 이루어질 수 없음을 상기시키기 위해" 하이픈을 사용했다. Arne Naess, *Life's Philosophy: Reason and Feeling in a Deeper World,* London: University of Georgia Press, 2002, p. 15.

29) Kay Milton, *op. cit.*, p. 4.

30) Arne Naess, *op. cit.*, p. 110.

31) Arne Naess, *Ecology, community and lifestyle,* tr. and ed. by David Rothenberg, Cambridge: Cambridge University Press, 1989, pp. 36~37.

32) Fikret Berkes, Sacred Ecology, New York: Routledge, 2008, pp. 153~154.

33) Tim Ingold, *op. cit.*, Routledge, 2000 참조.

34) Kay Milton, *op. cit.*, pp. 104~105.

35) 페이스북 〈완도의 지혜 The wisdom of Wando: 생명, 순례, 치유의 섬〉 페이지의 2018년 11월 2일 게시물 참조.

36) Harold Glasser, "Introduction", Arne Naess, *Life's Philosophy: Reason and Feeling in a Deeper World*, p. xxiii.

37) 이하는 잉골드의 이야기를 간략히 요약한 것이다. Tim Ingold, *op. cit.*, p. 13 참조.

38) 메리 이블린 터커, 존 A. 그림, 『세계관과 생태학: 종교, 철학, 그리고 환경』, 유기쁨 옮김, 민들레책방, 2003, 9쪽.

39) Tim Ingold, *op. cit.*, p. 15.

40) 데스콜라가 말했듯이, 비록 "자연"과 "문화" 사이의 분리라고 하는 것이 근대성의 성취를 촉발시켰다고 하더라도, 지금은 그 도덕적, 인식론적 효용이 크지 않다. Philippe Descola, "Beyond nature and culture", *The Handbook of Contemporary Animism,* ed. by Graham Harvey, NY : Routledge, 2014, p. 91.

41) 에두아르도 콘, 앞의 책, 76쪽.

42) '지방화'라는 용어의 설명에 대해서는, 위의 책, 75쪽 참조.

43) 에두아르두 비베이루스 지 까스뜨루, 『식인의 형이상학: 탈구조적 인류학의 흐름들』, 박이대승, 박수경 옮김, 후마니타스, 2018, 67~72쪽 참조.

44) 에두아르도 콘, 앞의 책, 26쪽.

45) 에두아르두 비베이루스 지 까스뜨루, 앞의 책, 258쪽.

46) 위의 책, 261쪽.

47) Graham Harvey, *The Handbook of Contemporary Animism*, NY: Routledge, 2014, p. 3.

48) Alf Hornborg, "Animism, Fetishism, and Objectivism as Strategies for Knowing (or not Knowing) the World", *Ethnos,* Vol. 71:1, March 2006, p. 22.

49) Graham Harvey, "Animals, Animists, and Academics", *Zygon*, vol. 41, no. 1, 2006, p. 12.

50) Nurit Bird-David, "Animistic Epistemology: Why Do Some Hunter-Gatherers Not Depict Animals?", *Ethnos*, Vol. 71:1, March 2006, pp. 33~50.

51) 에두아르두 비베이루스 지 까스뚜르, 49~52쪽.

52) Tim Ingold, "Rethinking the Animate, Re-Animating Thought", *Ethnos*, Vol. 71:1, March 2006, p. 10.

53) 에두아르두 비베이루스 지 까스뜨루, 앞의 책, 44쪽 참조.

54) 에두아르도 콘, 앞의 책, 168쪽 참조.

55) 위의 책, 165쪽.

56) 위의 책, 166쪽.

57) 에두아르두 비베이루스 지 까스뜨루, 앞의 책, 40쪽 참조.

58) 에두아르도 콘, 앞의 책, 36쪽.

59) 위의 책, 39쪽.

60) 위의 책, 33~34, 174쪽.

61) 위의 책, 388쪽.

62) Clifford Geertz, *The Interpretation of Cultures*, New York: Basic Books, 1973, p. 5.

63) Tim Ingold, *Being Alive: Essays on Movement, Knowledge and Description*, p. 39.

64) *Ibid.*, p. 44.

65) 에두아르도 콘, 앞의 책, 82, 103, 105쪽.

66) Graham Harvey, "Animals, Animists, and Academics", *Zygon*, vol. 41, no. 1, 2006, pp. 9~10.

67) 에두아르두 비베이루스 지 까스뜨루, 앞의 책, 91쪽.

68) 위의 책, 23쪽.

종교적 마음과 사회적 마음 / 구형찬

1) Pascal Boyer, *The Fracture of An Illusion: Science and the Dissolution of Religion*, Göttingen: Vandenhoeck & Ruprecht, 2010 참조.

2) 구형찬, 「종교 연구의 방법론적 범주에 관한 고찰: 비교, 분류, 설명을 중심으로」, 서울대학교 석사학위논문, 2006; 박종천, 「종교와 마음: 인지종교학의 주제와 경향을 중심으로」, 『철학탐구』 24, 중앙대학교 중앙철학연구소, 2008 참고. 또한 국내 학술

지 『종교문화비평』 통권 14호(2008)에서는 '종교학과 인지과학의 만남'이라는 주제로 특집이 다루어진 바가 있다. 정진홍, 「신의 고향은 어디인가? 인지과학의 종교담론에 관하여」, 『정직한 인식과 열린 상상력: 종교담론의 지성적 공간을 위하여』, 청년사, 2010, 637-664쪽에서는 위의 특집을 바탕으로 인지과학적 종교담론에 대한 포괄적이고도 분석적인 이해를 담아내고 있다.

3) 이창익, 「신 관념의 인지적 구조: 마음 읽기의 한계선」, 『종교문화비평』 21, 종교문화비평학회, 2012; 구형찬, 「멍청한 이성: 왜 불합리한 믿음이 자연스러운가?」, 『종교문화연구』 19, 한신인문학연구소, 2012; 구형찬, 「초점화가 이끄는 환기작용: 조선시대 침호두 기우를 중심으로」, 『종교문화비평』 30, 2016 등이 발표된 바 있으며, 2017년에는 인지종교학적 문제의식을 바탕으로 하는 박사학위논문이 제출되기도 했다. 구형찬, 「민속신앙의 인지적 기반에 관한 연구: 강우의례를 중심으로」, 서울대학교 박사학위논문, 2017을 참고하라.

4) 이 용어의 정의에 대해서는 다음을 참조하라. James A. Van Slyke, *The Cognitive Science of Religion*, Farnham: Ashgate Publishing, 2011, pp. 5-30.

5) 구형찬, 2017, 앞의 글, 84쪽.

6) 국제인지종교학회(IACSR)은 1990년에 출판된 E. Thomas Lawson and Robert McCauley, *Rethinking Religion: Connecting Cognition and Culture*, Cambridge: Cambridge University Press를 인지종교학(CSR)의 잠정적인 출발점으로 보고 2014년의 제5회 정기학술대회(biennial meeting)에서 CSR의 역사 25년을 기념했다. 학술대회의 결과물은 다음의 책으로 출판되었다. Luther H. Martin and Donald Wiebe (eds.), *Religion Explained? The Cognitive Science of Religion After Twenty-five Years*, London: Bloomsbury, 2017.

7) Armin Geertz, "Cognitive Science," in Michael Stausberg and Steven Engler (eds.), *The Oxford Handbook of the Study of Religion*, Oxford: Oxford University Press, 2016, pp. 97-111.

8) Fraser Watts and Léon Turner (eds.), *Evolution, Religion and Cognitive Science: Critical and Constructive Essays*, Oxford: Oxford University Press, 2014.

9) Ara Norenzayan, *Big Gods: How Religion Transformed Cooperation and Conflict*, Princeton: Princeton University, 2013; Pascal Boyer, *Minds Make Societies: How Cognition Explains the World Humans Create*, New Haven and London: Yale University Press, 2018.

10) Pascal Boyer, *Minds Make Societies*, pp. 93-124; Pascal Boyer, *The Fracture of An Illusion*, pp. 9-24; Ara Norenzayan, *op. cit.*; Joseph Henrich, *The Secret of Our Success: How Culture Is Driving Human Evolution, Domesticating Our Species, and Making Us Smarter*, Princeton: Princeton University, 2015.

11) 진화인지적 종교 연구, 특히 인지종교학의 전개와 관련해 이어지는 글의 많은 부분은 필자의 박사학위논문(구형찬, 2017, 앞의 글, 특히 3장 3절)을 발췌 및 재정리해 서술한 내용이 포함되어 있다.

12) Stewart Guthrie, "A Cognitive Theory of Religion," *Current Anthropology* 21, 1980.

13) 한편, CSR(cognitive science of religion)에 대응하는 한국어 번역어로 '인지종교학'을 최초로 사용한 것은 방원일인 것으로 생각된다. 그는 토머스 로슨의 논문 "Towards a Cognitive Science of Religion" (*Numen*, vol. 47, 2000)의 번역을 『종교문화비평』 창간호(2002)에 게재하면서 '인지종교학'이라는 용어를 사용했다. 토머스 로슨, 방원일 옮김, 「종교학의 새로운 경향: 인지종교학」, 『종교문화비평』 1, 한국종교문화연구소, 2002, 335-349쪽 참고.

14) 이창익, 「인지종교학과 숨은그림찾기」, 『종교문화비평』 14, 한국종교문화연구소, 2008; 구형찬, 2017, 앞의 글.

15) Dan Sperber, *Explaining Culture: A Naturalistic Approach*, Oxford: Blackwell, 1996.

16) Stewart Guthrie, "A Cognitive Theory of Religion," *Faces in the Clouds: A New Theory of Religion*, New York: Oxford University Press, 1993.

17) Justin Barrett, "Exploring the Natural Foundations of Religion," *Trends in Cognitive Sciences 4, 2000; Why Would Anyone Believe in God?*, Walnut Creek: AltaMira Press, 2004.

18) E. Thomas Lawson, and Robert N. McCauley, *Rethinking Religion: Connecting Cognition and Culture*, Cambridge: Cambridge University Press, 1990; Robert N. McCauley and E. Thomas Lawson, *Bringing Ritual to Mind: Psychological Foundation of Cultural Forms*, Cambridge: Cambridge University Press, 2002.

19) Pascal Boyer, *Religion Explained: The Evolutionary Origins of Religious Thought*, New York: Basic Books, 2001.

20) Harvey Whitehouse, *Modes of Religiosity: A Cognitive Theory of Religious Transmission*, Walnut Creek: Altamira Press, 2004.

21) Martin and Wiebe (eds.), *Religion Explained?* 에서도 이러한 흐름을 일견할 수 있다.

22) Martin Lang, et al., "Effects of Anxiety on Spontaneous Ritualized Behavior," *Current Biology* 25(14), 2015.

23) Armin W. Geertz (ed.), *Origins of Religion, Cognition and Culture*, Durham: Acumen, 2013 참고.

24) 인지적 표준모델에서 다루던 개체군사고와 자연선택의 아이디어뿐만 아니라 근래에는 다윈의 성선택 모델에 비추어 종교 연구를 시도하는 흐름도 발견된다. D. Jason Slone and James A. Van Slyke, *The Attraction of Religion: A New Evolutionary Psychology of Religion*, London: Bloomsbury, 2015 참고.

25) Fraser Watts and Léon Turner (eds.), *Evolution, Religion and Cognitive Science: Critical and Constructive Essays*, Oxford: Oxford University Press, 2014.

26) Ara Norenzayan, *Big Gods: How Religion Transformed Cooperation and Conflict*, Princeton: Princeton University, 2013 한국어 번역서로 다음을 참조할 것. 아라 노렌자얀, 『거대한 신, 우리는 무엇을 믿는가』, 홍지수 옮김, 김영사, 2016.

27) Joseph Henrich, *The Secret of Our Success: How Culture Is Driving Human Evolution, Domesticating Our Species, and Making Us Smarter*, Princeton: Princeton University, 2015.

28) Ⅲ장에는 필자의 박사학위논문(구형찬, 2017, 앞의 글, 특히 3장 2절)의 내용을 발췌해 재정리한 내용이 포함되어 있다.

29) V. S. Ramachandran and Sandra Blakeslee, *Phantoms in the Brain: Probing th Mysteries of the Human Mind*, New York: HarperCollins Publishers, 1998.

30) 참고로, 일찍이 조지 C. 윌리엄스는 진화적 적응이라는 말을 남용해서는 안 되며, 명백하게 자연선택에 의해 만들어진 기능을 갖고 있는 경우에 대해서만 매우 엄격하게 제한적으로 사용해야 한다고 주장한 바 있다. George C. Williams, *Adaptation and Natural Selection: A Critique of Some Current Evolutionary Thought*, Princeton: Princeton University Press, 1966.

31) 장대익, 「종교는 스팬드럴인가? 종교, 인지, 그리고 진화」, 『종교문화비평』 14, 한국종교문화연구소, 2008, 17쪽.

32) Jonathan Z. Smith, *Imagining Religion: From Babylon to Jonestown*, Chicago: The University of Chicago Press, 1982.

33) Pascal Boyer, *Religion Explained: The Evolutionary Origins of Religious Thought*, New York: Basic Books, 2001.

34) Pascal Boyer, *The Fracture of An Illusion*.

35) 특히 인지종교학자 하비 화이트하우스(Harvey Whitehouse)의 '종교성의 양태(modes of religiosity)' 이론은 '인지적 최적성'의 종교 양태와 '인지적 고비용'의 종교 양태에 대한 체계적인 분석을 시도한 것으로 잘 알려져 있다. Harvey Whitehouse, *Modes of Religiosity: A Cognitive Theory of Religious Transmission*, Walnut Creek: Altamira Press, 2004 참조.

36) 한정된 자원을 성장, 번식, 양육 등 생애사의 주요 단계들에 배분하여 투자하는 진화적 전략을 의미한다.

37) Matthew D. Lieberman, *Social: Why Our Brains Are Wired to Connect*, CrownPublishingGroup(NY), 2013; 『사회적 뇌: 인류 성공의 비밀』, 최호영 옮김, 시공사, 2015.

38) Robin Dunbar, *Grooming, Gossip and the Evolution of Language*, Cambridge, MA:

Harvard University Press, 1998.

39) Jonathan Haidt, *The Righteous Mind: Why Good People Are Divided by Politics and Religion*, Penguin Books Ltd, 2012; 『바른마음: 나의 옳음과 그들의 옳음은 왜 다른 가』, 왕수민 옮김, 웅진지식하우스, 2014; Daniel M. Wegner, Kurt Gray, *The Mind Club : Who Thinks, What Feels, and Why it Matters*, PenguinGroupUSA, 2016; 『신과 개와 인간의 마음: 도덕적 딜레마에 빠진 마음의 비밀』, 최호영 옮김, 추수밭, 2017.

40) Pascal Boyer, *Minds Make Societies: How Cognition Explains the World Humans Create*, New Haven and London: Yale University Press, 2018 참조.

41) Hugo Mercier and Dan Sperber, *The Enigma of Reason*, Cambridge, MA.: Harvard University Press, 2017 참조.

페미니즘 시대, 실천적 종교 연구를 위한 시론 / 강석주

1) 신형철, 『슬픔을 공부하는 슬픔』, 한겨레출판, 2018, 197-199쪽.

2) 윤김지영, 『지워지지 않는 페미니즘』, 은행나무, 2018, 209쪽.

3) 2015년 6월 등장한 〈메갈리아〉는 온라인상에 팽배한 여성혐오 콘텐츠를 남성들에게 반사하여 되돌려주는 전략으로서 '미러링'을 주장하고 실천했다. 그런데 성소수자 문제에 있어 이성애자 여성과 레즈비언의 목소리를 더 가시화할 필요가 있다고 보았던 메갈리아 이용자들이 소위 "여자만 챙기는" 새로운 커뮤니티를 주장하면서 2016년 초 포털 다음(daum)에 워마드 카페를 개설하게 되었다. 이후 독립 웹사이트를 구축한 〈워마드〉(https://womad.life)는 "여성우월주의"와 "남성혐오"를 기치로 내세우며 활동한다고 평가되고 있으며, 게이 남성과 트랜스 여성 등을 배척한다는 비판을 받고 있다. 〈워마드〉가 〈메갈리아〉와 다른 점은 온라인 활동에 머물지 않고 오프라인 행동을 적극적으로 추진하면서 현실의 여성들을 집결시키고 젠더이슈를 사회 의제화 한다는 점이다. 〈워마드〉는 2016년 5월 강남역 여성 살해 사건 추모 집회를 이끌었고, 그해 7월 게임업체 넥슨의 성우 교체 사건에 반대하며 넥슨 본사 앞에서 시위를 열었다. 같은 시기 안국역에 생리대를 붙이는 퍼포먼스를 통해 정부가 생리대 물가 안정에 개입할 것을 주장했다. 2016년 8~9월에는 여성 대상 몰카 범죄에 대한 경찰의 공정 수사를 촉구하는 시위를 혜화역과 종각역에서 진행했고, 10~12월에는 임신중단 전면 합법화, 미프진 합법화, 남성처벌 강화 등을 주장했다. 낙태죄 폐지 시위는 '워마드+여초 커뮤니티 연합'이라는 이름으로 전국 각지에서 기획되어 진행됐으며, 워마드의 이름을 직접적으로 표명하였다. 김리나, 「메갈리안들의 '여성' 범주 기획과 연대: "중요한 건 '누가' 아닌 우리의 '계획'이다."」, 『한국여성학』 33(3), 한국여성학회, 2017, 112-119쪽 참고.

4) 김형규, 「[정리뉴스] '성체 훼손' 논란으로 본 페미니즘과 천주교의 대립」, 『경향신문

향이네』, 2018.07.11.

5) 채혜선,「"워마드 성체 훼손? 낙태죄 폐지에 대한 절박함도 봐야"」,『중앙일보』, 2018.07.12.

6) 김현정의 뉴스쇼,「천주교 "워마드 성체 훼손, 바티칸에 지체 없이 보고"」,『CBS 라디오』, 2018.07.12. http://www.cbs.co.kr/radio/pgm/main/?pgm=1378 (최종접속일: 2019.02.25.)

7) 한국여성정책연구원은 2018년 7월, 전국 20대(만19세~29세) 성인남녀 1,004명을 대상으로 전화설문조사를 실시했다. '자신을 페미니스트라고 생각하는가'라는 질문에 동의하는 비율은 여성 중 48.9%, 남성 중 14.6%로 나타났다. 최근 미투운동, 탈코르셋운동, 혜화역시위 등에 대한 지지 정도를 조사한 결과, 여성은 모든 페미니즘 대중운동에 대해 높은 지지율을 보였으나, 남성의 경우 미투운동을 제외한 나머지의 지지도는 낮았다. 한국여성정책연구원,「20대 여성 2명 중 1명은 자신을 페미니스트라 생각」,『KWDI Brief』49, 2018.11.15.
http://www.kwdi.re.kr/publications/kwdiBriefView.doidx=122744 (최종접속일: 2019.02.25.)

8) 천주교와 페미니즘의 가시적인 대립이 한국에선 생소한 사건으로 여겨지는 반면, 서구 유럽의 여성들은 오랜 세월동안 종교와 싸워왔다. 일례로 2008년 우크라이나에서 결성돼 현재 프랑스에서 활발히 활동하고 있는 급진적 여성주의 단체 페멘(FEMEN)은 가톨릭교회가 본질주의적인 섹스 개념을 수호하는 중요한 축으로 기능한다고 보고 적극적인 비판을 가한다. 이들은 현대판 가부장제가 종교라는 방식으로 출현하며 인간의 내밀한 정신세계를 지배하고 여성을 심각하게 억압한다고 본다. 한편, 프랑스 가톨릭교회 역시 젠더 이론의 발전에 명백한 반대자로서 입장을 표명하고 있으며, '성적 민주화'(sexual democracy)를 지연시키기 위해 페미니즘 및 LGBT 연구를 공격하는 방식으로 자신들의 정치적, 사회문화적 영향력을 행사하고 있다. Éric Fassin, "Gender and the Problem of Universals: Catholic Mobilizations and Sexual Democracy in France," *IARG: Religion & Gender* 6(2), 2016, p. 179.

9) Zygmunt Bauman & Stanisław Obirek, *On the World and Ourselves*, Cambridge: Polity Press, 2015;『인간의 조건: 지금 이곳에 살기 위하여』, 안규남 옮김, 동녘, 2016, 11-12쪽.

10) bell hooks, *Feminism is for Everybody: Passionate Politics*, Cambridge: South End Press, 2000;『행복한 페미니즘』, 박정애 옮김, 큰나, 2002, 9쪽 & 19쪽.

11) 김승경·이나영,「학제간 학문으로서의 여성학: 여성학(과)의 정체성 및 제도화의 문제를 중심으로」,『한국여성학』22(1), 한국여성학회, 2006, 40쪽.

12) 배은경,「사회 분석 범주로서의 '젠더' 개념과 페미니스트 문화 연구: 개념사적 접근」, 『페미니즘연구』4(1), 한국여성연구소, 2004, 55-57쪽.

13) Darlene M. Juschka, "Gender," John R. Hinnells ed., *The Routledge Companion to the Study of Religion*, New York: Routledge, 2010, pp. 251-252.

14) 이숙진, 「현대 종교학 이론의 현황과 전망: 페미니스트 종교 연구의 최근 동향」, 『종교와문화』 13, 서울대학교 종교문제연구소, 2007, 130쪽.

15) 쟈크 데리다, 『신앙과 지식/세기와 용서』, 신정아 · 최용호 옮김, 아카넷, 2016(1996), 61쪽.

16) Rita M. Gross, *Feminism and Religion,* Boston: Beacon, 1996; 『페미니즘과 종교』, 김윤성 · 이유나 옮김, 청년사, 2004, 129쪽.

17) 예를 들면, 성차별적 경전과 종교제도에 대한 비판적 폭로 및 재해석, 종교사에 누락된 여성의 경험을 복원하고 기입하는 문제, 대안적 종교 상징으로서의 여신 관련 연구, 종교 내 리더십과 역할분배의 남성중심성 지적 등이 역사적으로 페미니스트 종교 연구 분야의 주요 연구 관심사였다. 보다 이론적으로는 종교적 인간(Homo Religiosus), 성스러움, 신화의 보편성, 판단중지(epoche) 등 종교학의 기본적인 인식론/방법론 및 대표개념들의 성맹성(gender-blindness)에 문제제기하는 연구도 중요한 축을 이뤄왔다.

18) Jane Freedman, *Feminism,* UK: Open University Press, 2001; 『페미니즘』, 이박혜경 옮김, 이후, 2002, 22쪽.

19) Moria Ferguson & Janet Todd, *Mary Wollstonecraft,* Boston: Twayne Press, 1984, pp. 59-72.

20) 이숙진, 「여성신학의 최근 동향」, 『기독교사상』 53(8), 대한기독교서회, 2009, 31쪽.

21) 리타 M. 그로스, 앞의 책, 53쪽.

22) Elizabeth Cady Stanton, *The Woman's Bible,* Charleston: BiblioBazaar, 2010(1895), pp. 13-15.

23) Ilona N. Rashkow, "Feminist Perspectives from the Hebrew Bible," Michele A. Paludi & J. Harold Ellens, eds., *Feminism and Religion: How Faiths View Women and Their Rights*, Santa Barbara: ABC-CLIO, 2016, pp. 50-54.

24) 최혜영, 「한국 가톨릭 여성 수도자와 젠더 문제」, 『한국 여성 종교인의 현실과 젠더 문제』, 서강대 종교 연구소 엮음, 동연, 2014, 113쪽.

25) 임희숙, 「한국 개신교 여성 목회자의 실태와 한국 교회의 과제」, 『한국 여성 종교인의 현실과 젠더 문제』, 서강대 종교 연구소 엮음, 동연, 2014, 133쪽.

26) 정재영, 「성 평등에 대한 개신교인의 인식」, 『페미니즘 시대의 그리스도인』, 송인규 · 양혜원 · 백소영 · 정재영 · 김애희 · 정지영, 한국교회탐구센터 & IVP, 2018, 185쪽, 207쪽.

27) 옥복연, 「불교 조계종단의 여성불자 참종권 배제의 정치학」, 『종교연구』 75(1), 한국종교학회, 2015, 178-179쪽.

28) 국내 종교들(불교, 천주교, 개신교, 성공회, 유교, 원불교, 무속)의 여성 종교인 현황과 이에 대한 한계를 평가하는 연구사 정리는 김진경의 연구를 참고하자. 김진경, 「종교 연구동향: 종교문화 속에 내재된 젠더 드러내기」, 『종교문화비평』 28, 종교문화비평학회, 2015, 266-271쪽.

29) Alison M. Jaggar, *Feminist Politics and Human Nature*, Totowa, NJ: Rowman & Allanheld, 1983, p. 5.

30) 박성원, 「[Opinion] "노예로 살기보단 혁명가가 되겠습니다" [사람]」, 『아트인사이트』, 2018.04.30. http://www.artinsight.co.kr/news/view.php?no=34839 (최종접속일: 2019.02.26.)

31) 리타 M. 그로스, 앞의 책, 56쪽.

32) Mary Daly, *The Church and the Second Sex*, Boston: BeaconPress, 1968; 『교회와 제2의 성』, 황혜숙 옮김, 여성신문사, 1994, 251-252쪽.

33) Mary Daly, *Beyond God the Father: Toward a Philosophy of Women's Liberation*, Boston: BeaconPress, 1973; 『하나님 아버지를 넘어서: 여성들의 해방 철학을 향하여』, 황혜숙 옮김, 이화여자대학교출판부, 1996, 55쪽.

34) 리타 M. 그로스, 앞의 책, 153쪽.

35) 박충구, 「다시 '해방신학'을 말한다 (3): 로즈메리 류터의 해방신학」, 『기독교사상』 52(4), 대한기독교서회, 2008, 217쪽.

36) 현경, 『결국은 아름다움이 우리를 구원할거야 1』, 열림원, 2002, 22쪽.

37) 위의 책, 343쪽.

38) T. Seneviratne and J. Currie, "Religion and Feminism: a Consideration of Cultural Constraints on Sri Lankan Women," Darlene M. Juschka, ed., *Feminism in the Study of Religion*, New York: A&C Black, 2001, pp. 216-217.

39) Alison M. Jaggar, *op. cit.*, p. 7.

40) 물론 Moses(1996)와 강초롱(2015)의 지적처럼, 성차와 언어를 강조하는 이론 중심의 경향성을 갖는 것으로 프랑스 페미니즘을 정리하는 관행은, 미국 학계가 1970년대 중반부터 페미니즘을 수입하고 유통하는 과정에서 만들어진 현상일 수 있다. Claire Moses, "Made in America: 'French Feminism' in United States Academic Discourse," *Australian Feminist Studies* 11(23), 1996; 강초롱, 「현대 프랑스 페미니즘이 직면한 현실: 미국산 프랑스 페미니즘의 탄생과 확산을 중심으로」, 『비교한국학』 23(3), 국제비교한국학회, 2015, 321쪽.

41) Maggie Humm, *The Dictionary of Feminist Theory*, New Jersey: Prentice Hall, 1989; 『페미니즘 이론 사전』, 심정순·염경숙 옮김, 삼신각, 1995, 177쪽.

42) 위의 책, 244쪽.

43) 이순기, 「여성의 경험: 종교학 연구범주로서의 가능성 고찰」, 서울대학교 종교학과

석사학위논문, 2005, 48쪽.

44) Catherine Clement & Julia Kristeva, *Le feminin et le sacre,* Paris: Editions Stock, 1998; 『여성과 성스러움』, 임미경 옮김, 문학동네, 2002, 153-154쪽.

45) Toril Moi, *Sexual/Textual Politics*, New York: Routledge, 1985; 『성과 텍스트의 정치학』, 임옥희 · 이명호 · 정경심 옮김, 한신문화사, 1994, 195-196쪽.

46) 김혜령, 「이본 게바라의 남미 여성해방신학과 생태여성신학 연구」, 『21세기 세계 여성신학의 동향』, 동연, 2014, 103-107쪽; Ivone Gebara & Maria C. Bingemer, *Mary Mother of God, Mother of the Poor,* Maryknoll, NY: Orbis Books, 1989.

47) Carole P. Christ & Judith Plaskow, *Womanspirit Rising,* New York: HarperCollins, 1979; 『여성의 聖스러움』, 김명주 · 김영희 · 이연숙 · 이승레 · 차보영 · 김진주 옮김, 충남대학교출판문화원, 1992, 343쪽.

48) 위의 책, 349쪽.

49) 위의 책, 357쪽.

50) 이유나, 「현대 여신숭배 현상 연구: 여신학(Thealogy)과 여신의례를 중심으로」, 서울대학교 종교학과 석사학위논문, 1998, 55-56쪽.

51) Kimberle Crenshaw, "Demarginalizing the Intersection of Race and Sex: A Black Feminist Critique of Antidiscrimination Doctrine," *Feminist Legal Theory*, New York: Routledge, 1989.

52) 김보명, 「공백으로부터, 아래로부터, 용기로부터 시작하는 페미니즘, 교차성」, 『교차성×페미니즘』, 한우리 · 김보명 · 나영 · 황주영, 여이연, 2018, 65쪽.

53) Patricia Hill Collins, *Black Feminist Thought: Knowledge, Consciousness, and the Politics of Empowerment*, New York: Routledge, 1990; 『흑인 페미니즘 사상』, 박미선 · 주해연 옮김, 여이연, 2009, 444쪽.

54) Renita J. Weems, 2003, "Re-reading for Liberation: African American Women and the Bible," Cannon, Katie Geneva, Emilie Maureen Townes, and Angela D. Sims, eds., *Womanist Theological Ethics: a Reader*, Louisville: Presbyterian Publishing Corp, 2011; 박지은, 「레니타 윔스의 우머니스트 성서읽기」, 『21세기 세계 여성신학의 동향』, 한국여성신학회, 동연, 2014, 179쪽에서 재인용.

55) 박지은, 위의 글, 183쪽.

56) Hiadeh Moghissi, *Feminism and Islamic Fundamentalism: The Limits of Postmodern Analysis*, London: Zed Books, 1999; 『이슬람과 페미니즘』, 문은영 옮김, 프로네시스, 2009, 32쪽.

57) 강남순, 「페미니즘, 포스트모더니즘, 그리고 탈식민주의 시대의 신학」, 『한국기독교신학논총』 13(1), 한국기독교학회, 1996, 336쪽.

58) 이 연구에서는 개신교의 최자실 목사, 현신애 권사, 강은숙 원장, 김계화 원장과 천주

교의 윤율리아와 황데레사, 불교의 대행 스님, 송은영 스님, 묘심화 스님을 중심으로 논의가 전개되고 있다. 우혜란,「젠더화된 카리스마: 한국의 여성 종교지도자들의 사례를 중심으로」,『종교연구』62, 한국종교학회, 2011.

59) 김윤성,「종교와 젠더 논의의 국면 전환과 전망: 포스트구조주의와 탈식민주의의 효과를 중심으로」,『종교문화연구』8, 한신대학교 종교와문화연구소, 2006, 20쪽.

60) 조현준,『젠더는 패러디다: 주디스 버틀러의『젠더 트러블』읽기와 쓰기』, 현암사, 2014, 222쪽.

61) Judith Butler, *Gender Trouble: Feminism and the Subversion of Identity*, New York & London: Routledge, 1990, Taylor & Francis e-Library ed., 2002, pp. 174-175.

62) 김명숙,「서구 여신담론과 관음여신의 대안 가능성」, 서울대학교 여성학협동과정 박사학위논문, 2013, 220-221쪽.

63) 유기쁨,「에코페미니스트 여신의례: 지리산 여신축제를 중심으로」,『종교연구』30, 한국종교학회, 2003, 279쪽.

64) Kim Nami, *The Gendered Politics of the Korean Protestant Right: Hegemonic Masculinity*, Cham: Palgrave Macmillan, 2016, p. 28.

65) 나영,「지금 한국에서, TERF와 보수 개신교계의 혐오선동은 어떻게 조우하고 있나」,『문화과학』93, 문화과학사, 2018a, 52쪽.

66) 한주희,「퀴어 정치와 퀴어 지정학」,『문화과학』83, 문화과학사, 2015, 80쪽.

67) 구형찬,「혐오-종교 공생에 대한 다각적 접근의 필요성」,『종교문화연구』29, 한신대학교 종교와문화연구소, 2017, 21쪽.

68) 이용상,「전문직 성범죄, 종교인이 가장 많다」,『국민일보』, 2016.12.22.

69) 강호숙,「교회리더의 성(聖)과 성(性)에 관한 연구: 성의 사각지대를 형성하는 교회 메커니즘(church mechanism) 문제에 대한 실천신학적 분석」,『복음과 실천신학』47, 한국복음주의실천신학회, 2018, 31쪽.

70) 권쉬연정,「여성혐오와 교회 내 성범죄」,『종교문화연구』29, 한신대학교 종교와문화연구소, 2017, 31-41쪽.

71) 권쉬연정,「기회와 공모: 종교계 성범죄의 발생과 은폐」,『불교평론』74, 만해사상실천선양회, 2018.

72) 나영,「"생육하고 번성하라" 축복인가 명령인가」,『배틀그라운드: 낙태죄를 둘러싼 성과 재생산의 정치』, 성과재생산포럼 기획, 후마니타스, 2018b, 136쪽.

73) 김윤성,「생명논의와 모호성의 윤리: 낙태문제를 중심으로」,『종교문화비평』5, 한국종교문화연구소, 2004, 39쪽.

74) '믿는 페미'는 크리스천 페미니즘 운동단체로 2017년 3월부터 활동을 시작했다. 웹진「날것」을 발행하고, 팟캐스트「믿는페미, 교회를 부탁해」를 진행한다. 교회 성폭력 근절과 피해자 회복을 위한 예배들을 주최하고 있으며, 각종 책읽기 모임과 영화 상

영회를 열고 있다. '갓 페미'는 이제 "갓" 페미니즘에 대한 고민을 한다, "최고"라는 뜻을 가진 접두어, "하나님(God)" 나라에서 살아가는 사람들이 모였다는 복수의 의미를 갖고 있다. 한국기독학생회(IVF) 소속 여성 간사들이 주축이 되어 기획되었다. 지금까지 수차례 토크 콘서트를 개최했고, 교회 및 선교단체에서의 여성혐오 사례를 모은 소책자를 2017년 8월에 발간했다. 박경은, 「교회 성차별 개혁···개신교 '페미니즘' 바람」, 『경향신문』, 2017.10.24.

75) 강남순, 『젠더와 종교: 페미니즘을 통한 종교의 재구성』, 동녘, 2018, 23쪽.

76) Ursula King, "Is there a future for religious studies as we know it? Some postmodern, feminist, and spiritual challenges," *Journal of the American Academy of Religion* 70(2), 2002; 우술라 킹, 「우리가 알고 있는 종교학에 미래는 있는가: 포스트모더니즘, 페미니즘, 영성으로부터의 도전」, 최화선 옮김, 『종교문화비평』 3, 한국종교문화연구소, 2003, 207쪽.

77) 개인이나 집단의 문제해결능력을 키워주고 조절함으로써 어떤 집단의 비전에 대한 자신의 해결책을 개발하도록 자극하고 돕거나, 중재 및 조정역할을 담당하는 사람을 의미한다. 퍼실리테이터는 팀 구성원들에게 질문을 던지고, 구성원들의 생각에 맞서며, 한편으로는 독려한다. 팀이 그들 자신의 행동에 대해 더 잘 알도록 해주는 것이 퍼실리테이터의 역할이다.
네이버 지식백과 HRD 용어사전 참고. https://terms.naver.com/entry.nhn?docId=2178973&cid=51072&categoryId=51072 (최종접속일: 2019.02.27.)

종교 다시 듣기 / 김용재

1) Isabel Laack, "Sound, Music and Religion: A Preliminary Cartography of a Transdisciplinary Research Field," *Method and Theory in the Study of Religion* 27, 2015, pp. 220-221.

2) Rosalind I. J. Hackett, "Sound," Michael Stausberg; Steven Engler eds., *The Oxford Handbook of the Study of Religion*, Oxford: Oxford University Press, 2016, pp. 316-317.

3) 하현애, 「종교와 음악에 대한 현상학적 접근: Mircea Eliade의 종교현상학과 Joseph Smith의 음악현상학을 중심으로」, 서울대학교 인문대학 종교학과 석사학위논문, 1996.

4) 이창익, 「소리의 종교적 자리를 찾아서: 시, 축음기, 그리고 카세트테이프」, 『종교문화비평』 제 27호, 2015, 79-119쪽. 이 외에도 종교와 미디어를 다루면서 축음기와 소리를 언급한 글도 있다. 이창익, 「종교와 미디어 테크놀로지: 마음의 물질적 조건에 관한 시론」, 『종교문화연구』 제 17호, 2011, 61-90쪽.

5) 이창익 엮음, 『종교, 미디어, 감각』, 모시는사람들, 2016. 소리를 다룬 이창익의 글은 1부 두 번째 순서에 실렸다.

6) 최화선, 「소리, 종교, 공간: 한국종교의 사운드스케이프에 대한 소고: 그리스도교를 중심으로 한 사적인 스케치」, 2018 University of British Columbia International Conference on "Korean Religions" ("한국의 종교문화: 전통과 변용") 발표문. https://asia.ubc.ca/events/event/2018-ubc-international-conference-on-korean-religions/ (2018. 11 기준)

7) Lindsay Jones (ed.), *Encyclopedia of Religion* (2nd ed.), vol. 9, Detroit: Macmillan Reference USA, c2005, p. 6248. (ER의 Music 항목은 '세계종교(world religions)' 개념과 지리·문화권적 구분이 혼재된 듯 보이는 12개의 하위항목을 가지고 있다: 1. 종교와 음악; 2. 사하라 이남 아프리카; 3. 토착 오스트레일리아; 4. 오세아니아; 5. 중앙 아메리카; 6. 남아메리카; 7. 중동; 8. 인도; 9. 중국, 한국 그리고 티베트; 10. 일본; 11. 그리스, 로마 그리고 비잔티움, 12. 서양의 종교음악)

8) Rosalind I. J. Hackett, "Auditory Materials," Michael Stausberg, Steven Engler eds., *The Routledge Handbook of Research Methods in the Study of Religion*, London and New York: Routledge, 2011, p. 448.

9) Isaac A. Weiner, "Sound and American Religions," *Religion Compass* 3/5, 2009, p. 897.

10) Isaac Weiner, "Sound and American Religions," pp. 897-901

11) Rosalind Hackett, "Auditory Materials," p. 451.

12) Isaac Weiner, "Sound and American Religions," p. 901.

13) Peter Szendy, "The Auditory Re-Turn (The Point of Listening)," Sander van Maas ed., *Threshold of Listening: Sound, Technics, Space*, New York: Fordham University Press, 2015.

14) Rosalind I. J. Hackett, "Sonic (re)turns", *The Immanent Frame: Secularism, religion, and the public sphere* (online), 2018. https://tif.ssrc.org/2018/01/17/sonic-returns/ (2018. 11 접속)

15) Rosalind Hackett, "Auditory Materials," pp. 447-448.

16) Isaac Weiner, "Sound and American Religions," pp. 897-898.

17) 데이빗 모건은 물질성에 대한 관심을 후기구조주의와 해체주의의 텍스트중심주의–모든 것을 텍스트와 담론적 구성, 일종의 기호학적 유희로 여기는 접근–으로부터의 전환으로 파악한다. 물질적 전회(material turn)는 단지 '물질'에 대한 게 아니라, 체화와 감각, 사회적 관계와 헌신, 문화적 분류, 인식, 장소성 등에 관한 것이다. 따라서 물질적 전회는 종교가 영적, 윤리적, 지성적, 형이상학적, 언어적임과 동시에, 얼마나 '물질적'일 수 있는지를 탐구해야 한다는 것이다. David Morgan, "Materiality,"

Michael Stausberg, Steven Engler eds., *The Oxford Handbook of the Study of Religion*, Oxford: Oxford University Press, 2016, pp. 271-274.

18) Isaac Weiner, "Sound and American Religions," p. 900.

19) Veit Erlmann ed., *Sound Studies: An Interdisciplinary Journal*, vol. 1, Taylor & Francis Online, 2015. https://www.tandfonline.com/loi/rfso20 (2018. 11 접속).

20) https://soundstudiesblog.com/

21) http://sonicstudies.org/

22) ① Judah M. Cohen, "The Jewish sound of things", *Material Religion* Vol.3 Issue 3 2007, pp. 336-353. ② Roger Ivar Lohmann, "Sound of a woman: drums, gender, and myth among the asabano of papua new guinea", *Material Religion* Vol.3 Issue 1 2007, pp. 85-108.

23) Isaac Weiner, "Sound", Material Religion vol. 7 issue 1, 2011, pp. 108-115.

24) Fred Cummins, "Joint speech as an object of empirical inquiry", pp. 417-419; Ximena González-Grandón, "How music connects: social sensory consciousness in musical ritual", pp. 423-425, *Material Religion* 14, Issue 3, 2018.

25) Dorothea E. Schulz, "Soundscape", pp. 172-186.

26) Rosalind Hackett, "Auditory Materials,"pp. 447-458.

27) Isaac Weiner, "Sonic differences: listening to the adhan in a pluralistic America".

28) S. Brendt Plate, "Drums", pp. 99-136.

29) Rosalind Hackett, "Sound," pp. 316-328.

30) Rosalind Hackett, "Sounds Religious," pp. 411-423.

31) Rosalind Hackett, "Aural Media", pp. 873-909, Vasudha Narayanan (ed.), *The Wiley Blackwell Companion to Religion and Materiality*, 2020.

32) John Blacking, *How Musical is Man?*, Seattle; London: University of Washington Press, 1973, pp. 3-31.

33) Rosalind Hackett, "Sounds Religious", p. 412.

34) Dorothea E. Schulz, "Soundacape", David Morgan ed., *Key Words in Religion, Media and Culture*, New York: Routledge, 2008.

35) 스티븐 펠드에 따르면, 음향인식론(acoustemology)은 장소에 기반한 소리의 시공간 적 역동에 관심을 갖는다는 점에서 음향생태학(acoustic ecology)이나 사운드스케이 프(soundscape) 개념과 함께하지만, 다음과 같은 근본적 차이가 있다.
1. 음향생태학: 머레이 셰퍼의 음향생태학은 ① 볼륨이나 밀도에 따라 소리 환경의 고/저 충실도를 평가하거나, ② 장소에 기반한 소리 또는 소리나는 사물을 물리적 공 간과 역사적 시간에 따라 목록화하는 작업을 한다. 하지만 음향인식론은 특정 공간의 음향적 역동을 측정하는 시스템이 아니며, 인간이 환경 안에서 어떻게 사는가에 대한

"지표"로서의 소리에 대한 연구도 아니다. 음향인식론 청취 방식에서 청취 역사에 이르는 관계적인 청취사에 집중한다. 이 때 귀는 언제나 위치성(positionality)과 행위자성 안에서 고려된다. 음향생태학은 이러한 청취사의 경험과 작용을 상대적이고, 조건적이며, 상황적이고, 반영적인 것으로 파악한다.
2. 사운드스케이프: 음향생태학은 머레이 셰퍼나, 그에게 이론적 영향을 끼친 마셜 맥루헌 식의 사운드스케이프와도 다르다. 음향인식론은 "풍경(landscape)"을 음향적으로 유비하거나 전유하기를 거부한다. 사운드스케이프 개념 자체가 행위자와 지각으로부터 물리적으로 거리를 두기 때문이다. Steven Feld, "acoustemology", David Novak; Mat Sakakeeny eds., Keywords in Sound, Durham; London: Duke University Press, 2015, pp. 12-21.

36) Michel Chion, *Audio-Vision: Sound on Screen,* New York: Columbia University Press, 1994.

37) Douglas Kahn, *Noise, Water, Meat: A History of Sound in the Arts*, Cambridge, Mass.: MIT Press, 1999, p. 3.

38) sound of / and / in / as / with / through / -ing / -ed religion, religious sound etc.

39) Rosalind Hackett, "Sound", p. 318.

40) Donald Tuzin, "Miraculous Voices: The Auditory Experience of Numinous Objects", *Current Anthropology* 25(5), pp. 579-596.

41) Judith Becker, *Deep Listeners: Music, Emotion, and Trancing, Bloomington*, IN: Indiana University Press, 2004.

42) Bissera V. Pentcheva, *Hagia Sophia: Sound, Space, and Spirit in Byzantium,* University Park, Pennsylvania: The Pennsylvania State University Press, c2017.

43) Steven Waller, "Sound and Rock Art", *Nature*, Vol. 363(6429), 1993, p. 501.

44) Steve Mills, *Acoustic Archaeology: Understanding Sound and Hearing in the Past,* CA: Left Coast Press, Inc., 2014, pp. 60-74.

45) Nina Ergin, "The Soundscape of Sixteenth-Century Istanbul Mosques: Architecture and Qur'an Recital", *Journal of the Society of Architectural Historians*, Vol.67(2), June 2008, pp. 204-221.

46) David Toop, *Ocean of Sound: Aether Talk, Ambient Sound and Imaginary Worlds,* 1995.

47) Rosalind Hackett, "Sonic (re)turns" (online).

48) Barry Blesser, Linda-Ruth Salter, *Spaces speak, are you listening?: experiencing aural architecture*, Cambridge, MA: MIT Press, c2007, pp. 88-93.

49) Paul Rodaway, *Sensuous Geographies: Body, Sense and Place*, New York: Routledge, 1994, pp. 102-103.

한국의 근대와 종교 개념, 그리고 연구 방향 모색을 위한 하나의 사례 / 장석만

장석만, 1997, 「한국의 근대성 이해를 위한 몇 가지 검토: 누구의 근대성? 그리고 왜
　　근대성?」, 『현대사상』 여름호, 민음사.
_____, 2001, 「개항기 천주교와 근대성」, 『교회사연구』 제17집, 겨울호, 한국교회사연구소.
_____, 2015, 「식민지 조선의 "문명-문화-종교"의 개념적 네트워크」, 『종교문화비평』 통권
　　28호, 종교문화비평학회.
_____, 2017, 『한국근대종교란 무엇인가』, 도서출판 모시는사람들.
정진홍, 1980, 『종교학서설』, 전망사.
Deleuze, Gilles & Félix Guattari, 1991, Qu'est-ce que la philosophie?, Les éditions de
　　Minuit; 1994, What Is Philosophy?, Columbia University Press; 질 들뢰즈 · 펠릭스
　　가타리, 1995, 『철학이란 무엇인가?』 이정임 옮김, 현대미학사.
Goff, Jacques Le, 2015, Must We Divide History into Periods?, New York: Columbia
　　University Press.
Harvey, Graham, 2013, Food, Sex, and Strangers: Understanding Religion as Everyday
　　Life, Acumen.
Holbraad, Martin & Morten A. Pedersen, 2017, The Ontological Turn: An Anthropological
　　Exposition, Cambridge: Cambridge University Press.
Maissen, Thomas & Barbara Mittler, 2018, Why China did not have a Renaissance, and
　　Why That Matters: An Interdisciplinary Dialogue, Berlin & Boston: Walter de
　　Gruyter.
Viveiros de Castro, Eduardo, 2014, Cannibal Metaphysics, edited and translated by
　　Peter Skafish, Minneapolis, MN: Univocal; 에두아르두 비베이루스 지 가스뜨루,
　　2018, 『식인의 형이상학: 탈구조적 인류학의 흐름들』, 박이대승 · 박수경 옮김,
　　후마니타스.

근대이행기 한국종교사 연구 시론 / 조현범

『정조실록』 46권, 정조 21년 6월 21일 庚寅.
『한국 교회사 연구 자료 제23집 Dictionnaire Français-Coréen』, 2004, 한국교회사연구소.
『한불ᄌ뎐 Dictionnaire Coréen-Français』, 1880, Yokohama: C. Lévy, Imprimeur-Libraire.
김윤성, 2003, 「개념사의 비교종교학적 유용성: '순교' 개념의 분석 사례를 중심으로」,

『종교와 문화』 9, 서울대학교 종교문제연구소.

김종석 역주, 1999, 『심경강해』, 이문출판사.

김치완, 2009, 「「변방사동부승지소」의 논리구조로 본 서학 논의의 주요 쟁점과 그 의의」, 『동서철학연구』 54.

쑨장, 2012, 「'종교' Religion의 재구성: 1893년 시카고 세계종교회의에서의 '중국종교'」, 이경구 외, 『개념의 번역과 창조: 개념사로 본 동아시아 근대』, 돌베개.

원재연, 2001, 「五洲 李圭景의 對外觀과 天主敎 朝鮮傳來史 인식」, 『교회사연구』 17, 한국교회사연구소.

장석만, 1992, 「개항기 한국 사회의 "종교" 개념 형성에 관한 연구」, 서울대학교 대학원 박사학위논문.

_____, 2017, 『한국 근대종교란 무엇인가?』, 도서출판 모시는사람들.

장승희, 2012, 「맹자의 양심론」, 진교훈 외, 『양심: 고대로부터 현대에 이르기까지의 양심의 의미』, 서울대학교 출판문화원.

정약용, 1994, 『역주 다산 맹자요의』, 이지형 역주, 현대실학사.

_____, 2012, 『정본 여유당전서 7』, 다산학술문화재단.

정진홍, 2010, 『정직한 인식과 열린 상상력』, 청년사.

정하상, 1999, 『上宰相書』, 성황석두루가서원.

조광, 1988, 『조선후기 천주교사 연구』, 고려대학교 민족문화연구소.

조현범, 2014, 「조선 후기 근대적 양심 개념의 도입 경위와 천주교의 역할」, 『코기토』 75, 부산대학교 인문학연구소.

최중석 역주, 1998, 『역주 심경부주』, 국학자료원.

페르비스트, 2013, 『교요서론』, 노용필 옮김, 한국사학.

하영선 외, 2009, 『근대 한국의 사회과학 개념 형성사』, 창비.

한국교회사연구소 편, 1985, 『셩교요리문답 진교절요 셩교요리 셩교빅문답』, 한국교회사연구소.

_____, 1986, 『한국교회사연구자료 제17집 묵상지장, 구령요의, 성상경』, 한국교회사연구소.

한스 요아스, 2002, 『행위의 창조성』, 한울.

한형조 외, 2009, 『심경: 주자학의 마음 훈련 매뉴얼』, 한국학중앙연구원.

磯前順一, 2003, 『近代日本の宗敎言說とその系譜: 宗敎, 國家, 神道』, 東京: 岩波書店.

島薗進, 鶴岡賀雄 編, 2004, 『〈宗敎〉再考』, ぺりかん社.

Baker, Don, 2006, "The Religious Revolution in Modern Korean History: From ethics to theology and from ritual hegemony to religious freedom," *The Review of Korean Studies*, Volume 9 Number 3.

Eggert, Marion, 2012, "'Western Learning', religious plurality, and the epistemic place of 'religion' in early-modern Korea(18th to early 20th centuries)," *Religion*, 42:2.

Godart, Gerard Clinton, 2008, "'Philosophy' or 'Religion'? The Confrontation with Foreign Categories in Late Nineteenth-Century Japan," *Journal of the History of Ideas*, 69:1.

Isomae, Jun'ichi(磯前順一), 2012, "The Conceptual Formation of the Category 'Religion' in Modern Japan: Religion, State, Shinto," *Journal of Religion in Japan*, Volume 1.

Standaert, Nicolas and Ad Dudink, Nahalie Monnet, eds., 2009, 『法國國家圖書館 明清天主教文獻』 Vol. 24, Taipei: Ricci Institute.

새로운 세계종교 수업을 위한 제언 / 방원일

류경희, 2016, 『인도 힌두신화와 문화』, 서울대학교출판문화원.

박규태 외, 1999, 『종교 읽기의 자유』, 청년사.

방원일, 2005, 「비서구세계 종교문화의 만남과 종교 개념에 대한 최근 논의들」, 『종교문화비평』 통권 8호, 한국종교문화연구소.

안연희, 2016, 「'세계종교'와 종교 가르치기」, 『종교문화비평』 통권 29호, 종교문화비평학회.

오강남, 2013, 『세계 종교 둘러보기』, 현암사.

장석만, 2013, 「종교문화 개념의 등장과 그 배경」, 『정직한 이삭 줍기: 소전 정진홍 교수 종교 연구의 지평』, 소전희수기념문집편찬위원회 엮음, 모시는사람들.

정진홍, 1996, 『종교문화의 인식과 해석: 종교현상학의 전개』, 서울대학교출판부.

_____, 1997, 『하늘과 순수와 상상』, 강.

한국종교문화연구소, 2003, 『세계종교사입문』, 청년사.

한국종교 연구회, 1999, 『종교 다시 읽기』, 청년사.

Baldrick-Morrone, Tara, Michael Graziano and Brad Stoddard, 2016, "'Not a Task for Amateurs': Graduate Instructors and Critical Theory in the World Religion Classroom," Christopher R. Cotter & David G. Robertson eds., *After World Religions: Reconstructing Religious Studies*, London: Taylor & Francis.

Cotter, Christopher R. & David G. Robertson eds., 2016, *After World Religions: Reconstructing Religious Studies*, London: Taylor & Francis.

Cox, James L., 2016, "Before the 'After' in 'After World Religions': Wilfred Cantwell Smith on the Meaning and End of Religion," Christopher R. Cotter & David G. Robertson eds., *After World Religions: Reconstructing Religious Studies*, London: Taylor & Francis.

Doniger, Wendy, 2000, "Post-modern and -colonial structural Comparisons," Kimberley C. Patton & Benjamin C. Ray eds., *A Magic Still Dwells: Comparative Religion in the Postmodern Age*, Oakland: University of California Press.

Eliade, Mircea, 1(1978), 2(1980), 3(1985), *Histoire des croyances et des idées religieuses*, Paris: Payot; 미르치아 엘리아데, 2005, 『세계종교 사상사』 1,2,3권, 이용주, 최종성, 김재현, 박규태 옮김, 이학사.

Faure, Bernard, 2004, *Le Bouddhisme*, Paris: Le Cavalier Bleu; 베르나르 포르, 2011, 『불교란 무엇이 아닌가: 불교를 둘러싼 23가지 오해와 답변』, 김수정 옮김, 그린비.

MacWilliams, Mark, 2005, "Religion/s between Covers: Dilemmas of the World Religious Textbook," *Religious Studies Review* 31-1 & 2.

Masuzawa, Tomoko, 2005, *The Invention of World Religions: Or, How European Universalism Was Preserved in the Language of Pluralism*, Chicago: University of Chicago Press.

Noss, John B., 1980, *Men's Religions*, 6th ed, New York: Macmillan; J. B. 노스, 1986, 『세계종교사』, 윤이흠 옮김, 현음사.

Nye, Malory, 2008, *Religion: The Basics*, 2nd ed., London: Routledge; 맬러리 나이, 2013, 『문화로 본 종교학』, 유기쁨 옮김, 논형.

Ramey, Steven W., 2016, "The Critical Embrace," Christopher R. Cotter & David G. Robertson eds., *After World Religions: Reconstructing Religious Studies*, London: Taylor & Francis.

Sharma, Arvind, et al., 1993, *Our Religions: The Seven World Religions Introduced by Preeminent Scholars from Each Tradition*, San Francisco: Harper San Francisco; 아르빈드 샤르마 외, 2013, 『우리 인간의 종교들』, 이명권 외 옮김, 소나무.

Smith, Jonathan Z., 1982, *Imagining Religion: From Babylon to Jonestown*, Chicago: University of Chicago Press; 조너선 스미스, 2013, 『종교 상상하기』, 장석만 옮김, 청년사, 2013.

_____, 2013, "Connections," *On Teaching Religion: Essays by Jonathan Z. Smith*. New York: Oxford University Press.

Smith, Wilfred Cantwell, 1963, *The Meaning and End of Religion*, New York: Macmillan; 윌프레드 캔트웰 스미스, 1991, 『종교의 의미와 목적』, 길희성 옮김, 분도출판사.

_____, 1963, *The Faith of Other Men*, New York: Harper; 윌프레드 캔트웰 스미스, 1989, 『지구촌의 신앙』, 김승혜 · 이기중 옮김, 분도출판사.

Youmans, William Lafi, "Islam," John C. Lyden and Eric Michael Mazur (eds.), *The Routledge Companion to Religion and Popular Culture*, London: Routledge, 2015.

역사학적 종교 연구의 동향과 새로운 가능성의 모색 / 김유리

구형찬, 2009, 「'인간학적 종교 연구 2.0'을 위한 시론」, 『종교문화비평』 15, 한국종교문화연구소.

구형찬, 2016,「초점화가 이끄는 환기작용: 조선시대 침호두 기우를 중심으로」,『종교문화비평』 30, 한국종교문화연구소.

김윤성, 2015,「브루스 링컨의 종교 연구 방법 테제 분석」,『종교와 문화』 29, 서울대학교 종교문제연구소.

박상언, 2007,「퍼포먼스로서의 의례 읽기, 그 지점과 가능성」,『종교문화연구』 9, 한신대학교 종교와문화연구소.

박종천, 2008,「종교와 마음: 인지종교학의 주제와 경향을 중심으로」,『철학탐구』 24, 중앙대학교 중앙철학연구소.

서영대, 1997,「한국 고대종교 연구사」,『해방 후 50년 한국종교 연구사』, 도서출판 창.

윤승용, 1994,「한국종교사 서술에 대한 제언」,『한국종교 연구회회보』 5, 한국종교연구회.

윤이흠, 1985,「信念類型으로 본 韓國宗敎史」,『韓國宗敎의 理解』, 集文堂.

윤이흠, 1996,「韓國宗敎史 硏究의 方法論的 課題 - 한국종교사 어떻게 쓸 것인가」,『종교연구』 12, 한국종교학회.

윤이흠, 2004,「한국종교사의 이해」,『종교와 문화』 10, 서울대학교 종교문제연구소.

윤이흠, 2016,『한국의 종교와 종교사』, 박문사.

이욱, 1998,「조선전기 귀신론에 관한 연구」,『종교연구』 15, 한국종교학회.

이욱, 1999,「17世紀 厲祭의 對象에 관한 硏究」,『역사민속학』 9, 한국역사민속학회.

이욱, 2000,「조선시대 국가 사전과 여제」,『종교연구』 19, 한국종교학회.

이욱, 2000,「조선시대 국가사전과 영험성의 수용-기우제차의 정비를 중심으로」,『종교와 문화』 6, 서울대학교 종교문제연구소.

이욱, 2003,「조선시대 공간 상징을 통한 왕도(王都) 만들기-풍운뢰우단(風雲雷雨壇)을 중심으로」,『종교문화비평』 3, 한국종교문화연구소.

이욱, 2009,『조선시대 재난과 국가의례』, 창비.

이욱, 2016,「조선시대 망자를 위한 음식-국상을 중심으로」,『종교문화비평』 29, 한국종교문화연구소.

이욱, 2017,「조선시대 유교 제사의 확산과 희생의 변용」,『종교문화비평』 31, 한국종교문화연구소.

이은봉, 1999,「한국종교사 서술의 가능성과 과제」,『종교문화연구』 1, 한신대학교 종교와문화연구소.

이창익, 2007,「박상언,「퍼포먼스로서의 의례 읽기, 그 지점과 가능성」에 대한 논평」,『종교문화연구』 9, 한신대학교 종교와문화연구소.

이창익, 2008,「인지종교학과 숨은 그림찾기」,『종교문화비평』 14, 한국종교문화연구소.

이창익, 2012,「신 관념의 인지적 구조: 마음 읽기의 한계선」,『종교문화비평』 21, 한국종교문화연구소.

임현수, 2016, 「조선시대 왕실 조상제사에 관한 종합적 연구서: 『조선왕실의 제향 공간: 정제와 속제의 변용』에 대한 서평」, 『종교문화비평』 30, 한국종교문화연구소.

정병조, 1997, 「한국에서의 불교 연구, 그 현실과 과제」, 『해방 후 50년 한국종교 연구사』, 도서출판 창.

정진홍, 1988, 『韓國宗敎文化의 展開』, 集文堂.

조반니 레비, 2017, 「미시사에 대하여」, 강문형 옮김, 곽차섭 엮음, 『다시, 미시사란 무엇 인가』, 푸른역사.

조지 이거스, 1999, 『20세기 사학사: 포스트모더니즘의 도전, 역사학은 끝났는가?』, 임상우·김기봉 옮김, 푸른역사.

최정화, 2013, 「종교사(history of religions)의 재발견. 역사적 종교 연구의 학적 전통과 방법론」, 『종교문화연구』 20, 한신대학교 종교와문화연구소.

최종성, 1998, 「국행 무당 기우제의 역사적 연구」, 『진단학보』 86, 진단학회.

최종성, 2002, 「儒醫와 巫醫 - 유교와 무속의 치유 -」, 『종교연구』 26, 한국종교학회.

최종성, 2007, 「조선전기 종교혼합과 혼합주의-유교, 불교, 무속을 중심으로」, 『종교연구』 47, 한국종교학회.

최종성, 2012, 「무당에게 제사 받은 생불 - 『요승처경추안』을 중심으로」, 『역사민속학』 40, 한국역사민속학회.

최종성, 2012, 「생불과 무당-무당의 생불신앙과 의례화」, 『종교연구』 68, 한국종교학회.

최종성, 2016, 「감악산의 민속 종교」, 『종교와 문화』 31, 서울대학교 종교문제연구소.

최종성, 2017, 「일제강점기의 의례 매뉴얼과 민속 종교」, 『역사민속학』 52, 한국역사민속학회.

Ahn, Juhn Y., 2018, *Buddhas & Ancestors: Religion and Wealth in Fourteenth-century Korea*, Seattle: University of Washington Press.

Boyer, Pascal and Baumard, Nicolas, 2017, "Cognitive Attractors in the Evolution and Diffusion of Religious Representations," in *Religion Explained? The Cognitive Science of Religion after twenty five years*, edited by Luther H. Martin and Donald Wiebe, New York: Bloomsbury Academic.

Bynum, Caroline W., 2009, "What's Happening in History now?", *Daedalus* 138(1).

Eliade, Mircea, 1969, *The Quest: History and Meaning in Religion*, Chicago-University of Chicago Press.

Hanlon, Gregory, 2007, *Human Nature in Rural Tuscany: An Early Modern History*, New York: Macmillan.

Harrision, Jane E., 1909, "The Influence of Darwinism on the Study of Religions," In *Darwin and Modern Science: Essays in Commemoration of the Centenary of the*

Birth of Charles Darwin and of the Fiftieth Anniversary of the Publication of the Origin of the Species, edited by A.C. Seward, Cambridge: Cambridge University Press.

Lawson, Thomas E., 1994, "Counterintuitive Notions and the Problem of Transmission: The Relevance of Cognitive Science of the Study of History," *Historical Reflections/ Réflexions Historiques* 20.

Lincoln, Bruce, 2005, "Theses on Method," *Method and Theory in Study of Religion*.

Macalister, Alexander, 1882, *Evolution in Church History*, Dublin: Hodges, Figgis.

Martin, Luther H. and S ø rensen, Jesper, ed., 2011, *Past Minds: Cognitive Historiography*, London, Oakville: Equinox Publishing Ltd.

Morin, Olivier, 2013, "How Portraits Turned Their Eyes upon Us: Visual Preferences and Demographic Change in Cultural Evolution," *Evolution and Human Behavior* 34(3).

Smail, Daniel Lord, 2008, *On Deep History and the Brain*, Berkeley: University of California Press.

Sperber, Dan, 2006, "Why a deep understanding of cultural evolution is incompatible with shallow psychology," in Nick Enfield and Stephen Levinson (eds.), *Roots of Sociality: Culture, Cognition, and Interaction*.

Taves, Ann, 2015, "Review on Past Minds(2011)", *Numen* 62.

인간적인 것 너머의 종교학, 그 가능성의 모색 / 유기쁨

베이트슨, 그레고리, 2013, 『마음의 생태학』, 박대식 옮김, 책세상.

워스터, 도널드, 2002, 『생태학, 그 열림과 닫힘의 역사』, 강헌, 문순홍 옮김, 아카넷.

터커, 메리 이블린, 존 A. 그림, 2003, 『세계관과 생태학: 종교, 철학, 그리고 환경』, 유기쁨 옮김, 민들레책방.

문순홍 편저, 1999, 「생태 패러다임, 생태담론, 그리고 생태비평의 언어 전략」, 『생태학의 담론 -담론의 생태학』, 솔.

콘, 에두아르도, 2008, 『숲은 생각한다』, 차은정 옮김, 사월의책.

비베이루스 지 까스뜨루, 에두아르두, 2018, 『식인의 형이상학: 탈구조적 인류학의 흐름들』, 박이대승, 박수경 옮김, 후마니타스.

타일러, 에드워드 버넷, 2018, 『원시문화: 신화, 철학, 종교, 언어, 기술, 그리고 관습의 발달에 관한 연구』1, 유기쁨 옮김, 아카넷.

유기쁨, 2004, 「생태주의-다시 사유하는 인간의 조건, 그리고 종교」, 『종교문화비평』, 한국종교문화연구소, 5집.

유기쁨, 2007, 「생태주의와 종교 연구: 흐름과 전망」, 『종교문화연구』, 한신인문학연구소,

9호.

유기쁨, 2010, 「인간과 생태, 더 큰 "이야기" 속으로 걸어가기」, 『인문논총』, 경남대학교 인문과학연구소, 26권.

페이스북 〈완도의 지혜 The wisdom of Wando:생명, 순례, 치유의 섬〉 페이지의 2018년 11월 2일자 게시물.

Abram, David, 2017(1997), *The Spell of the Sensuous*, New York: Vintage Books Editions.

Bauman, Whitney A., Richard R. Bohannon II, and Kevin J. O'Brien eds., 2011, *Grounding Religion: A Field Guide to the Study of Religion and Ecology*, New York: Routledge.

Berkes, Fikret, 2008, *Sacred Ecology*, New York: Routledge.

Bird-David, Nurit, 2006, "Animistic Epistemology: Why Do Some Hunter-Gatherers Not Depict Animals?", *Ethnos*, Vol. 71:1, March.

Descola, Philippe, 2014, "Beyond nature and culture", *The Handbook of Contemporary Animism*, ed. by Graham Harvey, NY: Routledge.

Devall, Bill, 1980, "The Deep Ecology Movement", *Natural Resources Journal*, Vol. 20.

Devall, Bill, George Sessions, 1985, *Deep Ecology*, Salt Lake City: Gibbs Smith.

Geertz, Clifford, 1973, *The Interpretation of Cultures*, New York: Basic Books.

Gibson, James J., 1986(1979), *The Ecological Approach to Visual Perception*, New Jersey: Lawrence Erlbaum Associates.

Glasser, Harold, "Introduction", Arne Naess, *Life's Philosophy: Reason and Feeling in a Deeper World*, London: University of Georgia Press.

Harvey, Graham, 2006, "Animals, Animists, and Academics", *Zygon,* vol. 41, no. 1.

Harvey, Graham, 2014, *The Handbook of Contemporary Animism*, NY: Routledge.

Hornborg, Alf, 2006, "Animism, Fetishism, and Objectivism as Strategies for Knowing (or not Knowing) the World", *Ethnos*, Vol. 71:1, March.

Ingold, Tim, 2000, *The Perception of the Environment: Essays in livelihood, dwelling and skill*, London: Routledge.

Ingold, Tim, 2006, "Rethinking the Animate, Re-Animating Thought", *Ethnos*, Vol. 71:1, March.

Milton, Kay, 2002, *Loving Nature: Towards an Ecology of Emotion*, New York: Routledge.

Monserud, Bruce, 2002, "Religion and Ecology: Visions for an Emerging Academic Field, Consultation Report", *Worldviews: Environment, Culture, Religion*, Vol. 6, Issue 1.

Monserud, Bruce, 2002, "Religion and Ecology: Visions for an Emerging Academic Field, Consultation Report," *Worldviews: Environment, Culture, Religion*, Vol. 6, Issue 1.

Naess, Arne, 1989, *Ecology, community and lifestyle*, tr. and ed. by David Rothenberg,

Cambridge: Cambridge University Press.

Naess, Arne, 2002, *Life's Philosophy: Reason and Feeling in a Deeper World*, London: University of Georgia Press.

Plumwood, Val, 2012, *The Eye of the Crocodile*, Canberra: ANU Press.

Taylor, Bron, 2010, *Dark Green Religion: Nature Spirituality and the Planetary Future*, Berkeley: University of California Press.

White, Lynn, 1967, "The Historical Roots of Our Ecological Crisis," *Science*, Vol. 155, No. 10.

종교적 마음과 사회적 마음 / 구형찬

구형찬, 2006, 「종교 연구의 방법론적 범주에 관한 고찰: 비교, 분류, 설명을 중심으로」, 서울대학교 석사학위논문.

_____, 2012, 「멍청한 이성: 왜 불합리한 믿음이 자연스러운가」, 『종교문화연구』 19, 한신인문학연구소.

_____, 2016, 「초점화가 이끄는 환기작용: 조선시대 침호두 기우를 중심으로」, 『종교문화비평』 30, 종교문화비평학회.

_____, 2017, 「민속신앙의 인지적 기반에 관한 연구: 강우의례를 중심으로」, 서울대학교 박사학위논문.

박종천, 2008, 「종교와 마음: 인지종교학의 주제와 경향을 중심으로」, 『철학탐구』 24, 중앙대학교 중앙철학연구소.

이창익, 2008, 「인지종교학과 숨은그림찾기」, 『종교문화비평』 14, 한국종교문화연구소.

_____, 2012, 「신 관념의 인지적 구조: 마음 읽기의 한계선」, 『종교문화비평』 21, 종교문화비평학회.

장대익, 2008, 「종교는 스팬드럴인가? 종교, 인지, 그리고 진화」, 『종교문화비평』 14, 한국종교문화연구소.

_____, 2017, 『울트라소셜: 사피엔스에 새겨진 '초사회성'의 비밀』, 휴머니스트.

정진홍, 2010, 『정직한 인식과 열린 상상력: 종교담론의 지성적 공간을 위하여』, 청년사.

Barrett, Justin, 2000, "Exploring the Natural Foundations of Religion," *Trends in Cognitive Sciences* 4.

_____, 2004, *Why Would Anyone Believe in God?* Walnut Creek: AltaMira Press.

Boyer, Pascal, 2001, *Religion Explained: The Evolutionary Origins of Religious Thought*, New York: Basic Books; 파스칼 보이어, 2015, 『종교, 설명하기』, 이창익 옮김, 동녘사이언스.

_____, 2010, *The Fracture of An Illusion: Science and the Dissolution of Religion*, Göttingen: Vandenhoeck & Ruprecht.

_____, 2018, *Minds Make Societies: How Cognition Explains the World Humans Create*, New Haven and London: Yale University Press.

Cosmides, Leda & John Tooby, 2016, "Adaptations for Reasoning about Social Exchange," in David M. Buss (ed), *The Handbook of Evolutionary Psychology*, 2nd Edition, Volume 2, Hoboken: Wiley.

Dunbar, Robin, 1998, *Grooming, Gossip and the Evolution of Language*, Cambridge, MA: Harvard University Press.

Geertz, Armin W. (ed.), 2013, *Origins of Religion, Cognition and Culture*, Durham: Acumen.

Guthrie, Stewart, 1980, "A Cognitive Theory of Religion," *Current Anthropology* 21.

_____, 1993, *Faces in the Clouds: A New Theory of Religion*, New York: Oxford University Press.

Haidt, Jonathan, 2012, *The Righteous Mind: Why Good People Are Divided by Politics and Religion*, Penguin Books Ltd; 조너선 하이트, 2014, 『바른마음: 나의 옳음과 그들의 옳음은 왜 다른가』, 웅진지식하우스.

Henrich, Joseph, 2015, *The Secret of Our Success: How Culture Is Driving Human Evolution, Domesticating Our Species, and Making Us Smarter*, Princeton: Princeton University.

Lang, M. et al., 2015, "Effects of Anxiety on Spontaneous Ritualized Behavior," *Current Biology* 25(14).

Lawson, E. Thomas and Robert N. McCauley, 1990, *Rethinking Religion: Connecting Cognition and Culture*, Cambridge: Cambridge University Press.

Lieberman, Matthew D., 2013, *Social: Why Our Brains Are Wired to Connect*, CrownPublishingGroup(NY); 매튜 D. 리버먼, 2015, 『사회적 뇌: 인류 성공의 비밀』, 최호영 옮김, 시공사.

Martin, Luther H. and Donald Wiebe, 2017, *Religion Explained? The Cognitive Science of Religion After Twenty-five Years*, London: Bloomsbury.

Mayr, Ernst, 1982, *The Growth of Biological Thought: Diversity, Evolution, and Inheritance*, Cambridge: The Belknap Press of Harvard University Press.

McCauley, Robert N. and E. Thomas Lawson, 2002, *Bringing Ritual to Mind: Psychological Foundation of Cultural Forms*, Cambridge: Cambridge University Press.

Mercier, Hugo and Dan Sperber, 2017, *The Enigma of Reason*, Cambridge, MA.: Harvard University Press; 위고 메르시에 & 당 스페르베르, 2018, 『이성의 진화』, 최 호영 옮김, 생각연구소.

Norenzayan, Ara, 2013, *Big Gods: How Religion Transformed Cooperation and Conflict*,

Princeton: Princeton University Press; 아라 노렌자얀, 2016, 『거대한 신, 우리는 무엇을 믿는가』, 홍지수 옮김, 김영사.

Pinker, Steven, 2002, *The Blank Slate: The Modern Denial of Human Nature*, New York: Viking.

Ramachandran, V. S. and Sandra Blakeslee, 1998, *Phantoms in the Brain: Probing th Mysteries of the Human Mind*, New York: HarperCollins Publishers.

Richerson, Peter J. and Robert Boyd, 2005, *Not By Genes Alone: How Culture Transformed Human Evolution*, Chicago: University of Chicago Press.

Sharpe, Eric J., 1994, *Comparative Religion: A History*, Second Edition, Bristol Classical Press.

Slingerland Edward and Joseph Bulbulia, 2011, "Introductory Essay: Evolutionary Science and the Study of Religion," *Religion* 41(3).

Slone, D. Jason and James A. Van Slyke, 2015, *The Attraction of Religion: A New Evolutionary Psychology of Religion*, London: Bloomsbury.

Smith, Jonathan Z., 1982, *Imagining Religion: From Babylon to Jonestown*, Chicago: The University of Chicago Press.

_____, 2004, *Relating Religion: Essays in the Study of Religion*, Chicago: The University of Chicago Press.

Sperber, Dan, 1975, *Rethinking Symbolism*, London: Cambridge University Press.

_____, 1996, *Explaining Culture: A Naturalistic Approach,* Oxford: Blackwell.

Stausberg, Michael and Steven Engler (eds.), 2016, *The Oxford Handbook of the Study of Religion*, Oxford: Oxford University Press.

Trigg, Roger and Justin L. Barrett (eds.), 2014, *The Roots of Religion: Exploring the Cognitive Science of Religion*, Farnham: Ashgate.

Tylor, Edward Burnett, [1871] 2010, *Primitive Culture: Researches into the Development of Mythology, Philosophy, Religion, Art, and Custom*, Cambridge: Cambridge University Press.

Van Slyke, James A., 2011, *The Cognitive Science of Religion*, Farnham: Ashgate Publishing.

Watts, Fraser and Léon Turner (eds.), 2014, *Evolution, Religion and Cognitive Science: Critical and Constructive Essays,* Oxford: Oxford University Press.

Wegner, Daniel M., Gray, Kurt, 2016, *The Mind Club : Who Thinks, What Feels, and Why it Matters*, PenguinGroupUSA; 대니얼 웨그너 & 커트 그레이, 2017, 『신과 개와 인간의 마음: 도덕적 딜레마에 빠진 마음의 비밀』, 최호영 옮김, 추수밭.

Whitehouse, Harvey, 2004, *Modes of Religiosity: A Cognitive Theory of Religious*

Transmission, Walnut Creek: Altamira Press.

Williams, George C., 1966, *Adaptation and Natural Selection: A Critique of Some Current Evolutionary Thought,* Princeton: Princeton University Press.

Wilson, Edward O., 1978, *On Human Nature*, Cambridge: Harvard University Press.

Xygalatas, Dimitris, 2014, *The Burning Saints: Cognition and Culture in the Firewalking Rituals of the Anastenaria*, London: Routledge.

페미니즘 시대, 실천적 종교 연구를 위한 시론 / 강석주

강남순, 1996, 「페미니즘, 포스트모더니즘, 그리고 탈식민주의 시대의 신학」, 『한국기독교 신학논총』 13(1), 한국기독교신학회.

_____, 2018, 『젠더와 종교: 페미니즘을 통한 종교의 재구성』, 동녘.

강초롱, 2015, 「현대 프랑스 페미니즘이 직면한 현실: 미국산 프랑스 페미니즘의 탄생과 확산을 중심으로」, 『비교한국학』 23(3), 국제비교한국학회.

강호숙, 2018, 「교회리더의 성(聖)과 성(性)에 관한 연구: 성의 사각지대를 형성하는 교회 메커니즘(church mechanism) 문제에 대한 실천신학적 분석」, 『복음과 실천신학』 47, 한국복음주의실천신학회.

구형찬, 2017, 「혐오-종교 공생에 대한 다각적 접근의 필요성」, 『종교문화연구』 29, 한신대학교 종교와문화연구소.

권쵀연정, 2017, 「여성혐오와 교회 내 성범죄」, 『종교문화연구』 29, 한신대학교 종교와문화연구소.

_____, 2018, 「기회와 공모: 종교계 성범죄의 발생과 은폐」, 『불교평론』 74, 만해사상실천선양회.

김리나, 2017, 「메갈리안들의 '여성' 범주 기획과 연대: "중요한 건 '누가' 아닌 우리의 '계획'이다."」, 『한국여성학』 33(3), 한국여성학회.

김명숙, 2013, 「서구 여신담론과 관음여신의 대안 가능성」, 서울대학교 여성학협동과정 박사학위논문.

김보명, 2018, 「공백으로부터, 아래로부터, 용기로부터 시작하는 페미니즘, 교차성」, 『교차성×페미니즘』, 한우리 · 김보명 · 나영 · 황주영, 여이연.

김승경 · 이나영, 2006, 「학제간 학문으로서의 여성학: 여성학(과)의 정체성 및 제도화의 문제를 중심으로」, 『한국여성학』 22(1), 한국여성학회.

김윤성, 2004, 「생명논의와 모호성의 윤리: 낙태문제를 중심으로」, 『종교문화비평』 5, 한국종교문화연구소.

_____, 2006, 「종교와 젠더 논의의 국면 전환과 전망: 포스트구조주의와 탈식민주의의 효과를 중심으로」, 『종교문화연구』 8, 한신대학교 종교와문화연구소.

김진경, 2015, 「종교 연구동향: 종교문화 속에 내재된 젠더 드러내기」, 『종교문화비평』 28, 종교문화비평학회.

김혜령, 2014, 「이본 게바라의 남미 여성해방신학과 생태여성신학 연구」, 『21세기 세계 여성신학의 동향』, 동연.

나영, 2018a, 「지금 한국에서, TERF와 보수 개신교계의 혐오선동은 어떻게 조우하고 있나」, 『문화과학』 93, 문화과학사.

＿＿, 2018b, 「"생육하고 번성하라" 축복인가 명령인가」, 『배틀그라운드: 낙태죄를 둘러싼 성과 재생산의 정치』, 성과재생산포럼 기획, 후마니타스.

데리다, 쟈크, 2016(1996), 『신앙과 지식/세기와 용서』, 신정아 · 최용호 옮김, 아카넷.

박지은, 2014, 「레니타 윔스의 우머니스트 성서읽기」, 『21세기 세계 여성신학의 동향』, 한국여성신학회, 동연.

박충구, 2008, 「다시 '해방신학'을 말한다 (3): 로즈메리 류터의 해방신학」, 『기독교사상』 52(4), 대한기독교서회.

배은경, 2004, 「사회 분석 범주로서의 '젠더' 개념과 페미니스트 문화 연구: 개념사적 접근」, 『페미니즘연구』 4(1), 한국여성연구소.

신형철, 2018, 『슬픔을 공부하는 슬픔』, 한겨레출판.

옥복연, 2015, 「불교 조계종단의 여성불자 참종권 배제의 정치학」, 『종교연구』 75(1), 한국종교학회.

우혜란, 2011, 「젠더화된 카리스마: 한국의 여성 종교지도자들의 사례를 중심으로」, 『종교연구』 62, 한국종교학회.

유기쁨, 2003, 「에코페미니스트 여신의례: 지리산 여신축제를 중심으로」, 『종교연구』 30, 한국종교학회.

윤김지영, 2018, 『지워지지 않는 페미니즘』, 은행나무.

이숙진, 2007, 「현대 종교학 이론의 현황과 전망: 페미니스트 종교 연구의 최근 동향」, 『종교와문화』 13, 서울대학교 종교문제연구소.

＿＿, 2009, 「여성신학의 최근 동향」, 『기독교사상』 53(8), 대한기독교서회.

이순기, 2005, 「여성의 경험: 종교학 연구범주로서의 가능성 고찰」, 서울대학교 종교학과 석사학위논문.

이유나, 1998, 「현대 여신숭배 현상 연구: 여신학(Thealogy)과 여신의례를 중심으로」, 서울대학교 종교학과 석사학위논문.

임희숙, 2014, 「한국 개신교 여성 목회자의 실태와 한국 교회의 과제」, 『한국 여성 종교인의 현실과 젠더 문제』, 서강대 종교 연구소 엮음, 동연.

정재영, 2018, 「성 평등에 대한 개신교인의 인식」, 『페미니즘 시대의 그리스도인』, 송인규 · 양혜원 · 백소영 · 정재영 · 김애희 · 정지영, 한국교회탐구센터 & IVP.

조현준, 2014, 『젠더는 패러디다: 주디스 버틀러의 『젠더 트러블』 읽기와 쓰기』, 현암사.

최연정, 2006, 「여성운동과 종교의 상관관계 연구: 미국 페미니즘의 세대간 '단절'에 대한 종교학적 이해를 중심으로」, 서울대학교 종교학과 석사학위논문.

최혜영, 2014, 「한국 가톨릭 여성 수도자와 젠더 문제」, 『한국 여성 종교인의 현실과 젠더문제』, 서강대 종교 연구소 엮음, 동연.

한국여성정책연구원, 2018.11.15, 「20대 여성 2명 중 1명은 자신을 페미니스트라 생각」, 『KWDI Brief』 49.

한주희, 2015, 「퀴어 정치와 퀴어 지정학」, 『문화과학』 83, 문화과학사.

현경, 2002, 『결국은 아름다움이 우리를 구원할거야 1』, 열림원.

Bauman, Zygmunt and Stanisław Obirek, 2015, On the World and Ourselves, Cambridge: Polity Press; 지그문트 바우만 & 스타니스와프 오비레크, 2016, 『인간의 조건: 지금 이곳에 살기 위하여』, 안규남 옮김, 동녘.

bell hooks, 2000, Feminism is for Everybody: Passionate Politics, Cambridge: South End Press; 벨 훅스, 2002, 『행복한 페미니즘』, 박정애 옮김, 큰나.

Butler, Judith, 2002(1990), Gender Trouble: Feminism and the Subversion of Identity, Taylor & Francis e-Library ed., New York & London: Routledge.

Christ, Carole P. and Judith Plaskow, 1979, Womanspirit Rising, New York: HarperCollins; 캐롤 P. 크리스트 & 주디스 플라스코, 1992, 『여성의 뜰스러움』, 김명주·김영희·이연숙·이승례·차보영·김진주 옮김, 충남대학교출판문화원.

Clément, Catherine and Julia Kristeva, 1998, Le féminin et le sacré, Paris: Éditions Stock; 카트린 클레망 & 줄리아 크리스테바, 2002, 『여성과 성스러움』, 임미경 옮김, 문학동네.

Collins, Patricia Hill, 1990, Black Feminist Thought: Knowledge, Consciousness, and the Politics of Empowerment, New York: Routledge; 패트리샤 힐 콜린스, 2009, 『혹인 페미니즘 사상』, 박미선·주해연 옮김, 여이연.

Crenshaw, Kimberle, 1989, "Demarginalizing the Intersection of Race and Sex: A Black Feminist Critique of Antidiscrimination Doctrine," Feminist Legal Theory, New York: Routledge.

Daly, Mary, 1968, The Church and the Second Sex, Boston: BeaconPress; 메리 데일리, 1994, 『교회와 제2의 성』, 황혜숙 옮김, 여성신문사.

_____, 1973, Beyond God the Father: Toward a Philosophy of Women' Liberation, Boston: BeaconPress; 메리 데일리, 1996, 『하나님 아버지를 넘어서: 여 성들의 해방 철학을 향하여』, 황혜숙 옮김, 이화여자대학교출판부.

Duchen, Claire, 1986, Feminism in France: From May 68 to Mitterand, New York: Routledge.

Fassin, Éric, 2016, "Gender and the Problem of Universals: Catholic Mobilizations and

Sexual Democracy in France," *Religion & Gender* 6(2), International Association for the Study of Religion and Gender.

Ferguson, Moria and Todd, Janet, 1984, *Mary Wollstonecraft,* Boston: Twayne Press.

Freedman, Jane, 2001, *Feminism,* UK: Open University Press; 제인 프리드먼, 2002, 『페미니즘』, 이박혜경 옮김, 이후.

Gebara, Ivone and Maria C. Bingemer, 1989, *Mary, Mother of God, Mother of the Poor,* Maryknoll, New York: Orbis Books.

Gross, Rita M, 1996, *Feminism and Religion,* Boston: Beacon; 리타 M. 그로스, 2004, 『페미니즘과 종교』, 김윤성 · 이유나 옮김, 청년사.

Humm, Maggie, 1989, *The Dictionary of Feminist Theory,* New Jersey: Prentice Hall; 메기 험, 1995, 『페미니즘 이론 사전』, 심정순 · 염경숙 옮김, 삼신각.

Jaggar, Alison M., 1983, *Feminist Politics and Human Nature,* Totowa, NJ: Rowman& Allanheld.

Juschka, Darlene M., 2010, "Gender," John R. Hinnells ed., *The Routledge Companion to the Study of Religion,* New York: Routledge.

Kim, Nami, 2016, *The Gendered Politics of the Korean Protestant Right: Hegemonic Masculinity,* Cham: Palgrave Macmillan.

King, Ursula, 2002, "Is there a future for religious studies as we know it? Some Postmodern, feminist, and spiritual challenges," *Journal of the American Academy of Religion* 70(2); 우술라 킹, 2003, 「우리가 알고 있는 종교학에 미래는 있는가: 포스트모더니즘, 페미니즘, 영성으로부터의 도전」, 최화선 옮김, 『종교문화비평』 3, 한국종교문화연구소.

Mikaelsson, Lisbeth, 2016, "Religion," Lisa Disch, Mary Hawkesworth ed., *The Oxford Handbook of Feminist Theory,* UK: Oxford University Press.

Moghissi, Haideh, 1999, *Feminism and Islamic Fundamentalism: The Limits of Postmodern Analysis,* London: Zed Books; 하이다 모기시, 2009, 『이슬람과 페미니즘』, 문은영 옮김, 프로네시스.

Moi, Toril, 1985, *Sexual/Textual Politics,* New York: Routledge; 토릴 모이, 1994, 『성과 텍스트의 정치학』, 임옥희 · 이명호 · 정경심 옮김, 한신문화사.

Morgan, Sue, "Feminist Approaches," Peter Connolly, ed., *Approaches to the Study of Religion,* London & New York: Cassel.

Moses, Claire, 1996, "Made in America: 'French Feminism' in United States Academic Discourse," *Australian Feminist Studies* 11(23), Routledge.

Rashkow, Ilona N., 2016, "Feminist Perspectives from the Hebrew Bible," Paludi, Michele A. & J. Harold Ellens, eds., *Feminism and Religion: How Faiths View Women and*

Their Rights, Santa Barbara: ABC-CLIO.

Ruether, Rosemary, 1983, *Sexism and God-Talk: Toward a Feminist Theology*, Boston: BeaconPress.

Seneviratne, T. and Currie, J., 2001, "Religion and Feminism: a Consideration of Cultural Constraints on Sri Lankan Women," Darlene M. Juschka, ed., *Feminism in the Study of Religion,* New York: A&C Black.

Sharma, Arvind, ed., 2012, *Methodology in Religious Studies: the Interface with Women's Studies*, New York: SUNY Press.

Stanton, Elizabeth Cady, 2010(1895), *The Woman's Bible,* Charleston: BiblioBazaar.

Weems, Renita J., 2003, "Re-reading for Liberation: African American Women and the Bible," Cannon, Katie Geneva, Emilie Maureen Townes, and Angela D. Sims, eds., *Womanist Theological Ethics: a Reader,* Louisville: Presbyterian Publishing Corp.

『CBS 라디오』 김현정의 뉴스쇼
『경향신문』 (http://www.khan.co.kr)
『국민일보』 (http://news.kmib.co.kr)
『네이버 지식백과』 (https://terms.naver.com)
『아트인사이트』 (http://www.artinsight.co.kr)
『중앙일보』 (https://news.joins.com)
『향이네』 (http://h2.khan.co.kr)

종교 다시 듣기 / 김용재

이창익, 2015, 「소리의 종교적 자리를 찾아서: 시, 축음기, 그리고 카세트테이프」, 『종교문화비평』 제 27호, 한국종교문화연구소, 79-119쪽.

이창익 엮음, 2016, 『종교, 미디어, 감각』, 모시는사람들.

이창익, 2011, 「종교와 미디어 테크놀로지: 마음의 물질적 조건에 관한 시론」, 『종교문화연구』 제 17호, 종교와문화연구소, 61-90쪽.

최화선, 2018, 「소리, 종교, 공간: 한국종교의 사운드스케이프에 대한 소고: 그리스도교를 중심으로 한 사적인 스케치」, University of British Columbia International Conference: "한국의 종교문화: 전통과 변용" 발표문.

하현애, 1996, 「종교와 음악에 대한 현상학적 접근: Mircea Eliade의 종교현상학과 Joseph Smith의 음악현상학을 중심으로」, 서울대학교 인문대학 종교학과 석사학위논문.

Becker, Judith, 2004, *Deep Listeners: Music, Emotion, and Trancing*, Bloomington, IN: Indiana University Press.

Blesser, Barry, Salter, Linda-Ruth, c2007, *Spaces speak, are you listening?: experiencing aural architecture*, Cambridge, MA: MIT Press.

Blacking, John, 1973, *How Musical is Man?*, Seattle; London: University of Washington Press, 1973.

Bull, Michael, Back, Les eds., 2003(2015), *The Auditory Culture Reader,* Oxford: Berg.

Chion, Michel, 1994, *Audio-Vision: Sound on Screen*, New York: Columbia University Press.

Cox, Christoph, Warner, Daniel eds., 2004, *Audio Culture: Readings in Modern Music,* New York: Continuum.

Ellingson, Ter, 1987, "Music: Music and Religion," Lindsay Jones ed., c2005, *Encyclopedia of Religion* (2nd ed.), vol. 9, Detroit: Macmillan Reference USA, pp. 6248-6256.

Engelhardt, Jeffers, 2012, "Music, Sound, and Religion," Martin Clayton, Trevor Herbert, Richard Middleton eds., *The Cultural Study of Music* (2nd ed.), New York: Routledge, pp. 299-307.

Ergin, Nina, 2008, "The Soundscape of Sixteenth-Century Istanbul Mosques: Architecture and Qur'an Recital," *Journal of the Society of Architectural Historians*, vol.67(2), pp. 204-221.

Erlmann, Veit ed., 2004, *Hearing Cultures: Essays on Sound, Listening, and Modernity,* Oxford: Berg.

Erlmann, Veit ed., 2015-, *Sound Studies: An Interdisciplinary Journal,* Taylor & Francis Online, https://www.tandfonline.com/loi/rfso20, (2018. 11 접속).

Feld, Steven, 2015, "acoustemology," David Novak, Mat Sakakeeny eds., *Keywords in Sound*, Durham; London: Duke University Press, pp. 12-21.

Hackett, Rosalind I. J., 2011, "Auditory Materials," Stausberg, Michael, Engler, Steven eds., *The Routledge Handbook of Research Methods in the Study of Religion*, London and New York: Routledge, pp. 447-458.

Hackett, Rosalind I. J., 2012, "Sound, Music, and the Study of Religion," *Temenos*, vol. 48, no. 1, pp. 11-27.

Hackett, Rosalind I. J., 2016, "Sound," Michael Stausberg, Steven Engler eds., The Oxford Handbook of the Study of Religion, Oxford: Oxford University Press, pp. 316-328.

Hackett, Rosalind I. J., 2016, "Sounds Religious," Antes, Peter, Geertz, Armin W., Rothstein, Mikael eds., *Contemporary Views on Comparative Religion*, Sheffield, UK; Bristol, CT: Equinox Publishing Ltd., pp. 411-423.

Hackett, Rosalind I. J., 2018, "Sonic (re)turns," *The Immanent Frame: Secularism, religion, and the public sphere* (online), Brooklyn, NY: Social Science Research Council, https://tif.ssrc.org/2018/01/17/sonic-returns/ (2018. 11 접속).

Hackett, Rosalind I. J., 2020, "Aural Media", Narayanan, Vashdha eds., *The Wiley Blackwell Companion to Religion and Materiality*, pp. 873-909.

Kahn, Douglas, 1999, *Noise, Water, Meat: A History of Sound in the Arts,* Cambridge, Mass.: MIT Press.

Kruth, Patricia; Stobart, Henry eds., 2007, *Sound* (Darwin College Lectures: Series No. 11), Cambridge, UK: Cambridge University Press.

Laack, Isabel, 2015, "Sound, Music and Religion: A Preliminary Cartography of a Transdisciplinary Research Field," *Method and Theory in the Study of Religion*, vol. 27, pp. 220-221.

Meyer, Birgit ed., 2009, *Aesthetic Formations: Media, Religion, and the Senses*, New York: Palgrave Macmillan.

Mills, Steve, 2014, *Acoustic Archaeology: Understanding Sound and Hearing in the Past,* CA: Left Coast Press, Inc..

Morgan, David, 2016, "Materiality," Michael Stausberg; Steven Engler eds., *The Oxford Handbook of the Study of Religion*, Oxford: Oxford University Press, pp. 271-289.

Novak, David; Sakakeeny, Matt eds., 2015, *Keywords in Sound*, Durham; London: Duke University Press.

Pentcheva, Bissera V., c2017, *Hagia Sophia: Sound, Space, and Spirit in Byzantium,* University Park, Pennsylvania: The Pennsylvania State University Press.

Pinch, Trevor, Bijsterveld, Karin eds., 2012, *The Oxford Handbook of Sound Studies*, New York: Oxford University Press.

Plate, S. Brent, 2014, *A History of Religion in 5 1/2 Objects: Bringing the Spiritual to Its Senses,* Boston: Beacon Press.

Promey, Sally M., 2014, *Sensational Religion: Sensory Cultures in Material Practice*, New Haven: Yale University Press.

Rodaway, Paul, 1994, *Sensuous Geographies: Body, Sense and Place*, New York: Routledge.

Schafer, R. Murray, 1977, *The Soundscape: Our Sonic Environment and the Tuning of the World*, Vermont: Destiny Books.

Schulz, Dorothea E., 2008, "Soundacape," David Morgan ed., *Key Words in Religion, Media and Culture*, New York: Routledge, pp. 172-186.

Smith, Mark M., c2004, *Hearing History: A Reader*, Athens: University of Georgia Press.

Sterne, Jonathan ed., 2012, *The Sound Studies Reader*, New York: Routledge.

Szendy, P., 2015, "The Auditory Re-Turn (The Point of Listening)," Sander van Maas ed.,

Threshold of Listening: Sound, Technics, Space, New York: Fordham University Press.

Toop, David, 1995, *Ocean of Sound: Aether Talk, Ambient Sound and Imaginary Worlds,* London: Serpent's Tail.

Tuzin, Donald, 1984, "Miraculous Voices: The Auditory Experience of Numinous Objects," *Current Anthropology*, vol. 25, no. 5, pp. 579-596.

van Maas, Sander ed., 2015, *Threshold of Listening: Sound, Technics, Space*, New York: Fordham University Press.

Waller, Steven, 1993, "Sound and Rock Art", *Nature,* vol. 363(6429), p. 501.

Weiner, Isaac A., 2011, "*Sound,*" *Material Religion: The Journal of Objects, Art and Belief,* vol. 7, Issue 1, pp. 108-115.

Weiner, Isaac A., 2009, "Sound and American Religions," *Religion Compass*, vol. 3, issue 5, pp. 897-908.

* 아래는 본서 중 기발표된 글들의 지면을 표시한 것이다. 이글들은 제목을 포함하여 수정 보완 후 본서에 수록되었다.

1. 『종교문화비평』 통권 34호, 종교문화비평학회, 2018년 9월.

장석만, 「한국의 근대와 종교개념, 그리고 연구 방향 모색을 위한 하나의 사례」

조현범, 「근대 이행기 한국종교사 연구 시론: 19세기 한국 천주교사를 중심으로」

방원일, 「새로운 세계종교 수업을 위한 제언: 전통과 이론의 구분을 넘어선 세계종교교육」

2. 『종교문화비평』 통권 35호, 종교문화비평학회, 2019년 3월.

유기쁨, 「인간적인 것 너머의 종교학, 그 가능성의 모색: 종교학의 '생태학적 전회'를 상상하며」

구형찬, 「종교적 마음과 사회적 마음: 진화인지적 접근」

강석주, 「페미니즘 시대, 실천적 종교 연구를 위한 시론」

찾아보기

한국종교문화연구소 종교문화비평총서 07

한국의 종교학: 종교, 종교들, 종교문화

등록 1994.7.1 제1-1071
1쇄 발행 2019년 12월 15일
2쇄 발행 2020년 10월 31일

기　획　한국종교문화연구소
엮은이　한국종교문화연구소 30주년 논총 편집위원회
펴낸이　박길수
편집장　소경희
편　집　조영준
관　리　위현정
디자인　이주향
펴낸곳　도서출판 모시는사람들
　　　　03147 서울시 종로구 삼일대로 457(경운동 88번지) 수운회관 1207호
전　화　02-735-7173, 02-737-7173 / 팩스 02-730-7173
홈페이지 http://www.mosinsaram.com/

인　쇄　(주)성광인쇄(031-942-4814)
배　본　문화유통북스(031-937-6100)

값은 뒤표지에 있습니다.
ISBN　979-11-88765-58-4　　　94100
세트 ISBN : 978-89-97472-32-1　　94100

이 도서의 국립중앙도서관 출판예정도서목록(CIP)은 서지정보유통지원시스템
홈페이지(http://seoji.nl.go.kr)와 국가자료공동목록시스템(http://www.nl.go.kr/
kolisnet)에서 이용하실 수 있습니다.(CIP제어번호: CIPCIP2019046596)